In geheimer Mission nach Japan

U 234

Joseph Mark Scalia

In geheimer Mission nach Japan

U 234

Ins Deutsche übertragen von Wolfram Schürer

Motor buch Verlag

Einbandgestaltung: Luis Dos Santos unter Verwendung von Vorlagen aus dem Buch.

Das englischsprachige Originalwerk erschien unter dem Titel »Germany's last mission to Japan – The failed voyage of U-234« bei The United States Naval Institute, Annapolis, Maryland, 2000.

Die teilweise geminderte Bildqualität ist auf das Alter der Abbildungen und die Umstände ihres Entstehens zurückzuführen.

Ins Deutsche übertragen von **Wolfram Schürer**
Deutsche Bearbeitung: **Helma** und **Wolfram Schürer**

ISBN 3-613-02199-4

1. Auflage 2002

Lektor: Martin Benz M.A.
Innengestaltung: Viktor Stern
Druck: TC-Druck, 72072 Tübingen
Bindung: E. Riethmüller, 70176 Stuttgart
Printed in Germany

Meinem Großvater,
Chief Petty Officer Pasquale Joseph Scalia,
gewidmet,

einem Veteran des *Silent Service*, der U-Bootwaffe der US-Marine
des Zweiten Weltkrieges, der mich als Erster mit der See
in Berührung brachte.

Inhalt

Vorwort

von Prof. Dr. Jürgen Rohwer, dem ehem. Direktor der Bibliothek für Zeitgeschichte in Stuttgart

---

Deutsche, italienische und japanische Handelsschiffe und Unterseeboote, die während des Zweiten Weltkrieges zwischen den von Deutschen und Japanern beherrschten Gebieten als Blockadebrecher fuhren, waren für die Kriegsanstrengungen der Achse von großer Bedeutung. Von den Japanern wollte Deutschland hauptsächlich Rohstoffe, insbesondere Rohgummi, aber auch Zink, Wolfram, Molybdän, Opium und Chinin. Die Japaner waren hingegen an einsatzfähigen modernen deutschen Waffensystemen wie Flugzeugen, Panzern, Torpedos, optischen Geräten und Funkortungsausrüstungen sowie zusätzlich an Konstruktionszeichnungen und an Einzelheiten von deutschen technologischen Fortschritten interessiert. So lange die Sowjetunion neutral blieb, konnte die Transsibirische Eisenbahn für den Austausch dieses Materials benutzt werden. Der deutsche Angriff gegen die Sowjetunion verschloss diese Route und damit blieb nur noch der Seeweg um Kap Hoorn als einzige Transportverbindung übrig. Als im Dezember 1941 die Vereinigten Staaten in den Krieg eintraten, trat an die Stelle dieser Route der Weg um das Kap der Guten Hoffnung.

Von Dezember 1940 bis Juni 1941 verließen fünf deutsche Handelsschiffe Japan und drei von ihnen trafen in Westfrankreich ein. Bis zum Februar 1942 waren weitere neun deutsche und drei italienische Schiffe auf die Reise gegangen und von ihnen wurden unterwegs drei versenkt, während die übrigen in den besetzten französischen Hafen Bordeaux einliefen. Außerdem verließen sieben deutsche Handelsschiffe Bordeaux und sechs erreichten Japan. Im Verlaufe des nächsten Reisezeitraums im Winter 1942/43 gestalteten sich die Bedingungen infolge des Einsatzes von MAGIC und ULTRA[0a] auf alliierter Seite wesentlich schwieriger; sie vermittelten den Alliierten im Voraus Informationen über die Bewegungen dieser Handelsschiffe. Von 15 deutschen und einem italienischen aus dem Fernen Osten in Marsch gesetzten Blockadebrechern wurden sieben versenkt, vier weitere zur Rückkehr nach Japan gezwungen und nur vier gelangten nach Europa. Von 16 deutschen und drei italienischen Schiffen, die von Frankreich nach Japan ausliefen, wurden vier versenkt, vier mussten umkehren und elf kamen an. Der letzte Versuch, Überwasserschiffe von Japan aus durchzubringen, scheiterte jedoch; von fünf aus Japan ausgelaufenen Schiffen erreichte nur eines Europa, während die vier übrigen versenkt wurden.

Der Verkehr mit Unterseebooten zwischen Europa und Japan war 1943 keine neue Idee. Bereits 1942 hatte einer der großen japanischen U-Kreuzer die Strecke von Japan nach Frankreich zurückgelegt und war wieder in Fernost eingetroffen; er ging dann lediglich durch einen Minentreffer vor Singapur verloren. Aus der Notwendigkeit heraus entschlossen sich daher im Frühjahr 1943 die deutsche und die japanische Seite für diesen Transportverkehr Unterseeboote einzusetzen. Ursprünglich waren zehn italienische Unterseeboote in Bordeaux vorgesehen, um als Transport-U-Boote ausgerüstet zu werden. Zwei von ihnen gingen jedoch bei der Rückkehr von Feindfahrt verloren und eines blieb als Kampfboot erhalten. Daher wurden nur sieben dieser Boote zu Transportaufgaben umgebaut. Von ihnen erreichten drei japanische Häfen, zwei wurden versenkt und die restlichen beiden liefen vor der Kapitulation Italiens nicht mehr aus Bordeaux aus. 1943/44 entsandten die Japaner vier Unterseeboote nach Europa, aber nur eines beendete diese Rundreise; denn zwei der Boote wurden auf dem Wege nach Frankreich und ein drittes zwischen Singapur und Japan versenkt. Die deutschen und italienischen Planungen, neue Unterseeboote zu bauen, die ausschließlich für den Fracht-Transport bestimmt waren, begannen zu spät. Obwohl zwei italienische U-Boote zur Fertigstellung gelangten, kamen diese im Mittelmeer zum Einsatz und die deutschen Pläne, 30 U-Boote des Typs XX zu bauen, wurden widerrufen. Somit verblieb als einzige Möglichkeit nur noch die Verwendung von großen U-Booten, die zuvor für Kampfaufgaben bzw. Minenunternehmen vorgesehen waren.

Ein U-Boot sandte Adolf Hitler 1943 als Geschenk für seinen japanischen Verbündeten nach Japan. Das Boot traf dort wohlbehalten ein und wurde von der japanischen Marine in Dienst gestellt. Ein zweites Boot erreichte den malaiischen Hafen Penang [im von den Japanern besetzten Britisch-Malaya], um die Möglichkeiten dieses Hafens als Stützpunkt für Operationen zu erkunden. 1943 entwarf die deutsche Marine unter dem Decknamen »Monsun« einen diesbezüglichen Plan und entsandte im Juli eine Gruppe aus zehn U-Booten, um im Indischen Ozean Kampfaufgaben durchzuführen. Doch das Unternehmen »Monsun« scheiterte. Alliierte U-Jagdgruppen vernichteten im Atlantik fünf und im Indischen Ozean eines dieser Boote. Auf diese Weise gelangten nur vier Boote sicher nach Penang. Wenn auch die U-Boote verschiedenes Material in diesen Hafen brachten, so bestand ihre Hauptaufgabe doch darin, die gegnerische Schiff-Fahrt anzugreifen. Ein späterer Versuch, die großen U-Boote vom Typ IX D_2 zu Kampf- und Transportaufgaben in den Indischen Ozean zu entsenden, scheiterte ebenfalls; die Mehrheit der Boote wurde auf dem Wege in den Fernen Osten bereits im Atlantik versenkt. Von 18 Booten des Typs IX D_2, die zwischen 1943 und 1945 aus Penang ausliefen, wurden sechs versenkt, sechs kehrten nach Penang zurück und weitere sechs gelangten nach Europa. Von diesen sechs U-Booten, die schließlich Frankreich und Norwegen erreichten, gingen jedoch zwei auf dem Weitermarsch nach Deutschland verloren und eines ergab sich bei Kriegsende den Briten.

Die Probleme der damaligen Achsenpartner beim Brechen der Blockade sind seit langem bekannt. 1955 veröffentlichte Theo Michaux einen Aufsatz mit der Überschrift »Rohstoffe aus Ostasien« in der Zeitschrift *Wehrwissenschaftliche Rundschau*, der viele Einzelheiten über die Transportanstrengungen der Achse brachte. In den beiden mehrbändigen Seekriegswerken, dem offiziellen britischen und dem offiziösen amerikanischen, erörtern Stephen W. Roskill und Samuel E. Morrison die Blockadebrecher, und

1981 veröffentlichte Martin Bruce sein Buch mit dem Titel *Axis Blockade Runners of World War II*, das auf Nachforschungen in Archiven in Deutschland, London und Washington beruhte. Doch die Fahrt des letzten U-Bootes aus Deutschland – *U 234* – ist nur gelegentlich in der Geschichtsschreibung über die Blockadebrecher erwähnt worden, ungeachtet der Tatsache, dass einer der Passagiere von *U 234*, Fritz von Sandrart, 1955 seinen Bericht über die Reise mit der Überschrift *»Japanfahrt in die Gefangenschaft«* veröffentlichte.

Mitte der 80er Jahre tauchte plötzlich ein großes Interesse an *U 234* auf, als entdeckt wurde, dass die Frachtliste des Bootes unter einer beträchtlichen Anzahl anderer Positionen auch einen Eintrag mit »560 kg Uranoxid« für das japanische Heer umfasste. Fragen und Spekulationen ergaben sich sowohl über den Bestimmungsort des Uranoxids als auch hinsichtlich der wahren Natur des Materials: Handelte es sich wirklich um radioaktives Uran 235, womit die beiden japanischen Passagiere auf *U 234* vermutlich die Aufkleber auf den Behältern der Ladung beschriftet hatten, vorgesehen für eine japanische Kernwaffe? Wurde dieses Material von den Amerikanern in den beiden auf Hiroshima und Nagasaki abgeworfenen Atombomben verwendet? Trotz des Fehlens definitiver Informationen entstanden weitere Vermutungen. Anfang der 90er Jahre produzierten drei Fernsehanstalten – das deutsche ZDF, die japanische NHK und das amerikanische ABC – den Fernsehfilm »Das letzte U-Boot«, der sogar eine noch größere Verdrehung der Wahrheit verursachte. Die Fakten über die Fahrt und die Jagd der Alliierten auf *U 234* stammten aus MAGIC- und ULTRA-Entzifferungen und nicht von Funkern des norwegischen Widerstandes, wie in einigen Quellen behauptet worden ist. Zudem ist bis heute kein Versuch unternommen worden, die Stellung der Personen zu untersuchen, die sich an Bord von *U 234* befanden.

Als Historiker sind wir Joseph Mark Scalia zu Dank verpflichtet, der mit diesem Buch die Wahrheit über *U 234* und seine Offiziere, Mannschaften, Passagiere und Fracht darlegt, gestützt auf seine Prüfung und Interpretation des in Deutschland, England, Japan und den Vereinigten Staaten vorhandenen Archivmaterials. Durch Erörtern von Einzelheiten dieser Thematik mit den wenigen noch lebenden Augenzeugen, mit amerikanischen, deutschen und japanischen Marinehistorikern sowie auch mit Fachleuten zur nuklearen Entwicklung in Deutschland und Japan ist er im Stande gewesen, praktisch alle Legenden zu beseitigen, die aus den Aufsehen erregenden Spekulationen der Journalisten und anderer Autoren wie auch aus den Erinnerungen jener erwachsen sind, deren Gedächtnis sich durch die verstrichene Zeit getrübt hat. Das Ergebnis ist eine wissenschaftlich gut erarbeitete und beeindruckende Untersuchung des wahren Hintergrundes der Mission von *U 234* sowie auch der Aufgaben und Vorhaben seiner Passagiere. Außerdem ist Herr Scalia dem Verbleib des Uranoxids in den ersten fünf Monaten nach der Kapitulation von *U 234* nachgegangen, und er hat die Behauptung eindrucksvoll widerlegt, dass es für eine nukleare oder radiologische Waffe bestimmt war oder bei der Fertigung der amerikanischen Atombomben von 1945 Verwendung gefunden hätte, wie es noch kürzlich wieder in einer deutschen TV-«Dokumentation« behauptet wurde. Mit diesem Buch hat er jenen einen wertvollen Dienst geleistet, die hinter den Geheimnissen des 2. Weltkrieges nach der Wahrheit suchen.

Einleitung

Im Mai 1945 feierten die Vereinigten Staaten, ermüdet von Jahren des Krieges, mit Begeisterung die Niederlage Deutschlands, gedämpft durch die ernüchternde Erkenntnis einer im Pazifik noch nicht erfüllten Aufgabe. Die deutsche Kapitulation beendete die Jahre der Ungewissheit und der Leiden, die Großbritannien, Frankreich und die Sowjetunion als Amerikas Verbündete erdulden mussten. Im Pazifik hatte Amerika jedoch trotz der Anwesenheit alliierter Streitkräfte den Löwenanteil des Krieges mit Japan zu übernehmen.

Mit der beängstigenden Aufgabe betraut, eine Strategie zur Niederringung eines Feindes zu entwerfen, der den Tod einer Kapitulation vorzog, betrachteten Präsident Harry S. Truman und seine militärischen Ratgeber eine Landung auf den Inseln des japanischen Mutterlandes als unvermeidlich. Obwohl die Aussichten für einen letztendlichen Sieg als ausgezeichnet eingestuft wurden, waren die vorhergesagten Verluste amerikanischen Lebens hoch genug, um bestenfalls einen Pyrrhussieg zu versprechen. Solche Schätzungen, die bis zu einer Million Toten reichten, gingen bei der Berechnung von der Voraussetzung aus, dass die Vereinigten Staaten einem fanatisch kämpfenden Gegner unter Einsatz konventioneller Waffen gegenüberstehen würden. Die verschiedenen US-Nachrichtendienste konnten jedoch nicht garantieren, dass sich die Japaner auf derartige Waffen beschränken würden.

In den letzten Monaten des Krieges in Europa waren die Alliierten auf eine Anzahl neuer, zukunftsweisender deutscher Waffensysteme gestoßen, wie den mit Turbostrahltriebwerken ausgerüsteten Flugzeugen und den als *Vergeltungswaffen* V 1 und V 2 bezeichneten Flugkörpern.[0a] Auf dem europäischen Kriegsschauplatz erschien diese militärische Technik zu spät, um noch irgendwelche Konsequenzen zu haben; denn politische Intrigen, Material- und Arbeitskräftemangel sowie die Auswirkungen der alliierten Luftangriffe, die Deutschland verwüsteten, hatten den Masseneinsatz dieser Waffen in Europa verzögert. Der abgehörte und entzifferte diplomatische Funkverkehr der Japaner enthüllte jedoch, dass sie sehr bestrebt waren, diese neuen Waffensysteme zu erwerben und sie ihrem eigenen Arsenal einzuverleiben. Die nachrichtendienstliche Arbeit der Amerikaner stand nunmehr einem Dilemma gegenüber: Einerseits war das Ausmaß der deutschen Waffenentwicklung und die spätere praktische Anwendung dieser Waffen bekannt, aber andererseits blieb das Leistungsniveau Japans hinsichtlich der Fertigung und des Einsatzes dieser Waffen ein Geheimnis. Wenn auch die Verbindung des japanischen *Bushido*-Kriegers mit Meisterleistungen deutscher Technik paradox erschien, bestand die beunruhigende Wirklichkeit doch darin, dass die Amerikaner auf dem Schlachtfeld beidem ins

Auge zu sehen hatten und zudem noch eine definitive Verteidigungsmöglichkeit gegen beides entwickeln mussten.

* * *

Die Zusammenarbeit zwischen Deutschland und Japan[0b] entstand als Antwort auf die Leistung ihrer jeweiligen Kriegswirtschaft. Krieg im Industriezeitalter zu führen, erforderte die Massenproduktion moderner Waffen; und in einem modernen Konflikt würde ein Land mit einer sich selbst versorgenden Industriebasis die Oberhand haben. Japans Einfall in China 1931 und Deutschlands Angriff auf Polen 1939 hatten gezeigt, dass die beiden Länder eine militärisch-industrielle Grundlage besaßen um von dieser aus erfolgreich Operationen zu führen. Ob sie jedoch diese Art Anstrengungen durch die Härten eines lang andauernden Krieges mit den westlichen Industriemächten aufrechterhalten konnten blieb noch abzuwarten.

Die militärische Strategie Deutschlands entwickelte sich als eine »strategische Synthese«, d.h. als eine Strategie, bei der die materiellen Aspekte der militärischen Operationen im Verhältnis zur Fähigkeit der Wirtschaft entworfen wurden, um diese zu unterstützen.[1] Deutschlands strategische Ziele beruhten auf der Durchführung kurzer Feldzüge mit begrenzten Zielen. Daher war seine militärische Schlagkraft darauf ausgerichtet, unmittelbare Überlegenheit über einen potentiellen Gegner zu gewinnen und auszunutzen. Infolge des von Deutschland erfolgreich durchgeführten Wiederaufrüstungsprogramms und der offensichtlichen Schwäche seiner potentiellen Gegner sollte die Umsetzung dieser Strategie kein höheres Maß an Verpflichtungen der deutschen Wirtschaft für die militärischen Abenteuer erfordern, als an Engagement 1939 vorhanden war. Die Bewilligung der wirtschaftlichen Ressourcen, die den Streitkräften im zweiten Vierjahresplan von 1936 zugestanden worden waren, sollte ausreichen.[2]

Bis zum Sommer 1941 deuteten alle Anzeichen darauf hin, dass sich diese »Blitzkrieg-Strategie« als zutreffend erwies. Die deutsche Wehrmacht überwältigte die Streitkräfte Norwegens, Dänemarks, der Beneluxstaaten, Frankreichs, Griechenlands und der Balkanländer mit einer Schnelligkeit und Wirksamkeit, die diese Strategie als einen Erfolg erkennen ließen. Einige dieser frühen Erfolge können natürlich alliierten Fehlkalkulationen hinsichtlich der Stärke des deutschen Wirtschaftssystems zugeschrieben werden. So setzte, wie Paul Kennedy ausführt, Großbritannien einfach voraus, ungeachtet der von Deutschland gebotenen Herausforderung, dass »die Alliierten und vor allem England *auf lange Sicht* [Hervorhebung im Original] finanziell und industriell stärker seien, vorausgesetzt, sie hätten wie 1914 genügend Zeit, ihre Industrie auf den Krieg umzustellen«.[3] In der Tat, so lange sich Deutschlands materielle Erfordernisse innerhalb der erlaubten Grenzen seiner Strategie bewegten und so lange es nicht in einen ausgedehnten Konflikt hineingezogen wurde, der seine begrenzten Ressourcen stark in Anspruch nahm, erwies sich die »Blitzkrieg-Synthese« als in der Lage, seine Feldzüge in Gang zu halten. Doch diese Bedingungen sollten sich bald ändern.

Bis zum Frühjahr 1942 war die Wirksamkeit der Blitzkrieg-Strategie ernstlich auf die Probe gestellt worden. Die Rückschläge der Wehrmacht in Russland vor Moskau und im

Südabschnitt der Ostfront, die Niederlage des Deutschen Afrikakorps und die daraus resultierenden Verluste in Nordafrika sowie der Beginn der alliierten Luftangriffe auf das Reichsgebiet hatten die wirtschaftliche Kapazität stark beansprucht. Albert Speer, der neue Reichsminister für Bewaffnung und Munition, wies darauf hin, dass »die Wirtschaftsführung bis zum Herbst 1941 ihre Politik auf kurze Feldzüge stützte. … Jetzt beginnt der ständige Krieg.«[4] Deutschland sah sich nunmehr einem defensiven Konflikt mit intensivem Rohstoffverbrauch gegenüber, für den die Blitzkrieg-Strategie nicht vorgesehen war.

In der Erkenntnis, dass Deutschland der alliierten Militärmacht auf lange Sicht nicht gewachsen sein konnte, begannen seine Planer nach einer anderen Synthese zu suchen, um der materiellen und industriellen Überlegenheit der Alliierten zu begegnen. Angesichts der eigenen Tüchtigkeit in Forschung und Entwicklung, ein seit den 20er Jahren aufrecht gehaltener Leistungsstandard, entschloss sich die deutsche Führung, die Rüstungsproduktion mit einer Politik der »qualitativen Überlegenheit« zu verzieren.[5] Diese Strategie wurde auf der Grundlage einer zweifachen Voraussetzung eingeführt: Zum einen waren die Waffensysteme der Alliierten unterlegen, zurückzuführen auf die »Vereinfachung und Standardisierung« des Prozesses der Serienproduktion, und zum anderen waren die deutsche Werkzeugmaschinen- und Maschinenbauindustrie im Stande, die Forderung zu erfüllen.[6] Es wurde erhofft, dass die deutschen Fortschritte auf Gebieten wie der Raketenforschung, dem Turbostrahlantrieb, dem Bau von U-Booten und Überwasserschiffen sowie der Kernphysik erfolgreich in neue Waffensysteme eingegliedert werden konnten, für die den Alliierten keine Verteidigungsmöglichkeit zur Verfügung stand.

Wie sich herausstellte, erwiesen sich Zeitzwänge, die mit fiskalischen, materiellen und organisatorischen Forderungen eines modernen Forschungs- und Entwicklungsprogramms verbunden waren, für das Programm der qualitativen Überlegenheit als verhängnisvoll. Wenn auch die deutsche Industrie in der Lage war, neue Waffensysteme zu fertigen, so mühten sich doch Techniker und Wissenschaftler mit armseligen Budgets ab, welche die ständigen Beschränkungen der Blitzkrieg-Strategie widerspiegelten, die nur eine geringe finanzielle Unterstützung für Forschungsprogramme zuließen. Zudem wurde die Suche nach einem Waffensystem, dem die Alliierten nichts entgegenzusetzen hatten, durch die Knappheit an wesentlichen Rohstoffen ernstlich behindert. Obgleich Deutschland dieser misslichen Lage mit der Produktion synthetischer Stoffe abzuhelfen versuchte, erwies sich der synthetische Ersatz als untauglich und kostspielig.[7] Das Fehlen einer wirksamen Regierungskontrolle der verschwenderischen militärischen Forschungs- und Entwicklungsprogramme führte zu einer »verwirrenden Vielfalt« an Fertigungen. So wurden zum Beispiel in Deutschland zu einem bestimmten Zeitpunkt mindestens 425 verschiedene Flugzeugtypen gleichzeitig gebaut.[8] Bis 1945 stimmten viele der in Deutschland Verantwortlichen mit Adolf Hitler überein, dass ein Überleben des Reiches von der Entwicklung neuer Waffen abhing. Allerdings brauchte Deutschland für die Serienfertigung dieser »Wunderwaffen« Zeit. Es verließ sich daher hinsichtlich solch wichtiger Rohstoffe wie Gummi, Zinn, Wolfram und Öl immer mehr auf seinen japanischen Verbündeten.

Japans Wirtschaft war infolge des Krieges in China bereits seit Anfang der 30er-Jahre auf Kriegsniveau gewesen. Für Japan typisch führte das Land kurze Eroberungsfeldzüge, die dazu dienten, ein genau umrissenes Gebiet zu besetzen, das seinem Bedürfnis nach einer starken Rohstoffgrundlage entsprach.[9] Obwohl Japans Zielgebiete viel weiter als die Deutschlands entfernt lagen, sind die Ähnlichkeiten zwischen den beiden Strategien offensichtlich. Doch die wirtschaftliche und materielle Lage Japans unterschied sich von der Deutschlands beträchtlich. Insbesondere Japans »östliche« Blitzkrieg-Strategie ging fortlaufend das Risiko ein, seine dürftigen einheimischen Rohstoffressourcen zu überdehnen. Da der Krieg in China weiterhin wütete, ergab sich für Japan eine zunehmende Abhängigkeit von importierten Gütern wie Stahlschrott, Gummi und Rohöl aus den USA. Noch 1936 importierte Japan 66 Prozent seines Öls aus den Vereinigten Staaten.[10]

Der Plan Japans, ein System von Satellitenstaaten zu schaffen, die seinen Rohstoffbedarf decken sollten, beruhte auf der Voraussetzung, dass sein Hauptrivale im pazifischen Raum, die Vereinigten Staaten, neutral bleiben würden.[11] Doch 1936 beschloss das japanische Kabinett ein neues Programm: »Fundamentale Prinzipien nationaler Politik«, die eine »Ausweitung des nationalen Einflusses in die Südliche See« umrissen.[12] Dies war ein Schritt, der praktisch den Krieg mit den Vereinigten Staaten garantierte. Die führenden Köpfe Japans waren der Auffassung, dass das Land in drei Konflikten – dem Chinesich-Japanischen Krieg (1894/95), dem Russisch-Japanischen Krieg (1904/05) und dem im Gange befindlichen Krieg mit China – zu viel geopfert hätte, um einen Kompromiss zu akzeptieren, der die japanische Hegemonie auf dem chinesischen Festland bedrohen würde. Daher beschloss am 5. November 1941 die Kaiserliche Konferenz, im folgenden Monat die Vereinigten Staaten zuerst anzugreifen.[13/13a]

Japans Fähigkeit, gegen die Vereinigten Staaten Krieg zu führen, hing davon ab, eine intensiv Rohstoffe verbrauchende Rüstungsindustrie aufrechtzuerhalten. Die japanischen Verantwortlichen waren sich jedoch ihrer beschränkten Rohstoffbasis bewusst und wählten infolgedessen eine Strategie, um ihren anfänglichen Vorteil hinsichtlich Waffen, Material und Menschenpotenzial auszunutzen. Ein deutscher Sieg in Europa würde dauerhaft die europäische Anwesenheit im pazifischen Raum schwächen, vor allem die von Großbritannien, und die Amerikaner zwingen, die Hauptlast des Kampfes allein zu tragen. Außerdem würde die Eroberung wesentlicher Rohstoffgebiete in Indochina und im südlichen Pazifik die Vereinigten Staaten dieser strategischen Rohstoffe berauben.[14] Tokio nahm an, dass die Kombination früher japanischer Siege im Pazifik und die Einbeziehung der Vereinigten Staaten in einen Zweifrontenkrieg infolge seiner Verpflichtungen im Atlantik die Amerikaner zwingen würde, sich für den Frieden zu entscheiden.

Tatsächlich schienen die Anfangserfolge der japanischen Streitkräfte diese Strategie zu bestätigen. Das japanische Heer setzte sich im Südpazifik auf zahlreichen Inselgruppen fest, während die Kaiserliche Marine die wankenden Amerikaner hinderte, wirkungsvolle Versuche in Gang zu setzen, um sie wieder zu vertreiben. Die alliierten Siege bei Midway im Juni 1942 und von Guadalcanal, das am 31. Dezember 1942 endgültig den Amerikanern in die Hände fiel, waren Wendepunkte für Japans Schicksal im Pazifik; jedes sich anschließende Zurückziehen entfernte Japan weiter vom gewünschten Ziel eines begrenzten Krieges.[15] Doch der präzise Punkt, ab dem Japan zu leiden begann, weil es infolge seiner wirtschaftlichen Unfähigkeit keinen von der Industrie abhängigen Krieg führen konnte, ist nicht so offensichtlich zu erkennen wie im Falle Deutschlands, hauptsächlich infolge des Versagens der japanischen Planung, eine alternative Strategie zu entwickeln.[16]

Die verstärkte amerikanische Präsenz im Pazifik stellte immer größere materielle Forderungen an Japans Rüstungsindustrie. In einer dramatischen Umkehrung des Geschicks entwickelte sich Amerikas Kriegsindustrie zur größten Wirtschaftsmaschinerie der Geschichte; sie zwang Japan dazu, den Krieg mit zunehmend veraltenden Waffen zu führen. Die japanischen Firmen fertigten zwar weiterhin Rüstungsgüter in entsprechenden Zahlen, aber sie lagen infolge der Kompliziertheit neuer Techniken und Waffen hoffnungslos hinter den Alliierten zurück. 1944 brauchte Japan verzweifelt Unterstützung, um mit den verbesserten amerikanischen Flugzeugen, den elektronischen Geräten wie Radar und der sich vervielfachenden Anzahl gegnerischer Schiffe und Unterseeboote in See fertig zu werden. Um mit den Amerikanern gleichziehen zu können, blieb Japan nur ein Weg übrig, den es einschlagen konnte: Deutschland.

* * *

Welche Waffentechnik hatte Deutschland mit den Japanern geteilt? Wie erfahren im Nutzbarmachen dieser neuen Waffensysteme waren die Japaner? Wie groß war Japans Kapazität, um einerseits Offensivwaffen zu fertigen und andererseits Maßnahmen gegen die amerikanischen Waffensysteme zu ergreifen? Am bedeutsamsten war die Frage: Wie würden die amerikanischen Soldaten, Seeleute und Piloten reagieren, wenn sie diesen neuen Waffen, viele von ihnen zum ersten Mal, im Kampf gegenüberstehen sollten? Mit dem Gespenst einer Invasion Japans vor Augen, das sich immer drohender abzeichnete, verlangte die amerikanische Militärhierarchie Antworten und die Zeit lief ab.

Am 15. Mai 1945 begannen vor der Küste von Neufundland Antworten an die Oberfläche zu gelangen, als der amerikanische Geleitzerstörer USS SUTTON (DE-771) die Übergabe des deutschen Unterseebootes *U 234* entgegennahm. Bei diesem U-Boot handelte es sich nicht um ein gewöhnliches Boot aus einer U-Bootgruppe, einem der gefürchteten »Wolfsrudel«. *U 234* hatte eine einzigartige Fracht aus Konterbande und Passagieren an Bord, die sämtlich für Japan bestimmt waren. Es war die letzte und vielleicht ehrgeizigste Zusammenarbeit zwischen den beiden Achsenpartnern und zugleich ein unverhoffter Glücksfall von enormer Bedeutung für den militärischen Nachrichtendienst Amerikas.

Danksagung und Vorbemerkung

Wie bei jedem längeren Forschungsprojekt ist die Liste jener, denen ich zu Dank verpflichtet bin, ebenso lang. Mit größter Aufrichtigkeit bringe ich meine Anerkennung und in gleicher Weise meine Entschuldigung gegenüber jenen zum Ausdruck, die an dieser Stelle nicht aufgeführt werden können. Diese Unterlassung mindert in keiner Weise den Wert ihrer Beiträge.

Da dieses Werk ursprünglich die wissenschaftliche Arbeit zum Magister bildete, beziehe ich die Mitglieder meines Graduierungs-Ausschusses an der Technischen Universität Louisiana in meinen Dank ein: Dr. Philip Cook, Dr. Stephen Webre und Dr. John Bush als Vorsitzenden. Zusätzlich schulde ich in diesem Zusammenhang Dank: Mrs. Annette Owen für das Gewähren von hochwillkommener Unterstützung in redaktioneller und gestaltender Hinsicht, Ms. Stephanie Robker für ihre Hilfe bei der Durchsicht der überwältigenden Anzahl von MAGIC-Entzifferungen sowie Dr. Glyn Ingram, Dr. Abe Attrep, Dr. Billy Gilley (Prof. em.), Dr. John Daly und Dr. C. Wade Meade für Ratschläge und Ermutigungen.

Es war ein Glücksfall für mich im Verlaufe meiner Nachforschungen von zahlreichen Fachleuten für Archivalien und Nachschlagemöglichkeiten unterstützt worden zu sein. Ihnen allen drücke ich meinen aufrichtigen Dank aus. Unter ihnen stehe ich tief in der Schuld bei Dorothy Jewell und Laura Ogden sowie ihren Mitarbeitern des *Interlibrary Services* an der Technischen Universität Louisiana, Jim Dolph vom *Portsmouth Naval Shipyard Museum,* Dr. Richard Winslow III. und den Mitarbeitern des *Portsmouth (N.H.) Herald*, Kathleen Lloyd, Archivarin beim *Operational Archives* der Marine an der *Washington Naval Yard,* Martha Jebb vom *Portsmouth (N.H.) Athenaeum,* Tom House und Roland Goodbody von der *Diamond Library* der *University of New Hampshire,* Herrn Horst Bredow vom *U-Boot-Archiv* in Cuxhaven-Altenbruch und bei Herrn Döringhoff vom *Bundesarchiv-Militärarchiv* in Freiburg i.Br.

Da der Inhalt dieses Buches von Primärquellen in den Archiven abhing, konnte es nicht ohne die Unterstützung und die Dienste der *Textual Reference Branches* der *U.S. National Archives and Record Administration* geschrieben werden. Neben zahlreichen Archivaren und Mitarbeitern gilt mein besonderer Dank Barry Zerby und John Taylor in College Park/Maryland, Stan Tozeski vom *Northeast Regional Branch* in Waltham/ Massachusetts sowie John Celardo und Rich Gelke vom *Northeast Regional Branch* in

New York. Der reichhaltige Wert des *National Archives* wird durch die Tüchtigkeit dieser fantastischen Mitarbeiter noch gesteigert.

Ich bin in der glücklichen Lage gewesen eine Anzahl Einzelpersonen kennen zu lernen, die mir ihre hochgeschätzten Ratschläge und ihre Unterstützung anboten. Unter ihnen möchte ich danken: Henry Bonner vom *Patuxent River Naval Air Station Museum,* Ms. C.L. Householder von der *U.S. Navy Naval Explosive Ordnance Disposal Technology Division,* David Kohnen vom *Mariner's Museum* in Newport News/Virginia, Harry Cooper aus Hernando/Florida, Jak P. Mallmann Showell aus Kent/England, Charles Backus aus Groton/Massachusetts, Frank Jackson aus Weymouth/Massachusetts und Jane Tucker aus New York. Zusätzliche Unterstützung kam von den Männern und Frauen der *U.S. Navy Destroyer Escort Association* sowie den Besatzungsangehörigen der USS GREENFISH und ihren Ehepartnern. Weiterer Dank geht auch an Ingo Trautzweitzwer aus Hyattsville/ Maryland sowie an Thomas und Gwyn Degner in Baltimore für ihre Unterstützung mit Übersetzungen und beim Lesen der Korrekturfahnen.

Auch meiner Familie möchte ich danken: Tammy und Craig Currin, Janet Parr sowie meinen Kindern Daniel »dem Weisen« und der »unversenkbaren« Mallory Anne für ihre Liebe, Geduld und Unterstützung. Ein besonderes Wort des Dankes gebührt Charlene und James L. Evans für ihr Verständnis und Vertrauen in das, was ich versucht habe zu erreichen. Natürlich ist es mir nicht möglich, die Wertschätzung angemessen zum Ausdruck zu bringen, die ich für meinen Hauptmitverschwörer und Partner bei dieser Untat empfinde: Marilyn Scalia. Sie litt mit mir, wenn ich litt, lachte mit mir, wenn ich lachte, und fluchte, wenn ich fluchte, oft länger und lauter. Ein bloßes »Dankeschön« umfängt nicht die Tiefe dessen, was ich ihr verdanke.

Der möglicherweise umstrittenste Aspekt von *U 234* ist die Uranoxyd-Lieferung. Das Vorhandensein und die Auswirkungen dieses Teils der Fracht von *U 234* setzten eine erhitzte Debatte in Gang, die bis heute andauert. Daher beabsichtige ich, im Anhang die verfügbaren Beweise und möglichen Theorien zu unterbreiten, in der Hoffnung, der Leser wird seine eigenen Schlussfolgerungen daraus ziehen. Aus diesem Grunde möchte ich Geoffrey Brooks in Essex/England, Philip Henshall in Cheshire/England und Sidney Trevetham in Anchorage/Alaska für ihre Theorien und Informationen hinsichtlich der Uran-Fracht von *U 234* meine Dankbarkeit zum Ausdruck bringen. Mein Dank gilt auch Robert Wilcox aus Sherman Oaks/California für das diesbezügliche Mitteilen seiner Anmerkungen und Gedanken.

Neben den verschiedenen Theorien und Mutmaßungen, die sich um das Uran-Problem rankten, war ich in der Lage, mich auf die dokumentarischen und fachlichen Angaben von Experten auf dem Gebiete der nuklearen Forschung in Deutschland und Japan während des Zweiten Weltkrieges zu stützen. Unter ihnen gebührt mein Dank Dr. Michael Thorwart vom *Physikalischen Institut der Universität Augsburg,* Dr. Helmut Rechenberg vom *Max-Planck-Institut für Physik* in München, Dr. Carl Friedrich Freiherr v. Weizsäcker aus Starnberg/Bayern, Dr. Kigoshi Kunihiko von der *Gakushuin-Universität* in Tokio und Richard Rhodes aus Madison/Connecticut. Ein besonderes Wort des Dankes gebührt Prof. Dr. Jürgen Rohwer für eine Zusammenkunft mit mir an einem regnerischen Morgen in der *Bibliothek für Zeitgeschichte* in Stuttgart, um mir seine phänomenalen Einsichten und sein Wissen mitzuteilen. Ich danke ihm für seine Geduld und sein Interesse an diesem Projekt. Seine Unterstützung bei der Fertigstellung dieses Buches war von ebenso unschätzbarem Wert für den Verfasser wie die von Helma und Wolfram Schürer vorgenommene Übertragung ins Deutsche für den *Motorbuch Verlag*.

Ein weiteres Wort des Dankes gebührt auch Mary Yates, meiner Lektorin, für ihre Geduld und ihr Leiden beim Redigieren des ursprünglichen Manuskriptes. Der klare Aufbau dieses Buches spiegelt ihr fachliches Können wider; jede Unordnung oder Ungeschicklichkeit ist von mir zu verantworten. Mein Dank richtet sich auch an Paul Wilderson und Randy Baldini von *Naval Institute Press* in Annapolis/ Maryland für ihre Unterstützung des Projektes und für das Eröffnen eines Weges, um die wahre Geschichte dieser oft missverstandenen Saga zu berichten.

Den letztendlichen Ausdruck meines Dankes habe ich einer Gruppe bemerkenswerter Männer vorbehalten. Sie fuhren während des Zweiten Weltkrieges auf *U 234* und auf anderen deutschen Unterseebooten und sind Überlebende des Krieges im Allgemeinen und der Gefahren des U-Bootkrieges im Besonderen. Daher schulde ich besondere Dankbarkeit Erich Menzel, Heinz Schlicke und Wolfgang Hirschfeld von *U 234*, Jürgen Oesten, ehemaliger Kommandant von *U 61*, *U 106* und *U 861*, sowie Thilo Bode, ehemaliger Kommandant von *U 858*. Ein zusätzliches Wort des Dankes geht an KptzS. Hans-Joachim Krug (Bundesmarine), Generalmajor Goda Yutaka und Konteradmiral Hirama Yoichi für das Teilhaben an ihrer großen Erfahrung. Ich hatte die Ehre, mit diesen Persönlichkeiten zu korrespondieren und hege aufrichtige Bewunderung und großen Respekt für sie.

Die Besatzung von *U 234* hatte einen außerordentlich gefährlichen Auftrag mit einer begrenzten Erfolgschance auszuführen. Sie bestand aus stolzen und ehrenwerten Männern, die in den Jahren 1939 - 1945 einfach ihre Pflicht taten und ihrem Land ohne jedes Anzeichen eines politischen Dogmas dienten. Ihr Mut und ihre Hingabe, symbolisch für alle Veteranen ohne Rücksicht auf ihre Nationalität, bilden den wegweisenden Geist dieses Buches.

* * *

Das Studium der Geschichte ist eine Angelegenheit der Perspektive; vielmals war das, was der gegenwärtigen Gesellschaft belanglos erscheint, in Wirklichkeit eine Sache von tödlichem Belang für diejenigen, die es direkt betraf. Die Geschichte von *U 234* liefert hierfür ein ausgezeichnetes Beispiel. Während uns an der Schwelle des 21. Jahrhunderts das Vorhandensein von Wissenschaftlern, Technikern, »moderner« Raketentechnik, eines Flugzeuges mit Turbostrahlantrieb sowie nuklearem Material an Bord von *U 234* wie eine antiquierte Bedrohung vorkommt, rief dies tiefe Betroffenheit bei jenen hervor, deren Aufgabe es 1945 war, amerikanische Soldaten des Heeres und der Marine in den Krieg zu schicken. Ich hoffe, dass der Leser beim Studium dieses Buches erkennen wird, welche Auswirkungen *U 234* auf das Denken der militärisch Verantwortlichen hatte, die auf alliierter Seite die vorgesehene Invasion Japans planten.

Nach japanischem Brauch werden die japanischen Namen mit dem Zunamen an erster Stelle, gefolgt vom Vornamen wiedergegeben. Das in den Anmerkungen zitierte Quellenmaterial, das die Verhöre der Passagiere von *U 234* betrifft, umfasst zwei Arten von Protokollen, die eine Erklärung erfordern:

– die »selbständigen Vernehmungsgespräche« *(independent room conversations)* und
– die »Raumabhör-Gespräche« *(interroom conversations).*
– Erstere waren Verhöre, die entweder aus förmlichen Frage-und-Antwort-Vernehmungen zwischen einem Vernehmungsoffizier und dem Gefangenen bestanden oder in Gestalt formloser Gespräche stattfanden, nachdem sich zwischen den beiden ein Vertrauensverhältnis herausgebildet hatte. Die Protokolle der »Raumabhör-Gespräche« ergaben sich aus dem heimlichen Abhören und dem getarnten Aufzeichnen aller Gespräche, die von Gefangenen untereinander in einem Raum geführt wurden. Den Gefangenen war hierbei durchaus bewusst, dass ihre Gespräche abgehört wurden. Manche kümmerten sich nicht darum, aber die Mehrheit der Gefangenen benutzte dies als eine Gelegenheit, die Alliierten indirekt wissen zu lassen, dass sie zu einer Zusammenarbeit bereit waren.

Teil 1

Die letzte Fahrt

»Nach allem sind unsere wirklichen Feinde England und die Vereinigten Staaten. ...Für Deutschland wäre es völlig logisch, mit uns gemeinsame Sache zu machen. Dies würde unser beider Interessen dienen. ...Wenn wir Verbündete sind, sollten wir uns gegenseitig jede denkbare materielle Unterstützung gewähren, unsere Absichten offen legen und unsere Meinungen frei austauschen, so daß wir tatsächlich eine gemeinsame Kriegsführung unternehmen können.«

Außenminister Shigemitsu Mamoru

»Nach langem Warten und vieler Vorbereitungen stehen wir heute auf den Planken unseres eigenen Bootes. Ich habe die Ehre, es in Dienst stellen zu dürfen. Mit ihm ist uns eine Waffe anvertraut worden, ...um sie im Geiste unserer unsterblichen Vorgänger zu führen.

In dieser Stunde verpfänden wir unser Leben, um für jene zu arbeiten und zu kämpfen, die ihr Leben hingaben und die jetzt aus der Ewigkeit auf uns herniedersehen, um von uns dieselbe Aufopferung zu fordern. Das gesamte deutsche Volk erwartet, durch seine Seeleute aus den Leiden dieses Krieges erlöst zu werden. Daran wollen wir alle denken.

Wir gedenken auch der deutschen Männer, die an ihm [an dem Boot] arbeiteten und es zu dem machten, was es heute ist. Ihnen verdanken wir vieles, wenn wir in dieses einst tote Gebilde aus Stahl unseren Geist und unsere Liebe hineingeben und ihm eine Seele einhauchen.

Wir wollen unser Boot als ein Lebewesen betrachten, das zärtlich liebender Sorgfalt bedarf, so daß es uns ein Heim und ein Freund werden wird. Wenn wir es so als aufrichtige Seeleute behandeln, wird es uns in der Stunde der Not nicht im Stich lassen.«

Kapitänleutnant Johann Heinrich Fehler
am 2. März 1944 bei der Indienststellung von *U 234*

1. Kapitel

Die Vorgeschichte: Deutsch-japanische Zusammenarbeit

Der Kommentar des japanischen Außenministers Shigemitsu Mamoru zu Joachim v. Ribbentrop, seinem deutschen Kollegen, räumte auf feine Weise eine Tatsache ein, die beiden Männern bereits bewusst war. Von den Achsenmächten war Deutschland deutlich die stärkste Industrie- und Wirtschaftsmacht. Dies hatte die Erwartung zur Folge, dass Deutschland die seinem japanischen und italienischem Partner gewährte Unterstützung auf solche Entwicklungsgebiete ausdehnen würde, in denen ein Defizit bestand. Bereits 1937 erkannte Kapitän zur See Kojima Hideo, der damalige japanische Marineattaché in Berlin, die Notwendigkeit deutscher Unterstützung für die japanischen Kriegsanstrengungen und schlug ein Protokoll für den Austausch taktischer und technischer Informationen und Materials zwischen der japanischen und der deutschen Marine vor.[1] Doch hauptsächlich infolge der deutschen Befürchtungen, ein solcher Austausch könnte einseitig verlaufen[2], verzögerte sich eine definitive Vereinbarung über eine Zusammenarbeit bis 1940.

Am 27. September 1940 unterzeichneten Deutschland, Italien und Japan den Dreimächtepakt mit der gegenseitigen Verpflichtung zu politischer, wirtschaftlicher und militärischer Unterstützung, um in Europa und Ostasien eine neue Ordnung mit dem Errichten der Hegemonie der Achsenmächte zu schaffen. Um die Solidarität des Bündnisses sicherzustellen, rief Artikel 3 des Vertrages die Verbündeten auf, die jeweiligen Einfluss-Sphären innerhalb der neuen Ordnung anzuerkennen, indem sich die Signatarmächte zur »Zusammenarbeit in ihren Anstrengungen« und zum »gegenseitigen Beistand« verpflichteten, »falls eine der drei vertragschließenden Parteien von einer Macht angegriffen wird, die nicht am Krieg in Europa oder am chinesisch-japanischen Konflikt beteiligt ist«. Ein weiterer dünn verschleierter Hinweis auf eine mögliche Verwicklung der Vereinigten Staaten erschien in Artikel 4. In Kenntnis des Potenzials der industriellen Tüchtigkeit der Amerikaner bestand Japan als Voraussetzung einer militärischen Zusammenarbeit auf der Schaffung einer gemeinsamen Technischen Kommission, die »ohne Verzögerung« zusammentreten sollte.[3]

Das Ausmaß der japanischen und der deutschen Besorgnis über die militärische und technische Zusammenarbeit wurde in den verschiedenen Zusätzen zum Vertrag offensichtlich. In einer als »Streng geheim!«, bezeichneten Zusatznote verpflichtete sich der deutsche Vertreter, ein General Ott, dass Deutschland »seine industrielle Stärke und andere technische und materielle Ressourcen so weit wie möglich zugunsten Japans verwenden« würde.[4] Als Gegenleistung versprach Tokio, Deutschlands ehemalige pazifische Besitzungen zurückzugeben, die damals unter japanischer Mandatsverwaltung standen.[5/5a] In einem geheimen Zusatzprotokoll zur Militärhilfe stimmten die Verbündeten überein, »ohne Verzögerung alle Kriegszwecken dienenden Erfindungen und Geräte auszutauschen und sich gegenseitig Kriegsausrüstungen wie Flugzeuge, Panzer, Geschütze, Sprengstoffe … zu liefern, erforderlichenfalls zusammen mit der technischen Sachkenntnis und den entsprechenden Fachleuten«.[6]

Trotz der Begeisterung, die den Abschluss des Dreimächtepaktes begleitete, versiegte der Geist der Solidarität innerhalb der Achse bald, da der wahrgenommene Mangel an Gegenseitigkeit sowohl Deutschland als auch Japan zunehmend enttäuschte. Generalfeldmarschall Werner v. Blomberg, der ehemalige Reichskriegsminister (1938 entlassen), umriss die Ernsthaftigkeit der Situation, indem er beklagte: »Unsere Beziehungen zu unserem Verbündeten Japan waren grotesker als irgendetwas in der vorangegangenen Geschichte.« Er erinnerte daran, dass Japan »ein Land [war], zu dem wir keine geistigen Bande hatten, abgesehen von einer absonderlichen SS-Interpretation der Ideologie des *Bushido*-Kodex«.[7] Außerdem erhob das Oberkommando der Kriegsmarine (OKM) den Vorwurf: Das Angebot Japans bezüglich der Ankerplätze und Häfen für deutsche Hilfskreuzer im Fernen Osten »schließt in keiner Weise die vorherrschende Auffassung einer einseitigen Unterstützung von Seiten Japans aus. … Es ist daher erforderlich, jede gegenteilige japanische Ansicht in Frage zu stellen … und die nach dem Pakt vorgesehene absolute Gegenseitigkeit zu betonen«. Um sich gegen die angenommene Ungerechtigkeit zu sichern, legte das OKM bestimmte empfindliche Einzelposten fest, um die nach dem Ermessen der Seekriegsleitung (Skl) von den Japanern ersucht werden könnte, und erließ für solche Ausrüstungen wie Schallortungs- und Funkmessanlagen strenge Richtlinien.[7a] Außerdem sollte die Skl bestimmen, welche neuen Ausrüstungen, die sich noch in der Entwicklung befanden, für japanische Anforderungen verfügbar sein sollten.[8]

Durch das deutsche Widerstreben alarmiert, entsandten die Japaner im Dezember 1940 eine gemeinsame Heeres- und Marinemission nach Berlin, um ihre Besorgnisse und Materialwünsche vorzubringen. Unter Führung von General Yamashita Tomoyuki (dem späteren »Tiger von Malaya«) und Admiral Nomura Naokuni legte diese gemeinsame Mission Anfang Februar 1941 eine »Wunschliste« der japanischen Ersuchen vor. Dagegen leisteten sowohl die Kriegsmarine als auch die deutsche Wirtschaft in Wahrnehmung ihrer Geschäftsinteressen vehement Widerstand. Die Marine forderte, dass sich jede Japan gewährte materielle Hilfe direkt gegen die Briten in Asien richten müsse, während die deutsche Wirtschaft [nahezu prophetisch] die Befürchtung hegte, dass sich ihre Produkte durch die Japaner in den Nachkriegsjahren gegen sie wenden würden.[9] Doch weder die anderen Wehrmachtteile noch – weitaus wichtiger – Reichskanzler Adolf Hitler teilten die Bedenken der Marine und der Wirtschaft.

Am 5. März 1941 erließ Hitler die »Weisung Nr. 24 über die Zusammenarbeit mit Japan«, die sich den schlechter werdenden Beziehungen zwischen Deutschland und

Japan widmete. Der hier wichtigste Punkt fand sich in Nr. 2 dieser Weisung. Hierin wurde festgelegt, dass das militärische Potenzial Japans besonders in technischer Hinsicht »mit allen verfügbaren Mitteln« verstärkt werden müsse. Hitler wies weiterhin alle Bereiche der Wehrmacht an, den japanischen Ersuchen »in umfassender und großzügiger Art« zu entsprechen, und führte dazu aus: »Obwohl Gegenseitigkeit erwünscht ist, sollte sie den Verhandlungen nicht im Wege stehen.«[10] Um den Wünschen des *Führers* nachzukommen, wurde das *Wehrwirtschafts-Referat* des *Wehrwirtschafts- und Rüstungsamtes* im Oberkommando der Wehrmacht (OKW) als verantwortliche Dienststelle für die Lenkung der deutschen Militärhilfe an Japan beauftragt.[11]

Trotz der ausdrücklichen Wünsche Hitlers war das OKM bestrebt, die deutsche Einwilligung in die japanischen Ersuchen hinzuhalten. Das OKM wies Botschafter Karl Ritter darauf hin, dass die Wunschliste überprüft und möglicherweise angesichts der veränderlichen Transport-Logistik geändert werden müsste, da sie vor Japans offiziellem Kriegseintritt erstellt worden wäre. Zudem erhob das OKM den Einwand, dass die Sowjetunion jedes Ersuchen verweigern würde, um die Benutzung der Transsibirischen Eisenbahn für die Beförderung derartiger Güter zu gestatten. Infolgedessen gäbe es keine einfache Transportroute. Obwohl keine »sichere Möglichkeit für einen Gütertransport in beträchtlichem Umfang« vorhanden war, wurde entschieden, dass es möglich sein würde »einige Modelle mit den entsprechenden technischen Zeichnungen und Plänen« zu transportieren, erforderlich, um die japanische Fertigung deutscher Ausrüstungen zu erleichtern.[12]

Ungeachtet des internen Widerstandes gegen die Bestimmungen des Paktes über die Zusammenarbeit beabsichtigte Deutschland nichtsdestoweniger, den Vertrag zu respektieren, und begann in der Folge, vom Herbst 1941 an von Bordeaux aus Überwasserschiffe als Blockadebrecher in den Fernen Osten zu entsenden. Doch die Japaner waren im Allgemeinen über die Zusammensetzung der Frachten enttäuscht. Während die originale Wunschliste mit ihren Ersuchen nach Artilleriegeschützen großen Kalibers, Panzern, Funkmessanlagen, Unterseebooten, Flugzeugteilen und -modellen sowie Präzisionsinstrumenten und Maschinenteilen die potenziellen Verteidigungsschwächen Japans widerspiegelte, bestanden die Frachten hauptsächlich aus Industriechemikalien und Maschinen.[13] Doch so enttäuscht die Japaner über die Frachten auch waren, die deutsche Seite war hinsichtlich dessen, was sie als Gegenleistung erhielt, sogar noch enttäuschter. Dem pflichtete eine streng geheime OKM-Denkschrift bei, datiert vom 27. Mai 1941: »Die Japaner sind nicht imstande, Mut zu fassen, um etwas in unserem Interesse zu tun, was das kleinste Risiko für sie bedeutet.«[14] Am 29. Dezember 1941 richtete der Chef des Sonderstabes für Wirtschaftskriegführung eine Denkschrift an die Deutsche Botschaft, in der er ausführte: »Was [wir] von den Japanern erhalten haben, … ist sehr begrenzt. … Es muss mehr gefordert werden, [insbesondere] den Austausch aller Kriegserfahrungen bei den früheren See-, Land- und Luftoperationen [Japans].«[15] Die Japaner erinnerten ihren Verbündeten daran, dass sie zusätzlich zu den Nachschubgütern Versorgungs- und Erholungseinrichtungen für deutsche Blockadebrecher zur Verfügung gestellt hätten, und nach ihrer Auffassung stünde Deutschland beim Handeln auf Gegenseitigkeit in der Schuld Japans. Das OKM blieb jedoch unbeeindruckt und erwiderte, dass »die materielle und technische Unterstützung, die Deutschland durch das Bereitstellen von Ankerplätzen und Versorgung erhalten hat«, kein angemessenes Befolgen des Vertrages bedeutete.[16]

* * *

Obwohl der *Führer* seinem Wunsch Ausdruck verlieh, den Japanern das Studieren deutscher Munitionsfabriken und Forschungseinrichtungen zu gestatten, war der Widerstand erheblich, den Japanern eine unbeschränkte Vollmacht für den Zugang zu gewähren.[17] Im Frühjahr 1941 wurden den Vertretern der japanischen Militärmission die Dienste von Fachleuten in »strategischen, taktischen und technischen Bereichen« der deutschen Wehrmacht angeboten. Zudem waren sie – dank dessen, was die Deutschen »das maximale Ausmaß an Offenheit auf unserer Seite« nannten – Gäste bei zahlreichen Besprechungen über deutsche Kriegserfahrungen. Darüber hinaus wurden die Japaner »zu ausgedehnten Besuchen an der Front wie auch in wehrwirtschaftliche Einrichtungen« begleitet, wobei sie Einblick in Projekte bekamen, die zuvor als streng geheim eingestuft gewesen waren.[18]

Während das Oberkommando der Wehrmacht einerseits beabsichtigte, Hitlers Wünschen voll nachzukommen, versuchte es andererseits, die geheimen deutschen Waffenentwicklungen zu schützen. Trotzdem den offiziellen Vertretern Japans der Zutritt in die deutschen Fertigungs- und Entwicklungsstätten gestattet werden musste, erließ Generalfeldmarschall Wilhelm Keitel, der Chef des OKW, am 3. April einen Befehl, in dem er feststellte, dass jede Anstrengung unternommen werden sollte, um die Japaner »daran zu hindern, einen tieferen Einblick in die deutsche Rüstung zu erhalten, als wir ihnen unbedingt gewähren müssen. … Geheime Verfahren, die für die deutsche Wirtschaft und Technik auf lange Sicht Vorteile bedeuten, müssen außer Betracht bleiben.«[19]

Mit dem Fortgang des Krieges nahmen Japans Forderungen an das Reich dramatisch zu; sie standen im Missverhältnis zu jenen, die Deutschland an Japan stellte. Anfangs kam ihnen die deutsche Seite nach, wie eine Entscheidung vom 19. März 1942 bewies, um Japan einen Kredit über 10 Millionen Reichsmark als Bezahlung für bereits geliefertes Kriegsmaterial einzuräumen. Doch bis zum August hatten die japanischen Forderungen eine solche Größenordnung erreicht, dass Botschafter Oshima Hiroshi Tokio riet, »Japan muß Deutschlands verringerte Reservevorräte an Munition in Betracht ziehen« genauso wie die Tatsache, dass bestimmte deutsche Firmen ihre Produktion von Maschinen auf Munition umstellten und dadurch die Annullierung japanischer Maschinenbau-Aufträge verursachten.[20]

Trotz der Veränderungen auf deutscher Seite bei den wehrwirtschaftlichen Prioritäten hielt der Zustrom an japanischen Aufträgen unvermindert an und Deutschland tat sein Bestes, wenn auch nicht gerade freudig, um seinen Partner zufrieden zu stellen. Doch als die Kämpfe an der Ostfront begannen, das deutsche Kriegsmaterial zu erschöpfen, informierten die deutschen Stellen Oshima offiziell, dass Japan eine Änderung in der Natur seiner Ersuchen hin zu solchen in Betracht ziehen müsse, denen Deutschland nachkommen könnte. Infolgedessen schlossen am 9. Dezember 1942 Japan und Deutschland noch ein weiteres Abkommen (Zusatzprotokoll) über die Zusammenarbeit ab, das diesmal eine solche im Bereich der Technik zum Inhalt hatte. Die beiden Achsenmächte verpflichteten sich, »bestimmte Patente, Lizenzen und technische Zeichnungen auszutauschen [sowie] die Entsendung von Ingenieuren ...und Technikern einschließlich der praktischen Ausbildung von technischen Fachleuten [zu arrangieren].«[21]

Die japanischen Vertreter hatten schon seit langem die deutschen Entwicklungen beobachtet und begehrten in der Folge die Überlassung der Patentrechte zur Herstellung von Waffen und Ausrüstungen in Japan. Im September 1942 hatte die diplomatische Vertretung der Japaner in Berlin darum ersucht, dem Büro für Waffen und Ausrüstungen im Heeresministerium in Tokio die Patentrechte für mehrere neue deutsche Erfindungen zu überlassen, darunter ein verbessertes Filtersystem für Luftschutzbunker, eine transportable Anlage zum Abpumpen von Giftgas, ein verbessertes Ventil für Taucher-Druckkammern und eine Unterwasser-Sirene, die Taucher benutzten, »um gefährliche Fische zu verscheuchen«.[22] Mit dem Zusatzprotokoll vom Dezember 1942 in der Tasche hatten die japanischen Industriellen nunmehr das Versprechen technischer Fachkenntnis ebenso wie auch von Patentrechten und konnten beginnen, deutsche Methodologie in die japanische Produktion zu übernehmen.

1943 ersuchte Japan zunehmend um militärische Ausrüstungen, während die Anforderungen von Gütern industrieller Natur dramatisch zurückgegangen waren, ein Anzeichen dafür, dass der Pazifische Krieg Japans Fähigkeit überbeanspruchte, wirksame Waffen zu entwickeln, um den Fortschritten zu begegnen, die die Amerikaner machten. So hatte zum Beispiel das kaiserliche Heer zuvor darum ersucht, eine deutsche Herstellungstechnik für die Fertigung eines besonderen Stahls zur Verwendung als Futter (Seelenrohr) großer Geschützrohre zu erwerben. Ende 1943 war diese Zielsetzung zu Gunsten von Ersuchen um bereits fertig gestellte Erzeugnisse, wie etwa deutsche Artilleriegeschütze, aufgegeben worden. Anfänglich bildeten deutsche Geschütze den Großteil der aus Deutschland verschifften Waffen, insbesondere die 10,5-cm-, die 12,8-cm- und die vielseitig einsetzbare 8,8-cm-Flak sowie die 7,5-cm-Pak. Hinzu kamen noch leichte Waffen wie Maschinen- und Sturmgewehre. Zudem begann Deutschland auch, noch in den Anfangsstadien steckende technische Entwicklungen nach Japan zu schicken, wie dies die »Rotterdam«- und »Würzburg«-Funkmessgeräte zeigten. Im Frühjahr 1944 hatte Deutschland den Umfang der von ihm verschifften Waffensysteme ausgeweitet, die jetzt auch neben einem »Tiger«-Panzer neuere Marinetechnik wie den Druckkörper eines 750-t-Unterseebootes umfassten.[23]

Das größte Interesse der Japaner betraf jedoch das Gebiet der Luftfahrt. 1940 begann die Prüfungskommission General Yamashitas Verhandlungen mit der Junkers Flugzeug- und Motorenwerke A.G. zu führen, angeblich um eine Vereinbarung zu formulieren, auf deren Grundlage Junkers-Flugzeuge in Japan gebaut werden sollten. Doch im Frühjahr 1941 hatten sich die Gespräche festgefahren. Dies führte dazu, dass Vertreter von Junkers nach Japan reisten, um die vor dem Scheitern stehenden Gespräche zu erneuern. In Tokio verliefen die Gespräche erfolgreicher und trugen am 20. September 1941 insoweit Früchte, als die deutsche Seite zustimmte, der Mandschuria-Gesellschaft die Fertigung von Junkers-Flugzeugen zu gestatten. Der Mandschuria waren die deutschen Fertigungsverfahren nicht fremd; denn bereits 1940 hatte diese Gesellschaft als Teil einer früheren Vereinbarung mit der Messerschmitt A.G. »25 mittlere Bomber und 20 Me 109 pro Monat gefertigt«.[24] Um ihr eigenes Unternehmen mit Mandschuria zu fördern, stimmte die Junkers A.G. zu, 115 Mann technisches Personal sowie tonnenweise Industrieausrüstung zu entsenden, um den Aufbau des Fertigungsprozesses und die Beseitigung von Kinderkrankheiten zu unterstützen.

In Berlin missbilligte jedoch das Oberkommando der Luftwaffe (OKL) diesen Vertrag und berief sich auf die Schwierigkeit, diese ungewöhnlich große Anzahl von Technikern sowie den beträchtlichen Umfang an Industrieausrüstung nach Japan zu entsenden. Stattdessen entschied sich das OKL für das Liefern »technischen Wissens und technischer Fertigungserfahrung« in begrenztem Maße, dessen Größenordnung 10% der Gesamtinvestitionen Deutschlands betragen sollte. Auf diese Weise setzten Deutschland und Japan einen aktiven Handelsverkehr in Gang, der sich auf die Lieferung von Flugzeugen und Flugzeugteilen an Japan konzentrierte und als Gegenleistung wichtige Rohstoffe wie Wolfram und Gummi vorsah. Die Luftstreitkräfte von Heer und Marine im kaiserlichen Japan machten sich diesen Austausch unmittelbar zu Nutze. Bis Ende 1944 hatten die Japaner um Modelle und Konstruktionspläne der gelungensten deutschen Flugzeuge ersucht und erhalten, darunter die Jäger Focke-Wulf Fw 190 und Messerschmitt Me 109, die Zerstörer-Jagdflugzeuge Me 110 und Me 210, das Schlachtflugzeug Hentschel Hs 129, die mittleren Sturzkampfbomber Junkers Ju 88 und Ju 188, den Langstrecken-Aufklärungsbomber Fw 200 »Condor«, den Langstreckenbomber Me 264, den schweren Bomber Heinkel He 177 sowie den mittleren Bomber Dornier Do 217.[25]

Es ist daher nicht überraschend, dass die Japaner schon bald nach der Entwicklung des deutschen Turbostrahlflugzeuges um Modelle und Konstruktionszeichnungen ersuchten, um ihre schwindende Anwesenheit am Himmel über dem Pazifik wieder stärker zur Geltung zu bringen. Im November 1944 stimmte die Messerschmitt A.G. einem Vertrag zu, dessen Ergebnis im Verschiffen mehrerer Messerschmitt-Flugzeuge bestand, darunter der Jäger Me 262 mit Turbostrahlantrieb und der Objektschutzjäger Lippisch Me 163 mit Raketenantrieb. Außerdem gab die Messerschmitt A.G. ihre Zustimmung, Techniker und Ingenieure in angemessener Zahl zu entsenden, um Japan beim Einrichten der Serienfertigung für die neuen Flugzeuge zu unterstützen. Diese Sendungen sollten aus drei Schiffsfrachten bestehen: Die erste Ladung sollte die mit Propellern angetriebenen Jäger Me 309 und Me 209 sowie den Langstreckenbomber Me 264, die zweite die oben genannten Me 163 und Me 262 und die dritte den Jagdbomber Me 410 und den Großraumtransporter Me 323 mit Propellerantrieb umfassen. Zusätzlich zu den Flugzeugen waren als Teile der Fracht weiterhin vorgesehen: Eine Druckkabine, Bombenzielgeräte vom Typ Lorenz 7H2, Bordfunkmessgeräte B/3 und FuG 10 sowie 12,5 kg an Bombenzündern.[26]

Während die Japaner weiterhin ihr aggressives Streben nach deutschen Neuerungen und Personal verfolgten, behinderte das schleichende Misstrauen ihres Verbündeten ernstlich die Erfolgschancen des Programms. Der deutschen Seite widerstrebte es, Urheber- und Patentrechte abzugeben; sie wollte die Japaner nicht ermächtigen, bestimmte deutsche Rüstungsprojekte zu erwerben, da sie ein Beeinträchtigen der Geheimhaltung befürchtete. Diese Engstelle entwickelte sich zu einer Bremse in den deutsch-japanischen Beziehungen und nach einem Gespräch mit Botschafter Oshima Hiroshi schritt Hitler erneut ein. Während seine militärischen Führer ernste Vorbehalte äußerten, den Japanern einen zu großen Zugang zu deutschen Rüstungsgeheimnissen zu erlauben, forderte Hitler, dass den Japanern »im Interesse einer gemeinsamen Kriegsführung« der Zugang zu Waffensystemen, Ausrüstungen und »praktischen Kenntnissen auf breitester Basis« gewährt werden müsse. Zusätzlich ordnete Hitler an, dass die Japaner »von uns aus über alle Waffen und Geräte, die ... zum Vorteil der gemeinsamen Sache eingesetzt werden könnten,« informiert werden sollten.[27] Die Folge war, dass im November 1944 zwischen den Achsenpartnern Verhandlungen für ein Geheimabkommen begannen, das sowohl die Patentrechte als auch die Sicherheit der Erfindungen zum Inhalt hatte. Bis Kriegsende war das Abkommen ratifiziert worden und garantierte auch den Erfindungen Sicherheit und Patentrechte für »Erkenntnisse, Erfahrungen, Herstellungsverfahren und -anweisungen«.[28]

* * *

Im August 1944 alarmierte die Japanische Botschaft in Berlin ihre Vorgesetzten in Tokio mit der Enthüllung, dass die amerikanischen Sieger nach der voraussichtlichen Niederlage Deutschlands »beabsichtigen, wenigstens 20.000 deutsche Ingenieure in die Vereinigten Staaten zu bringen. ... Dies würde das Rüstungspotential Amerikas in einer Weise verstärken, die entscheidende Auswirkungen auf Japan haben könnte.« Die Folge war, dass Tokio nunmehr vor allem um die Überstellung von deutschen Technikern und Ingenieuren ersuchte, angeblich um ihre Gefangennahme durch die Alliierten zu verhindern. Zudem konzentrierten sich die japanischen Anforderungen auf Erfindungen, die für die Kriegsanstrengungen wichtig waren. Ursprünglich sollten nur wenige Fachleute das angeforderte Kriegsmaterial begleiten.[29] Am 16. November 1944 stimmte Deutschland diesem Vorschlag im Prinzip zu und begann mit dem Transfer technischer Informationen sowie des technischen Personals für den Bau von Waffensystemen nach dem Stand der Technik, wie zum Beispiel Flugzeuge, Hochgeschwindigkeits-U-Boote und neuartige Luftabwehrsysteme.[30] Ende des Jahres 1944 hatte Botschafter Karl Ritter die Planung für das Entsenden von 27 deutschen technischen Spezialisten nach Japan abgeschlossen, die den Bau von »V-Waffen« (Raketen) und Turbostrahlflugzeugen vorantreiben sollten.[31] In Übereinstimmung mit Ritters Bemühungen durchkämmten japanische Verbindungsoffiziere deutsche Produktionsstätten nach »hochqualifizierten Spezialisten«, die veranlasst werden könnten, nach Japan zu gehen, ein Bestreben, bei dem Japan »vor keinen Kosten zurückscheuen« würde.[32]

Um den Weg für die Wiederaufnahme der Materialverschiffungen nach Japan freizumachen, begannen die Gespräche zur Erörterung besonderer Missionen. Am 25. November 1944 setzte das OKM eine solche Mission in Gang, indem es Admiral Paul Wenneker, den Marineattaché in Tokio, zur Sicherstellung einer engen Zusammenarbeit in technischer Hinsicht informierte, dass deutsche Spezialisten »mit erst kürzlichen Erfahrungen« nach Japan entsandt werden würden, um den Japanern zu ihrer Verfügung als Gehilfen zu dienen. Das OKM vermerkte auch, dass unmittelbare Schritte unternommen worden waren, seit die Japaner das Fehlen eines technischen Stabes für Wenneker beklagt hatten, um auch diesen Umstand zu beheben. Als Erstes erfolgte die Ernennung von Fregattenkapitän Gerhard Falcke – eines hervorragenden Schiffbauingenieurs und Fachmanns für Antriebsanlagen, der von Adm. Nomura und anderen Angehörigen aus dem Stabe des japanischen Marineattachés in Berlin hoch geschätzt wurde – als Wenneckers Gehilfen in technischen Marinefragen. Außerdem sollte ihn Dr.-Ing. Heinz Schlicke begleiten, ein namhafter Elektronik- und Funkmess-Fachmann, um die Japaner mit seiner fachlichen Kompetenz zu unterstützen und die technischen Probleme zu erklären.[33]

Da sich der von deutscher Seite aus geführte Seekrieg auf Unterseeboote und Küstenoperationen beschränkte, gab es für Offiziere der Kriegsmarine keine Gelegenheit, Erfahrungen in Seeschlachten zu sammeln, die für einen Neuaufbau der deutschen Flotte notwendig waren.[34] Infolgedessen kündigte Großadmiral Karl Dönitz am 3. Dezember an, dass er das Entsenden mehrerer Marineoffiziere nach Japan plante, um aus den umfangreichen Operationen des Pazifischen Krieges Nutzen zu ziehen. Zwei Marineoffiziere erhielten den Befehl, sich in Tokio zu melden: Kapitänleutnant Richard Bulla, ein Seeflieger, sollte die Erfolge der japanischen Marineluftwaffe studieren und Oberleutnant zur See Heinrich Hellendorn war Spezialist für bordgestützte Fla-Waffen. Ursprünglich hatte Dönitz vorgeschlagen, Bulla und Hellendorn sollten als »Gastoffiziere« zur Kaiserlich Japanischen Marine abkommandiert werden und dem Kommando japanischer Offiziere unterstehen.[35]

Das deutsche Auswärtige Amt widersprach einer solchen Kommandierung und entschied stattdessen, Bulla und Hellendorn sollten in einen selbstständigen technischen Stab eingegliedert werden, um »politisch unerwünschte Ereignisse« zu vermeiden.[36] Das Auswärtige Amt erklärte seine Einwände mit dem Hinweis, dass die japanischen Marineoffiziere in Deutschland nicht der Kriegsmarine unterstanden, sondern zur Japanischen Botschaft gehörten. Nach weiteren Überlegungen stimmte Dönitz zu und kommandierte Bulla und Hellendorn zum technischen Stab des deutschen Marineattachés. Zusätzlich zu diesen Offizieren wurde auch Kay Nieschling, ein Marinerichter, nach Tokio abkommandiert, um die deutsche Militärgerichtsbarkeit in Japan auszuüben und Ermittlungen nach dem Spionagefall Sorge durchzuführen. Es war vorgesehen, dass Bulla, Hellendorn, Falcke, Schlicke und Nieschling Deutschland Ende Januar 1945 verlassen sollten.

Am 1. September 1944 ernannte Reichsmarschall Hermann Göring den General der Flieger Ulrich Keßler zum Luftwaffenattaché in Tokio. Dieser war von der Aussicht, den Rest des Krieges in Japan zu verbringen, nicht gerade begeistert, nahm aber diesen Auftrag hin. Er sollte einen Verbindungsstab aufstellen und forderte in der Folge, dass ihn »eine beträchtliche Anzahl Offiziere« nach Asien begleiten sollten, um eine »erweiterte Dienststelle des Luftattachés« zu bilden.[37] Obwohl er die geforderte »beträchtliche Anzahl« nicht bekam, war Keßler trotzdem im Stande, die Abkommandierung des auf Luftverteidigung spezialisierten Oberstleutnants Fritz v. Sandrart sowie des Oberleutnants Erich Menzel, eines Funkmessfachmannes, zu erreichen. Sie sollten den Japanern bei der Einrichtung einer angemessenen Luftverteidigung für die Inseln des Mutterlandes helfen. Ende Dezember wurden der General und seine Offiziere in Kenntnis gesetzt, dass auch ihre Abreise im Januar 1945 stattfinden würde.

Für die im Januar in Aussicht genommene Abreise waren auch noch zwei Zivilisten vorgesehen: Dr.-Ing. August Bringewald und Franz Ruf. Beide waren Beschäftigte der Messerschmitt A.G., und zwar Bringewald als Ingenieur und Ruf als Techniker, ein Fachmann für die Fertigung. Sie sollten die »Serienproduktion der Flugzeuge vom Typ Me 163 und Me 262 unterstützen und in Gang bringen«.[38] Dr.-Ing. Bringewald, der nicht nach Japan gehen wollte, war für eine frühere Abreise vorgesehen gewesen; er hatte jedoch kurz zuvor die Vorahnung eines Unheils verspürt und daher gebeten, dass er noch bleiben durfte.[39] Obwohl sein Wunsch nach Aufschub gebilligt wurde, erhielt er nicht die Erlaubnis, in Deutschland zu bleiben. Zusammen mit Ruf hatte auch er sich auf eine Abreise aus Europa im Januar 1945 vorzubereiten.

Infolge der Schwierigkeiten einer Reise von Europa nach Japan wurden alle Personen, für die das Verlassen Europas vorgesehen war, zur Beförderung in einer einzigen Gruppe zusammengefasst. Auf deutscher Seite – vor allem durch Göring – bestand der Wunsch einer Abreise im Januar 1945 auf dem Luftwege als der schnellsten Möglichkeit. Hierfür wurden drei 4-motorige Transportmaschinen vom Typ Ju 290 vorgesehen. Doch dieser Plan wurde mit Rücksicht auf die japanischen Befürchtungen aufgegeben, die Flugzeuge könnten zu einer Landung auf sowjetischem Territorium gezwungen werden und somit den Japanisch-Sowjetischen Neutralitätspakt gefährden.[40/40a] Da der Transport von Einzelpersonen keinen großen Raum beanspruchte, fiel schließlich die Entscheidung, die Passagiergruppe mit einem Unterseeboot nach Japan zu bringen.[41]

* * *

Der Materialaustausch zwischen Japan und Deutschland war das Ergebnis einer kooperativen Anstrengung, gelenkt durch verschiedene militärische und diplomatische Kanäle. Im Zuge der Schaffung einer Kommandostruktur für die Operationen im Fernen Osten bestimmte GAdm. Dönitz 1943 den deutschen Marineattaché in Japan, Paul Wenneker, als Marinebefehlshaber für alle deutschen Aktivitäten zur See im Fernen Osten, darunter auch für das Programm bezüglich des Austauschs von Lieferungen mit den Japanern.[42] Um das Koordinieren des Gesamtvorgangs zu unterstützen, waren zwei Offiziere aus Wennekers Stab – FKpt. Souchon und KKpt. v. Krosigk – beauftragt, die verantwortlichen militärischen Stellen in Japan zu konsultieren, um festzustellen, welche Posten in die Frachtliste aufgenommen werden sollten.[43] Außerdem hatte der japanische Botschafter in Berlin, Oshima Hiroshi, Verbindung zu Heer und Marine in Japan und brachte deren dringendste Wünsche auf diplomatischem Wege bei Zusammentreffen mit Außenminister Joachim v. Ribbentrop oder oft bei Hitler selbst vor.[44] Diese Informationen gingen anschließend an das Marineverwaltungsamt im OKM in Berlin weiter. Dort wurden die Ersuchen bearbeitet und an die eigentlichen Beschaffungsstellen weitergeleitet, die wiederum eine direkte Beförderung des zu verschiffenden Materials zum französischen Hafen Bordeaux veranlassten.

Im Frühjahr 1945, während Deutschland noch verzweifelte Anstrengungen unternahm, um die drohende Niederlage abzuwenden, fuhr es nichtsdestoweniger mit dem Versuch fort, in letzter Minute Konterbande nach Japan zu verschiffen. Im Pazifik hatte die japanische Abhängigkeit von deutscher Unterstützung verzweifelte Ausmaße erreicht. Am 9. April 1945 berichtete VAdm. Abe Katsuo, der Vertreter Japans in der Dreimächtekommission in Berlin, nach Tokio, er und sein Stab hätten versucht, die deutsche Seite zu überzeugen – im Bestreben, »die Deutschen müssen zur Fortsetzung des Krieges durch Japan direkt und indirekt beitragen, indem sie so lange wie möglich weiterkämpfen« –, dass die beiden Länder »ein gemeinsames Schicksal nicht nur in diesem Krieg sondern auch in den kommenden Zeiten haben«.[45] Am 3. Mai nach einem Treffen mit dem deutschen Außenminister v. Ribbentrop versicherte Abe gegenüber Tokio, Deutschland halte an seiner Verpflichtung zu Japan fest, und berichtete, dass v. Ribbentrop »ersucht [hätte], die tatkräftigen Bestrebungen möchten verstärkt werden, um … die Zusammenarbeit mit Japan immer mehr zu steigern«.[46] Doch die Achsenpartner sahen sich einmal mehr dem Dilemma gegenüber, dass die gemeinsamen Anstrengungen seit Kriegsbeginn belastet hatte – ein Problem, das nicht so sehr darin bestand, was zu liefern wäre, sondern darin, wie die Fracht zu transportieren war.

Als Deutschland und Japan 1940 den Dreimächtepakt unterzeichneten, war das Transportieren der Frachten auf Grund der Zusammenarbeit die geringste aller Sorgen gewesen. In den ersten fünf Monaten des Jahres 1941 hatte Deutschland zum Beispiel 212.366 t an Frachtgütern aus Japan über die Transsibirische Eisenbahn erhalten, während Japan wiederum Erzeugnisse aus der Schwerindustrie wie Maschinen und Panzerplatten oder Fahrzeuge und sogar Flugzeuge erhielt.[47] Doch der deutsche Angriff auf Sowjetrussland 1941 verschloss diese wichtige Verkehrsader und zwang Deutschland, andere Transportmöglichkeiten zu erkunden.[48] Die offensichtliche Lösung schien ein Transport auf dem Luftwege zu sein.

Am 11. Dezember 1941 ergänzten Deutschland, Italien und Japan den Dreimächtepakt mit einem »Militärabkommen«, worin auch zwei Operationszonen bestimmt wurden: Deutsche und Italiener westlich des 70. östlichen Längengrades und Japaner östlich dieser Linie. Wichtiger war jedoch die Forderung des Abkommens nach Schaffung von Transportverbindungen, besonders auf dem Luftwege, zwischen den drei Verbündeten. Dies galt auch für die Wiederherstellung der schon früher existierenden Seeverbindungen über den Indischen Ozean. Dies alles sollte in erster Linie die deutsch-japanische Zusammenarbeit erleichtern.[49] Doch der Lufttransport erwies sich als schwierig; denn die folgerichtigste Route von Europa nach Asien führte durch den sowjetischen Luftraum und auch Alternativrouten über Indien waren für die vorhandenen Flugzeuge nicht nur zu lang, sondern führten ebenfalls über feindliches Territorium. Die Folge war, dass der Großteil des Handelsverkehrs der Achsenpartner durch Blockadebrecher bewältigt werden musste.

Die Überwasserschiffe, auf die sich Deutschland und Japan stützen mussten, wurden unter der Bezeichnung »Yanagi«-Transporte bekannt. Zwischen April 1941 und Mai 1942 brachten die ersten »Yanagi«-Transporte knappe Rohstoffe nach Deutschland bzw. Maschinen nach Japan. In diesem Zeitraum verließen sieben deutsche Schiffe den Golf von Biskaya, während neun weitere von ursprünglich zwölf Schiffen, darunter drei italienische, aus dem Fernen Osten in Bordeaux einliefen. In den ersten Stadien dieser Operationen hatte der Einbruch in den mit der Schlüsselmaschine »Enigma« verschlüsselten deutschen Funkverkehr durch die Alliierten noch kaum Auswirkungen auf die »Yanagi«-Transporte. Bis zum Juni 1942 waren nur drei der Blockadebrecher versenkt worden und einer von ihnen auch noch irrtümlich durch ein deutsches U-Boot. Das britische Ministerium für wirtschaftliche Kriegsführung *(Ministry of Economic Warfare)* berechnete, dass die Blockadebrecher der Achse in den ersten sechs Monaten des Jahres 1942 zwischen 60.000 und 65.000 ts Gummi, Wolfram und weitere knappe Rohstoffe nach Deutschland gebracht hatten. Falls die 100.000-ts-Grenze erreicht werden sollte, hätte das Land seinen Bedarf für 1942 gedeckt. Trotzdem die britische Admiralität verstärkt Maßnahmen zur Bekämpfung dieser »Yanagi«-Transporte ergriffen hatte, traten keine wesentlichen Beeinträchtigungen ein.[50]

Die »Yanagi«-Transporte nahmen Ende 1942 ab, als das Entziffern des abgehörten diplomatischen Funkverkehrs der Japaner durch die Alliierten Vorausinformationen über Schiffsbewegungen lieferte. Diese Informationen zusammen mit ULTRA-Nachrichten, der erfolgreichen Verminung des Golfes von Biskaya durch die RAF und der Konzentration von Kriegsschiffen zur Sicherung der »Torch«-Geleitzüge[50a] unterbrachen die Wirksamkeit des Einsatzes von Blockadebrechern ernstlich. Bis Ende April 1943 hatte Deutschland lediglich 28.500 ts Gummi erhalten oder weniger als ein Drittel dessen, was das Land im Jahr zuvor bekommen hatte, wobei alliierte Überwasserschiffe und Unterseeboote der deutschen Seite einen Verlust von über 55.000 ts an knappen Rohstoffen wie Zinn und Wolfram zufügten. In der Zeitspanne von September 1942 bis April 1943 liefen 17 Frachtschiffe aus französischen Häfen in den Fernen Osten aus. Von diesen Schiffen kehrten drei wieder in den Hafen zurück, vier wurden versenkt und die restlichen zehn erreichten Japan. In diesem Zeitraum liefen jedoch nur fünf Schiffe nach dem Dezember 1942 aus.[51] Von November 1943 an wurden die Fahrten der Blockadebrecher als so gefährlich angesehen, dass Botschafter Oshima empfahl, die Kapitäne der Schiffe sollten ihre Auszeichnungen bekommen, e h e sie ausliefen.[52] Die Folge war, dass der Sonderstab für Maßnahmen zur wirtschaftlichen und kommerziellen Kriegsführung an Generalfeldmarschall Keitel berichtete, dass eine kritische Überprüfung der Frachtzahlen für 1943 die »Beendigung der Blockadebrecherfahrten mit Überwasserschiffen« erkennen ließe.[53]

In seinem für Tokio bestimmten Bericht vom 31. März 1943 beschrieb Oshima ein Gespräch mit Generalfeldmarschall Erich v. Manstein, den Oshima nur mit dem Kürzel »MA« bezeichnete.[54] Von Manstein teilte im Verlaufe dieses Gespräches Oshima mit: »Deutschland betrachtet es als äußerst dringend, daß zwischen Japan und dem Reich eine wirksame Zusammenarbeit zustandekommt. … Da seit kurzem die Blockadebrecherfahrten für Schiffe zu gefährlich geworden sind, sollten hierzu Unterseeboote eingesetzt werden.« Er deutete ferner an, dass bereits Pläne im Gange wären, um ältere Unterseeboote zum Transport von Frachten umzubauen. Außerdem schlug Oshima vor, zusätzlich zur Fracht sollten die beiden Verbündeten mit dem Unterseeboot auch den Austausch von Personen in Betracht ziehen, dem v. Manstein bereitwillig zustimmte.[55]

Die Folge war, dass die deutsche Seite plante, im Mai 1943 drei Unterseeboote nach Japan zu entsenden, denen im Juni vier weitere folgen sollten.[56]

Bereits in den Vorkriegsplanungen hatte der damalige KptzS. Karl Dönitz die Entwicklung von U-Booten nicht nur zu Angriffs- sondern auch zu Transportaufgaben vorgeschlagen. 1941 hatte die Idee einer Ausweitung der Aufgaben für U-Boote begonnen, sogar den *Führer* zu interessieren. Hitler hatte bei einem Zusammentreffen am 13. Dezember Oshima informiert, dass Deutschland den Wunsch hegte, ständige Verbindungen mit Japan einzurichten. Er hatte hinzugefügt: »Wenn dies lediglich Personen betrifft, wird erwartet, den Zweck durch den Einsatz … von Unterseebooten zu erreichen.«[57] GAdm. Erich Raeder hatte sich jedoch als ObdM geweigert, Mittel für die Entwicklung großer Transport-U-Boote zu bewilligen, und entschied sich stattdessen für die Bewilligung von mehr Überwasserschiffen. Daher wurde das Transport-U-Boot zeitweilig mit einer niedrigen Priorität auf die lange Bank geschoben.

Als Karl Dönitz am 30. Januar 1943 Raeder als Oberbefehlshaber der Kriegsmarine ablöste, erweckte er den Plan eines Einsatzes von Transport-U-Booten sofort wieder zum Leben, indem er die Umrüstung vorhandener Unterseeboote für den Transport von Gütern und Personen von Europa in den Fernen Osten und zurück genehmigte.[58] Der japanische Besitz der strategisch wichtigen Inseln Südostasiens, die sämtlich als U-Bootstützpunkte genutzt werden konnten, erzeugte im OKM im Hinblick auf die Durchführbarkeit von Fernfahrten der U-Boote in den Indischen Ozean sowie den Transport von Ausrüstung und Fracht nach Übersee ein zusätzliches Interesse.[59] Bis dahin hatte der Erfolg des deutschen Programms für Blockadebrecherfahrten durch Überwasserschiffe zusammen mit dem Bedarf der Kriegsmarine an Kampfbooten für die Schlacht im Atlantik jeden Versuch verhindert, einen regelmäßigen Verkehr mit Unterseebooten in den Fernen Osten in Gang zu setzen. Ab dem Frühjahr 1943 waren jedoch die Blockadebrecherfahrten bisheriger Art ernstlich lahm gelegt worden. Von den 34 als Blockadebrecher bestimmten Schiffen mussten sieben infolge des von den Briten ausgeübten Drucks nach Europa zurückkehren, während elf weitere von alliierten U-Jagdgruppen (*Hunter-Killer-Groups*) versenkt worden waren.[60/60a]

Ab Mitte 1944 war für deutsche Handelsschiffe eine sichere Passage in den Fernen Osten bzw. in umgekehrter Richtung nach Europa nicht mehr möglich. Der Frachtverkehr zwischen Deutschland und Japan litt unter diesen Umständen entsprechend, obwohl seine Bedeutung keineswegs zurückgegangen war. Im Gegenteil, mit dem Fortgang des Krieges wurde Japan zur Unterstützung bei der Verteidigung der Inseln des Mutterlandes von Deutschland immer abhängiger. Die Transportfrage war für die Japaner nicht mehr nur eine Sache des Vorteils, sondern diente dem direkten Überleben. Sie musste gelöst werden und in Anbetracht des Umfangs der infrage kommenden Frachten standen den Achsenpartnern nur sehr wenige Möglichkeiten zur Verfügung.

Da das Haupthindernis für den deutschen Handelsverkehr mit Überwasserschiffen die bestehende Seeherrschaft der Alliierten war, stand der Kriegsmarine nur der Einsatz von U-Booten als einzige Alternative offen. Daher erfolgte von Mitte 1943 an der Großteil des Gütertransports nach Japan mit Unterseebooten, die aus französischen Atlantikhäfen ausliefen.[61] Doch die damals vorhandenen deutschen Unterseeboote waren von ihrer Konstruktion her nicht für Transportaufgaben geeignet. An Stauraum innerhalb eines U-Bootes stand nur ein Kubikmeter für jeweils eine Tonne (1 m^3/t) Fracht zur Verfügung, der somit sehr begrenzte Ausmaße hatte, da Fracht im Allgemeinen sperrig war und mindestens 3–4 m^3/t erforderte. Da aller verfügbare Raum an Bord für Fracht gebraucht wurde, musste zusätzlich auch an den notwendigen Auftrieb gedacht werden.[62]

Während einerseits die Verfügbarkeit der U-Boote von ausreichender Größe und Seeausdauer eine der hauptsächlichen Überlegungen war, musste andererseits jede Entscheidung darüber, welches Unterseeboot zum Einsatz kommen sollte, die Art der in den Fernen Osten zu transportierenden Fracht in Betracht ziehen. An erster Stelle stand auf der Prioritätsliste der Kriegsmarine für ihre Unterseeboote der Transport eigener Ausrüstung zu den deutschen Einrichtungen im pazifischen Raum, wie zum Beispiel dem U-Bootstützpunkt Penang. Um den notwendigen Transportraum für diese Güter bereitzustellen, schlug das OKM vor, 80–100 t an Kielballast zu entfernen. Doch das Verstauen von Fracht an Stelle des Ballastes im Kielbereich war keine einfache Angelegenheit, denn hierbei mussten Gleichgewicht und Trimmzustand des Unterseebootes beachtet werden. Anfangs wurden mit Quecksilber gefüllte Stahlflaschen zusammen mit Bleibarren erfolgreich zum Ausfüllen der Kielräume verwendet. Beides waren von den Japanern dringend angeforderte Rohstoffe. Doch mit dem Abnehmen der deutschen Vorräte an Blei und Quecksilber mussten andere Güter gefunden werden, die zum einen die Japaner zufrieden stellten und zum anderen einen geeigneten Kielballast für das Unterseeboot lieferten.[63]

Zunächst versuchten die Ingenieure des OKM, die Kielräume mit Aluminium, von dem die Japaner einen großen Vorrat erworben hatten, und mit optischen Gläsern auszufüllen. Doch infolge ihres geringen Gewichtes konnten Aluminium und Gläser im Kielbereich nur in verhältnismäßig kleinen Mengen verstaut werden. Um das richtige Gewicht für den Ballast sicherzustellen, hätten im Kiel große Mengen fest untergebracht werden müssen und für schwerere Güter wäre nur noch ein unzureichender Raum verblieben. Daraufhin zogen die deutschen Ingenieure als Nächstes einen besonders maschinell hergestellten Stabstahl in Betracht, von dem die Japaner mehrere Hundert Tonnen erworben hatten. Doch dieser Stahl war in Längen von 3–5 m hergestellt worden – zu lang, um in die Kielräume zu passen. Die Folge war, dass der Sonderstab die Weisung erteilte, in die Kielräume seitliche Abteilungen einzubauen, um diese langen Frachtstücke unterzubringen. Diese Verbesserung erwies sich als gelungen, so dass alle Transport-U-Boote entsprechend umgebaut wurden, um diese seitlichen Kielabteilungen zu schaffen. Zusätzlich zur Möglichkeit, Frachtstücke von ungewöhnlicher Länge zu verschiffen, konnten in diesen Abteilungen bis zu 30 t Fracht verstaut werden, wie zum Beispiel auf dem Rückmarsch nach Europa Gummi.[64]

Oshima hatte im Januar 1943 Hitler informiert, dass die japanische Seite den Bau von Fracht befördernden Unterseebooten in Erwägung zog, um den Gefahren eines Überwassertransports zu entgehen.[65] Hiervon beeindruckt, wies Hitler die Kriegsmarine an, ein ähnliches Bauprogramm für Fracht-U-Boote des Typs XX mit einer Nutzlast von 500 t in Gang zu setzen.[65a] Bis Mitte 1944 sollten 20 dieser U-Boote fertig gestellt werden, die nach deutschen Schätzungen im Stande gewesen wären, jährlich bis zu 20.000 t

Fracht aus dem Fernen Osten zu befördern.[66] Doch mehrere Faktoren verurteilten Hitlers Ambitionen zum Scheitern. Die alliierten Gegenmaßnahmen zur Bekämpfung der U-Boote erwiesen sich für den Prototyp der neuen Boote als verhängnisvoll und spätere Modifizierungen waren sowohl unwirksam als auch unpraktisch. Zudem entschied der Sonderstab des OKW, dass jedes Fracht-U-Boot den Bau eines Frontbootes weniger bedeuten würde, und so wurden die neuen Frachtboote von der Operationsplanung für 1946 abgesetzt.[67] Daher war Dönitz gezwungen, das Bauprogramm zu widerrufen. Doch auch alternative Maßnahmen wie das Verwenden von Unterwasser-Schleppkörpern mit Fracht und der Einsatz von italienischen U-Booten scheiterten.[68] Somit musste die Kriegsmarine nach weiteren Möglichkeiten suchen und kehrte schließlich zu einem Programm des Umbaus zurück.

Die operativen Erfordernisse an Kampf-U-Booten bedeuteten für die deutsche Seite, dass für einen Frachtverkehr mit Japan nur solche Unterseeboote infrage kamen, die Dönitz für die Kriegführung im Atlantik entbehren konnte. Da Deutschlands Schicksal zur See 1943 weitgehend vom offensiven Einsatz der U-Boote im Atlantik abhing, standen für Frachtaufgaben nur wenige U-Boottypen zur Verfügung. Ursprünglich war der Typ IX D zur ozeanischen Verwendung für die Mehrzahl der Fernunternehmen zum Frachttransport vorgesehen, aber der sich verstärkende Bedarf an offensivfähigen Booten im Atlantik führte zum Einsatz einer zunehmend größeren Anzahl von IX-D-Booten zu kombinierten Kampf- und Frachtaufgaben. Dies hatte zur Folge, dass im Juni/Juli 1943 nach zwei IX-D-Booten im Frühjahr die erste »Monsun«-Gruppe auslief, bestehend aus neun IX-C-Booten, unterstützt durch ein Versorgungs-U-Boot vom Typ XIV.[69]

Angesichts von nur vier »Monsun«-Booten, die Penang erreichten, konnten die Ergebnisse des ersten »Monsun«-Einsatzes bestenfalls als gemischt bezeichnet werden. 1944 wurden im Rahmen der zweiten »Monsun«-Gruppe 19 dieser großen U-Boote nach Fernost in Marsch gesetzt. Ihre Fracht in den Kielräumen bestand aus Quecksilber, Blei, Stahl, ungeschliffenen optischen Gläsern und Aluminium, während sich in den Sektionen des Bootskörpers Blaupausen, Konstruktionszeichnungen sowie Modelle von Waffen und Fahrzeugen befanden. Bis Jahresende hatten acht der U-Boote ihren Bestimmungsort erreicht, sechs waren verloren gegangen und die restlichen Boote waren noch unterwegs. Anders ausgedrückt: Von den 1801 t Fracht aus Europa hatten 755 t ihr Ziel erreicht, 615 t waren auf See in Verlust geraten und 491 t befanden sich noch im Transit. Von den zwölf U-Booten, die 1944 in Ostasien den Heimmarsch antraten, erreichten drei einen französischen Hafen an der Atlantikküste, vier gingen verloren und fünf mussten zu ihrem Ausgangspunkt zurückkehren. Die drei durchgekommenen U-Boote brachten insgesamt 434,7 t Fracht mit, darunter 390 t Gummi und Zinn.[70]

Im Bewusstsein der sinkenden Zahl von Unterseebooten, die für den Frachttransport geeignet waren, entschied Dönitz, die 1600 t großen Minen-U-Boote des Typs X B zu verwenden. Von ihnen gab es Anfang 1943 nur sieben Einheiten, die sich bis zum November 1943 auf drei verringerten.[71] Diese ursprünglich acht Boote, die zuvor Aufgaben als Minenleger und Treibstoffversorger erfüllt hatten, sollten in den letzten Stadien des Krieges die Hauptlast des Frachtverkehrs zwischen Deutschland und Japan tragen. Im April 1943 hatte die Marineführung neun U-Boote der Typen IX D und X B für die Transportaufgaben von und nach dem Fernen Osten ausgewählt. Von ihnen wurde die Durchführung von zwei Rundreisen pro Jahr erwartet.[72] Doch der Mangel an Unterseebooten versetzte Dönitz in Sorge; denn die Operationsplanung für 1945/46 hing von der Zufuhr aus Fernost ab, um die Rohstoffvorräte auf einem ausreichenden Niveau zu halten und den weiteren Einsatz der knappen U-Boote für Frachtaufgaben zu verlängern.[73]

Selbst angesichts der zweifelhaften Ergebnisse der Frachtfahrten mit Unterseebooten war die Logistik dieser Art des Überseehandels Schwankungen ausgesetzt. Es bedurfte besonderer Talente, um diesen wichtigen Güteraustausch zwischen Deutschland und Japan zu koordinieren. Im Gefolge der Besetzung Restfrankreichs 1942 bezeichnete Deutschland mehrere französische Häfen als Abgangs- und Ankunftspunkte, insbesondere Bordeaux, das zur Zentrale für den deutschen Außenhandel nach Übersee wurde. Die Organisation lag in den Händen des Marinesonderdienstes (MSD), der u.a. für die Beschaffung der kriegswichtigen Rohstoffe im neutralen, überseeischen Ausland bzw. im verbündeten Japan einschließlich ihrer Verschiffung mit Überwasserschiffen und Unterseebooten als Blockadebrecher zuständig war.[73a] Während Deutschland seinen Überseehandel weitgehend aus dem Golf von Biskaya heraus in Gang setzte, hatte Japan Kobe als den hauptsächlichen Ankunftshafen festgelegt. Im Februar 1942 war der Verkehr über Kobe so umfangreich geworden, dass das OKM zu seiner Lenkung zusätzliches Personal in der Person von Fritz-Ernst Muff und Hans-Joachim Rohreke zuwies, um die Japaner bei deren Koordinierung zu unterstützen.[74]

Schon früher im Krieg hatte der MSD den gesamten deutschen Blockadebrecher-Verkehr gelenkt, indem er die Schiffe und ihre Frachtlisten mit den Terminen für ein rechtzeitiges Auslaufen koordinierte. Dies alles musste im Einklang mit den Geschicken des Seekrieges organisiert werden. Um den Erfolg sicherzustellen, hielt der MSD nicht nur Verbindung zu den militärischen Stellen und den zivilen Schiff-Fahrts-Agenturen aller Handelspartner Deutschlands, sondern auch zur Operationsabteilung und zum Marinenachrichtendienst in der Seekriegsleitung des OKM. Außerdem bildete der MSD Offiziere aus, die Erfahrungen für Fahrten in fremde Seegebiete brauchten. In den ersten Stadien des Krieges, als deutsche Blockadebrecher und Hilfskreuzer die südlichen Meere durchstreiften, absolvierten viele Offiziere erfolgreich die Ausbildungseinrichtung des MSD. Einer von ihnen war Johann Heinrich Fehler, ein junger Seeoffizier, der dann an Bord des Hilfskreuzers ATLANTIS als Waffenoffizier Dienst verrichtete. Ein weiterer Marineoffizier namens Becker sollte eines Tages als KKpt.(V) eine führende Stellung im MSD bekleiden.[75] Nichtsdestoweniger blieb jedoch die Lenkung des aus- und einlaufenden Handelsverkehrs die Hauptaufgabe des MSD, wozu auch das Einrichten leistungsfähiger Transportwege über die Meere gehörte, die zunehmend schwieriger zu befahren waren.

In Anbetracht der 90 Tage dauernden Reise nach Japan legten die beiden Bündnispartner die Monate Februar, Mai, September und November als die »Hauptreisezeit« fest. Um der feindlichen Überwachung zu entgehen und die Versorgung in See zu erleichtern, wurde eine besondere Route bestimmt. Ein Schiff, das aus Bordeaux auslief, sollte einen Kurs bis 21° West steuern und dann direkt nach Süden in Richtung Antarktis abdrehen.

Näherte es sich später der Spitze Afrikas hatte das Schiff seinen Kurs zu ändern, um der Küste zu folgen und dann den Marsch um Kap Hoorn anzutreten. Im Anschluss daran setzte es seine Fahrt entweder nach Kobe oder zu einem der fünf deutschen Stützpunkte im Fernen Osten fort. Die alliierten Fortschritte bei den Gegenmaßnahmen, insbesondere auf dem Gebiete des Radars, forderten einen hohen Tribut vom vorhandenen Transportraum und Ende 1941 wurde die Kap-Hoorn-Route aufgegeben. Die neue Route führte die U-Boote um das Kap der Guten Hoffnung, wobei es ihnen nur unwesentlich besser erging. Im Herbst 1943 waren die Verluste an Transport-U-Booten jenen fast ebenbürtig, wie sie zuvor die Überwasserschiffe erlitten hatten. Von zwölf U-Booten, die Japan in Richtung Europa verließen, erreichten nur vier Bordeaux.[76]

Der Erfolg der deutschen U-Bootwaffe in den fernöstlichen Gewässern war zweifelhafter Natur. Während der Vorteil der Heimlichkeit einigen U-Booten ein Eintreffen in Japan sicherte wie dies bei Überwasserschiffen wahrscheinlich nicht der Fall gewesen wäre, waren die Anstrengungen insgesamt zu gering und kamen zu spät. Das gesamte Material, das von allen U-Booten, die ihre Fahrt beenden konnten, nach Japan gebracht wurde, belief sich lediglich auf etwa ein Achtel der Fracht, die ein einziger Blockadebrecher hätte transportieren können.[77] Bis zum Frühjahr 1945 wurden die deutschen Versuche, Japan kampffähig zu erhalten, durch die unzuverlässigen Transportmöglichkeiten ebenso sehr behindert wie durch den Mangel an zu transportierendem Material.

Während seiner letzten Wochen in Berlin vor der Kapitulation der Wehrmacht erneuerte Vizeadmiral Abe die japanischen Ersuchen, Unterseeboote in den Fernen Osten zu entsenden, nicht nur um die amerikanische Marine anzugreifen, die Japans eigene Unter- und Überwasserstreitkräfte nahezu vernichtet hatte, sondern auch um zur Unterstützung Japans bei der Abwehr der zu erwartenden amerikanischen Invasion der Inseln des Mutterlandes Waffen und Munition zu bringen. Am 5. April 1945 versuchte Abe, die Angelegenheit persönlich mit Hitler zu erörtern, war aber nicht im Stande, eine Audienz bei ihm zu erlangen, und traf stattdessen mit Generalfeldmarschall Wilhelm Keitel und Außenminister Joachim v. Ribbentrop zusammen. Keiner von beiden konnte eine Zusage abgeben. In einem Treffen mit Dönitz am 15. April informierte dieser Abe, dass Deutschland nicht mehr den erforderlichen Treibstoff zur Verfügung hatte, um U-Boote in den Fernen Osten zu entsenden. Darüber hinaus sah das OKM das gesamte Unternehmen als »eine reine Zeitverschwendung« an.[78] Für das Deutsche Reich lief die Zeit ab und dasselbe galt auch für das Kaiserreich Japan.

Abe suchte Dönitz noch einmal zu einem letzten, verzweifelten Versuch auf, um Hilfe zu erhalten. Dönitz, der Sympathien für den japanischen Verbündeten besaß, konnte nichts anderes als zuvor erwidern und zitierte erneut den Treibstoffmangel. Obwohl die Weigerung, weitere Unterseeboote zu entsenden, Deutschlands letzte offizielle Antwort auf die Ersuchen Tokios darstellte, ließ Dönitz VAdm. Abe wissen, dass das Wenige, was Deutschland unternehmen konnte, schon in Gang gesetzt worden war: »Es gibt nur zwei oder drei Unterseeboote des großen Typs, die nach Japan entsandt werden können. Von diesen ist bereits eines unterwegs.«[79] Das Unterseeboot, auf das sich Dönitz bezog, war ein ehemaliges Minen-U-Boot vom Typ X B. Es führte die Kennung *U 234* und war Mitte April 1945 aus Kristiansand-Süd ausgelaufen.

2. Kapitel

Das letzte Boot

Der U-Bootstyp X B entstand vor dem Zweiten Weltkrieg aus dem Wunsch heraus, die dem Unterseeboot innewohnende Heimlichkeit zu nutzen, um das Legen von Minensperren zu erleichtern. Die Wirksamkeit der Minenkriegsführung lag in der Größe des Gebietes, über das sich Seeminen erstrecken konnten: Je größer das Minenfeld, umso größer die Erfolgschance. Infolgedessen musste ein Minenunterseeboot groß genug sein, um zahlreiche Minen an Bord zu nehmen und eine ausreichende Seeausdauer besitzen, um in größerer Entfernung von den Stützpunkten zu operieren. Wie das Unterseeboot selbst, so hatte sich auch die Technik des Minenlegens mit der Zeit entwickelt, ein sich summierendes Ergebnis von Versuch und Irrtum. Wie viele der deutschen Neuerungen hinsichtlich der U-Boote begann die Entwicklung des Typs X B in den ersten Jahren des 20. Jahrhunderts.

Zu Beginn des Ersten Weltkrieges wies der deutsche Admiralstab ihrer flügge gewordenen U-Bootwaffe eine reine Defensivrolle zu und größere Offensivunternehmungen wurden als ein Übersteigen der »technischen Leistungsfähigkeit der U-Boote« betrachtet. Die deutsche Strategie ging von der Annahme aus, die britische Marine würde den Versuch unternehmen, die deutsche Hochseeflotte durch das Einleiten von Operationen in den Küstenbereichen der Nordsee anzugreifen. Daher wurden U-Boote anfangs in Suchstreifen und Standlinien erfolglos eingesetzt, um in der Nordsee vermutete britische Seestreitkräfte aufzuspüren. Erst spätere Einzelunternehmen brachten beachtliche Erfolge und U-Boote gelangten sogar um Schottland und Irland. Dies führte zur Erkenntnis, dass eine Waffe von derartigem Wert nicht mehr nur der Küstenverteidigung dienen dürfte. Bis zum Dezember 1914 hatten technische und taktische Verbesserungen das U-Boot in eine tödliche Offensivwaffe umgeformt. Ihre Anwesenheit hatte daher die Schiffe der britischen Flotte folgerichtig gezwungen, im Westen der Britischen Inseln Zuflucht zu suchen.[1]

Trotz dieser Erfolge der U-Boote waren sich die in Deutschland und England für die Strategie Verantwortlichen durchaus im Klaren darüber, dass Seeminen »die wirksamste und tödlichste Waffe« waren, um eine Blockade des Gegners ebenso wie das Errichten eines Verteidigungsringes um Flottenankerplätze herbeizuführen.[2] Die Nützlichkeit des

Unterseebootes für die Wahrnehmung dieser Aufgabe war aufseiten der deutschen Marineführung nicht verloren gegangen.[3] Am 29. Mai 1915 führte *UC 11* (OberltzS. W. Schmidt) von Zeebrügge/Flandern das erste Minenunternehmen eines deutschen Unterseebootes durch und legte eine Sperre aus zwölf Minen vor der englischen Küste. Von Mai bis September 1915 legten deutsche UC-Boote in 46 Sperren insgesamt 420 Minen, den größten Teil davon in der Themsemündung.

Die Fähigkeiten der UC- und später der UE-Minenleger[3a] veranlassten die deutsche Marineführung, ihren Bau durch Zuweisung der entsprechenden Mittel voranzutreiben. Bis Kriegsende ergingen Aufträge für insgesamt 212 Unterseeboote der Typen UC und UE, von denen 115 Boote in Dienst gestellt wurden. Die Minenoffensive erreichte 1917 ihren Höhepunkt, als die deutschen Boote 532.272 BRT gegnerischen Schiffsraums versenkten. Die Gesamtverluste an alliierten Handelsschiffen durch Minen spiegelten das Ausmaß wider, das die deutsche Minenkriegsführung durch U-Boote aufwies: Bis zum Ende des Krieges 1918 legten die UC- und UE-Boote über 11.000 Minen in 1360 Einzelsperren. Auf ihr Konto kam der Verlust von 1,2 Millionen BRT alliierten Handelsschiffsraums.[4] Obwohl Deutschland durch die Bestimmungen des Versailler Vertrages gezwungen war, seine U-Bootwaffe auszuliefern bzw. zu verschrotten, bestätigte der Erfolg der Minenkriegsführung das Investieren von Ressourcen in das Bauprogramm und garantierte, dass das Minen legende Unterseeboot auch in einer zukünftigen deutschen U-Bootwaffe einen wesentlichen Bestandteil bilden würde.

Nach dem Kriege setzte die deutsche Seite den Entwurf von Unterseebooten und die Weiterentwicklung der Unterseebootstechnik fort, wenn dies auch im Geheimen erfolgen musste.[4a] 1922 finanzierte die Reichsmarine mit geheimen Geldern ein in den Niederlanden eingerichtetes deutsches Konstruktionsbüro, das unter dem Namen *Ingenieurskantoor voor Scheepsbouw* (IvS) weiterhin Unterseeboote entwarf und mit ihnen Versuche durchführte.[5] Diese Arbeit trug 1932 Früchte, als die von den deutschen Konstrukteuren entwickelten Prototypen eines Hochsee- und eines Küstentyps in Spanien bzw. Finnland gebaut wurden.[5a] Ermutigt durch den Erfolg des geheimen U-Boot-Konstruktionsprogramms entwarf die deutsche Marineführung einen Vorschlag für den geplanten Aufbau der U-Bootwaffe, die sowohl einen Hochsee-U-Minenleger von 1000 t als auch einen Küsten-U-Minenleger von 500 t umfassen sollte.[6] Als am 18. Juni 1935 Großbritannien und Deutschland das Deutsch-Britische Flottenabkommen unterzeichneten, das es der deutschen Marine gestattete, die Anzahl ihrer U-Boote auf 100% der Gesamttonnage der Unterseeboote der britischen Flotte zu steigern,[7] waren deutsche Werften schon voll dabei, die ersten 24 U-Boote der neuen deutschen U-Bootwaffe fertig zu stellen. Tatsächlich erfolgte bei der Kriegsmarine die erste Indienststellung eines Unterseebootes seit 1918 nur elf Tage nach der Unterzeichnung des Abkommens. Allerdings befanden sich unter den ersten der neuen U-Boote keine zweckgebauten Minen-U-Boote.

Am 28. August 1939 unterbreitete Dönitz am Vorabend des Krieges mit England dem ObdM, GAdm. Erich Raeder, die Denkschrift »Gedanken über den Aufbau der U-Bootwaffe«. In ihr schrieb der spätere Befehlshaber der U-Boote (BdU): »Der Hauptträger des U-Bootkrieges im Atlantik ist das Torpedo-U-Boot; in den Booten

VII b und auch im Typ IX besitzen wir hierfür die geeigneten Typen.« Dönitz schlug daher ein Notfallprogramm vor, in dem er die sofortige »Aufstellung eines Höchst-Bauprogramms« mit besonderer Berücksichtigung der Typen VII B und C sowie des größeren Typs IX forderte.[8] Daher erhielt die Zuweisung von Ressourcen für den Bau von U-Minenlegern eine wesentlich geringere Priorität, die in der Krise unterging, welche die Kriegserklärung Großbritanniens und Frankreichs an Deutschland am 3. September 1939 verursachte.

Im Übrigen stand eine Minenlegekapazität der deutschen U-Bootwaffe nie infrage. Dönitz betrachtete das Unterseeboot als ideal, um Minensperren zu legen, »weil es hierzu ungesehen in die küstennahen ... Seegewässer des Gegners eindringen und sie auch unbemerkt, also ohne den Verdacht einer Verminung erregt zu haben, wieder verlassen konnte«.[9] Nach dem Beginn der Feindseligkeiten begrenzte jedoch Hitler die Handlungsfreiheit der U-Boote in dem Versuch, jede Konfrontation mit der amerikanischen Schifffahrt zu vermeiden. Dies in Verbindung mit den verhältnismäßig schwachen Kräften, die dem BdU zur Verfügung standen, veranlassten Dönitz, eine aktive U-Bootoffensive mit Torpedoangriffen über und unter Wasser gegen den britischen Handel als lediglich »Nadelstiche gegen den englischen Handelsverkehr« einzuschätzen.[10] Infolgedessen entschloss er sich, die britische Handelsschiff-Fahrt innerhalb der 3-Meilen-Grenze in den Hoheitsgewässern Großbritanniens durch den Einsatz von U-Booten vor allem des Typs II anzugreifen, die Grundminen vom Typ TMB und TMC mit Magnetzündung legten.

Bei diesen Minen handelte es sich um speziell entwickelte U-Bootminen mit der Bezeichnung »TM« (Torpedomine), d.h. sie konnten aus jedem 53,3-cm-Torpedorohr ausgestoßen werden:
- die kleinere U-Bootmine TMB: Länge 230,6 cm, Gewicht 740 kg, Ladung 580 kg;
- die größere U-Bootmine TMC: Länge 338,5 cm, Gewicht 1115 kg, Ladung 1000 kg.[11]

Diese Grundminen mit Fernzündung waren nur für geringere Wassertiefen geeignet, wobei die kleinere, bis 20 m einsetzbare TMB Anfang 1940 durch die größere TMC abgelöst wurde, die bis zu 35 m verwendbar war.[12] Beide Minen wurden durch das magnetische Kraftfeld der stählernen Rümpfe der Schiffe gezündet, die über sie hinwegliefen. Nach dem Urteil von Dönitz hatten sie »sich technisch bewährt; sie waren eine hervorragende Leistung der Inspektion des Minen- und Sperrwesens unter VAdm. Rother«.[13] Die Entwicklung dieser Torpedominen hatte zur Folge, dass jedes U-Boot mit Torpedorohren des Standardkalibers 53,3 cm in einen Minenleger verwandelt werden konnte.[13a]

Das Minenlegen in den Gewässern des Gegners war eine schwierige Aufgabe, aber die deutschen U-Bootkommandanten zeigten sich dieser Herausforderung gewachsen. Bis zum 1. März 1940 führten die U-Boote insgesamt 34 Minenunternehmen entlang der gesamten britischen Ostküste sowie auch entlang der englischen Kanalküste durch. Aufgefangene Notsignale der Opfer zeigten der U-Bootführung und den U-Bootkommandanten an, dass die Minensperren »wirkungsvoll waren«.[14] Tatsächlich sanken bis zum 1. März 1940 auf diesen Sperren 115 britische Handelsschiffe mit insgesamt

394.533 BRT.[15] Damit erwies sich deutlich, dass sich die Taktik des BdU, seine Angriffsboote in einer Doppelrolle einzusetzen, voll auszahlte.

Ungeachtet der verringerten Priorität für ein Unterseeboot, das ausschließlich dem Minenlegen diente, wurde die Entwurfsarbeit an einem solchen U-Boottyp nichtsdestoweniger fortgesetzt. Hierzu orientierte sich das Marinekonstruktionsamt (K-Amt) im OKM am U-Boottyp UE II des Ersten Weltkrieges und legte 1937 unter der Bezeichnung Typ X A einen Entwurf für ein Minen-U-Boot zur ozeanischen Verwendung vor. Vom Zweihüllentyp[15a] verdrängte dieser U-Minenkreuzer 2500 t und hatte zwei Minenausstoßrohre im Heckraum mit trocken gelagerten Minen (SMA) sowie beiderseits des Druckkörpers eine Reihe seitlicher Minenschächte für eine Nasslagerung von je zwei Minen (SMA). Zudem sollte das Boot noch vier 53,3-cm-Bugtorpedorohre sowie vor dem Turm ein 10,5-cm-Decksgeschütz mit einem 3,7-cm-Fla-Geschütz hinter und einem 2-cm-Fla-Geschütz auf dem Turm führen. Die Größe des Entwurfs ergab sich aus der Trockenlagerung eines Teils der Minen durch den sehr sperrigen Anker, weil 1937 die Zonenumstellung der nass gelagerten Minen noch nicht möglich war.[16/16a]

Als 1938 das Problem der Zonenumstellung bei nass gelagerten Minen gelöst war, konnte auch mit dem Typ X B ein kleinerer Entwurf eines Minen-U-Bootes für die SMA mit ausschließlicher Nasslagerung ins Auge gefasst werden, wodurch sich der Bau des Typs X A erübrigte.[17] Da die SMA im Bootsinneren nicht mehr trocken gelagert werden musste, bedurfte es einer viel größeren Anzahl von Minenschächten in der nicht druckfesten Außenhülle, wobei sich trotzdem ein kleinerer Entwurf ergab, weil nur der Untertrieb gewichtsmäßig ausgeglichen werden musste. Im Inneren des Druckkörpers ergab sich mehr Raum, der wiederum eine größere Dieselantriebsanlage für eine höhere Geschwindigkeit über Wasser zuließ. So entstand als neuer Entwurf der Typ X B.

Der ursprünglich für den 1. Oktober 1938 bei der Germaniawerft in Kiel vorgesehene Baubeginn für die erste Einheit des Typs X B – *U 116* – verzögerte sich in das Jahr 1939 hinein. Daher lief das Boot erst am 3. Mai 1941 vom Stapel und wurde am 26. Juli 1941 durch KKpt. v. Schmidt in Dienst gestellt. Der ursprünglich auf über 7 Millionen RM an Baukosten pro Einheit geschätzte Typ X B belief sich im Haushalt letztlich auf 6,35 Millionen RM.[18] Im Übrigen wies dieser Typ als größtes Unterseeboot der Kriegsmarine folgende Daten auf: 1763 t Verdrängung über und 2177 t unter Wasser, Länge 89,80 m, Breite 9,20 m, mit einem Tiefgang von 4,71 m bei Überwasserfahrt und mit einer Höhe des Turms über dem Kiel von 10,20 m sowie einer aus 5 Offizieren und 47 Mann bestehenden Besatzung.[19]

Als U-Kreuzer zur ozeanischen Verwendung mit großer Seeausdauer entworfen, hatte der Typ X B maximal 368 t Dieselöl in seinen Bunkern. Zudem besaß er eine größere Tauchtiefe als seine Vorgänger; die Sicherheitstauchtiefe betrug 120 m mit einer Sicherheitsreserve von 80 m, ehe die errechnete Zerstörungstiefe von 200 m erreicht war.[20] Das Antriebssystem dieses U-Boottyps war beeindruckend. Es bestand aus zwei 9-Zylinder-Viertakt-Dieselmotoren der Krupp-Germaniawerft mit einer Leistung von je 2100 PSe, die mit Aufladung (Kapsel-Aufladegebläse) auf 2400 PSe erhöht werden konnte, sowie aus zwei AEG-Doppel-E-Motoren mit je 560 PSe Leistung. Die zu den E-Motoren gehörenden Akkumulatoren-Batterien wiesen je 124 Zellen in den Akkuräumen 1 und 2 mit 9160 Ah auf. Die Höchstgeschwindigkeit dieses Typs lag bei 16,4 bzw. 17 kn (mit Aufladung) über und bei 7 kn unter Wasser. Seine Seeausdauer betrug bei 10 kn eine Fahrstrecke von 18.450 sm (6750 sm bei 16,9 kn) über und eine solche von 188 sm bei 2 kn (93 sm bei 4 kn) unter Wasser.

Da der Typ X B zur Kriegsführung in einer passiven Rolle entworfen worden war, besaß er nur eine gewisse Bewaffnung zu seiner eigenen Verteidigung. Neben zwei 53,3-cm-Hecktorpedorohren (11 Torpedos) führten diese Boote ein 10,5-cm-Decksgeschütz vor dem Turm (Dotierung: 200 Schuss), ein 3,7-cm-Fla-Geschütz achteraus des Turms (Dotierung: 2500 Schuss) sowie ein 2-cm-Fla-Geschütz auf dem Turmanbau achtern (Dotierung: 4000 Schuss).[21]

Für seine Rolle als U-Minenleger waren die äußeren Merkmale des Typs X B charakteristisch (siehe Bildteil); denn die Boote waren zum Mitführen von insgesamt 66 Minen des Typs SMA in 30 senkrechten Schächten von 134,6 cm Durchmesser ausgestattet:

- Je 12 Minenschächte befanden sich seitlich des Druckkörpers in der Außenhülle in zwei Gruppen vor dem Turm und achteraus von ihm: 24 Schächte mit je zwei Minen. Die Außenhülle diente somit im Gegensatz zu anderen U-Booten weitgehend dem Unterbringen der Minen mit einem maximalen Stauraum.
- Weitere 6 Schächte mit je drei Minen befanden sich, durchgehend vom Oberdeck bis zum Kiel, in der vorderen Abteilung des Druckkörpers.[22] Diese sechs Schächte verliehen dem Typ X B sein charakteristisches äußeres Erscheinungsbild. Sie waren in der Mittschiffslinie direkt vor dem Turm angeordnet, eine deutlich sichtbare Erhöhung auf dem Vorschiff verursachend, wobei sich die Bugverkleidung über die Fläche des Wetterdecks hinaus erstreckte.

Die an Backbord und an Steuerbord mittschiffs angeordneten Ballasttanks enthielten je drei Schächte parallel zur Mittschiffslinie, die sich durch die Hälfte der vier Ballasttanks auf jeder Seite erstreckten. Somit entsprach ihre Anordnung jener, die bereits beim Entwurf zum vorausgegangenen Typ X A vorgesehen war. Dies verlieh dem Bootskörper dieses Typs die beiderseits abgestufte (dem Zugang zu den Schächten von außen dienende), fast rechteckige Querschnittsform mittschiffs – im Gegensatz zu einem ovaleren Querschnitt bei anderen Unterseebooten. Daher unterstützten zusätzliche Längsspanten die Festigkeit des Bootskörpers überall dort, wo sich die Schächte befanden.[23]

Alle Minenschächte waren frei flutend und unten zur See hin offen, während sie oben zum Deck hin ein Lukendeckel verschloss. Jede Decksluke hatte ein Entlüftungsventil, das beim Tauchen für das Entweichen der Luft aus den Schächten sorgte. Die Minen wurden vom Oberdeck aus in die Schächte eingesetzt und eine hydraulische Auslösevorrichtung ließ sie durch die untere Öffnung herausgleiten. Dieser Mechanismus befand sich außerhalb der Minenschächte und konnte vom Inneren des Druckkörpers aus bedient werden. Daher konnte jeder einzelne Schacht vom Inneren des Unterseebootes aus entleert werden, ganz gleich, ob das Boot getaucht oder aufgetaucht fuhr.

Das zusätzliche Gewicht der Minen und die Erfordernisse ihres Stauraums sorgten beim Typ X B für Probleme, die bei U-Booten vorheriger Typen nicht aufgetreten waren.

Der »kastenartige Bootskörper« des Typs X B, schon von Natur aus stabil, erforderte eine Ballastaufnahme von 91.835 kg; das zusätzliche Gewicht der Minen, obwohl systematisch im gesamten Boot verteilt, begrenzte allerdings den Auftriebsüberschuss. Um zum Ausgleich dieses Mangels beizutragen, wies das Boot mittschiffs ein System aus je vier Minenzellen, d.h. Ausgleichs- und Trimmzellen, an Backbord und an Steuerbord zwischen den seitlichen Minenschächten vorn und achtern auf. Außerdem konnten die beiden Hecktorpedorohre mit je einem Rauminhalt von 1740 m^3 im Notfall zur Erhaltung des Auftriebs dienen.[24] Ferner war es möglich, die Minenzellen mit einem Aufnahmevermögen von je 15.100 l, falls erforderlich, für einen zusätzlichen Frischwasservorrat zu nutzen.

Der Typ X B eignete sich nicht für ein Überleben in See. Die Größe dieses Bootes gestaltete sein Manövrieren sowohl über als auch unter Wasser plump und schwierig. Zudem brauchte ein solches Boot eine außerordentlich lange Zeit, um zu tauchen – dies in Verbindung mit den dürftigen beiden Hecktorpedorohren behinderte die Fähigkeiten dieses Bootstyps ernstlich, sich selbst zu verteidigen.[25] Infolgedessen wurden nur acht Boote des Typs X B fertig gestellt, von denen lediglich *U 219* (KKpt.z.V. Walter Burghagen) und *U 234* den Krieg überstanden.[26] Von den übrigen Booten sanken *U 116* (ObltzS. Wilhelm Grimme), *U 117* (KKpt. Hans-Werner Neumann), *U 220* (ObltzS. Bruno Barber) und *U 223* (ObltzS. Peter Gerlach) im Nordatlantik, während *U 118* (KKpt. Werner Czygan) und *U 119* (Kptlt. Horst-Jessen v. Kameke) im Mittelatlantik den Alliierten zum Opfer fielen. Tragischerweise gab es nur bei *U 223* Überlebende, während alle übrigen Boote mit ihrer gesamten Besatzung sanken.

Nach der vierten Einheit wurde der Weiterbau des Typs X B infolge der zunehmenden Knappheit an Ressourcen 1942 unterbrochen, aber Ende dieses Jahres wieder aufgenommen. Der Bauauftrag für die letzte Einheit des Typs X B ging an die Germaniawerft in Kiel und erhielt dort die Baunummer G 664. Nach der Streckung des Kiels auf Helling 7 im September 1942 erfolgte am 23. Dezember 1943 der Stapellauf dieses Bootes, das die Kenn-Nummer »*U 234*« erhalten hatte.[27]

* * *

Das Kommando über *U 234* bekam ein Neuling in der U-Bootwaffe: Kapitänleutnant Johann Heinrich Fehler. Der 34-jährige Fehler wurde im Berliner Stadtteil Charlottenburg geboren und sehnte sich schon als Junge danach, Offizier der Handelsmarine zu werden. Doch Fehlers Vater, ein Jurist bei der Stadtverwaltung, bestand darauf, dass Johann nach dem Besuch der Volksschule erst das Gymnasium zu absolvieren hatte, ehe er zur Seemannsschule gehen konnte. Als er 1929 sein Abitur gemacht hatte, war er mit 19 Jahren zu alt, um noch die Seemannsschule zu besuchen. Daher heuerte er als Decksjunge auf einem Segelschiff an, um die notwendige Fahrenszeit für eine Bewerbung als Offiziersanwärter zu erlangen. Nach 27 Monaten Fahrenszeit in der Ostsee hatte Fehler die erforderliche Berechtigung erworben, um als Offiziersanwärter auf Hochseefrachtschiffen zu fahren. Er heuerte für zwei Jahre auf der 7600 BRT großen HAVEL an, einem Frachter des Norddeutschen Lloyd, der in den Fernen Osten fuhr.[28]

Nach seiner Rückkehr aus dem Fernen Osten besuchte Fehler die Seefahrtschule und legte das Examen als »Seesteuermann auf Großer Fahrt« (Patent A 5) ab. Danach beendete er seine Ausbildung zum Handelsschiffsoffizier mit dem Besuch eines dreimonatigen Lehrgangs an der Funkschule zum Erlangen des Seefunkzeugnisses (II. Klasse). Im November 1933 trat er der NSDAP bei, die überall in Deutschland neue Mitglieder anwarb. Fehler besaß keine starke politische Einstellung. Seine Gründe, warum er sich den Nationalsozialisten anschloss, sind nicht bekannt, aber Wolfgang Hirschfeld, der unter Fehler fuhr und ihn gut kannte, erklärte, dass »hinter seinem Entschluss keine tief gehende politische Überzeugung stand«.[29]

Im April 1936 trat Fehler als Offiziersanwärter in die deutsche Kriegsmarine ein (Crew 36). Unter anderem absolvierte er die achtwöchige Grundausbildung auf der Insel Dänholm bei Stralsund, besuchte die Schiffsartillerieschule in Kiel und nahm vom 11. Oktober 1937 bis zum 20. April 1938 auf dem alten Linienschiff SCHLESWIG-HOLSTEIN an einer Ausbildungsreise rund um Afrika teil. Schließlich besuchte er die Marineschule Mürwik bei Flensburg und legte nach neun Monaten die Offiziershauptprüfung ab. Nach einer kurzen Verwaltungstätigkeit in Glückstadt kam er zu einer Minensuchflottille als Wachoffizier.[30] 1939 fuhr er auf dem Minensuchboot *M 145* der 6. M-Flottille, einem alten M-Boot aus der Zeit des Ersten Weltkrieges, mit dem er aus Wilhelmshaven zum ersten Einsatz auslief, als der Krieg mit Polen ausbrach.[31] Anfang 1940 wurde Fehler wieder abkommandiert, diesmal auf *Schiff 16*, dem legendären Hilfskreuzer ATLANTIS, als der für die Seeminen und Sprengladungen zuständige Offizier.

Die ATLANTIS war einer der erfolgreichsten deutschen Hilfskreuzer, verantwortlich für das Versenken oder Aufbringen von 22 alliierten Schiffen mit insgesamt 145.698 BRT.[32/32a] Als GOLDENFELS (7862 BRT) der Bremer Reederei DDG »Hansa« 1937 gebaut, wurde das zum Hilfskreuzer umgebaute Motorschiff am 30. November 1939 in Dienst gestellt und ausgerüstet. Als einer der ersten Handelsstörer dieser Art lief die ATLANTIS unter dem Kommando von KptzS. Bernhard Rogge am 11. März 1940 aus Kiel aus und brach über die Dänemarkstraße in den Atlantik durch. Sorgfältig als Handelsschiff getarnt, führte der Hilfskreuzer u.a. sechs 15-cm-Geschütze, vier Torpedorohre und 92 Seeminen mit. Fehler war als Waffenoffizier für die Wartung der Minen und der Torpedowaffe, für ihren Einsatz und auch für das Versenken aufgebrachter Handelsschiffe der Alliierten durch Anschlagen von Sprengladungen (Sprengpatronen) zuständig.

Von den 22 Opfern der ATLANTIS sind zwei als bemerkenswert zu nennen. Am 17. April 1941 sichtete der Hilfskreuzer den ägyptischen Dampfer ZAMZAM und versenkte ihn.[32b] Rogge hatte ihn irrtümlich für einen britischen Truppentransporter gehalten. Obwohl seine Ladung aus britischer Konterbande – Tausende von Fässern mit Schmieröl sowie Lastkraftwagen – besteht, hat das Schiff auch 202 Zivilisten als Passagiere an Bord. Seinen Irrtum erkennend, war Rogge in der Lage, alle Schiffbrüchigen zu retten. Sie wurden dem Etappen-V-Schiff DRESDEN übergeben, das sie ins besetzte Frankreich brachte. In Berlin herrschte im OKM jedoch keine Begeisterung über die Wirkung des Ereignisses auf die Weltöffentlichkeit und seine Benutzung durch das britische Propagandaministerium, falls die DRESDEN auf dem Wege nach Frankreich angegriffen und versenkt werden sollte. Obwohl die DRESDEN letztlich unversehrt mit allen Überlebenden der ZAMZAM in Frankreich eintraf, war doch beträchtlicher Schaden verursacht worden. Einer der Geretteten war der Herausgeber der Zeitschrift *Fortune*, der einen scharfen Bericht über sein Martyrium schrieb, und ein anderer war Fotograf der Zeitschrift *Life*, der heimlich die ATLANTIS fotografierte. *Life* veröffentlichte sowohl den Aufsatz als auch das Foto, die gefährliche Folgen für die ATLANTIS haben sollten.[33]

Von unmittelbarerem Wert für die Kriegsanstrengungen der Achse war das Aufbringen des britischen Handelsschiffes AUTOMEDON. Die ATLANTIS kaperte diesen 7528 BRT großen Frachter, unterwegs nach Singapur, am 11. November 1940 im Indischen Ozean. Als das Prisenkommando des Hilfskreuzers das Schiff durchsuchte, entdeckte es im Kartenhaus einen Sack mit der geheimen Kurierpost, die an den Oberbefehlshaber Fernost, Air Chief Marshal Brooke-Popham, persönlich adressiert war. Darunter befanden sich unter anderem ein Geheimbericht des Kriegskabinetts vom 15. August 1940 über die militärische Lage im Fernen Osten, genaue Angaben über die Verteilung der alliierten See-, Luft- und Landstreitkräfte einschl. aller Flugplätze, Verteidigungspläne für den Fernen Osten mit Kampfanweisungen für die Verteidigung Singapurs und der Feststellung, dass Hongkong, Franz.-Indochina, Malaya und Niederl.-Ostindien praktisch nicht zu verteidigen waren. Mit dem am Tag zuvor als Prise aufgebrachten Tanker OLE JACOB brachte Kptlt.(S) Kamenz das Geheimmaterial nach Yokohama und übergab es am 12. Dezember 1940 über den deutschen Marineattaché an den japanischen Verbündeten.[33a] Später erhielt KptzS. Rogge ein zeremonielles Samuraischwert, eine Ehrung, die außer ihm nur noch zwei weiteren Deutschen zuteil wurde: Hermann Göring und Erwin Rommel.[34]

Während seiner Zeit auf der ATLANTIS erhielt Fehler auch das Kommando über ein Schiff des Gegners. Am 2. Februar 1941 brachte der Hilfskreuzer den norwegischen Tanker KETTY BRÖVIG (7031 BRT) mit einer Ladung aus gutem Diesel- und Heizöl vor der ostafrikanischen Küste als Prise auf. Rogge entschloss sich, den Tanker zu behalten; er sollte die ATLANTIS bis zum vorgesehenen Treffpunkt mit dem Schweren Kreuzer ADMIRAL SCHEER im Indischen Ozean begleiten, um die Dieselmotoren des ehemaligen Panzerschiffes mit Treibstoff zu versorgen.[35] Das Kommando über die Prise erhielt Fehler, der die Versorgung der ADMIRAL SCHEER durchführte. Einige Zeit später wurde die KETTY BRÖVIG am 4. März 1941 bei den Seychellen von einem australischen Kreuzer gesichtet und versenkte sich bei dessen Annäherung selbst.[36]

Noch ehe die ATLANTIS in die Heimat zurückkehren konnte, hatte sie bis zum 22. November 1941 beachtliche 102.000 sm in 622 Seetagen zu verzeichnen.[37] An diesem Tag befand sich der Hilfskreuzer wieder im Südatlantik auf Heimatkurs und versorgte *U 126* (Kptlt. Bauer) mit Treibstoff, als die Ausgucks der ATLANTIS den Schweren Kreuzer HMS DEVONSHIRE sichteten, der rasch näher kam. *U 126* löste sofort die Verbindung und tauchte, um eine Position zum Torpedoangriff einzunehmen. Inzwischen versuchte Rogge, die DEVONSHIRE zu täuschen, indem er sein Schiff als ein harmloses Handelsschiff ausgab. Die List hatte fast Erfolg, da startete der Kreuzer sein Bordflugzeug, dessen Beobachter mithilfe des Fotos in der Zeitschrift *Life* die ATLANTIS als Hilfskreuzer identifizierte. Daraufhin eröffnete die DEVONSHIRE auf eine Entfernung von ca. 18.500 m das Feuer und Rogge, die Lage des Hilfskreuzers als unhaltbar einschätzend, gab Befehl zum Verlassen des Schiffes.

Da die DEVONSHIRE ablief und nicht den Versuch einer Rettung unternahm, war *U 126* im Stande, drei Gruppen von Überlebenden zu bilden, zu denen auch wieder Johann Fehler gehörte: Eine an Deck des U-Bootes, eine unter Deck und eine in den Booten der ATLANTIS. Nach Bergung durch den U-Bootversorger PYTHON wurde auch dieses Schiff durch die DEVONSHIRE versenkt. Erneut retteten U-Boote die Überlebenden und nachdem Dönitz weitere U-Boote zu ihrer Unterstützung herangeführt hatte, gelangten die Geretteten der ATLANTIS- und der PYTHON-Besatzung heil nach St. Nazaire. Auf Grund der Tapferkeit seiner Besatzung erhielt KptzS. Rogge von Hitler anlässlich eines Empfangs der Besatzung in Berlin das Eichenlaub zum Ritterkreuz des Eisernen Kreuzes. Die Berühmtheit der ATLANTIS und ihrer Saga sollte für immer Fehlers Werdegang beeinflussen und ihm Gelegenheiten verschaffen, die sich ihm sonst nicht geboten hätten.

Doch diese Gelegenheiten mussten noch warten. Schon bald nach seiner Rückkehr nach Deutschland meldete sich Johann Heinrich Fehler, den seine Rettung durch die U-Boote beeindruckt hatte, freiwillig zur U-Bootwaffe mit dem letztlichen Ziel, das Kommando über ein Kampfboot zu bekommen. Doch sein Wunsch wurde abgelehnt, da er als Kommandant eines Überwasserschiffes vorgesehen war. Stattdessen wurde Fehler im März 1942 für ein Jahr an die Marineschule Mürwik als Lehrer abkommandiert. Der verhältnismäßig ruhige Dienst als Unterrichtender ging der rastlosen Natur Fehlers gegen den Strich. Diese Zeit, in der er, wie er sich ausdrückte, »Weisheit in die Holzköpfe anderer Leute Kinder zu gießen« hatte, war »keine, in der sich ein aktiver Mensch von 31 Jahren sehr glücklich fühlen konnte«.[38] Fehler wurde bald zur Plage seiner Vorgesetzten, weil er ihnen ständig wegen eines Frontkommandos zusetzte. Trotz der Ratschläge seiner Kameraden und Vorgesetzten, zu denen auch Rogge gehörte, sein früherer Kommandant und der jetzige Chef des Stabes der Bildungsinspektion, geduldig zu bleiben, konnte er sich mit seinem Schicksal in Mürwik nicht abfinden. Doch seine Beharrlichkeit zahlte sich schließlich aus und Anfang 1943 wurde er endlich zur U-Bootwaffe abkommandiert.

Fehler besuchte die verschiedenen Ausbildungseinrichtungen in Pillau, Flensburg, Travemünde und Neustadt/Holstein, die ein zukünftiger U-Bootkommandant zu absolvieren hatte. Er schloss seine U-Bootausbildung einschließlich der Ausbildung zum Wachoffizier ab und im September 1943 hatte er auch den Kommandanten-Lehrgang beendet, der ihn für ein eigenes Kommando qualifizierte.[39] Doch bis zum Herbst 1943 hatte sich die U-Bootoffensive gegen Großbritannien durch die wirksam gewordenen neuen alliierten Gegenmaßnahmen beträchtlich abgeschwächt. Dönitz blieb daher hinsichtlich der vorhandenen U-Boote ein Personalüberschuss. Kurzum, Fehler musste sich erneut in Geduld fassen. Anfang 1944 war das Warten vorüber, wenn auch noch nicht zu seiner vollständigen Zufriedenheit. Statt des Kampfbootes, das er sich gewünscht hatte, erhielt er den Befehl, sich zur Baubelehrung in Kiel zu melden, um die Fertigstellung seines neuen Bootes zu begleiten: Eines U-Minenlegers vom Typ X B mit der Kenn-Nummer *U 234*.

* * *

»Das Boot war groß, …das bei weitem größte U-Boot, das ich je gesehen hatte.« Obwohl ihn sein neues Kommando auf den ersten Blick »faszinierte«, ersuchte Fehler nichtsdestoweniger darum, ihn für ein anderes Boot in Erwägung zu ziehen. *U 234* war ein Minenunterseeboot, dessen Schwesterboote häufig als »Milchkühe« eingesetzt wurden, wie die Versorgungs-U-Boote (U-Tanker) im Marinejargon bezeichnet wurden. Dies war himmelweit von der offensiven Aufgabe entfernt, die sich Fehler vorgestellt hatte, aber seine Proteste stießen auf taube Ohren.[40] Jedes Hinausschieben seiner Abkommandierung auf *U 234* hätte zur Folge gehabt, dass er wieder auf der Warteliste gestanden wäre oder sogar ein erneutes Landkommando erhalten hätte. In Abwägung seiner Möglichkeiten anerkannte Fehler, dass er mit der Übernahme des Kommandos von *U 234* zumindest wieder auf See zurückkehren konnte.

Obwohl *U 234* planmäßig Ende 1943 vom Stapel gelaufen war, verlief sein Bau nicht ohne Zwischenfall, seit der Kiel des 1650-t-Bootes im September 1942 auf der Kieler Germaniawerft gestreckt worden war und sein Bau begonnen hatte. Im November 1942 hatten die alliierten Bomber begonnen, die U-Bootwerften in Kiel anzugreifen und trotz starker Luftabwehr war auch die Germaniawerft nicht unverwundbar. Am 14. Mai 1943 warf die 8. USAAF schätzungsweise 250 ts Bomben auf das Werftgelände ab, die eine 10-m-Sektion im Bereich des Vorschiffes von *U 234* schwer beschädigten.[41] Trotz dieser Verzögerung, da der beschädigte Bootsbereich ersetzt werden musste, war *U 234* am 23. Dezember 1943 vom Stapel gelaufen und konnte am 2. März 1944 als Einheit der 4. U-Flottille (Standort Stettin) in Dienst gestellt werden.

Anfang 1944 meldete sich Fehler bei der Germaniawerft in Kiel, um die Endausrüstung seines Bootes zu beobachten und seine Besatzung auszuwählen und auszubilden.[42/42a] Wenn auch der Bau von *U 234* ohne weitere Zwischenfälle voranschritt, fand es Fehler schwierig, eine erfahrene Besatzung zu bekommen. Zwei Faktoren behinderten die Auswahl der Besatzung. Erstens war eine erfahrene Bootsbesatzung für ihren Kommandanten wertvoll, da die zwischen ihm und seinen Männern entstandene Vertrautheit beiden ein Gefühl der Beruhigung vermittelte. Der erfahrene Kommandant und Ritterkreuzträger Jürgen Oesten erklärte: »Da die Stabssituation sehr angespannt war, versuchte [ein Kommandant], die Leute zurückzubekommen, die [er] von seinen früheren Booten her kannte. Die Besatzungsangehörigen ihrerseits versuchten wieder, zu den Kommandanten zu kommen, die sie bereits kannten und denen sie vertrauten. … Um qualifizierte und erfahrene Männer zu bekommen, mussten alle möglichen Tricks angewandt werden, da dies eine Art Lebensversicherung für alle Betroffenen war.«[43]

Ein zweiter Hinderungsgrund war der Tribut, den der U-Bootkrieg von den Besatzungen der U-Boote gefordert hatte. In seinen Erinnerungen legte Dönitz dar, dass von 863 Frontbooten 630 auf Feindfahrt verloren gingen – eine Schwindel erregende Verlustziffer von 73 Prozent.[44] Infolgedessen standen 1944 nicht mehr so viele erfahrene

Besatzungsangehörige zur Verfügung, um auswählen zu können; sie waren entweder gefallen oder waren bereits anderen Booten zugeteilt worden. Daher musste Fehler mit Leuten vorlieb nehmen, die gerade erst frisch von den verschiedenen Einrichtungen der U-Bootausbildung kamen. Die Mehrheit seiner Besatzung war in der U-Bootwaffe ebenso neu wie er selbst: 70% der Männer waren gerade einmal 19 Jahre alt, wobei der Jüngste erst 17 war.[45]

Mit seinen Portepee-Unteroffizieren war Fehler auf *U 234* glücklicher dran. Alle waren erfahrene U-Bootfahrer, die zumindest 15 Feindfahrten hinter sich hatten. Während Fehler beruhigt war, dass diese Erfahrung von unschätzbarem Wert sein würde, sobald sich *U 234* in See befand, waren seine Oberfeldwebel bezüglich ihres neuen Kommandanten skeptisch. Oberfunkmeister Wolfgang Hirschfeld stellte fest, obwohl er Fehlers »lebhaften Optimismus und warme Persönlichkeit« mochte: »Ich bezweifelte, ob er uns sehr lange am Leben lassen würde, sobald wir in den Atlantik kamen.«[46] Fehler musste sich mit der Zeit das Vertrauen seiner Männer erwerben, und dies unter der Härte der U-Bootkriegsführung. Hirschfeld und seinen Kameraden war aber nicht bekannt, dass ihr Abwarten nicht so lange währen würde, wie sie gedacht hatten.

Nach der Indienststellung im März 1944 begann sofort die lange Zeit der See-Erprobungen und damit des Einfahrens und der Ausbildung. Sie war gekennzeichnet durch ständige Verzögerungen und Restarbeiten. Nach dem Abschluss ihrer ersten zweiwöchigen Erprobungsphase in Kiel kehrte das Boot in die Germaniawerft zurück, um die Funktionsstörungen im Öldrucksystem zu beseitigen. Danach verließ *U 234* Kiel und nach einem kurzen Anlaufen von Warnemünde traf das Boot am 27. April in Rönne auf der Ostseeinsel Bornholm ein, um vor der Insel Geräusch-Erprobungen bei Tauchfahrt durchzuführen.

Obwohl die vorgesehenen Erprobungen normalerweise nur eine kurze Zeit in Anspruch nahmen, war Fehler gezwungen, eine Woche lang in Rönne zu bleiben, um abzuwarten, bis die deutschen Minensucher die Fahrrinnen in der Ostsee von britischen Minen freigeräumt hatten. 1944 hatten britische Flugzeuge begonnen, weite Bereiche der Ostsee und ihrer nördlichen Zugänge – dort, wo die Kriegsmarine ihre U-Bootausbildung konzentriert hatte – in einem Ausmaß mit Minen zu »verseuchen«, dass die »Kinderstube der U-Boote« nicht mehr sicher war. Von allen alliierten Minenoperationen aus der Luft stellte die Verminung der Ostsee tatsächlich eine Hauptsorge der U-Bootführung dar.[47] Die Wartezeit von *U 234* in Rönne sollte nicht das letzte Mal bleiben, dass der Fortgang seiner Erprobungen durch Minenräumarbeiten aufgeschoben werden musste.

Nach dem letztendlichen Abschluss der Geräusch-Erprobungen verlegte Fehler mit seinem Boot nach Swinemünde, um eine Reihe von Übungen mit den Fla-Waffen durchzuführen. Doch am 7. Mai 1944 traten auf *U 234* Probleme mit dem elektrisch betriebenen Luftkompressor und mit den Lenzpumpen auf. Daher lief Fehler zur Reparatur auf einer Bauwerft nach Danzig ein.[48] Am 25. Mai ging *U 234* wieder in See, um die Erprobungen fortzusetzen. Dieses Mal verlegte das Boot nach Hela zur Agru-Front, um es unter Frontbedingungen einzufahren.

Die Ausbildungszeit in Hela mit Übungen in der Danziger Bucht diente dazu, Notsituationen zu simulieren und die Fähigkeit der Besatzung zu beurteilen, unter Druck zu arbeiten. Am 20. Juni fuhr Fehler mit *U 234* westwärts, um Alarmtauchübungen in einem Seegebiet von 60 m Wassertiefe durchzuführen. Als der Befehl zum Alarmtauchen durch das Boot klang, tauchte *U 234* in einem ungewöhnlich steilen Winkel und sein Bug bohrte sich schließlich in den weichen Schlick des Meeresbodens. Fehler begutachtete die Lage durch das Sehrohr und informierte gelassen Kptlt. (Ing.) Horst Ernst, den Leitenden Ingenieur, der auch für die Tauchmanöver zuständig war, dass das Heck von *U 234* aus dem Wasser ragte, während sein Bug im Schlamm steckte. Fehlers erfahrene Leute waren entsetzt. Obersteuermann Paul Rische beklagt sich: »Wir sind vier Wochen lang ausgebildet worden, und alles, was der Alte bis jetzt gelernt hat, ist das. … Er is'n typischer Anfänger.« Vielleicht konnte Fehler sein Gesicht wahren, falls niemand an Land das Fiasko gesehen hatte, aber das war nicht der Fall. Der Ausbildungsoffizier an Land hatte das Missgeschick beobachtet und entsandte mehrere Barkassen zu *U 234*. Sie sollten feststellen, ob es Überlebende gab. Schließlich war Ernst imstande, das Boot horizontal zu trimmen, obwohl dies der Besatzung wenig Erleichterung brachte. Hirschfeld erinnerte sich: »Der einzige Trost, den wir erhielten, kam von der ständigen Anwesenheit des Motorbootes, das langsam über uns kreiste.«[49] Glücklicherweise gab es keine weiteren Notfälle und das U-Boot war in der Lage, seine Erprobungen mit Minenlegen über und unter Wasser abzuschließen.

Nach Beendigung der Ausbildung für das Minenlegen musste Fehler wieder Danzig anlaufen und zu Reparaturarbeiten in die Holm-Werft gehen. Eine Litanei von Problemen hatte sich bei *U 234* ergeben, hauptsächlich Störungen des elektrischen Antriebssystems sowie Schwierigkeiten mit den Funk- und Funkmessanlagen. Nach diesen Ausbesserungsarbeiten verlegte Fehler mit seinem Boot zu taktischen Übungen von achttägiger Dauer nach Pillau (dem heutigen Baltijsk im russisch besiedelten Teil Ostpreußens) und danach nach Libau (dem heutigen Liepàja in Lettland) zu Torpedoschießübungen. Nach dem Aufenthalt in Libau musste *U 234* erneut in die Werft gehen, um weitere Reparaturen durchführen zu lassen, diesmal wieder wegen der ständigen Probleme mit der Elektronik der Funk- und Funkmessausrüstung.

Die fortlaufenden Schwierigkeiten, die Fehler mit der Bordelektronik von *U 234* hatte, waren ein Anlass zur Besorgnis. Von der Häufigkeit der Störungen bei den Funkgeräten, vor allem des Senders, und bei der Funkmessanlage beunruhigt, erkundigte sich der Oberfunkmeister Hirschfeld nach dem Vorhandensein verlässlicherer Systeme, insbesondere was die Funkmessanlage betraf. 1944 waren die meisten U-Boote mit dem unbeholfenen »Biskaya-Kreuz« als Funkmessbeobachtungsanlage ausgerüstet, die von den Kommandanten so gehasst wurde, dass sich einige weigerten, mit ihr auszulaufen.[49a] Einer von ihnen, Kptlt. Wilhelm Wissmann, der ehemalige Kommandant von *U 518*, informierte Hirschfeld, dass die Luftwaffe das Schiffssuchgerät »Hohentwiel« besäße, das es einem Unterseeboot ermöglichen würde, Überwasserziele zu orten. Angesichts der Gefahr, eine Fernunternehmung mit einer unzureichenden Funkmessausrüstung durchführen zu sollen, wandte sich Hirschfeld mit dem Vorschlag an Fehler, ein »Hohentwiel«-Gerät zu beschaffen. Dieser folgte schließlich diesem Vorschlag. Die Bedeutung des für den Marinegebrauch als Funkmessortungsgerät (FuMO) modifizierten »Hohentwiel« kann nicht hoch genug eingeschätzt werden. Hirschfeld machte geltend: »Es sollte uns das Leben retten.«[50/50a]

Gegen das Ende des Sommers 1944 hin hatte *U 234* seine Erprobungs- und Ausbildungszeit hinter sich. Fehlers Boot war nunmehr in jeder Hinsicht einsatzfähig und alle Anlagen an Bord funktionierten. Allerdings hatten die vielen Abstecher in die Werft zu Reparaturen bei der Besatzung einen Mangel an Vertrauen hinterlassen. Es sollten jedoch noch weitere Werftaufenthalte erforderlich werden, darunter ein größerer Umbau des Bootes sowie der Einbau einer der größten technischen Neuerungen des Zweiten Weltkrieges für U-Boote.

* * *

Am 30. August 1944 kehrte *U 234* nach Kiel zurück und Fehler meldete sich bei der 5. U-Flottille (KKpt. Moehle) zur abschließenden Ausbildung und Endausrüstung vor der Abkommandierung an die Front. Hier erhielt Fehler den Befehl, mit seinem Boot zur Germaniawerft zurückzukehren. Er wurde informiert, dass die Vernichtung der deutschen Versorgungs-U-Boote durch die alliierten Erfolge eine Änderung der Pläne erforderten. Der Bau von acht neuen Transportunterseebooten sollte zu Gunsten des Umbaus der vorhandenen Boote vom Typ X B widerrufen werden, um Transportaufgaben zu erfüllen.[51] Daher hatte sich *U 234* der Umrüstung von einem Minenleger zu einem Fracht befördernden Unterseeboot mit der selbstverständlichen Folge zu unterziehen, dass der noch nicht bekannte Einsatzbefehl vermutlich eine Transportaufgabe enthalten würde.

In die sechs senkrechten vorderen Minenschächte wurden tubenförmige Frachtbehälter eingebaut, gesichert durch die Minen-Auslösevorrichtung. Eine umfangreiche Veränderung betraf das Entfernen der seitlichen Schächte, um Platz für vier große Laderäume zu schaffen, ausgestattet mit acht horizontalen Frachttuben.[52] Auch an der Oberseite kamen vier waagerechte Behälter hinzu, desgleichen wurde der äußere Kielgang geräumt, um Fracht unterzubringen, und beiderseits des Kommandoturms erfolgte das Anschweißen von zwei Stahlzylindern (6 m x 0,60 m).[53] Ende 1944 waren bei der Germaniawerft die Um- und Einbauten (zur Schnorchelanlage siehe unten) einschl. einer letzten Überholung der Antriebsanlage endlich abgeschlossen. Danach folgte ebenfalls in Kiel die Verlegung zur 5. Flottille und im Januar 1945 begannen die abschließende Ausbildung und die Endausrüstung zuzüglich der Frachtübernahme, die am 23. März 1944 beendet waren.

Schließlich lief *U 234* am 25. März 1945 aus Kiel in Richtung Norwegen aus, begleitet von *U 516* (ObltzS. Petran) vom Typ IX C, das ebenfalls zu einem Transport-U-Boot mit vergrößertem Stauraum umgebaut worden war. Die beiden großen Transport-U-Boote hatten eine der wichtigsten Neuerungen des Krieges erhalten: Den als »Schnorchel« bezeichneten neuen Luftmast.

Anfang 1944 begann die Kriegsmarine ihre U-Boote mit einer Anlage auszurüsten, die es einem Unterseeboot gestattete, getaucht mit seinen Dieselmotoren zu fahren, um auf diese Weise seine Batterien aufzuladen und zu schonen. Diese Vorrichtung war eine niederländische Erfindung aus der Vorkriegszeit, die von der Kriegsmarine als

Schnorchel bezeichnet wurde. Der Schnorchel war ein Luftmast, der wie das Sehrohr über die Wasseroberfläche ragte, während das U-Boot getaucht fuhr, wobei der Mast gleichzeitig als Lufteinlass und als Abgasaustritt fungierte, so dass die Dieselkraftstoff verbrennenden Motoren das Boot antrieben, ohne auftauchen zu müssen. Auf diese Weise konnte das mit dem Schnorchel ausgerüstete Unterseeboot eine unbestimmte Zeit unter Wasser bleiben, wobei es außerordentlich schwierig war, das Boot mit Radar zu orten.

Obwohl der Schnorchel eine beträchtliche Stärkung eines bereits todbringenden Waffensystems darstellte, hatte er auch ernste Nachteile. Damit kein Wasser in das Luftrohr strömte, musste der Kopf ein Absperrventil aufweisen, das den Luftmast zu verschließen hatte, wenn Seewasser über den aus dem Wasser ragenden Schnorchelkopf flutete. Wenn auch das Ventil das Wasser daran hinderte, in das Bootsinnere zu strömen, so blockierte es auch den Abgasaustritt und veranlasste die weiterlaufenden Dieselmotoren, die notwendige Luft aus dem Inneren des U-Bootes zu saugen. Dauerte die Blockade nur einen kurzen Augenblick, so verursachte dies keine unmittelbaren Probleme, denn das Ventil würde sich bald wieder öffnen und den Motoren Frischluft zuführen. Hielt sie aber längere Zeit an, konnte die Besatzung körperliche Schäden erleiden oder sogar ersticken, wenn die Diesel die gesamte Luft anzusaugen begannen. Da dies auch die Abgasöffnung des Luftmastes versperrte, konnte das Kohlenmonoxyd ins Bootsinnere gelangen und eine zusätzliche Vergiftungsgefahr bringen.

Während der Erprobungsfahrten Ende 1944 bekam die Besatzung von *U 234* eine dunkle Ahnung von den Gefahren der neuen Anlage. Während das Boot in Schnorchelfahrt mit den Dieselmotoren fuhr, schnitt der Schnorchelkopf unter die Wasseroberfläche, das Absperrventil blockierte Zuluft und Abgase und sperrte den Motoren die Luftversorgung ab, die daher die Luft aus dem Inneren des Bootes zu saugen begannen. Nach etwa fünf Minuten verursachte das ständige Ansaugen ein teilweises Vakuum, das Hirschfeld »besonders unangenehm für die Trommelfelle [empfand], das rasch unerträglich wurde«. Als sich die Qualen verschlimmerten, verließ das Maschinenpersonal den Dieselmotorenraum bis auf den Diesel-Obermaschinisten Wilhelm Winkelmann, der sich abmühte und schließlich die Dieselmotoren auskuppelte. Als das U-Boot auftauchte und sich der Lufteinlass öffnete, »fegte ein Sturmwind durch das Boot«.[54]

* * *

Im Dezember 1944 wurde Fehler nach Berlin gerufen. Dort teilte ihm KKpt.(V) Becker vom Marinesonderdienst mit, dass der Bestimmungsort seines Bootes Japan sein würde. Mit dem Unterseeboot Frachtgüter nach Japan zu bringen, wurde als gleich bedeutend mit Selbstmord angesehen. Vorausgegangene Versuche führten zu einem Verlust von ca. 75 Prozent der wertvollen Boote und Besatzungen.[55] Doch wie groß auch immer die Gefahren eines Frachtverkehrs mit Unterseebooten waren und wie sich die U-Bootführung auch immer gesträubt haben mag, solche Fahrten zu unternehmen, es war die einzige Möglichkeit, die der deutschen Seite geblieben war, um mit Japan Güter auszutauschen.

Infolge des beschränkten Frachtraums und der Ungewissheit des Unterwassertransports konnten die mit einem U-Boot nach Japan verschifften Frachtmengen nicht sehr groß sein.[56] Der Verbindungsoffizier des japanischen Heeres in Deutschland, Generalmajor Okamoto Seigo, hatte dieses Dilemma bereits seit längerer Zeit klar erkannt und schon vor über einem Jahr einen Bericht nach Tokio gesandt, der eine Lösung vorschlug: »[Da] es außerordentlich gefährlich ist, große Modellstücke zu verschiffen,... bleibt uns nur übrig, technische Fachleute auszutauschen.«[57] Infolgedessen erfuhr Fehler, dass er zusätzlich zur Frachtladung von *U 234* auf dem ohnehin schon überfüllten Unterseeboot auch noch 26 Passagiere zu befördern hatte. Um für die vielen Passagiere Platz zu schaffen, wäre er gezwungen gewesen, 18 Mann seiner eigenen Besatzung zurückzulassen – eine Absicht, der er sich erfolgreich widersetzte. Fehler machte geltend, dass die Anzahl der Passagiere zu hoch wäre und in der Folge musste ihre Anzahl auf zwölf verringert werden.[58]

Die deutschen Passagiere von U 234 setzten sich aus dem General der Flieger Ulrich Keßler, dem neuen Luftwaffenattaché in Tokio, den sechs Mitgliedern seines Stabes sowie einem Wissenschaftler und zwei zivilen Technikern zusammen. Zu Keßlers Stab gehörten zwei militärische Berater, Oberstleutnant Fritz v. Sandrart und Oberleutnant Erich Menzel, sowie Fregattenkapitän Gerhard Falcke, ein Schiffbauingenieur aus dem OKM, Oberleutnant z.S. Heinrich Hellendorn, ein Fachmann für Fla-Waffen der Marine, Kapitänleutnant Richard Bulla, ein Seeflieger, und Geschwaderrichter Kay Nieschling, ein Marinerichter. Die technischen Berater waren Marinebaurat Dr.-Ing. Heinz Schlicke, ein Elektronik- und Funkmessfachmann, sowie Dr.-Ing. August Bringewald und Franz Ruf, die beiden Techniker der Messerschmitt A.G. Außerdem standen noch zwei japanische Passagiere auf der Namensliste: Fregattenkapitän (Ing.) Tomonaga Hideo von der Kaiserlich Japanischen Marine und Fregattenkapitän (Ing.) Shoji Genzo von den Marinefliegern. Die Passagiere gingen in Kiel an Bord von U 234 mit Ausnahme von Keßler, Nieschling und einem der Japaner, die im norwegischen Kristiansand-Süd an Bord kamen.[58a]

Obwohl Fehler nur wenig gegen die Überfüllung seines Bootes tun konnte, versuchte er das Beste aus der Situation zu machen. So ersetzte er seinen I. Wachoffizier, ObltzS. Albert Klingenberg, zu dem er nur eine dürftige Beziehung hatte. Statt einen neuen I.WO an Bord zu holen, entschloss sich Fehler, einen seiner Passagiere einzusparen, und ließ sich am 1. April 1945 Kptlt. Richard Bulla als neuen I.WO zuteilen, einen vertrauten Freund, mit dem Fehler bereits an Bord der ATLANTIS zusammen gewesen war.[59]

Bei dem Dezember-Treffen legte der Marinesonderdienst auch die für Japan bestimmte Fracht fest und sandte einen Kptlt.(V) Longbein nach Kristiansand-Süd, um in Abwesenheit von KKpt.(V) Becker die Ladung von *U 234* zu kontrollieren.[60] Typisch für das Misstrauen gegenüber der Marinebürokratie hatte sich Fehler die Unterstützung eines erfahrenen Offiziers der Handelsmarine gesichert: Kapitän Übel, 1941/42 Kapitän des Etappen-V-Schiffes MÜNSTERLAND, eines Motorschiffes der Etappe Japan, den der Kommandant von *U 234* im Indischen Ozean kennen gelernt hatte, als Kapitän Übel mit seinem Schiff die ATLANTIS und andere Handelsstörer versorgt hatte.

U 234 hatte ca. 300 t Fracht geladen. Zudem befanden sich ausreichende Treibstoff- und andere Vorräte für sechs bis neun Monate an Bord. Die Fracht umfasste ca. 8 t an Dokumenten und technischen Zeichnungen, 1 t Diplomatenpost und persönliche Postsendungen sowie ca. 210 t Kriegsmaterial.61 Die Waffen einschl. der technischen Geräte und Unterlagen, die den Hauptteil der Fracht ausmachten, ließen die Art der Führung eines zukünftigen Krieges ahnen. Viele der für Japan bestimmten neuartigen Erfindungen waren an der Front noch nicht in ausreichend großem Maßstab eingesetzt worden, um entsprechende Gegenmaßnahmen hervorzurufen. Einige der jüngsten deutschen Waffensysteme und Entwicklungen befanden sich in den Frachträumen von U 234; sie reichten von einer Höhendruckkabine für Piloten, zahlreichen Sprengstoffen und Munitionen sowie Prototypen und Arbeitsmodellen neuer Funkmessgeräte bis zu Panzerabwehr- und anderen panzerbrechenden Waffen wie der »Panzerfaust« und kleineren Raketen. Sogar ein Strahljäger vom Typ Messerschmitt Me 262 war zerlegt im Minenbehälter 30549 X mittschiffs verstaut.[62]

Darüber hinaus hatte *U 234* Munition und Nachschubgüter, darunter auch Bekleidung, Medikamente, Werkzeuge und Dauerproviant, für die deutschen U-Bootstützpunkte in Batavia (heute Jakarta) und Penang (heute Pinang) an Bord. Da eine regelmäßige Verbindung zwischen Deutschland und Japan nicht mehr durchführbar war, wurden alle Sendungen, die für eine Übermittlung über Funk als zu riskant erachtet wurden, nunmehr auf dem Kurierwege befördert. Daher hatte *U 234* auch eine Tonne Post an Bord, die für die verschiedenen Diplomaten und Attachés wie auch für die in Japan stationierten Zivilisten bestimmt waren. Das andere Ende des Frachtspektrums bildete das persönliche Gepäck, das von Hellendorns Malutensilien und Keßlers Jagdgewehren bis zu Kognak, Karten- und Brettspielen sowie Mundharmonikas reichte.[63]

Vielleicht der bemerkenswerteste Posten der Fracht – und mit Sicherheit der faszinierendste – war das Uranoxid, auf der Frachtliste mit dem Posten »ST 1270/1-10« angegeben. In zehn Behältern mit insgesamt 560 kg Gewicht verpackt, war das Erz an das »Jap. Heer« [sic] adressiert und nach den Worten von Hirschfeld »hochradioaktiv«. Hirschfeld erinnerte sich, gesehen zu haben, wie Shoji und Tomonaga die zehn würfelförmigen, 25 x 25 cm großen Behälter – »möglicherweise Stahl und Blei … und enorm schwer« – mit der Bezeichnung »U 235« auf japanische Art beschrifteten. Diese Pakete verlud ein Arbeitskommando unter der Aufsicht von Leutnant z.S. Karl Pfaff und dem Bootsmann Peter Schölch.[64] Als Hirschfeld den japanischen Marineoffizier über den Inhalt dieser mysteriösen Pakete befragte, teilte ihm Tomonaga angeblich mit: »Ist Ladung von *U 235*. Fährt nicht mehr nach Japan.« Die Wahrheit dieser Erklärung bezweifelnd, frug Hirschfeld bei der 5. U-Flottille nach. Dort wurde ihm gesagt, dass es sich bei *U 235* tatsächlich um ein kleines Schulboot vom Typ VII C handelte, das nur für die Ausbildung in der Ostsee vorgesehen wäre.[65] In der Erkenntnis, dass er von dem Japaner irregeführt worden war, meldete Hirschfeld seine Besorgnis dem Kommandanten, der seinen Oberfunkmeister anwies, ein Diskutieren dieses Themas mit dem Japaner zu unterlassen.[66] Für Hirschfeld verlieh das Geheimnis, das die Japaner und ihre Fracht umgab, dem Auftrag von *U 234* einen Anschein von Dringlichkeit. (Die Uran-Fracht von *U 234* wird im Anhang auf Seite 215 ausführlich behandelt.)

Ein weiteres Anzeichen hinsichtlich der Bedeutung der Fracht von *U 234* war darin zu erkennen, dass der Chef der 5. U-Flottille [KKpt. Karl-Heinz Moehle sowie] KptzS. Hans-Rudolf Rösing, der FdU West, einen vollendeten Empfang für Tomonaga und Shoji arrangierte, der gleichzeitig eine Abschiedszeremonie für die Offiziere und Mannschaften des U-Bootes war. Die Feier fand in Kiel statt und an ihr nahmen der japanische Botschafter in Deutschland, Oshima Hiroshi, sowie Konteradmiral Kojima Hideo, der japanische Marineattaché, und offizielle Vertreter des MSD teil. Absicht des Empfangs war die erneute Bestätigung der Verbundenheit zwischen Deutschland und Japan und in den Ansprachen war vom »Krieg bis zum Tode« und von der »unverbrüchlichen Kameradschaft« zwischen den Achsenpartnern die Rede. Für den zynischen Kptlt. Fehler war das Drum und Dran der Zeremonie eine Farce; denn für ihn war Japans Desillusionierung über das Versagen seines Verbündeten offensichtlich. »Wir gingen freundlich miteinander um«, schrieb er, »zumindest kameradschaftlich aufgrund unserer gegenseitigen Absicht, die Illusionen aufrechtzuerhalten.«[67] In einer »festlichen und religiösen Zeremonie« demonstrierte Oshima sein Vertrauen zu »dem Mann, veranwortlich für [Tomonagas und Shojis] Sicherheit«, indem er Tomonagas 300 Jahre altes Samuraischwert für die Dauer der Fahrt Fehler anvertraute.[68]

Nach den politischen Präliminarien arrangierte Rösing [sic] als Nächstes eine letzte Zeremonie, diesmal an der Pier, an der *U 234* festgemacht hatte. Diese Zeremonie, die Fehler mit Abscheu erfüllte, beschrieb er als einen »derart unglaublichen Quatsch«: Eine Märsche und Hymnen spielende Militärkapelle, zahlreiche politische und militärische Würdenträger, eine »Abordnung junger [Marine] Helferinnen, um den Jungs zum Abschied zu winken«, Blumen für Fehler und »Abschiedsworte auf dem Kai« an Mannschaften und Offiziere.[69] Schließlich machten sich Fehler und seine Besatzung bereit, um am Nachmittag des 25. März 1945 aus Kiel auszulaufen.[69a]

* * *

Obwohl sich Fehler für den Erfolg seines Auftrages der Wichtigkeit der Moral seiner Besatzung vollauf bewusst war, lehnte er es nichtsdestoweniger ab, alles, was seine Untergebenen beunruhigen konnten, vor ihnen zu verheimlichen. Dies war auch angesichts des sich verringernden Widerstandes gegen die vorrückende Rote Armee der Fall. Während sich *U 234* zu Übungen in Memel (heute Klaipéda in Litauen) befand, so erinnerte sich Hirschfeld, war der Bevölkerung der Stadt »bekannt, daß die Russen das nahe gelegene Mitau [heute Jelgava in Lettland] erreicht hatten«, und nach der unvermeidlichen Einnahme von Memel »fürchteten [sie] um die Frauen und Mädchen«. Auf Fragen an den Kommandanten, ob er glaubte, das deutsche Heer könnte die Eindringlinge zurückschlagen, bemerkte Fehler, dass es »ein langer Weg von Stalingrad bis Mitau war. … Jetzt haben wir einen mitteleuropäischen Krieg an zwei Fronten. Soll ich Ihnen das auseinandersetzen?«[70]

In gleicher Weise verheimlichte Fehler vor seiner Besatzung auch nicht seine Beurteilung der militärischen Lage. Am 25. März 1945, als *U 234* aus dem Kieler Hafen glitt, informierte er seine Besatzung über ihren Bestimmungsort und verkündete, dass sie nach seiner persönlichen Überzeugung Japan nie erreichen würden.[71] Auf die Gerüchte von Deutschlands unmittelbar bevorstehenden Zusammenbruch eingehend, räumte Fehler die sich verschlechternden deutschen Kriegsanstrengungen ein, gelobte aber: »Kameraden, ihr habt alle die letzten Nachrichten gehört und wißt, wo der Feind steht, und wie es in der Heimat aussieht. – Deutschland geht einer schweren Zeit entgegen. Wie dieser Krieg auch ausgehen mag, ich werde alles tun, um euch wieder heil nach Hause zu bringen.«[72] Obwohl viele Angehörige der Besatzung die Aufrichtigkeit ihres Kommandanten schätzten, glaubten einige doch, dass seine Einschätzung ihrer Chancen lediglich eine Darlegung der offensichtlich vorhandenen Einsatzbedingungen von *U 234* war. Ein Hauch von nervöser Vorahnung, von Pessimismus und Ungewissheit verbreitete sich in dem überfüllten Unterseeboot, als es nach Norden in Richtung Norwegen kroch.

Der Marsch von Kiel nach Kristiansand-Süd war voller Gefahren; er wurde als der tückischste Abschnitt der gesamten Feindfahrt angesehen. Fehler musste sein schwer beladenes U-Boot nach Norden durch Gewässer führen, die mit Minen sowohl deutschen als auch alliierten Ursprungs verseucht waren und über denen die alliierten Flugzeuge die unumstrittene Luftherrschaft ausübten. Daher streiften 1945 über den Zugängen in die Ostsee, besonders über dem Kattegat zwischen Dänemark und Schweden, zahlreiche U-Jagdflugzeuge umher; denn in seinen flachen Gewässern konnte ein Unterseeboot in der Tiefe nur bedingt Zuflucht suchen.

Fehler war am Nachmittag des 25. März 1945 aus Kiel ausgelaufen und setzte um 10.06 Uhr am 26. März einen Funkspruch an die 5. U-Flottille ab, worin er sein Zusammentreffen mit *U 516* (ObltzS. Petran) und einem Sicherungsfahrzeug bestätigte, die ihn nach Horten am Oslofjord und nach Larvik begleiten sollten.[73] Jedoch angesichts der verstärkten Überwachung der Ostseeausgänge durch alliierte U-Jagdflugzeuge entschloss sich Fehler, auf das Sicherungsfahrzeug zu verzichten, da es die alliierten Flugzeuge anziehen könnte. Infolgedessen verständigte er über Funk Kiel und informierte die 5. U-Flottille, dass er um 15.20 Uhr auf Position 57°00' Nord, 11°00' Ost seine Sicherung entlassen hätte und seinen Marsch nordwärts mit *U 516* nach Horten fortsetzen würde.[74] Am 27. März meldete Petran, dass *U 516* und *U 234* um 16.25 Uhr in Horten eingelaufen waren.

Dort entging *U 234*, ein glückhaftes Boot, einmal mehr einer Katastrophe bei Schnorchel-Übungen im Horten-Fjord. Am 31. März, während *U 234* auf Schnorcheltiefe fuhr, kollidierte es mit *U 1301* (Kptlt. Lenkeit), einem VII-C-Boot, das ebenfalls Schnorchel-Übungen durchführte. Hierbei rammte Kptlt. Lenkeits Boot *U 234* direkt achteraus des Kommandoturms auf der Backbordseite. Die Folge war ein tiefer Riss mit einer Fläche von 2,23 m^2, der am Treibölbunker 7 eine ernste Beschädigung verursachte und aus dem in der Folge ca. 30 t Öl in den Fjord flossen.

Fehler bereitete sich auf den Weitermarsch nach Kristiansand-Süd zur Reparatur vor. Am 5. April lief *U 234* nach Larvik aus. Dort traf das Boot *U 2326* (OblztS. Jobst) und fuhr danach sofort nach Kristiansand-Süd weiter. Im späteren Verlauf des Tages setzte Fehler einen Funkspruch an BdU op ab, der nachrichtlich auch an den Kommandierenden Admiral der U-Boote, den Befehlshaber der Seeverteidigung Oslofjord und den Hafenkommandanten von Kristiansand-Süd ging. Darin meldete er seine voraussichtliche Ankunft in Kristiansand-Süd für den 6. April um 07.00 Uhr. Außerdem teilte er die Position von zwei feindlichen Treibminen mit, die er in den Planquadraten AN 4124 und AN 4125 (58°57'N, 10°12'O und 58°57'N, 10°24'O) der deutschen Marine-Quadratkarte angetroffen hatte.[75]

In Kristiansand-Süd zur Reparatur eingetroffen, wurde Fehler in Kenntnis gesetzt, dass es keine Dockmöglichkeit gäbe und das sich die nächstgelegene Reparatureinrichtung in Bergen befände, einen vollen Dreitagesmarsch durch gefährliche Gewässer entfernt. Fehler konnte über Funk veranlassen, die Reparatur selbst durchzuführen, und erhielt den Befehl, an die Südseite des Hafeneingangs zu gehen und die Arbeiten in Angriff zu nehmen.[76] Es gelang ihm, einige Stahlplatten zu bekommen und durch Fluten der vorderen Tauchzellen war es möglich, den Bug von *U 234* ausreichend tief abzusenken, damit die beschädigte Sektion am Achterschiff aus dem Wasser kam. Nach einer Woche Arbeit hatte es die Besatzung von *U 234* geschafft, am Bootskörper die beschädigten Platten zu entfernen und durch neue zu ersetzen.

Die Zeit von *U 234* in Europa ging rasch dem Ende zu. Am 12. April forderte KAdm. Eberhard Godt, der Chef der U-Bootführungsabteilung (2.Skl/BdU op), von der 15. U-Flottille in Kristiansand-Süd den Treibölbestand von *U 234* an und befiehlt ein Auslaufen nur auf besondere Anordnung. Am folgenden Tag ging ein FT des BdU, GAdm Dönitz, an *U 234* ein und instruierte Fehler: »Nach eigenem Ermessen sofort auslaufen.«[77]

Fehler verließ mit seinem *U 234* Kristiansand-Süd am 15. April im Schutze der Dunkelheit. Zur Aufrechterhaltung der Geheimhaltung hatte Fehler sein tatsächliches Auslaufdatum verschleiert, indem er zahlreiche Anforderungen für die Lieferung von Vorräten losgeschickt hatte, sämtlich unter falschem Datum und Uhrzeit, wann sie angeblich auf *U 234* gebraucht würden. Ferner unterrichtete er auch Marinedienststellen ausführlich über vorgesehene Arbeitskommandos und Landurlaub und teilte dem Hafenkommandanten als – falsches – Auslaufdatum den 16. April mit. In einem FT an BdU op und den Kommandierenden Admiral der U-Boote in Kiel meldete die 15. U-Flottille vorschriftsmäßig das Auslaufen von *U 234* und seiner Geleitsicherung für 22.00 Uhr am 16. April.[78/78a] Dies war genau das, was Fehler beabsichtigt hatte; denn 1945 konnte die Sicherheit des Funkverkehrs nicht mehr garantiert werden. Fehler wusste, dass der Gegner wahrscheinlich jede Nachricht bezüglich seines Auslaufens abhörte und entzifferte (was tatsächlich auch der Fall war). Das Mitteilen eines falschen Auslaufdatums an BdU op und nach Kiel durch die 15. U-Flottille hatte Fehler unwissentlich einen vollen Tag Vorsprung verschafft. Das lange Warten war endlich vorüber und ein besorgter Fehler sowie seine nervöse Besatzung und die Passagiere wandten ihre Aufmerksamkeit dem unbeständigen Atlantik zu und bereiteten sich auf den nächsten Abschnitt ihrer Fahrt vor, der sie zum Äquator führen sollte.

* * *

Tokio erwartete besorgt die Nachricht von Fehlers Auslaufen in den Fernen Osten, und dies aus gutem Grund: Der erste von drei Versuchen, deutsche Rüstungsgüter mit einem Unterseeboot nach Japan zu schicken, hatte mit einem Fiasko geendet. Am 9. Februar 1945 torpedierte das britische Unterseeboot VENTURER westlich von Bergen *U 864* (KKpt. Rolf Reimar Wolfram), ein Boot vom Typ IX D_2, das mit der gesamten Besatzung verloren ging. Seine Fracht glich der von *U 234*; tatsächlich waren sowohl Keßler als auch Dr.-Ing. Bringewald von der Messerschmitt A.G. versuchsweise als Passagiere für *U 864* vorgesehen gewesen. Keßler hatte jedoch noch Pflichten in Berlin gehabt, die seine Abreise im Februar nicht zuließen, und Bringewald hatte eine Vorahnung künftigen Unheils gespürt und sich geweigert, an Bord des Unglücksbootes zu gehen.[79] Mit einem Drittel der von ihnen erworbenen Rüstungsgüter, die nun auf dem Grunde des Nordmeeres lagen, waren die offiziellen Vertreter Japans mit Recht über den Stand von Fehlers Auftrag besorgt. Sie ersuchten am 19. April um den Namen des Kommandanten von *U 234*, einfach aus dem Bemühen heraus, eine Zusicherung zu erhalten, dass der zweite Versuch nicht annulliert worden war.[80]

Die Versuche von deutscher und japanischer Seite, Fehlers Fortschritte zu verfolgen, wurden durch die Ungewissheit hinsichtlich der Sicherheit ihrer Diplomaten-Kodes erschwert. In einem Funkspruch vom 15. April an den Chef des WiRü-Amtes in Berlin bezog sich der Chefinspekteur in Kiel daher auf Fehler und sein *U 234* unter dem Decknamen »Anton 1«.[81] Doch auch diese List schreckte die alliierten Kodebrecher nicht ab, die den diplomatischen Funkverkehr zwischen Japan und Deutschland seit dem Einbruch in die deutschen und japanischen Funkschlüssel abhörten und entzifferten (ULTRA bzw. MAGIC). In Wirklichkeit war die Sicherheit der Unternehmung von *U 234* bereits lange vor dem Auslaufen nach Japan gebrochen.

Vor dem Auslaufen sowohl aus Kiel als auch aus Kristiansand-Süd richteten nächtliche Propaganda-Sendungen im britischen Rundfunk an Fehler und seine Besatzung witzige Grüße. Aus ihnen wurde deutlich, dass den Briten von diesem Unternehmen sehr viel bekannt war und dass dies der Kommandant von *U 234* wusste. Es stellte überhaupt keine Überraschung dar, dass die Geheimhaltung dieser Unternehmung gebrochen werden konnte; denn, wie sich Fritz v. Sandrart erinnerte, wimmelten die Hafenanlagen in Norwegen von Menschen, die der Spionage verdächtig waren.[82] Fehler hatte auch den Verdacht, dass irgendjemand im Oberkommando der Marine oder bei den Vertretern des MSD den Briten die näheren Umstände dieses Unternehmens mitteilte. Dessen ungeachtet musste die Fahrt nach Japan fortgesetzt werden und Fehler hatte mit *U 234* Nordwest-Kurs zu nehmen, um die Lücke zwischen Island und den Färöer-Inseln anzusteuern.

U 234 verließ Kristiansand-Süd bei dunstigem, regnerischem Wetter, zunächst noch in Begleitung eines schnellen U-Jägers. Mit 16 kn Fahrt lief das Boot hinter seiner Sicherung her, bis Kap Lindesnes erreicht wurde. Dort entließ Fehler sein Geleit mit einem letzten Grußaustausch. Kurz vor Mitternacht schickte Fehler die Brückenwache nach unten und gab Befehl, die Brücke zu räumen, um zu tauchen. Fritz v. Sandrart erinnerte sich an seine Befürchtungen, als er »einen letzten Zug aus seiner Zigarre [nahm], … ein letzter tiefer Atemzug und das Luk schloß sich. Würde es sich je wieder öffnen?«[83]

Fehler sicherte das Turmluk und *U 234* tauchte, während der LI das Boot auf Schnorcheltiefe einsteuerte. Hirschfeld gab die allgemeine Stimmung wieder, als er sich laut wunderte, ob er das Tageslicht je wieder sehen würde.[84]

Fehlers Befehle sahen vor, die wochenlange Fahrt bis zum Äquator möglichst im Unterwasser-Schnorchelmarsch zurückzulegen und die Batterien nur zu benutzen, wenn dies erforderlich wurde. Eine längere Unterwasserfahrt war eine in psychischer und physischer Hinsicht beängstigende Aufgabe für jede U-Bootbesatzung, selbst für erfahrene U-Bootfahrer. Um elektrische Energie zu sparen, brannte bei Tauchfahrt nur ein Mindestmaß an Licht, üblicherweise nur eine geringe Notbeleuchtung. Im Bootsinneren gab es keine elektrische Heizung und infolgedessen sank die Temperatur an Bord bald auf die des umgebenden Wassers, die in den nördlichen Breiten des Nordatlantiks durchaus 10°C erreichen kann. Das Kältegefühl wurde durch das Kondenswasser noch verschlimmert, das ständig von den Schotten tropfte. Das Bootsinnere bildete eine nasse, abgestumpfte Umgebung, die zunehmend ungastlicher wurde.[85]

Zum körperlichen Unbehagen kam hinzu, dass Besatzung und Passagiere von *U 234* den psychologischen Belastungen des Krieges wie auch den lähmenden Perioden der Monotonie ausgesetzt waren. Sauerstoff war an Bord eines Unterseebootes stets etwas Kostbares, besonders auf einem Boot, das über längere Zeiträume getaucht fuhr. Um Sauerstoff zu sparen, hatte jeder, der Freiwache hatte, in seiner Koje zu bleiben und den Befehl zu befolgen, jede körperliche Aktivität auf ein absolutes Mindestmaß zu beschränken. Infolge der Verletzlichkeit eines Unterseebootes gegen Unterwasserortung mussten die Geräusche im Bootsinneren gedämpft oder ausgeschaltet werden. Gespräche waren unerwünscht und jedes Sprechen, das ein verhältnismäßiges Flüstern überstieg, konnte ein disziplinarisches Handeln zur Folge haben. Fritz v. Sandrart erinnerte sich: »Wenn man sich in stundenlanger Dunkelheit schweigend in einer schmalen Koje aufhält, wird man den Eindruck nicht los, in einem Geisterschiff zu sein.«[86] Ob auf Wache oder auf Freiwache, die Geduld ließ nach und das Nervenkostüm wurde dünner.

In den ersten Tagen der Feindfahrt entging *U 234* bei zwei Gelegenheiten einem Unheil. Der erste Vorfall ereignete sich auf der Höhe von Bergen, als der Kommandant durch das Luftzielsehrohr ein großes Flugzeug in geringer Höhe sichtete. Einen Wasserbombenangriff erwartend, tauchte Fehler auf 100 m Tiefe. Detonationen kamen keine, aber im Horchgerät war dreimal hintereinander ein Klatchen zu hören. Oberfunkmeister Hirschfeld meldete Fehler bei gutem Horchwasser ein kurzes Surren in regelmäßigen Abständen aus drei verschiedenen Richtungen. Hierbei handelte es sich um eine neue britische Maßnahme gegen U-Boote: Den Abwurf von Sonarbojen. Der Einsatz von drei Horchbojen dieser Art mit automatisch arbeitenden Unterwassermikrofonen ermöglichte das Orten eines gegnerischen U-Bootes durch Kreuzpeilung. Fehlers einzige Hoffnung bestand darin, tiefer zu tauchen und zu versuchen, unter eine dazwischen liegende Warmwasserschicht zu gelangen, denn der Wechsel in der Dichte zwischen warmem und kälterem Wasser würde das Horchen erschweren. Fehlers Taktik war erfolgreich; *U 234* ging auf seine maximale Einsatztauchtiefe von 180 m, ohne dass Wasserbomben fielen.[87]

Nachdem *U 234* die relative Sicherheit der norwegischen Küstengewässer verlassen hatte, ereignete sich ein zweiter Vorfall, bei dem Unheil drohte. Das Boot wurde plötzlich schwerfällig und es war schwierig, das Boot zu steuern und im Gleichgewicht zu halten: Die Bilge hatte sich mit Seewasser gefüllt. Die Suche nach der Ursache ergab, dass es sich bei dem Missetäter um aufgeweichte Säcke mit Kartoffeln handelte. Die Säcke waren neben den Minenschächten verstaut gewesen und hatten sich bei dem hohen Feuchtigkeitsgehalt aufgebläht. Dann hatten die Kartoffeln ihre voll gesogenen Behältnisse gesprengt, waren herausgefallen und hatten die Hauptlenzpumpe verstopft. Das Endergebnis war, dass die richtige Schnorcheltiefe nicht gehalten werden konnte und in der rauen See schnitt der Schnorchelkopf kurzzeitig unter, so dass die Dieselabgase ins Bootsinnere strömten und die Diesel die Luft aus dem Boot saugten. Um das Maß voll zu machen, geriet auch noch der E-Motor der Hauptlenzpumpe in Brand, so dass das Atmen noch schwerer wurde und mehrere Besatzungsangehörige umkippten.

Nicht nur das Atmen war schwer, sondern es ließ sich auch kaum etwas erkennen. In einigen Bereichen des U-Bootes hatte der Qualm die Sicht auf weniger als einen Meter verringert. Da in diesen Gewässern ein Auftauchen nicht ratsam war, konnte *U 234* nicht nach oben gehen, um das Boot zu durchlüften. Doch der Diesel-Obermaschinist Wilhelm Winkelmann »hat eine rettende Idee. Er läßt die Diesel aus der Raumluft fahren und schaltet die Frischluft aus dem Schnorchelmast in Heck und Bugraum. Jetzt saugen die Diesel alle verbrauchte Luft aus den Räumen ab, und wir atmen frische Luft.«[88]

Winkelmanns Idee rettete die Situation, konnte aber nicht die ganze Gefahr beseitigen, die von den Abgasen und dem Qualm ausgingen. Der Zorn des tobenden Nordmeeres hatte die Sehrohrwache begrüßt, dessen kaltes Wasser sich immer wieder durch die Schnorchel-Öffnungen in das bereits feuchte Bootsinnere ergoss. Im Boot war inzwischen die Hauptlenzpumpe repariert und von der Verstopfung befreit worden. Nach dem Lenzen der Bilge und dem Beseitigen der verdorbenen Kartoffeln konnte *U 234* wieder unter normalen Bedingungen operieren.[88a]

Am 2. Mai näherte sich *U 234* auf der Höhe von Trondheim durch die von einem Frühjahrssturm aufgewühlte See des Nordatlantik in Schnorchelfahrt der Island-Färöer-Enge, als der Befehl zum Alarmtauchen die relative Ruhe des Bootes zerriss. Die Wache am Sehrohr, mühsam gegen die schlechte Sicht in einer Regenbö ankämpfend, hatte in unmittelbarer Nähe von *U 234* ein Überwasserfahrzeug gesichtet, das sich dem U-Boot näherte. Fehler ließ das Boot schnell tiefer tauchen und als es steil in die eisige Tiefe sank, entging sein Kommandoturm nur knapp einem Hochsaugen durch den Schraubenstrom des Schiffes. Da die Wache das Schiff nicht als Kriegsschiff hatte identifizieren können, ging Fehler kein Risiko ein und ließ *U 234* in die sichere Tiefe von 30 m tauchen. Nach einer angemessenen Wartezeit kam er durch das Ausbleiben von Wasserbomben zum Schluss, dass entweder dieses Schiff *U 234* nicht geortet hatte oder gar kein feindliches Kriegsschiff gewesen war.[89] Daher kehrte *U 234* auf Sehrohrtiefe zurück und setzte die Schnorchelfahrt nach Süden fort.

Fehlers Befehle forderten von ihm das Passieren der Island-Färöer-Enge und den Weitermarsch in den Nordatlantik in Unterwasserfahrt. Hirschfeld stellte jedoch bald fest, dass der abgesteckte Kurs das Unterseeboot über die flachste Stelle eines Seegebietes, bekannt als der »Rosengarten«, führen würde – ein Seegebiet, das U-Boote unter allen Umständen weisungsgemäß zu meiden hatten.[90] Der »Rosengarten« war in

Wirklichkeit eine Sandbank knapp südlich der Enge, die flachste Stelle eines unterseeischen Gebirgsrückens, der sich zwischen Island, den Färöer- und den Shetland-Inseln erstreckt und das Nordmeer vom Nordatlantik trennt. Diese Untiefe hatte für die deutschen U-Bootfahrer Vor- und Nachteile. In den ersten Kriegsjahren steuerten die U-Bootkommandanten die nur 50 m tiefe Sandbank des »Rosengartens« nach einer stürmischen Atlantikfahrt an, um auf dem weichen Sandboden eine Erholungspause einzulegen. Doch mit dem Fortschreiten des Krieges und dem Verstärken der Überwachung des Nordatlantik durch die Alliierten wurde der »Rosengarten« als ein Seegebiet berüchtigt, in dem fast alle der von Patrouille heimfliegenden Flugzeuge ihre noch vorhandenen Bomben abwarfen – vielleicht in der Hoffnung, dass ein U-Bootkommandant den Ort auf dem Rückmarsch nutzte, um vor dem Einfahren in die Nordsee seinem Boot eine Ruhepause zu gewähren.[91] Da die Passage durch die Island-Färöer-Enge von U-Booten bevorzugt wurde, die aus Norwegen kamen, überwachten die alliierten U-Jagdstreitkräfte den »Rosengarten« sehr scharf. So wählten die meisten Kommandanten bei der Rückkehr nach Norwegen den Weg durch die Dänemarkstraße zwischen Grönland und Island entlang der Eisgrenze.[92]

Hirschfeld warnte Fehler, dass sie sich rasch diesem Seegebiet näherten, aber der gegen die »Navigation der Funkerei« misstrauische Kommandant ging über Hirschfelds Besorgnisse hinweg. Erst als ihn der Oberfunkmeister mit Hilfe des Echolots von der laufend abnehmenden Tiefe überzeugte, beschloss der Kommandant, zum ersten Mal nach zwei Wochen aufzutauchen und Kurs zu ändern, um mit Überwasserfahrt rascher südwärts in den Atlantik zu kommen. Die Kursänderung sollte sich bald als bedeutsam erweisen. Die lange Atlantikdünung empfing die Brückenwache, während das Boot gründlich durchlüftet wurde und mit Großer Fahrt die Enge passierte, die schon vielen Booten zum Verhängnis geworden war. In dieser Nacht musste *U 234* zweimal vor anfliegenden Flugzeugen wegtauchen, die von den modernen Funkmessgeräten rechtzeitig geortet wurden.[92a]Am 4. Mai 1945 stand *U 234* auf Position 59°65'N, 19°24'W im Nordatlantik, als Hirschfeld den Kommandanten vom Eingang eines Funkspruchs in Kenntnis setzte, in dem der BdU befahl, den U-Bootkrieg auf allen Meeren einzustellen. Alle Kampfboote hatten in ihre Stützpunkte zurückzukehren. Da jedoch *U 234* kein Kampfboot war, beachtete Fehler diesen Befehl nicht und setzte seinen Marsch fort. Als Nächstes empfing Hirschfeld das Stichwort zur Änderung aller U-Bootschaltungen für »einen Funkspruch von äußerster Wichtigkeit«.[93] Doch der Oberfunkmeister stellte fest, dass der für diesen Fall mitgegebene Schaltplan falsch war, so dass die neue U-Bootwelle nicht geschaltet werden konnte. Dem Oberfunkmaat Werner Bachmann gelang es schließlich, die neue Frequenz zu finden, und am frühen Morgen des 8. Mai nahm *U 234* den folgenden Funkspruch des FdU West an alle U-Boote einschl. der Ostasienboote und *U 234* (Kptlt. Fehler) auf: »Alle Kriegshandlungen sind sofort einzustellen. Rückmarsch unbeobachtet beginnen. Absolute Geheimhaltung ist zu wahren. ... Auf dem Rückmarsch ist allen Angriffsmöglichkeiten durch U-Jagdgruppen auszuweichen.«[94]

Gegen Abend des 8. Mai nahm Hirschfeld noch einen weiteren Funkspruch des FdU in Bergen an Fehler auf. Er war trotz Weisung der U-Bootführung, unverschlüsselt zu senden, im Japan-Kode verschlüsselt und in ihm befahl Rösing: »*U 234* weiterlaufen oder nach Bergen zurückkommen.«[95] Als Hirschfeld den Funkspruch an Fehler weitergab, erklärte der Kommandant, dass er auf keinen Fall umkehren werde, und befahl den Weitermarsch von *U 234* mit voller Fahrt. Am späteren Abend berichtete jedoch eine aufgefangene Meldung der Nachrichtenagentur Reuter, dass die japanische Regierung Baron Suzukis (mit Außenminister Togo) alle Beziehungen zu Deutschland abgebrochen hatte. Reuter meldete weiter, dass alle deutschen Staatsbürger in Japan gefangen genommen wurden.[96] Inmitten des Durcheinanders und der Geheimhaltung, die den Auftrag von *U 234* umgeben hatten, war das einzig Beständige die Verbundenheit Japans gewesen, auch wenn sie nur auf das eigene Interesse bedacht war. Da diese Sicherheit nunmehr in Rauch aufgegangen war, sah sich Fehler einem Führungsproblem gegenüber: Was hatte er als Nächstes zu tun?

3. Kapitel

Das Problem der Übergabe

Am 10. Mai 1945 ging auf *U 234* ein Funkspruch mit der Anordnung der Alliierten an alle U-Boote ein, bestimmte Häfen zur Übergabe anzulaufen. Doch der einzigartige Auftrag von *U 234* machte seine Kapitulation zu einer Angelegenheit von Auswirkungen, die einen normalen Rahmen überstiegen. In den Planungsstadien des Unternehmens war die Möglichkeit der Kapitulation der Wehrmacht nicht außer Acht gelassen worden; denn während des Aufenthalts in Kiel hatte Fehler diese Möglichkeit in Erwägung gezogen.

Im Februar hatten General Keßler und Fehler im Verlaufe eines Höflichkeitsbesuches des Ersteren die Möglichkeit der deutschen Kapitulation erörtert, während sich *U 234* noch unterwegs in See befände. Sie stimmten darin überein, dass die Besatzung von *U 234* »möglicherweise zu den wenigen Deutschen gehörte, die nach der vorauszusehenden Niederlage ihres Landes imstande sein könnten, ihr Schicksal in die eigenen Hände zu nehmen«. Darüber hinaus war *U 234* mit Brennstoff, Proviant und Vorräten für eine länger dauernde Fahrt versehen. Insofern war das Anlaufen eines neutralen Landes statt Internierung eine realisierbare Möglichkeit. Die nahe bevorstehende Nachkriegssituation in Europa beurteilend, zog Fehler den Schluss: »Ost und West fangen sich mit großer Wahrscheinlichkeit über die deutschen Trümmer an zu streiten, den Ausgang dieses Streites sollten wir imstande sein zu überdauern.«[1] Der Realität der Übergabe gegenüberstehend, bestimmte Fehler, dass ihm noch Zeit blieb, und er entschloss sich, eine unmittelbare Entscheidung zu verschieben, bis er sich mit seinen Offizieren beraten hatte, um ihre Meinungen einzubeziehen.

Fehler berief eine Zusammenkunft der Offiziere von *U 234* und der Passagiere in die Offiziersmesse ein, um jedermann über die Kapitulation zu informieren wie auch Meinungen darüber in Erwägung zu ziehen, welcher Weg einzuschlagen wäre. Eine längere Diskussion schloss sich an, aber Fehler entschied, dass die vorgebrachten Vorstellungen noch nicht ausreichend durchdacht wären. Er schloss daher die Zusammenkunft und informierte die Teilnehmer, dass sie in 24 Stunden wieder zusammenkommen sollten, nachdem sie Zeit gehabt hatten, über die Ansichten nachzudenken, um sachlich begründete Entscheidungen treffen zu können.

Bei der nächsten Zusammenkunft wurde Übereinstimmung erreicht, wenn auch nur hinsichtlich dessen, wo sie nicht hinfahren und was sie nicht tun würden. Da überall U-Boote in See standen, hatten die Alliierten den Nordatlantik in Überwachungszonen eingeteilt und für jede Zone einen Hafen für die Übergabe bestimmt. Im Falle von *U 234* wäre als Ort der Übergabe das kanadische Halifax in Neuschottland (Nova Scotia) in Frage gekommen. Die Position ihres U-Bootes befand sich jedoch auf der Trennlinie zwischen den Zonen, die für die Übergabe den Amerikanern und den Briten zugewiesen worden waren – eine Tatsache, die beträchtliche Diskussionen veranlasste, welcher Kurs zu verfolgen wäre.[2]

Richard Bulla und Karl Pfaff, der I. und II. WO, schlugen vor, eine Insel im Südpazifik anzulaufen, während Wolfgang Hirschfeld der Ansicht war, dass es das Beste wäre, Rösings Befehl zu befolgen und entweder nach Bergen zurückzukehren oder den Marsch nach Japan fortzusetzen. Kay Nieschling und Marinestabsarzt d.R. Dr. Franz Walter, der Bordarzt von *U 234*, waren sich im Wunsch einig, sich sofort den Amerikanern zu ergeben.[3] Weitere Vorschläge enthielten Übergabe in Großbritannien oder Kanada oder Nachsuchen um Asyl in einem neutralen Land wie Irland oder Spanien.

General Keßler hatte offensichtlich den Wunsch, entweder Uruguay oder Argentinien anzulaufen, wo sein ältester Sohn wohnte, um vermutlich das Unterseeboot und »was andere an persönlichem Eigentum hatten« gegen ihre Freiheit einzutauschen.[4] Zudem wies Keßler darauf hin, dass Fritz v. Sandrart 18 Jahre lang in Argentinien gelebt hatte; und ausgehend von seinem Bekanntenkreis und Keßlers Sohn gäbe es viele Quellen hinsichtlich einer Fürsprache um Asyl.[5] Fehler bezeugte später, dass es möglich gewesen wäre, den Vorschlag des Generals auszuführen, obwohl Argentinien inzwischen Deutschland den Krieg erklärt hatte und daher nicht mehr so freundlich gesinnt gewesen sein dürfte.[6/6a] Obwohl die Fracht von *U 234* »Dinge [enthielt], die für die Argentinier von wissenschaftlichem Interesse gewesen sein könnten«, wies Fehler jedoch auch darauf hin, dass »sie diese nicht unbedingt gebrauchen konnten«.[7]

Noch nicht entschieden hinsichtlich dessen, was er tun sollte, rief Fehler seine Offiziere erneut zusammen und zog auch General Keßler hinzu, um die Möglichkeiten zu erörtern. Er hörte sich »allerlei seltsame und kindische Pläne« an und wog die Tatsache sorgsam ab, dass sie »480 cbm Treiböl und Vorräte für fünf Monate hatten, [die] sehr verlockend« waren. Schließlich entschied Fehler, dass er »der Besatzung zumindest schuldete, sie lebend nach Hause zu bringen«. Angesichts der alliierten Ankündigung, dass widerspenstige Unterseeboote bei Sichtung sofort versenkt würden, falls sie dem Befehl zur Übergabe nicht nachkämen, fasste er somit den Entschluss zur Kapitulation, statt Asyl zu suchen.[8]

Fehlers Entschluss blieb nicht ohne Widerspruch. General Keßler fuhr fort, ihn mit Ideen zu bedrängen, um einer Übergabe zu entgehen – Pläne, die der Kommandant für »völlig irrsinnig« hielt und die »jedenfalls gescheitert wären«. Für einige Zeit zog Fehler den Argentinien-Vorschlag in Betracht. Doch ein Funkspruch des BdU, Großadmiral Dönitz, ersuchte die U-Bootkommandanten, dem Befehl zur Übergabe nachzukommen, um dadurch das Leben von Hunderttausend Deutschen im östlichen Teil des Landes zu retten, die sonst dem Ansturm der Roten Armee zum Opfer fallen würden. Fehler bekannte später seinem Mitgefangenen Thilo Bode, dass ihn dieser Befehl von Dönitz überzeugt hätte, sich zu fügen; denn »sonst hätte ich mich vielleicht nicht ergeben. Dann hätte ich das Boot versenkt und mich und meine Besatzung irgendwo an Land gesetzt«.[9]

Fehler und seine Offiziere kamen übereinstimmend zu der Auffassung, sie sollten Briten und Kanadier meiden, die die Offiziere und Mannschaften den Franzosen übergeben könnten, um es stattdessen bei den Amerikanern darauf ankommen zu lassen.[10] Dieser Entschluss brachte jedoch ein weiteres Problem: Zwei der Passagiere an Bord von *U 234* waren japanische Staatsbürger, Angehörige eines Landes, dass sich auch weiterhin mit den Vereinigten Staaten im Krieg befand.

* * *

FKpt.(Ing.) Tomonaga Hideo war Marineflieger und U-Bootfachmann, der als Militärbeobachter ausgedehnte Reisen durch Deutschland unternommen hatte. FKpt.(Ing.) Shoji Genzi, ebenfalls ein Flugzeugfachmann, war zuvor Marineattaché an mehreren japanischen Botschaften in Europa gewesen; wie verlautet soll er sich zuletzt in Italien und Schweden aufgehalten haben.[11] Die beiden Offiziere wurden als ehrenwerte Männer angesehen, die den Samurai-Geist verkörperten. Es entsprach daher ihrem Ansehen, dass sie ausgewählt worden waren, die von der japanischen Regierung bereits bezahlte kostbare Ladung von *U 234* nach Japan zu begleiten. Eingedenk dessen frug sich Fehler, wie die beiden Offiziere auf seinen Entschluss zur Kapitulation reagieren und was sie gegebenenfalls unternehmen würden, um den Erfolg ihres Auftrags sicherzustellen.

Tomonaga Hideo hatte seine militärische und technische Ausbildung in Tokio erhalten. Als Student im Fach Schiffbau an der Kaiserlichen Universität Tokio war er von der Kaiserlich Japanischen Marine dazu ausersehen worden, Schiffbauingenieur zu werden. Nachdem Tomonaga 1932 zum Offizier ernannt worden war, vervollständigte er seine Schiffbaukenntnisse an der Schiffsartillerieschule und wurde auch zum Fachmann auf dem Gebiete des U-Bootbaus. Der junge Oberleutnant zur See erwarb sich einen guten Ruf, als er eine Ausgleichsvorrichtung für Untertriebszellen bei Unterseebooten erfand. Sie hielt automatisch bei einem tauchenden Unterseeboot den Untertrieb aufrecht und erleichterte für die Besatzung die sonst schwierige Aufgabe, ein Unterseeboot schneller in die Tiefe zu bringen.[11a] Diese Erfindung erweckte die Aufmerksamkeit der deutschen Marine, die um Tomonagas Unterstützung nachsuchte. Daher erhielt er 1943 den Befehl, an Bord des japanischen Unterseebootes *I 29* nach Europa zu gehen.[12/12a]

Hinsichtlich seiner Fachkenntnisse in Unterseebootstechnik wurde Tomonaga in Deutschland bewundert und respektiert. Hierzu bemerkte der japanische Marineattaché Kojima bei einer Gelegenheit, Tomonaga »wurde von der deutschen Marine stets zuvorkommend behandelt und seine Bitten, bestimmte Örtlichkeiten zu besuchen, wurden bedingungslos gewährt«. Tomonaga war ein Fachmann darin, die technischen Aspekte von der Theorie her mit den tatsächlichen Gefechtswerten eines Unterseebootes zu kombinieren. Auch wirkte er dabei mit, ausführliche technische Angaben über die neuen deutschen Hochgeschwindigkeits-U-Boote zusammenzustellen, um sie nach Japan zu übermitteln. Tomonaga bewunderte die deutschen Konstruktionsverfahren und arbeitete eng mit den deutschen Konstrukteuren für Entwurf und Bau der U-Bootprototypen zusammen, »einschließlich der Ausrüstung von *U 501* (Förster) vom neuen Typ IX C/40, das zu dieser Zeit als hervorragendes deutsches U-Boot betrachtet wurde«.[13] Die deutsche Seite war über Tomonagas fachmännisches Können erstaunt und seine Vorgesetzten in Japan betrachteten ihn als unentbehrlich.

Bis 1945 hatte die japanische Marine den Verlust von zwei ihrer wichtigsten U-Bootkonstrukteure zu beklagen: FKpt. Nemot und KptzS. Arima, ironischerweise an Bord von deutschen U-Booten.[14] Angesichts der sich verschlechternden Kriegslage erhielt Kojima vom japanischen Marineminister den Befehl, Tomonaga zurück nach Japan zu senden. Kojima, der an der Durchführung von Keßlers Transfer nach Japan beteiligt war, betrachtete das Unterseeboot als den sichersten Weg für Tomonagas Rückkehr nach Japan. Folglich erhielt Tomonaga im Januar 1945 den offiziellen Befehl zur Rückkehr, um im März von Kiel aus mit *U 234* abzureisen.[15]

Shoji Genzos anfänglicher Werdegang glich dem von Tomonaga. Shoji studierte ebenfalls an der Kaiserlichen Universität von Tokio, hauptsächlich im Fach Luftfahrttechnik, und wurde nach dem Abschluss seines Studiums von der Kaiserlichen Marine angeworben. Nach seiner Offiziersausbildung wurde Shoji als Waffenoffizier an das Marinearsenal in Hiro versetzt. Dort war er an der Entwicklung der Seeflugzeuge *Nakajima Typ 95* und *Typ 91* beteiligt. Nachdem sein luftfahrttechnisches Fachwissen erkannt war, wurde er später in eine Position an das Institut für Luftfahrttechnik der Marine berufen.[16]

Im Rahmen der Versuche Japans, dem Bündnis der beiden Achsenpartner beizutreten, wurde Shoji im März 1938 als Vertreter japanischer Waffensysteme nach Italien entsandt. In Italien suchte und fand er enge Beziehungen zu mehreren Stellen, die ihn mit technischen Informationen versorgten, die er wiederum nach Japan weiterleitete. Außerdem nahm er Anteil an der italienischen Forschungsarbeit zur Entwicklung von Turboprop-Triebwerken und es gelang ihm, detaillierte technische Zeichnungen der Prototypen nach Japan zu senden.[17]

Shojis Hingabe an seine Arbeit war legendär. Im Sommer 1944 arbeitete er unermüdlich daran, um die Zeichnungen und technischen Daten für das italienische Caproni-Raketentriebwerk wie auch für die erfolgreichen italienischen Klein-U-Boote zu erhalten. Vizeadmiral Abe bemerkte hierzu, dass Shoji in dieser Zeit wertvolle Vorschläge für Verbesserungen der Projekte anbot, und er arbeitete fleißig, egal, ob seine Ideen anerkannt, von seinen Rivalen unter den Konstrukteuren gestohlen oder ignoriert wurden, in seinem Bemühen »Nahrung und Schlaf vergessend …, bis es ihm schließlich gelang, die Konstruktionspläne für sie zu bekommen«.[18]

Im August 1944 reiste Shoji nach Berlin. Dort musste er bis zu seiner vorgesehenen Rückkehr nach Japan mit dem ersten verfügbaren Unterseeboot warten. Während seines Aufenthaltes in Berlin half Shoji dem japanischen Beobachter, die Verfahren zur Serienfertigung von Henschel-Flugzeugen und Messerschmitt-Raketenjägern zu untersuchen. Im Dezember wurde er erneut versetzt, und zwar diesmal zum Stab von Vizeadmiral Abe, des japanischen Marineattachés in Schweden. Dort unterstützte Shoji die japanische Botschaft bis Februar 1945 bei der Beschaffung nachrichtendienstlicher

Informationen auf technischem Gebiet, ehe er sich wieder nach Berlin zur endgültigen Rückkehr nach Japan begab.[19]

Im Februar 1945 warteten Tomonaga und Shoji auf die letzten Vorbereitungen für ihre Rückkehr nach Japan und erhielten schließlich den Befehl, sich in Berlin zu melden. Der Befehl war dringlich und reflektierte den Wunsch Kojimas, die beiden rasch auf *U 234* einzuschiffen, dessen Passagierliste als Antwort auf die Proteste seines Kommandanten bereits berichtigt worden war. Außerdem machte die Bedeutung der Fracht von *U 234* für die japanischen Kriegsanstrengungen eine Begleitung nicht nur wünschenswert, sondern sogar erforderlich. Die beiden japanischen Marineoffiziere blieben nur kurze Zeit in Berlin, um sie über den Auftrag von *U 234* und die Zusammensetzung seiner Fracht zu unterrichten. Neben ihrer Aufgabe, das U-Boot und seine Fracht nach Tokio zu begleiten, hatten sie auch den Auftrag, als Kurier für die geheime Diplomatenpost zu fungieren. Nach diesen kurzen Besprechungen begaben sie sich in Berlin zum Lehrter Bahnhof, um auf die Abfahrt ihres Zuges zu warten. Während dieser Wartezeit gab Tomonaga ihrer Begleitung, KKpt. Nagamori Yoshio, die Adresse seiner Frau und bat ihn, sie ggf. aufzusuchen, um ihren Kummer zu erleichtern. Tomonaga vertraute Nagamori auch an, dass der japanische Marinearzt, ein Flottenarzt Dr. Kobayashi, Shoji und ihm selbst Schlaftabletten mitgegeben hätte, um sie »im schlimmsten Fall« zu benutzen.[20]

Fehler war sich über das Problem im Klaren, das der Kapitulationsbefehl für seine japanischen Passagiere bedeutete, und er hielt diese Nachricht vor den beiden Marineoffizieren mehrere Tage zurück, um zu entscheiden, wie er sie ihnen am besten beibringen sollte. Nach seiner ersten Zusammenkunft zur Lage von *U 234* mit seinen eigenen Offizieren sprach Fehler auch mit Tomonaga und Shoji, da für sie die Folgen einer Übergabe weit größer als für die Deutschen an Bord waren. Fehler klärte über die jüngste politische und diplomatische Entfremdung zwischen Deutschland und Japan auf, drückte seine persönlichen Vorbehalte hinsichtlich eines Weitermarsches nach Tokio aus und sagte den japanischen Offizieren offen, dass er nicht genau wisse, was er tun sollte.[21] Shoji versicherte, die Besatzung von *U 234* würde in Japan sofort Sonderbedingungen bekommen und nicht gefangen genommen werden.[22] Fehler hatte jedoch wenig Vertrauen zur japanischen Regierung und bat darum, Tomonaga und Shoji sollten sich als Internierte betrachten und in ihren Kojen bleiben.

Im Nachhinein mag Fehlers Entschluss, die japanischen Offiziere unter diesen aufreibenden Umständen gefangen zu setzen, als grausam erscheinen, aber wie üblich handelte der Kommandant von *U 234* aus Vorsicht und mit Weitblick. Es war Fehler bekannt, dass die wertvolle Ladung von *U 234* von der japanischen Regierung gekauft und bereits bezahlt worden war[23] und dass das Unterseeboot selbst nach ihrer Ankunft als Geschenk den Japanern übergeben werden sollte. Infolgedessen betrachteten die japanischen Vertreter *U 234* und seine Fracht als Eigentum des Kaiserreiches Japan, womit das Recht vorbehalten blieb, über das Schicksal von *U 234* zu bestimmen. Angesichts des fachlichen Könnens von Tomonaga als Ingenieuroffizier für Unterseeboote gewann dieser Umstand eine zusätzliche Bedeutung. Dieser hervorragende japanische Marineoffizier würde kaum Schwierigkeiten haben, falls erforderlich, das Unterseeboot selbst zu versenken, um zu verhindern, dass die Fracht in die Hände des Feindes fiel. Obwohl die beiden japanischen Offiziere Fehler zugesichert hatten, weder dem Boot noch seiner Besatzung Schaden zuzufügen, entschloss sich der Kommandant zur Vorsicht; denn die Lage an Bord von *U 234* war schon explosiv genug, auch ohne dass die Japaner als Verdächtige umherliefen.

Seinerseits versprach Fehler den beiden Japanern, alles in seiner Macht Stehende zu tun, um ihre Gefangennahme durch die Amerikaner zu verhindern.[24] Wenn auch ihre Gelassenheit Fehler beeindruckte, so versuchte er trotzdem, sie zu trösten, indem er darauf verwies, dass sich auch Oshima, der japanische Botschafter, als Beispiel einer Kapitulation ohne Schande in Berlin ergeben hätte. Doch Keßler wies darauf hin, dass kein japanischer Offizier aus der Samurai-Kaste eine Kapitulation vor dem Tode akzeptieren konnte. Daher war er der Ansicht, dass Tomonaga und Shoji den Versuch unternehmen würden, die Übergabe des Bootes mit allen Mitteln zu verhindern. Sie konnten der Beschränkung ihrer Bewegungsfreiheit leicht entkommen, wenn sie das wollten. Schläfrig von den Auswirkungen der schlechten Luft und des trüben Lichtes neigten die zu ihrer Bewachung eingeteilten Seeleute zum Eindösen. Aus diesem Grunde wurde vereinbart, dass Fritz v. Sandrart, der neben den beiden untergebracht war und freundschaftlichen Umgang mit ihnen pflegte, privat mit ihnen reden sollte, um die deutschen Besorgnisse zum Ausdruck zu bringen.

Fritz v. Sandrart verschwendete keine Zeit mit Formalitäten und teilte Tomonaga und Shoji rasch seine Besorgnisse mit. Sie wussten seine Aufrichtigkeit zu schätzen und revanchierten sich, indem sie einräumten, dass sie Pläne in Betracht gezogen hätten, das Unterseeboot zu versenken, um das Boot und alle an Bord zu vernichten. Doch Tomonaga erklärte, dass die ihnen von den deutschen Offizieren und Mannschaften entgegengebrachte Kameradschaft und Freundlichkeit einen tiefen Eindruck auf sie gemacht hätte. Shoji hatte besonders die außerordentliche Besorgnis berührt, die seine deutschen Bordkameraden für die Sicherheit ihrer Familien gezeigt hatten. Infolgedessen konnte es weder Tomonaga noch Shoji über sich bringen, das Boot und seine Besatzung zu vernichten. Fritz v. Sandrart war von dieser Demonstration einer »erstaunlichen menschlichen Größe« beeindruckt.[25] Erneut gaben die beiden Offiziere ihr Wort, dass durch ihr Wirken dem Boot kein Schaden widerfahren sollte, und Fehler stellte ihre Bewachung ein.

Am Abend des 13. Mai 1945 gingen Tomonaga und Shoji durch das U-Boot und verteilten an die Männer Uhren, die sie für ihre Familien aus der Schweiz mitgebracht hatten, als Anerkennung für ihre Freundlichkeit und Kameradschaft.[26] Nachdem sie einige Zeit mit Angehörigen der Besatzung gesprochen hatten, kehrten sie für die Nacht in ihre Kojen zurück. Später meldete Nieschling dem Kommandanten, dass mit den Japanern etwas nicht stimme; sie lägen röchelnd in ihren Kojen und ließen sich nicht wachrütteln. Tomonaga und Shoji waren offensichtlich zum Schluss gekommen, dass ihre Lage den *schlimmsten Fall* darstellte und hatten eine tödliche Dosis an »Luminal«-Tabletten eingenommen, ein Schlafmittel, das ihnen vor der Abreise aus Deutschland der japanische Flottenarzt gegeben hatte. Fehler ließ den Bordarzt rufen, um einen Versuch zur Wiederbelebung zu machen. Doch seit der Einnahme des Schlafmittels war geraume Zeit verstrichen und so konnte nur noch der Tod festgestellt werden.[27] Ein an den Kommandanten adressierter Brief in einem Kuvert, der sich unter dem Kopfpolster in Tomonagas Koje fand, erklärte, dass die beiden Offiziere beunruhigt waren, als sie die erhöhten Umdrehungen der Propeller von *U 234* hörten. Sie sahen darin ein Anzeichen, dass Fehler seine Suche nach einem Hafen zur Übergabe beschleunigt hatte. Augenscheinlich glaubten sie nicht mehr an Fehlers Versprechen, sie an einem neutralen Ort an Land zu setzen. Später legte Fehler dar, dass er die Absicht gehabt hatte, die beiden Japaner in Spanien oder auf den Kanarischen Inseln abzuliefern, wenn sie am Leben geblieben wären.[28]

In ihrem Abschiedsbrief teilten Tomonaga und Shoji dem Kommandanten ihren Entschluss zu sterben mit: »Als Soldaten des Kaisers ist es uns nicht erlaubt, lebend in die Hände des Feindes zu fallen.... Wir haben das Empfinden, dass die Sorge um unsere Zukunft Sie in Ihren Entschlüssen behindert, die Sie zu treffen haben.«[29] Sie brachten ihre Anerkennung für die Gastfreundschaft der Besatzung zum Ausdruck und unterrichteten den Kommandanten über ihr Bedauern, dass es »infolge des Schicksals ... für uns [notwendig ist], uns selbst von Ihnen und Ihrem Boot zu trennen«. Sie baten Fehler: »Lassen Sie uns in Ruhe sterben. Bestatten Sie unsere Körper in See und lassen Sie sie nicht in die Hand des Feindes fallen. ... Informieren Sie sobald wie möglich Japan, [dass] Fregattenkaitän (Ing.) Shoji Genzo [und] Fregattenkapitän (Ing.) Tomonaga Hideo am ... Mai 1945 an Bord von *U 234* in den Tod gegangen sind.«[30] Enthalten war ferner die persönliche Bitte an Fehler, die Angehörigen von Tomonaga und Shoji in Japan zu informieren: »Wir sind tot, aber wir sind nicht in Unehre gestorben.«[31]

Fehler blieb nur noch übrig, dieses Vermächtnis zu erfüllen. In der Nacht zum 14. Mai wurden die Körper von Tomonaga Hideo und Shoji Genzo zusammen mit ihren Geheimpapieren und Tomonagas Samuraischwert in einer Hängematte verschnürt und mit Grundgewichten beschwert. Danach stoppte *U 234* zehn Minuten lang und in einer kurzen Zeremonie übergaben die U-Bootmänner die Leichname mit vollen militärischen Ehren der See. Auch das japanische Diplomatengepäck mit der Post ging über Bord.[32/32a]

Der Tod von Tomonaga und Shoji verblasste in den Erinnerungen jener nicht, die sie gekannt hatten. Jahrelang ließ der Gedanke Fehler nicht mehr los, daran schuld gewesen zu sein, einen ihrer letzten Wünsche nicht erfüllt zu haben. Trotz ihrer Bitte, ihren Familien den Tod mitzuteilen, konnte es Fehler nicht riskieren, die Funkstille zu brechen, und unterließ es daher, das Schicksal seiner japanischen Passagiere nach Japan oder Deutschland zu berichten. Später bedauerte er diese Unterlassung und räumte ein: »Ich hätte einen Funkspruch senden können.«[33] Der deutsche Marineattaché in Japan nach dem Kriege, KptzS. Hans-Joachim Krug von der Bundesmarine, schrieb: »Es schmerzt mich in der Seele, daß [Fehler] so wenig über das japanische Gemüt und den zutiefst beunruhigenden Gewissenskampf [von Tomonaga und Shoji] wußte. ... Er hätte die beiden japanischen Offiziere in einem Schlauchboot vor der Küste eines neutralen Landes aussetzen können ..., ehe er sich den alliierten Streitkräften ergab.«.[34]

Nach dem Kriege erinnerte sich General Keßler bei Admiral Kojima an die beiden japanischen Offiziere und bekundete: »Tomonaga und Shoji waren ausgezeichnete Marineoffiziere und gewannen das Vertrauen des Kommandanten und aller Besatzungsangehörigen.«[35] Heute mahnen zwei Ehrentafeln aus Holz im U-Boot-Ehrenmal Kiel-

Möltenort an das Gedenken von Tomonaga Hideo und Shoji Genzo. Die Gedenktafeln, die als Todestag der japanischen Offiziere den 13. Mai 1945 angeben, sind am Flaggenstock eines U-Bootes befestigt, verziert mit der alten germanischen Lebensrune.

Für Fehler, der die beiden aufrichtig gemocht hatte, stellte der Tod von Tomonaga und Shoji eine persönliche Tragödie dar. Nichtsdestoweniger war er nunmehr von dem Problem befreit, sich mit ihrem möglichen Widerstand gegen seine Entscheidung zur Übergabe befassen zu müssen, wobei ihre Anwesenheit eine Gefangennahme durch die Amerikaner behindern könnte. Jetzt konnte er seine Aufmerksamkeit in eine neue Richtung lenken: Der Abwicklung der förmlichen Übergabe seines Kommandos.

* * *

Wie bei anderen Ereignissen des Zweiten Weltkrieges spielte die nachrichtendienstliche Tätigkeit beim Schicksal von *U 234* eine wichtige, wenn auch nicht ausreichend gewürdigte Rolle. Den Alliierten war nicht nur die Anwesenheit Fehlers in See bekannt, sondern sie hatten auch eine beträchtliche Vorstellung von den Passagieren und der Fracht des Unterseebootes. Ende Januar hatten Bulla und Fehler in Kiel zugehört, wie die alliierte Propaganda im Rundfunk verkündete: »Sie haben eine lange Fahrt vor sich … wie dies auch für General Kassler [sic] und den Rest Ihrer Passagiere gilt.«[36] Nach der Verschiebung des Auslauftermins für *U 234* durch das OKM auf den 28. Februar informierte außerdem der *Soldatensender Calais*, ein alliierter Propagandasender in England, den Kommandanten nur wenige Stunden später öffentlich über diese Verschiebung, obwohl Fehler den Befehl hierzu gerade erst erhalten hatte. Während Fritz v. Sandrart sich erinnerte, dass die Kais in Kiel und Kristiansand-Süd voller Gerüchte und der Spionage verdächtiger Personen waren, argwöhnte Fehler, dass sich im OKM ein Verräter befände. Doch die Kenntnis vom Auftrag seines *U 234* kam in erster Linie offensichtlich weder von Spionen noch von Verrätern, sondern als Ergebnis der alliierten Funkaufklärung aus offiziellen deutschen und japanischen Quellen.

1945 waren die Alliierten schon seit längerem in der Lage, den deutschen Funkverkehr – u.a. den der Marine und der obersten Reichsbehörden, wie zum Beispiel auch den diplomatischen Funkverkehr des Reichsaußenministeriums – abzuhören und zu entziffern. Folglich wussten die alliierten »Kodebrecher« bereits am 13. Januar, dass Keßler die Absicht hatte, auf dem Luftwege über die sibirische Nordroute nach Japan zu gelangen.[37] Doch ein solcher Flug hing von der Billigung der Japaner ab, die eine Reise Keßlers auf dem Seewege über die Südroute vorzogen, um eine Schädigung der Beziehungen zur Sowjetunion zu vermeiden.[38] Bis zum Ende des Monats hatte Keßler, der den Luftweg vorgezogen hätte, die Beförderung mit einem Unterseeboot stillschweigend hingenommen, wenn auch den Alliierten noch nicht bekannt war, welches U-Boot ihn und sein Gefolge an Bord nehmen würde.[39]

Die Anwesenheit von Ulrich Keßler war nicht der einzige Aspekt, der bei *U 234* für die Alliierten von Interesse war. Am 26. Februar ging ein FT des Chefbeobachters in Berlin an das Wehrwirtschafts- und Rüstungsamt im OKW, wonach die Lizenz-Verhandlungen zwischen Japan und Deutschland ihren Abschluss gefunden hätten. Die unmittelbare Folge dieser Vereinbarung war die Erteilung der Fertigungsrechte für die japanische Produktion der Strahltriebwerke BMW 109-003 A und Jumo 109-004[39a], die Schneider-Panzerfaust einschl. Munition und – am wichtigsten – für den Raketenjäger Me 163 und den Düsenjäger Me 262. Um die sofortige Verschiffung der Messerschmitt-Prototypen zu erleichtern, hatte die Verladung der Los-Nummern 12719-1 (Me 163) und 12719-2 (Me 262) aufgeteilt in drei Partien zu erfolgen, die jeweils per U-Boot nach Japan befördert werden sollten.[40]

Zum Frühlingsbeginn waren Keßlers Transportmöglichkeit sowie auch das vermutliche Transportmittel für die Messerschmitt-Flugzeuge bekannt. Am 8. März entzifferte die alliierte Funkaufklärung ein FT des BdU in Berlin an den deutschen Marineattaché in Tokio, wonach baldmöglichst zwei Unterseeboote – *U 234* (Kptlt. Fehler) und *U 876* (Kptlt. Bahn) – nach Japan in Marsch gesetzt werden sollten, auslaufend aus Deutschland im März bzw. im April.[41] Schließlich erhielten die Alliierten auch eine genaue Kenntnis von der Abreise Keßlers. Ein auf diplomatischem Wege abgegangenes und entziffertes FT bestätigte, dass Keßler »per Unterseeboot in Marsch gesetzt« worden war, wenn auch dem Nachrichtendienst der Alliierten keine Informationen vorlagen, ob er mit *U 234* oder *U 876* Kiel verlassen hatte. Am 3. Mai entzifferte jedoch die alliierte Funkaufklärung ein FT des OKM vom 14. April, aus dem sich ergab, dass Keßler zusammen mit »zwei Angehörigen seines Stabes …, der eine ein Fachmann für Luftverteidigung [und] der andere für Radar und funkgelenkte Waffen,« Europa Ende März an Bord von *U 234* verlassen hätten. Außerdem enthüllte das entzifferte FT, dass sich neben Keßler und den beiden Fachleuten »fünf deutsche Marineoffiziere …, zwei deutsche Zivilingenieure und zwei japanische Marineoffiziere« ebenfalls an Bord befänden.[42] Folglich wussten am 13. Mai 1945 sowohl die Amerikaner als auch die Kanadier über die Hintergründe der Übergabe von *U 234* genau Bescheid.

Fehler hatte entschieden, sich den Amerikanern zu stellen, falls es dazu käme. Die Alliierten hatten jedoch bestimmte Zonen für die Kapitulation der U-Boote in See festgelegt und die Position von *U 234* zu diesem Zeitpunkt wies Fehler die britische Zone in der Nähe der Trennlinie zwischen dem britischen und dem amerikanischen Sektor zu. Er brauchte Zeit, um nach Süden und dann nach Westen in den amerikanischen Sektor zu steuern, der innerhalb eines Gebietes lag, das durch die Koordinaten 43°30'N, 70°00'W und 38°20'N, 74°25'W bezeichnet wurde.[43] Zudem blieb Fehler gegenüber den alliierten Weisungen für die Kapitulation der U-Boote misstrauisch, insbesondere da von der U-Bootführung oder irgendeiner anderen deutschen Stelle kein Wort hierzu empfangen worden war.[44] Doch die Zeit wurde für *U 234* knapp; denn fast eine Woche nach Verkündung der allgemeinen Kapitulation ging ein FT der Alliierten über die U-Boot-Wellen: »Wer jetzt nicht kapituliert, wird als Pirat erkannt und vor ein ordentliches Seegericht gestellt.«[45] Obwohl kein bestimmtes alliiertes Land als Absender des Funkspruchs verantwortlich zeichnete, nahm Hirschfeld auf Grund der Eigenart des Sendens an, dass er von einer britischen FT-Station kam. Nochmals seine Absicht bekräftigend, vom Sektor der Briten und Kanadier freizukommen, entschloss sich Fehler zu dem Versuch, Zeit zu gewinnen, indem er seine Verfolger auf hoher See in ein Katz- und Mausspiel verwickelte.

Zuvor hatte Fehler am 13. Mai seinem Oberfunkmeister befohlen, ein FT an die kanadische Funkstation Halifax mit der einfachen Meldung abzusetzen: »Halifax. Hier ist *U 234*.«[46] Die Kanadier meldeten sich in deutscher Sprache und forderten *U 234* zur Angabe seines Standortes auf. Nachdem dies geschehen war, bekam das U-Boot den Kurs für das Einlaufen nach Halifax in Neuschottland. Darüber hinaus erhielt Fehler die Weisung, in regelmäßigen 4-Stunden-Abständen Kurs und Geschwindigkeit zu melden. Da jedoch Fehler nicht die Absicht hatte, sich den Kanadiern zu ergeben, wollte er die FT-Station Halifax zufrieden stellen, indem er – wenn auch geringfügig – falsche Positions- und Geschwindigkeitsangaben sendete. Infolgedessen steuerte *U 234*, während Halifax das U-Boot noch auf Westkurs nach Neuschottland wähnte, mit Großer Fahrt einen südwestlichen Kurs, der es Fehler gestatten würde, in die amerikanische Zone einzulaufen.

Fehlers Versuch, die amerikanische Kapitulationszone zu erreichen, glich einem Versteckspiel. Verwirrt durch die Unstimmigkeiten der Position, die aus den falschen Angaben Fehlers über Kurs und Fahrt herrührten, befahlen die frustrierten Kanadier am 14. Mai dem U-Bootkommandanten, sich stündlich zu melden.[47] Dieser ignorierte die Aufforderung und überließ es den Kanadiern, den Nachmittag damit zuzubringen, fieberhaft *U 234* zu rufen. Schließlich entschloss sich Fehler, die Neugier von Halifax zu befriedigen, und gestattete Hirschfeld, ihre Anrufe mit einer unrichtigen Standortangabe zu bestätigen. Als Hirschfeld jedoch versuchte, diesen Standort durchzugeben, stellte er fest, dass die vorher klare Funkverbindung absichtlich von einem starken Sender unbekannter Herkunft durch Überlagern gestört wurde.[48] Daraufhin rief Halifax: »*U 234*. Ich werde gestört. Ändern Sie die Frequenz.« Dieser Aufforderung nachkommend, befahl Hirschfeld dem Oberfunkmaat Bachmann, »die Frequenz am Sender ein wenig zu verschieben«. Doch kaum drückte er auf die Taste wurde auch die neue Frequenz durch Überlagern gestört. Offensichtlich war diese Störung kein Zufall, sondern wurde absichtlich herbeigeführt. Als der Oberfunkmeister den Vorgang dem Kommandanten meldete, sagte dieser nur: »Schalten Sie den Sender aus. So haben wir einen Grund, uns nicht mehr zu melden!«[49]

Das Stören des Senders von *U 234* zusammen mit der rauen See verschaffte Fehler die Zeit, die er brauchte. Sie gestattete ihm, seine Aufmerksamkeit dem Problem zuzuwenden, wie er mit den amerikanischen Schiffen, die sich in diesem Seegebiet aufhielten, Verbindung aufnehmen könnte. Von der Brücke hörend, dass von achtern her ein Zerstörer aufkäme, war Hirschfeld klar, dass seinen Kommandanten dieses Problem nicht mehr belastete. Es war der amerikanische Geleitzerstörer USS SUTTON. Dem Oberfunkmeister war hiermit aber auch klar geworden, dass dessen Funker den Funkverkehr von *U 234* mit Halifax mitgehört und gestört hatten.[50]

* * *

Für die USS SUTTON (DE-771) waren die Überwachungseinsätze im Rahmen der U-Abwehrkriegsführung eine Angelegenheit von abstumpfender Monotonie. Der Geleitzerstörer hatte Monate damit zugebracht, die eisigen Tiefen des Nordatlantiks mit dem Sonar in der Hoffnung zu durchkämmen, ein gegnerisches Unterseeboot zu orten, das sich zu dicht vor die nordamerikanische Küste gewagt hatte. Für viele schienen diese Überwachungseinsätze reine Zeitverschwendung zu sein. Am 14. Mai 1945 war diese langweilige Routine jedoch durchbrochen, nachdem die Verkündung der Kapitulation der Wehrmacht die U-Jagdeinheiten in eine geschäftige Aktivität versetzt hatte. Die vorsichtige Führung im 1. Marinedistrikt in Boston erkannte, dass die damals in See stehenden U-Boote die Möglichkeit hatten, entweder den Befehlen des Großadmirals Dönitz zu gehorchen oder ihren hoffnungslosen Unterwasserkrieg fortzusetzen. In jeder Hinsicht war die US-Marine gerüstet, um mit der Situation fertig zu werden. Die Atlantikflotte hatte in den ersten Monaten nach dem Eintritt der Vereinigten Staaten in den Zweiten Weltkrieg außerordentliche Schwierigkeiten hinnehmen müssen, als die deutschen Unterseeboote entlang der amerikanischen Ostküste ungestraft operieren konnten. Die Marineführung des Küstenvorfeldbereiches in Boston war entschlossen, sich nicht wieder unvorbereitet erwischen zu lassen. Infolgedessen patrouillierten ganze Geschwader neu in Dienst gestellter Geleitzerstörer in den Gewässern des Nordatlantik – im Ungewissen darüber, ob der Krieg mit Deutschland tatsächlich vorüber war. Im Zentrum dieses Wirbelsturms an Verwirrungen befand sich die USS SUTTON.

Nach dem Ensign (Fähnrich) Shelton B. Sutton benannt, der gefallen war, als der Leichte Kreuzer USS JUNEAU (CL-52), ein Flakkreuzer, in den Kämpfen um die Salomonen-Insel Guadalcanal im November 1942 von einem japanischen U-Boot versenkt wurde, gehörte die SUTTON zu den verhältnismäßig neuen Schiffen, die für die Erfordernisse der U-Abwehrkriegsführung entworfen worden waren. Ihr Kiel wurde am 23. August 1943 auf der Werft der *Tampa Shipbuilding & Engineering Co.* in Tampa/Florida gestreckt und am 6. August 1944 lief das Schiff vom Stapel. Nach der Ausrüstung und den ersten Erprobungen erfolgte die Indienststellung der SUTTON am 22. Dezember 1944 unter Lt. Thomas W. Nazro, ihrem ersten Kommandanten.[50a]

Am 12. Januar 1945 lief die SUTTON zu ihrem ersten Einsatz in die Gewässer nahe der Bermuda-Inseln aus. Doch dies geschah eher aus dem Erfordernis heraus, die Erprobungen und somit das Einfahren und die Ausbildung abzuschließen, und weniger von der dringenden Notwendigkeit her, deutsche Unterseeboote in diesem Seegebiet zu bekämpfen. Nach kurzen Aufenthalten in der Marinewerft Boston zu Restarbeiten und in Casco Bay/Maine zur U-Jagdausbildung kam die SUTTON zur 79. Geleitsicherungsdivision *(Escort Division 79)* bei der *Task Group 22.13.* Am 1. März traf sie im Stützpunkt Argentia/Neufundland ein. Bis Ende März führte der Geleitzerstörer U-Jagdpatrouillen im Seegebiet vor Neufundland durch und kehrte anschließend nach Casco Bay zurück. Dort stieß er zur *North-South ASW Barrier Patrol,* einem Patrouillendienst zur Bildung einer in Nord-Süd-Richtung verlaufenden U-Abwehrsperre.[51]

Obwohl sich vor der nordamerikanischen Atlantikküste die Aktivität der U-Boote beträchtlich verringert hatte, war sie dennoch nicht vollständig verschwunden. Immerhin wurden während des April und Mai 1945 im Seebefehlsbereich Ost *(Eastern Sea Frontier)* der US-Marine noch neun Unterseeboote versenkt.[52] Um den gesamten Bereich wirksam zu überwachen, patrouillierten amerikanische und kanadische Seestreitkräfte gemeinsam vor der Atlantikküste und versuchten nach der deutschen Kapitulation, die U-

Boote als Kriegsbeute aufzubringen. Da eine Reihe von deutschen Übergabeangeboten einging, erwarteten die beiden Marinen reichlich Gelegenheiten, U-Boote aufzubringen und zurück nach Argentia zu geleiten. Bis zum 11. Mai hatte die *Task Group 22.13* neun Einheiten der USN und der RCN zur Suche nach deutschen Unterseebooten eingesetzt. Zusätzlich zur USS SUTTON waren dies: USS PILLSBURY (DE-133), POPE (DE-134), OTTER (DE-210), VARIAN (DE-798), VANCE (DE-387) und NEAL A. SCOTT (DE-769) sowie HMCS BUCKINGHAM und INCHARRON.[53]

Am 9. Mai wurden die SUTTON und die NEAL A. SCOTT vom Patrouillendienst abgezogen, um *U 1228* (ObltzS. Marienfeld) aufzubringen, dass seine Bereitschaft zur Kapitulation signalisiert hatte. Unterwegs zum angegebenen Treffpunkt stießen die beiden Geleitzerstörer am nächsten Tag unerwartet auf der Position 42°00'N, 53°08'W auf *U 858* (Kptlt. Bode) und nahmen anschließend seine Übergabe entgegen. Dies war das erste deutsche Unterseeboot, das sich nach der Kapitulation alliierten Streitkräften ergab. Nach der Übergabe von *U 858* an die Geleitzerstörer PILLSBURY und POPE nahmen SCOTT und SUTTON die Suche nach *U 1228* wieder auf, das sie schließlich auf der Position 47°45'N, 44°45'W ein paar hundert Seemeilen vor Neufundland feststellten.[54] Die beiden Geleitzerstörer brachten *U 1228* nach Casco Bay. Während Lt. Nazro die Geschütze seines Schiffes auf das U-Boot richtete, ging ein Enterkommando der SCOTT zum Vollzug der Übergabe an Bord.[55]

Am 12. Mai erhielt Nazro mit der Uhrzeitgruppe 1245 vom Chef der Atlantikflotte (CINCLANT) den Befehl Nr. 121322, der die SUTTON anwies, die Position 50°00'N, 30°00'W anzusteuern und *U 234* abzufangen, das mit Kurs 260° und 8 kn Fahrt vermutlich auf Bay Bulls/Neufundland zuhielt.[56] Um 17.02 Uhr war die SUTTON aus Casco Bay ausgelaufen und marschierte mit hoher Fahrt auf diese Position durch schwere See über die Nordroute zu. Obwohl Nazro befohlen worden war, sein Auslaufen zu beschleunigen, musste er Vorsicht üben; denn das Befahren der Nordroute war zu diesem Zeitpunkt ziemlich gefahrvoll. Um 19.19 Uhr befahl Nazro den Geschützbedienungen, auf einen Eisberg das Feuer zu eröffnen, der bedrohlich vor dem Steuerbordbug der SUTTON auftauchte. Der Geleitzerstörer verschoss vier Schuss 7,6 cm und 23 Schuss 4 cm, ehe das Hindernis beseitigt war.[57] Obwohl Nazro keinen Eisbergen mehr begegnete, die groß genug waren, um mit Artilleriebeschuss aus dem Weg geräumt zu werden, begleiteten die SUTTON Meldungen über Nebel sowie Regenböen und schwere See, als sie sich ihren Weg durch den Nordatlantik bahnte.

Die SUTTON war nicht allein. Am 12. Mai setzte der 1. Marinedistrikt *(First Naval District)* in Boston den Stellvertretenden Chef für Operationen *(Assistant Commandant for Operations)* in Kenntnis, dass hinsichtlich *U 234* »vermutlich mehrere Schiffe, sowohl kanadische als auch amerikanische, hohe Fahrt liefen, um diese Prise aufzubringen«.[58] Nach dem Eingang der letzten PCS-Meldung (d.h. über Position, Kurs und Fahrt) von *U 234* entsandten die Kanadier mit HMCS WASKESIEU und LAUXON zwei Fregatten, um das Unterseeboot abzufangen, wie sich aus dem früheren Funkspruch von CINCLANT ergab. Zusätzlich zu der aus dem Patrouillendienst mit der SCOTT herausgelösten SUTTON mit dem Auftrag, *U 234* aufzubringen, alarmierte CINCLANT als Reaktion darauf auch die Wetterschiffe USS MILLEDGEVILLE und FORSYTHE; sie

»dürften vermutlich mit den kanadischen Schiffen bereits um die Wette laufen«. Am 14. Mai gelang es Halifax erneut, mit *U 234* in Verbindung zu treten, und in der Annahme, dass sich diese Verbindungsaufnahme ausschließlich auf die Kanadier beschränkte, entsandten sie zwei weitere Geleitsicherungseinheiten, um ein Aufbringen des Unterseebootes durch sie selbst zu garantieren.[59] Doch dem lagen die falschen Positionsmeldungen Fehlers zu Grunde und diesen gelang es, die Kanadier noch weiter von ihrer Beute wegzulocken. Alles in allem suchten im Nordatlantik sieben Schiffe nach *U 234*.

Nazro erkannte, dass der Wettlauf zu *U 234* nunmehr zu einer internationalen Angelegenheit geworden war – mit einer gefährlichen Aussicht, wenn das Annähern mehrerer Schiffe verschiedener Länder an ein einziges Ziel außer Kontrolle geraten sollte. In Kenntnis der Tatsache, dass Fehler in Verbindung zu Halifax stand, befahl Nazro, den kanadischen Funkverkehr zu stören, während ihn die SUTTON benutzte, um die Position von *U 234* einzupeilen und den Kurs des U-Bootes zu bestimmen. Sobald *U 234* eingepeilt war, hatte Nazro jede Hoffnung für die Kanadier zunichte gemacht, sie könnten das U-Boot aufbringen und in den Hafen geleiten. Der Kommandant der SUTTON gab »uns die Anweisung, auf den Golf von Maine zu steuern und nicht mehr auf die Rufe und Anordnungen von Halifax zu reagieren. … [Er] holt sich jetzt unser Boot aus der britischen Zone.«[60]

Die Kanadier, die den Kurs der SUTTON aus unmittelbarer Nähe verfolgt hatten, waren jetzt durch das plötzliche Stören eines bis dahin deutlichen Funksignals verwirrt und nur noch in der Lage, die ursprünglich von *U 234* an Halifax gemeldete Position anzusteuern. Im Verlaufe des Nachmittags fing die SUTTON einen Funkverkehr zwischen den beiden kanadischen Schiffen auf, aus dem sich ergab, dass die Kanadier unentschlossen waren, welchen Kurs sie verfolgen sollten, und dass »in der Admiralität ein chaotischer Zustand herrscht[te]«.[61] Den Ostkurs weiterhin zu einer Position fortsetzend, an der sich das U-Boot überhaupt nicht befand, mussten die WASKESIEU und die LAUXON schließlich einsehen, dass sie ihr Ziel verfehlt hatten. Nazro, auf die tatsächliche Position von *U 234* zuhaltend, erfuhr von den Kanadiern aus dem abgehörten Funkverkehr als letzte Meldung, dass sie mit 075° einen östlichen Kurs steuerten. Zufrieden, dass seine Konkurrenten nach einem Geisterboot suchten, wandte Nazro seine Aufmerksamkeit der Aufgabe zu, für die SUTTON einen Abfangkurs zu errechnen und mit hoher Fahrt auf das Unterseeboot zuzuhalten.[62]

Um 20.24 Uhr meldete der für das Radar verantwortliche Offizier einen Kontakt in 16.500 m Entfernung und um 21.41 Uhr war auch der Sichtkontakt endlich hergestellt und das Objekt als *U 234* identifiziert.[63] Die SUTTON schloss an das Unterseeboot heran, aber angesichts der Dunkelheit entschied sich ihr Kommandant dafür, seine Beute für den Rest der Nacht nur zu eskortieren. Um 08.00 Uhr am 15. Mai versammelte Nazro das Prisenkommando der SUTTON und hielt eine Ansprache an seine Männer, in der er sie erinnerte: »Das ist der Feind. Also albert nicht herum. … Andererseits vergesst nicht, dass sie sich uns ergeben haben. Viel Glück!«[64] Während für das Prisenkommando ein Verkehrsboot ausgesetzt wurde, um zu *U 234* zu gelangen, begannen die Männer der U-Bootbesatzung jene Gegenstände über Bord zu werfen, die sie für zu wertvoll hielten, um sie den Amerikanern in die Hände fallen zu lassen. Hirschfeld beseitigte die Schlüsselmittel und Geheimsachen aus dem Funkraum, indem er sie in einen Müllsack steckte. Obenauf kamen Küchenabfälle und dann wurde der Sack in den Dieselraum gestellt. Auch sein persönliches Tagebuch versteckte er. Heinz Schlicke gesellte sich zu Fehler auf der Brücke von *U 234* und warf mehrere Mikrofilmrollen über Bord.[65] Fehler ließ auch die Horchtorpedos aus den Torpedorohren auf den Meeresgrund gleiten, obwohl ihm dies nicht gestattet war.[66/66a]

* * *

Lt.(jg) Franklin Gates, der das Prisenkommando der SUTTON führende Offizier, ging um 08.23 Uhr an Bord von *U 234* und übergab Fehler einen Brief des Zerstörerkommandanten mit Anweisungen für die Übergabe, den der U-Bootkommandant zu unterschreiben hatte. Am 15. Mai um 11.00 Uhr endete auf der Position 47°07'N, 42°25'W für *U 234* und seine Besatzung der Zweite Weltkrieg, als Kptlt. Johann Heinrich Fehler zum letzten Mal befahl: »Oberdeck stillgestanden! Hol nieder Flagge!« Anschließend übergab er sein Boot formell an USS SUTTON.[67] Als Fehler die Übergabebedingungen akzeptierte, so erinnerte sich Gates, »standen Tränen in seinen Augen, als er das Sternenbanner vom Sehrohr seines Bootes wehen sah«.[68] Gates und sein Kommando arbeiteten rasch und um 11.52 Uhr waren alle 37 Kriegsgefangenen an Bord des amerikanischen Zerstörers gebracht worden.[69]

Nachdem der größte Teil der deutschen Besatzung als Kriegsgefangene *U 234* verlassen hatte, begannen Gates und sein Kommando das Unterseeboot für die Fahrt nach Portsmouth im US-Staat New Hampshire vorzubereiten. Fehler hatte die Weisung erhalten, nur noch eine deutsche Restbesatzung an Bord zu belassen, um das U-Boot zu fahren. Den Befehl über diese Männer führte Kptlt. Bulla. Dann befahl Gates dem deutschen I.WO, Fahrt aufzunehmen, und als die Dieselmotoren zum Leben erwachten, postierte Gates überall seine Wachen. Die übrigen Angehörigen des Prisenkommandos, die keinen Wachdienst hatten, krochen durch das ganze Boot und warfen Handfeuerwaffen und Munition über Bord.

Während des Überprüfens, ob sie geladen waren, löste sich um 16.40 Uhr unglücklicherweise aus einer dieser Waffen ein Schuss und traf den Radioman Third Class Monroe E. Konnemann in die rechte Gesäßhälfte. Die Verletzung des Funkers der SUTTON war ernsthafter als ursprünglich angenommen und Dr. Franz Walter, der Bordarzt von *U 234*, bot an, eine vorläufige Untersuchung vorzunehmen. Nachdem der Arzt seine Untersuchung abgeschlossen hatte, informierte er Gates, dass das Geschoss durch den Unterleib Konnemanns gegangen war, weshalb ein chirurgischer Eingriff dringend erforderlich wäre. Von der USS FORSYTHE, die zur Unterstützung der SUTTON gerade eingetroffen war, kam um 17.50 Uhr ihr Bordarzt an Bord von *U 234*, bestätigte Dr. Walters Diagnose und half, Konnemanns Zustand zu stabilisieren. Als am nächsten Tag Konnemann um 18.35 Uhr auf die FORSYTHE zur Durchführung der Operation gebracht wurde, bemerkte Bulla sarkastisch: »Diese Amis! Wenn sie nicht auf uns schießen können, dann ballern sie aufeinander.«[70] Zwei Wochen später starb Konnemann.

Am 16. Mai gab die SUTTON um 11.30 Uhr ihre Position mit 46°32'N, 45°20'W durch und kündigte ihre Absicht an, mit dem Übergabeverband der Küstenwache am 19. gegen 16.00 Uhr vor Portsmouth/N.H. zusammenzutreffen. Am 17. Mai stießen die Geleitzerstörer MUIR (DE-770) und CARTER (DE-112) auf Position 44°00'N, 55°00'W zur SUTTON und die drei Schiffe geleiteten *U 234* zur »Baker«-Boje vor dem Hafen von Portsmouth. Am 19. Mai passierte *U 234* mit seinem amerikanischen Gefolge um 07.00 Uhr die Station der Küstenwache auf den Isles of Shoals, die direkt 10 sm ostwärts von Portsmouth lagen. Dort übergaben SUTTON, MUIR und CARTER das Unterseeboot an die Übergabegruppe, die vom Kutter ARGO der Küstenwache angeführt wurde.[71]

* * *

Am 3. Mai 1945 teilte Lt. J.H. Taylor vom 1. Marinedistrikt in Boston den Wachhabenden Offizieren des Marinedistriktes mit, dass der Seebefehlsbereich Ost *(Eastern Sea Frontier)* zur zuständigen Dienststelle für die Kapitulation der deutschen Unterseeboote bestimmt worden war. Gemäß dem sich daraus ergebenden Durchführungsplan kommandierte die US-Küstenwache *(U.S. Coast Guard)* den Kutter ARGO mit Bereitsschaftsstatus nach Portland in Maine ab, um alle Unterseeboote zur weiteren Abgabe an amerikanische Häfen zu übernehmen. Hierzu hatte die ARGO den Befehl erhalten, das gesamte gefangen genommene Feindpersonal an die Marinewerft Portsmouth abzugeben, während die Boote selbst »in der Nähe von Scarboro/Maine« auf Grund gesetzt werden sollten.[72]

Um 08.51 Uhr am 19. Mai übernahm Cdr. Alexander Moffat, USN, als Führer des Verbandes (OTC) an Bord der ARGO auf der Höhe der Isles of Shoals *U 234* formell von der SUTTON. Moffats Teilnahme signalisierte die Bedeutung, die *U 234* beigemessen wurde; denn er war nicht gleichzeitig auch der Kommandant der ARGO. Im Verlaufe des Kapitulationsvorganges bei den vorausgegangenen drei U-Booten hatte der Kommandant der ARGO, Lt. Charles E. Winslow, USCG, als OTC fungiert. Dieses Mal jedoch musste Winslow darauf verzichten, im Rampenlicht zu stehen. Am 12. Mai hatte Capt. Victor D. Herbster, USN, der Stellvertretende Chef für Operationen beim 1. Marinedistrikt, Lt. Winslow mitgeteilt, dass Cdr. Moffat die Aufgabe des OTC übernehmen würde. »Sie sind nicht wegen eines Mangels an Vertrauen ... in Ihre Fähigkeit ersetzt worden, diese Aufgabe durchzuführen«, hatte Herbster den Kommandanten der ARGO in Kenntnis gesetzt. Doch Moffat hätte, so erklärte er weiter, Erfahrung im Umgang »mit Schwierigkeiten, die sich aus Öffentlichkeitsarbeit und Bürokratie ergeben«. Er sollte die Kapitulation von *U 234* überwachen, weil »dieser Vorgang vom Standpunkt der Öffentlichkeit her ... voller Dynamit zu sein scheint«.[73]

Winslows Ablösung signalisierte, dass die Maschinenanlage und das Feindpersonal nicht die einzigen wichtigen Aspekte der Kapitulation von *U 234* waren; es gab auch politische und die Öffentlichkeit berührende Erwägungen. Da zudem der Krieg in Europa zu Ende gegangen war, glaubten viele Angehörige der Marine, dass auch ihr Krieg nunmehr vorüber war. Daher musste auch die letzte Chance einer kriegsbedingten Beförderung noch genutzt werden. Für das Marinepersonal des 1. Marinedistriktes war *U 234* die ideale Möglichkeit, um Ruhm zu ernten. Keine Waffengattung hatte während des Krieges in den USA derart Angst und Schrecken hervorgerufen wie die deutschen U-Boote und jeder Einzelne, der diese »Seewölfe« der »Gerechtigkeit zuführte«, würde als siegreicher Held mit Beifall begrüßt werden. Bei dem Wettlauf, um in diesem Propagandafeldzug um *U 234* einen Platz zu erringen, wurde Lt. Charles Winslow durch die Befehlskette rücksichtslos ausgebootet.

Die ARGO setzte das Eskortieren des Unterseebootes fort und stand kurze Zeit später vor der Hafeneinfahrt von Portsmouth, um 09.18 Uhr die Hafensperre passierend. Um 09.23 Uhr machte *U 234* an einer Hafenboje fest. Der Krieg und die lange Fahrt des U-Bootes von Europa aus waren vorüber.[74]

4. Kapitel

Portsmouth

Als die ARGO mit Johann Fehler, seiner Besatzung und seinen Passagieren in ihrem sicheren Gewahrsam die Meerenge zwischen den Isles of Shoals und Portsmouth in New Hampshire durchquerte, erwartete *U 234* ein besonders geschaffenes Ankunftsverfahren für feindliche Unterseeboote. Anfang Mai 1945 begann der 1. Marinedistrikt in Boston unter der Leitung der Dienststelle des Chefs der Seekriegsleitung (CNO) in Washington in Erwartung eines Stroms von U-Booten, der vermutlich auf die Kapitulation der Wehrmacht folgen würde, Vorbereitungen zu treffen, um das zahlreiche Personal der Streitkräfte, der Nachrichtendienste und der Medien unterzubringen, die zweifellos über Portsmouth herfallen würden. Die Vorkehrungen der Marine für das Empfangen der deutschen U-Boote, die kapituliert hatten, gingen nach einem Plan vonstatten, der für die erste Gruppe von U-Booten entworfen worden war; denn bis zum 15. Mai hatte die ARGO bereits *U 805*, *U 873* und *U 1228* nach Portsmouth eskortiert. Doch am 19. Mai sollte das letzte und größte der deutschen U-Boote eintreffen und in Anbetracht des nachrichtendienstlichen Potenzials, das sich aus der Fracht und den Passagieren von *U 234* ergab, mussten die bisherigen Vorkehrungen für das Empfangen von eher bedeutungslosen U-Booten durch das militärische Personal wie auch durch die zivilen Vertreter der Medien neu festgesetzt werden.

* * *

Den gesamten Krieg hindurch spielten die alliierten Medien eine Hauptrolle in dem Bestreben, eine nationale Abscheu gegen Deutschland zu erzeugen. Seit dem 1. September 1939 wurden die Amerikaner mit Berichten über die »brutale Tüchtigkeit« der deutschen Wehrmacht überschwemmt. Eine Mischung aus Furcht und Abscheu vor dem deutschen Soldaten in Heer, Marine oder Luftwaffe wurde inszeniert, um das amerikanische Denken zu durchdringen. Die amerikanische Propaganda suchte diese Einstellung durch das In-Gang-Setzen eines »Kreuzzuges« auszuschlachten, um den »deutschen Moloch« durch die Macht der Presse in die Knie zu zwingen. Eines der fortdauernden

Symbole der militärischen Leistungsfähigkeit Deutschlands war seine U-Bootwaffe. Als die U-Boote Anfang Mai 1945 zu kapitulieren begannen, ließ sich voraussagen, dass die vierte Gewalt im Staate einen Platz in der vordersten Reihe, insbesondere bei der Marinewerft Portsmouth, fordern und ihn auch erhalten würde.

Am 5. Mai gab Capt. Victor D. Herbster, der stellvertretende Führer der Nordgruppe im Seebefehlsbereich Ost *(Assistent Commandant of the Northern Group, Eastern Sea Frontier),* Befehle für diesen Eventualfall heraus und teilte dem 1. Marinedistrikt mit, dass die Marinewerft Portsmouth zuständig für die Ausführung »des Plans und des Verfahrens für die Übernahme der deutschen Unterseeboote in Portsmouth« sein würde.[1] Zusätzlich erteilte Herbster die Weisung, dass nach dem Entlassen der Unterseeboote aus der Obhut der Geleitzerstörer der US-Marine die USCG ARGO die militärische Bewachung der übergebenen U-Boote, die Ingewahrsamnahme der feindlichen Offiziere und Mannschaften sowie ihr Eskortieren nach Portsmouth wahrzunehmen hätte. Das Problem des Behandelns der Medien ansprechend, befahl Herbster, dass »zum Zwecke des Gewährens von Einrichtungen für die Presse, um die Übergabe … zu beobachten,« ein Hilfsschiff vorzusehen wäre.[2] Bis zum 11. Mai waren Herbsters Befehle in Kraft getreten und Rear Admiral Felix Gygax, der Kommandeur des 1. Marinedistriktes, benachrichtigte Rear Admiral Thomas Winters, den Direktor der Marinewerft Portsmouth, über dieses Verfahren, weshalb die Marine für die Unterbringung und Zusammenarbeit mit der Presse zuständig war.

Aus den Vorkehrungen, die für die Presse getroffen worden waren, ließ sich erkennen, dass das Marineministerium sich des Wertes der deutschen U-Boote für die Öffentlichkeitsarbeit bewusst war. Am 11. Mai richtete der Befehlshaber des Seebefehlsbereiches Ost ein vertrauliches Telegramm an Gygax, in dem er den Wunsch des Marineministers zitierte, dass »Vertreter von Rundfunksendern sowie von Presse und Bildagenturen an Bord der Marineschiffe geduldet werden, die für das Zusammentreffen [mit] den feindlichen Einheiten, die kapituliert hatten, abkommandiert« waren.[3] Gygax informierte anschließend Winters darüber, dass von Portsmouth das Bereitstellen »angemessener Einrichtungen« erwartet wurde, »um [der] Presse das Erfassen der … historischen Ereignisse zu gestatten, die sich in diesem Distrikt ereignen werden«. Um eine wirksame und zügige Verbindung mit der Presse sicherzustellen, hatten sich Lt. John Burke, USN, und Lt. Sargent Collier, USN, vom Referat für Öffentlichkeitsarbeit beim 1. Marinedistrikt am 14. Mai in Portsmouth zu melden, um die Zusammenarbeit mit der Presse und den Fotografen zu erleichtern. Außerdem sollte Winters einen »gut geeigneten Raum«, vollständig mit Tischen, Stühlen und Schreibmaschinen eingerichtet, vorsehen, der als Presseraum dienen sollte. Diese Einrichtung hatte auch eine ausreichende Anzahl von Telefonen zu enthalten, von denen aus die Vertreter der Medien sowohl Orts- als auch Ferngespräche führen konnten. Schließlich forderte Gygax noch, dass »Vorkehrungen getroffen werden sollten, um kleine Boote zur Verfügung zu halten. Sie hatten die Presse … dorthin zu bringen, wo die Unterseeboote, die kapituliert hatten, vor Anker gehen oder festmachen sollten, ausgestattet mit reichlich Zeit, um über das tatsächliche Eintreffen erschöpfend zu berichten.«[4] Inzwischen erfolgte auch die Unterrichtung von Lt. Charles Winslow, des Kommandanten der ARGO, wonach »Pressevertreter zur 25-m-

Linie vor den Eingang [des Hafens] gebracht werden, … um dem Unterseeboot in den Hafen zu folgen.«[5]

Die Presse erwiderte das Entgegenkommen der Marine, indem sie das Gelände der Marinewerft mit Reportern überflutete. Die wichtigste Zeitung am Ort, das *Portsmouth Periscope*, berichtete, dass die Ankunft der deutschen U-Boote »die größte Versammlung von Zeitungsleuten seit … 1941« hervorgebracht hätte, ein Gewimmel, bestehend aus »vierzig Zeitungs- und Rundfunkleuten, die zusammengekommen [waren], um Zeuge der ersten formellen Kapitulation deutscher U-Boote in den Gewässern Neuenglands zu sein«.[6] Um die Anzahl überschaubar zu halten, waren die Lieutenants Burke und Collier ermächtigt, bestimmte Pressevertreter auszuwählen und abzusondern. Ihnen wurde gestattet, sich auf See zu wagen, um Zeuge der Übernahmen zu werden. Nach erfolgter Auswahl ging daher diese Gruppe an Bord des Marineschleppers USS DEKANISORA, der unter dem Kommando von Lt. Eldridge Linberry stand, um in das Seegebiet gebracht zu werden, in dem die ARGO vermutlich die Unterseeboote zu übernehmen hatte.

Die Presse erfreute sich eines noch nie dagewesenen Zugangs zu einem Feind, der kapituliert hatte; es gab jedoch bestimmte Beschränkungen. Um eine gleichzeitige Veröffentlichung der Berichte von der Übernahme zu gewährleisten, war es den Medienvertretern sowie dem Personal der Marine und der Küstenwache untersagt, von der ARGO aus Verbindung zu Landstellen aufzunehmen.[7] Darüber hinaus mussten alle von Marineschiffen oder -flugzeugen aus aufgenommenen Fotos der Unterseeboote dem Presseoffizier zur Genehmigung der Freigabe vorgelegt werden. Um die Einhaltung dieser Beschränkung zu gewährleisten, durfte sich kein Mitglied der Presse an Bord eines Marineflugzeuges befinden, das zufällig einem feindlichen Unterseeboot begegnen könnte.[8] Doch sobald in Portsmouth die neuen Kriegsgefangenen an Land gebracht worden waren, hatten die Journalisten Zugang zu ihnen, obwohl sich der Großteil der deutschen U-Bootfahrer weigerte, mit ihnen zu sprechen.[9] Alles in allem erfüllten die Pressevorbereitungen ihren Zweck und erbrachten für alle Beteiligten eine vorteilhafte Publizität. Doch als sich *U 234* Portsmouth näherte, war die Zeit des guten Einvernehmens zwischen den Marinestellen und der Presse bald zu Ende.

Aus Informationen, die der geheime Nachrichtendienst der US-Marine (ONI) aus aufgefangenen und entzifferten deutschen und japanischen Funksprüchen bis zum 13. Mai gewonnen hatte, war entnommen worden, dass die Art der Fracht und der Passagiere von *U 234* zu empfindlich war, um durch die Medien eine Enthüllung zu riskieren. Infolgedessen hatte der Führer der *Task Group 2.1* die Anweisung erhalten, dass der Presse zu den Gefangenen von *U 234* für Befragungen oder Fotos kein Zugang gewährt werden durfte.[10] Darüber hinaus hatten die Ergebnisse einer ersten Durchsuchung von *U 234* durch das Prisenkommando der SUTTON ergeben, dass sich in dem Unterseeboot tatsächlich »eine wertvolle Fracht aus Plänen und Kriegsmaterial« befand.[11] Als Adm. Jonas B. Ingram, der Oberbefehlshaber der Atlantikflotte (CINCLANT), Kenntnis erhielt, dass der freie Zugang der Presse zu den Gefangenen in Portsmouth die nationale Sicherheit gefährden würde, befahl er am 15. Mai, dass die Gefangenen von *U 234* bis zur Überstellung in den Gewahrsam des Marineministeriums in Washington/D.C. von der Außenwelt isoliert werden sollten.[12]

Die Entscheidung der Marine, die Übergabe von *U 234* als geheim einzustufen, war verständlich. Doch die Verlockung einer positiven Publizität erwies sich als zu groß, um ignoriert zu werden. Die Folge davon war, dass Marineminister James V. Forrestal zusammen mit Adm. Ingram am 16. Mai in Washington eine Pressekonferenz zum Thema »Jetzt kann darüber gesprochen werden!« abhielt, die jede Chance zunichte machte, die Geheimhaltung über *U 234* aufrecht zu erhalten. In dieser Pressekonferenz schmeichelte sich Ingram offensichtlich bei der Presse ein und erzählte in einem »farbigen Vortrag« die Geschichte von der »verrückten Kaperung« des U-Bootes. Von Forrestal dazu veranlasst, enthüllte Ingram, dass die US-Marine an Bord von *U 234*, das »wahrscheinlich auf dem Wege nach Japan« war, »drei Generalmajore der Luftwaffe und die Leichen von zwei toten Japanern« sowie »Karten und riesigen Mengen an Flugzeugausrüstung« entdeckt hätte.[13]

Ingrams Darlegungen reflektierten eher einen Hang zur Sensationsgier als zur Wiedergabe von Tatsachen. So nannte Ingram den Typ X B von *U 234* »den letzten [U--Boots-]Typ, den die Deutschen entwickelt« hätten, die Tatsache der neuen Walter-Boote völlig ignorierend, deren Existenz den US-Nachrichtendiensten seit einiger Zeit bekannt war.[13a] Ingrams Behauptung, dass vom Prisenkommando der SUTTON drei deutsche Generale und die Leichen von zwei toten Japanern an Bord des Unterseebootes entdeckt worden wären, stellte eine eklatante Falschmeldung dar. Am 14. Mai hatte Lt. Nazro, der Kommandant der SUTTON, den Seebefehlsbereich Ost (CESF) und später auch CINCLANT über die genaue Identität und die Dienstränge der militärischen Passagiere auf *U 234* sowie auch über das Schicksal der beiden Japaner unterrichtet, deren »Leichen vor dem Aufbringen [des U-Bootes] versenkt worden waren«.[14] Es ist undenkbar, dass Forrestal als Marineminister und Ingram als CINCLANT die Wahrheit über die Identität und das Schicksal dieser Passagiere nicht gekannt haben sollten. Ihre »sensationellen Enthüllungen« können nur dem Wunsch zugeschrieben werden, berühmt zu werden.[15].

Ingrams Enthüllung von der Anwesenheit hochrangiger deutscher Offiziere an Bord von *U 234* schien umlaufende Gerüchte zu bestätigen, dass die deutsche Seite ihre U-Boote einsetzen könnte, um flüchtige NS-Größen aus dem zerfallenen Reich zu evakuieren. Auf amerikanischer Seite gab es eine gewisse Grundlage für diese Vermutung: Ein am 22. April 1945 aufgefangener und entzifferter japanischer Funkspruch offenbarte die Auffassung von Japans Botschafter Kase in der Schweiz, dass »Hitler und andere hochrangige [»Nazi-«]Führer im letzten Augenblick versuchen werden, [durch Flucht] nach Japan zu entkommen«.[16] Der erste Verdacht in dieser Richtung tauchte am 17. Mai auf, als die *Boston Post* meldete, dass »die Äußerung, … wonach die reiche Beute an unterwegs [nach Japan] befindlichen Gefangenen eine Jagd nach verkleideten Führern der Nazi-Partei in Gang setzt«, und zwar auf *U 873* (Kptlt. Steinhoff) und *U 805* (KKpt. Bernardelli), die bereits in Portsmouth festgemacht hatten.[17]

Da spätere Bewertungen der gefangen genommenen Besatzungen von *U 873* und *U 805* wie auch von *U 1228* keine Anzeichen bezüglich geflüchteter Parteigrößen ergaben, wandte sich der Brennpunkt des Interesses wieder *U 234* zu. Nach einer Schlagzeile vom 18. Mai in der *Boston Post* hatte Ingram eine umfassende Suche angeordnet, in die Wege geleitet durch »die Überzeugung, dass Hitler und Himmler jetzt auf dem Wege nach Japan« waren. Der amerikanische Marinenachrichtendienst, so enthüllte Ingram, hätte festgestellt, dass die Unterseeboote in Portsmouth »nach genau umrissenen Befehlen handelten«, um die amerikanische Aufmerksamkeit von dem hinzukommenden Unterseeboot des Typs X B abzulenken, das Hitler und Himmler nach Japan bringen sollte.

Ingrams Pressekonferenz wie auch Berichte, dass nach dem Eintreffen des U-Bootes einige Personen mit Begleitschutz nach Washington gebracht worden sein sollten, gaben den Spekulationen hinsichtlich der Identität der Passagiere von *U 234* neuen Auftrieb. Die Mehrheit der Nachrichtenagenturen ließ jetzt Ingrams frühere Einschätzungen fallen und ging davon aus, dass *U 234* Passagiere beförderte, die »weitaus wichtiger als [lediglich] Generale der Luftwaffe [waren], wie die Marine zuerst angenommen« hatte.[18] Die Folge davon war, dass über die Passagiere von *U 234* nunmehr Gerüchte umliefen, die von Hitler selbst bis zu den des Amtes enthobenen deutschen Außenminister Joachim v. Ribbentrop, Reichsleiter Martin Bormann [seit 1941 Chef der Parteikanzlei, Sekretär Hitlers und seit 1944 auch Reichsminister] und Reichsführer-SS Heinrich Himmler reichten. Die Marinestellen lehnten es jedoch ab, diese Gerüchte zu bestätigen oder zu dementieren. Dies veranlasste den *Boston Herald*, die Spekulationen mit der Ankündigung etwas zu zerstreuen: »Berichten von diesem Nachmittag, wonach Hitler an Bord sein könnte, wurde kein Glaube geschenkt, ehe heute Abend nicht weitere Nachrichten zur Verfügung stehen.«[19] Dennoch war es nicht möglich, die Vorstellung von einem Entkommen der führenden Köpfe des »Dritten Reiches« völlig zu zerstreuen. Da *U 234* die Flüchtigen nicht selbst an Bord haben konnte, wurde sein Auftrag jetzt als »eine letzte Anstrengung« interpretiert, »um das riesige Marinenetz zu überlisten«, das angeblich nach dem Phantom eines U-Bootes mit den Flüchtlingen suchte.[20]

Die wilde Aufregung der Medien, die nach Ingrams Pressekonferenz ausgebrochen war, hatte auf die Vorkehrungen für die Öffentlichkeitsarbeit in Portsmouth unmittelbare Auswirkungen. Während über frühere Übernahmen der U-Boote die Journalisten ausgedehnt berichteten, informierte Lt.-Cdr. Allan Keller, amtierender Presseoffizier in New York für den Seebefehlsbereich Ost, um 16.30 Uhr am 17. Mai den 1. Marinebezirk in Boston mit der Nachricht: »Washington hat mit *U 234* ein Ende gemacht. … Die Entscheidung hat jemand ganz oben im Marineministerium getroffen.« Die Empörung voraussehend, die sich aus der über *U 234* verhängten Pressesperre ergeben würde, setzte Keller Boston davon in Kenntnis, dass er dieser Entscheidung heftig als »lächerlich angesichts des öffentlichen Aufsehens von Ingram« widersprochen hätte. Doch in seinem Entschluss blieb Washington fest. Infolgedessen kam die Anweisung an Boston: »Alle von Ihnen in Portsmouth getroffen Pressevorbereitungen … haben sich erledigt.« Um Vice Admiral H.F. Leary, den Befehlshaber des Seebefehlsbereiches Ost, und Rear Admiral Winters, den Direktor der Marinewerft Portsmouth, von der Aufgabe zu entbinden, den wütenden Medien gegenüberzutreten, »wird Washington die Sperre verkünden«.[21] Doch Cdr. N.R. Collier, der Leiter der Presseabteilung beim 1. Marinedistrikt, ahnte ein unmittelbar bevorstehendes Unheil an öffentlichem Aufsehen und versuchte, Washington von einer so schwer wiegenden Maßnahme abzubringen.

Um 17.00 Uhr telefonierte Collier mit CINCLANT in Washington und sprach mit Capt. George W. Campbell, dem Stellvertretenden Leiter der Presseabteilung, zuständig für das Marineministerium. Sein Anliegen vorbringend, erklärte Collier, dass »umfangreiche Vorbereitungen getroffen worden waren, um Telefon- und Funkverbindungen einzurichten«, und dass die Fotoreporter ungeachtet der Pressesperre von der nahen Küste aus das Eintreffen von *U 234* leicht fotografieren konnten. Collier gelang es, Campbell dahingehend zu überzeugen, CINCLANT zu empfehlen, dass die Entscheidung hinsichtlich der Pressesperre »im Interesse der guten Zusammenarbeit mit der Presse« modifiziert werden sollte. Um 17.30 Uhr rief Campbell zurück und teilte Collier mit, dass CINCLANT zugestimmt hätte, die Pressesperre zu lockern.[22] Am nächsten Tag, dem 18. Mai, erhielt Portsmouth die Ermächtigung, den Medien zu gestatten, über die Ankunft von *U 234* wie über die vorherigen Unterseeboote auch von einem kleinen Fahrzeug aus zu berichten. Doch CINCLANT ordnete an, dass »keine Presseinterviews mit den Gefangenen gestattet werden«. Außerdem sollte »keinem Journalisten erlaubt werden, an Bord des U-Bootes zu gehen«.[23]

Im Verlaufe des 18. Mai telefonierte Captain Herbster, der Stellvertretende Führer der *Northern Group,* mit einem Commodore Kurtz und sprach mit ihm über das Durcheinander, das Ingrams Kommentare angerichtet hatten. Herbster teilte Kurtz mit: »Die Situation hat sich jetzt so entwickelt, dass ich heute Nachmittag selbst dort hingehe [nach Portsmouth] und übernehme.« Woraufhin Kurtz bemerkte: »Die Schwierigkeiten ergaben sich, als das Interview [von Ingram] eine heiße Sache daraus machte. ... Sobald er den ganzen Kram ausgeplaudert hatte, machte es [*U 234*] den heißesten Knüller her.« Herbsters Antwort gab wieder, was sich viele der Beteiligten gefragt haben müssen: »Ich weiß nicht! – Was zum Teufel er [Ingram] sich wohl gedacht hat?« Das Problem, das jetzt entstanden war, bedeutete Folgendes: Wenn auch die Gefangenen an Bord der ARGO gegen die Reporter und Fotografen wirksam abgeschirmt werden konnten, so war dies bei der Restbesatzung, die sich noch an Bord von *U 234* befand und die das Unterseeboot nach Portsmouth hineinbringen musste, nicht möglich. Herbsters Lösung bestand darin, die Restbesatzung vom U-Boot mit einem Marineschlepper wegzuschaffen und dem Kommandanten des Schleppers zu befehlen, jeden daran zu hindern, der ein Interview mit ihr führen wollte. Der Kommentar von Kurtz reflektierte die tiefe Besorgnis Washingtons: »Wenn irgendjemand mit ihnen spricht, ist der Teufel los!« Sobald sich die deutschen Gefangenen in Portsmouth befanden, plante Herbster, die Sicherheit zu garantieren, indem »eine Kette von Wachposten aufgestellt wird, die sie vom Schiff direkt zum Omnibus leitet, der sie wegbringt«.[24] Obwohl keinem Reporter gestattet sein sollte, mit Angehörigen der Besatzung von *U 234* ein Interview zu führen, bedeutete dies, dass alle Vertreter der Medien im Hafen anwesend sein würden, um die offizielle Ankunft der Gefangenen in der Neuen Welt zu bezeugen.

Die Behandlung der Besatzung und der Passagiere von *U 234* erwies sich als nicht voraussagbar; sie variierte häufig bis zum Äußersten. Die Offiziere und Mannschaften der SUTTON hatten eine strikte, aber korrekte Beziehung zu ihren Gefangenen gewahrt und am Ende ihrer gemeinsamen kurzen Fahrt schienen die Gefangenen und ihre Bewacher ein ziemlich freundschaftliches Verhältnis gehabt zu haben.[25] Doch nach dem

Verlassen der SUTTON und dem Übersteigen auf die ARGO war der Empfang der deutschen Gefangenen von weniger Herzlichkeit begleitet und die Behandlung war zeitweise gewalttätig.[26] Als die ARGO am 19. Mai schließlich in Portsmouth an der Pier anlegte und Offiziere und Mannschaften von *U 234* an Land gingen, wimmelte das Hafengelände in untypischer Weise von Journalisten. Fehler erkannte, dass er und seine Männer Gegenstand einer intensiven öffentlichen Begutachtung sein sollten – die Gelegenheit für traurige Berühmtheit in einer Atmosphäre verspürend, die nur als eine Karnevalsstimmung beschrieben werden kann. Winslow, der Kommandant der ARGO, stand am oberen Ende der Stelling, die Deutschen mit Verachtung überschüttend, als sie das Schiff verließen. Als sich Fehler auf das Verlassen der ARGO vorbereitete, hielt er Winslow die nicht korrekte und brutale Behandlung seiner Besatzung vor, die diese von den Besatzungsangehörigen der ARGO erfahren hatte – im Gegensatz zum Respekt, der ihr an Bord der SUTTON entgegengebracht worden war. Er führte Beschwerde darüber, dass die Besatzung der ARGO seine Offiziere und Mannschaften nach dem Übersteigen wie die Tiere behandelt hatte. Winslow, der sich der Tatsache bewusst war, dass die Reporter an jedem Wort hingen, das zwischen den beiden Kommandanten gewechselt wurde, beschimpfte Fehler und seine Besatzung als »Nazi-Gangster«, um ihm dann laut zu befehlen: »Verschwindet von meinem Schiff!«[27] Winslows Ausspruch wurde zum Standardzitat in den berichtenden Zeitungen und in einigen wurde der Kommandant der ARGO sogar zum Helden gestempelt. Fehler begann seinen Entschluss zu bedauern. Zu Hirschfeld sagte er, dass er nunmehr glaube, es wäre falsch gewesen, sich den Amerikanern zu ergeben – eine Überzeugung, die er bis zum Ende seines Lebens beibehielt.[28]

* * *

Der potenzielle nachrichtendienstliche Wert der Passagiere von *U 234* war für den Nachrichtendienst der US-Marine (ONI) nicht verloren, bei dem vorher darüber nachgedacht worden war, ob Portsmouth eigentlich der richtige Ort war, um derart wertvolle Personen zu verhören. Lt.(jg) M.T. Brunner hatte am 15. Mai seine Vorgesetzten bei ONI in Washington alarmiert, als er über die geheime Natur der Dokumente und Passagiere auf dem Unterseeboot berichtete, und gleichzeitig gewarnt: »[Es ist] zu bezweifeln, ob diese Personen [von *U 234*] hierher gebracht werden sollten.«[29] Spätere Weisungen informierten jedoch das Sicherheitspersonal in Portsmouth, die Gefangenen vorläufig weiterhin von der Außenwelt abgeschlossen unterzubringen.[30] Als *U 234* am 19. Mai in Portsmouth eintraf, erwarteten das Boot daher Vertreter von ONI und dem US-Heeresministerium *(War Department).*

Am 19. Mai wurden die Besatzung und die Passagiere von *U 234* offiziell zu US-Kriegsgefangenen erklärt, als Lt.-Cdr. John Ives von der *Portsmouth Naval Yard* ihre Übergabe durch die ARGO in den Gewahrsam der Marinewerft durch seine Unterschrift bestätigte.[31] Als die Gefangenen die ARGO verließen, bekamen sie die Wut einer Öffentlichkeit zu spüren, die durch vier Jahre Propaganda aufgeputscht worden war. Hirschfeld erinnerte sich, dass er und seine Landsleute das Ziel von Beschimpfungen »eines von Haß erfüllten Mobs« längs einer »schmalen Gasse« waren, die zu den Gefangenenbussen führte. Über und über mit Spucke und wüsten Schimpfworten eingedeckt, meinte Hirschfeld zu Bulla, dass er nunmehr wie Fehler Zweifel hegte, ob es klug gewesen war, sich den Amerikanern zu ergeben. Bulla stimmte ihm zu: »Wären vielleicht doch lieber in Kanada gelandet.«[32]

An Land kamen Hirschfeld und seine Bordkameraden in das Marinegefängnis *(Naval Prison)* Portsmouth, wo sie vom Gefängnispersonal auf brutale Weise körperlich misshandelt wurden. Dieses Personal, so erinnerte sich Hirschfeld, bestand aus »eingebürgerten Polen, bewaffnet mit Holzknüppeln«. An Bord der SUTTON waren einige der U-Bootmänner von Offizieren der US-Marine vor den zum Heer gehörenden Wachsoldaten gewarnt worden, denen sie in Portsmouth begegnen würden: »Eine Bande von Dieben«, die ihnen alles rauben sollte, was sie noch besaßen. Hirschfeld erinnerte sich auch daran, dass er »erstaunt« gewesen war und kaum glauben wollte, dass ein amerikanischer Offizier so über die Angehörigen einer anderen Teilstreitkraft sprach. Nur kurze Zeit später musste er die Richtigkeit der Warnung einsehen. Im Inneren des Gefängnisses wurden den U-Bootmännern alle persönlichen Gegenstände abgenommen, von denen sie den größten Teil niemals wiedersehen sollten. Von seinem gesamten persönlichen Eigentum, das Hirschfeld an das Gefängnispersonal »freiwillig« abliefern musste, erhielt er später lediglich sein Soldbuch und das Funkzeugnisbuch zurück.[33/33a]

Umfangreiches Ausplündern von *U 234* und seiner Besatzung waren in Portsmouth offenkundig der Fall und bildeten für die Offiziere von ONI ein großes Problem. Die offizielle Haltung der Marine zum Diebstahl feindlicher Besitztümer war 1942 in einer Richtlinie des Chefs der Seekriegsleitung (CNO) umrissen worden. Darin hieß es, dass alle Gegenstände, die nicht als persönliches Eigentum oder von nachrichtendienstlichem Wert angesehen werden, an den Kommandeur der betreffenden Einheit bzw. Einrichtung zur Verwendung nach eigenem Ermessen zurückzugeben waren. Die CNO-Weisung bestimmte weiterhin als erlaubte »Souvenirs« alle nicht persönlichen Gegenstände, wie zum Beispiel Taschenmesser, Taschenlampen, einzelne Schlüssel oder Zigaretten, so weit die Gegenstände keinen bestimmten persönlichen Wert für den Gefangenen besaßen.[34] Üblicherweise wurden Gefangene und ihr Gepäck in ihren Zellen durch Wachen der Marineinfanterie (USMC) in Anwesenheit mehrerer Offiziere und des für die Gefangenen zuständigen ärztlichen Personals durchsucht, die angeblich alle garantierten, dass keine unwesentlichen Gegenstände aus dem persönlichen Gepäck entfernt wurden. Doch obwohl Plündern offiziell verboten war, wurden den Gefangenen von *U 234* praktisch alle Gegenstände von Wert weggenommen. Als sich die Wachmannschaften Uhren und Ringe aneigneten, nahmen die Aufsicht führenden Offiziere ihnen ihre Beute wieder weg, aber nur, um sie selbst als Souvenirs zu behalten.[35] Fehler protestierte heftig gegen das Ausplündern seiner Besatzung und seines Unterseebootes, die ONI-Offiziere daran erinnernd, dass er bisher in gutem Glauben gehandelt hatte: »Alles, was er hätte tun müssen, wäre das Ziehen eines Hebels gewesen, und jeder seiner Minenschächte hätte seinen Inhalt entleert.« Während sich die beteiligten Untersuchungsoffiziere mit Fehlers Fall nur nachlässig befassten, mussten die Vernehmungsoffiziere die hydraulischen Ventile an Bord von *U 234* mit Ketten sichern lassen, um jeden Versuch dieser Art nach Fehlers Drohung zu verhindern.

Das Plündern war im Gefängnis am schlimmsten. Infolge der großen Menge persönlichen Reisegepäcks an Bord von *U 234* wurde das gesamte Gepäck am 19. Mai in der Eingangshalle des Gefängnisses gestapelt. Dort verblieb es von 16.00 Uhr bis 18.00 Uhr, bis es von den Lieutenants Buckner und DeCourcy, zwei ONI-Untersuchungsoffizieren, geprüft wurde. Nach ihren Feststellungen enthielt das Reisegepäck, insbesondere das von General Keßler, nur sehr wenig von nachrichtendienstlichem Wert. Später tauchte jedoch ein Foto Keßlers, aufgenommen in einem Atelier, im Besitz eines der Wachen auf, die in der Eingangshalle während der zweistündigen Interimszeit Dienst gehabt hatten, und es war offensichtlich, dass die Fotografie nur aus Keßlers Gepäck stammen konnte. Daher musste das Gefangenengepäck ausgeraubt worden sein. Der ONI-Dolmetscher Jack Alberti bedauerte diese Situation und beobachtete: »Dieses Handeln hatte eine außerordentlich nachteilige Auswirkung auf die Vernehmung der Besatzung und stellte ihre Bereitschaft zur Zusammenarbeit infrage.«[36]

Eingedenk der Tatsache, dass das Reisegepäck geplündert worden war, und angesichts der Möglichkeit, dass Wertgegenstände nie mehr auftauchen dürften, riefen die Offiziere von ONI die Offiziere und Mannschaften des Gefängniswachpersonals zusammen und versprachen ihnen, dass sie alle Gegenstände behalten könnten, die zu nachrichtendienstlichen Zwecken nicht gebraucht würden. Lieutenant-Commander Hatton von ONI sollte letztlich die Verantwortung für die Souvenirs übernehmen, die deutsche Beute konfiszieren und den nachrichtendienstlichen oder persönlichen Wert jedes dieser Gegenstände bestimmen. Doch die Vernehmungsoffiziere von ONI erkannten, dass ohne Garantie eines Gnadenaktes ein Erfüllen ihrer Weisung auf Rückgabe der deutschen Beute unwahrscheinlich war. Daher wurde mit Billigung von Rear Admiral Winters eine Übereinkunft getroffen, dass gegen jeden, der sich jetzt freiwillig meldete und seine Souvenirs zurückgab, keine disziplinarischen Maßnahmen ergriffen werden sollten.[37] Die Folge war, dass zahlreiche Gegenstände unauffindbar blieben, darunter Hemden, Hosen, Kriegsauszeichnungen (einschließlich Keßlers Ritterkreuz des Eisernen Kreuzes), Ferngläser, das wertvolle chirurgische Tropenbesteck des Stabsarztes, Ehrendolche, Schmuckstücke und zahllose weitere Gegenstände. Aus Keßlers Besitz und aus dem anderer verschwanden 1200 Schweizer Franken und etwa 1200 norwegische Kronen, die vom Wehrsold in Kristiansand übrig geblieben waren. Auch dieses Geld tauchte nie wieder auf.

Nach den ersten Vernehmungen durch Offiziere von ONI in Portsmouth entschieden die Verantwortlichen des Marinenachrichtendienstes, dass die Offiziere und Passagiere von *U 234* zu wertvoll waren, um in diesem Gefängnis mit seiner zweifelhaften Geheimhaltung zu bleiben. Sie sollten daher in eine entsprechende Vernehmungseinrichtung gebracht werden. Infolgedessen erging durch den Stab des Oberbefehlshabers (CINCLANT) der als »Geheim!« eingestufte Befehl Nr. 151942 an Vice Admiral Leary, den Befehlshaber des Seebefehlsbereiches Ost (CESF), wonach alle in Frage kommenden Personen von *U 234* nach Washington gebracht werden sollten.[38] Die Verlegung von Gefangenen nach Washington war an sich kein ungewöhnlicher Vorgang; denn auch frühere Kriegsgefangene waren nach Boston gebracht und dann mit dem Kraftfahrzeug nach Washington gefahren worden. Doch die Passagiere von *U 234* genossen oberste

Priorität und wurden daher zum Fliegerhorst *(Air Station)* Sanford in Maine gefahren, von wo aus für die als sehr wertvoll angesehenen Gefangenen ein Lufttransport arrangiert werden konnte.[39]

Für diejenigen Angehörigen der Besatzung von *U 234*, die zur nachrichtendienstlichen Befragung nicht zurückgehalten wurden, begann im *Charles-Street*-Gefängnis in Boston der lange Weg zur Repatriierung. Fehler und seine Offiziere stießen dort auf die Besatzung von *U 873* inmitten erbärmlicher Bedingungen. Fehler erinnerte sich, dass seine Zelle »furchtbar schmutzig« war. Die Nacht hindurch hörte er »viel Schreien [und] das Geräusch von Schlägen und Stöhnen«, das von Kptlt. Fritz Steinhoff kam, dem Kommandanten von *U 873*, wie er später erfuhr. Steinhoff war bekannt als »getreuer Anhänger« der nationalsozialistischen Doktrin. Zuvor war er Kommandant von *U 511* gewesen, das an dem ersten erfolgreichen Versuch beteiligt war, von einem Unterseeboot aus Luftabwehrraketen zu starten.[40] In Portsmouth hatte Steinhoff das Bild eines »aufsässigen Deutschen« vermittelt, der wenig unternahm, um seine amerikanischen Wachen zu veranlassen, ihn anständig zu behandeln. Infolgedessen wurde er »bei seiner Vernehmung und auf dem Weg nach Boston schlecht behandelt, [dort] wurde er auch in seiner Zelle misshandelt«. Vollständig verzweifelt, zerbrach er die Gläser seiner Sonnenbrille und öffnete sich die Pulsadern. Wenige Stunden später starb er in einem Bostoner Krankenhaus. Obwohl der Bordarzt von *U 873* eine sofortige Bluttransfusion gefordert hatte, um Steinhoffs Leben zu retten, beunruhigte ihn die nachlässige Haltung des dortigen Krankenhauspersonals. Nach seiner Auffassung zeigten die Ärzte »kein Interesse, ihn [Steinhoff] am Leben zu halten« und verzögerten die Übertragung des Blutplasmas um zweieinhalb Stunden. Obschon Fehler und seine Kameraden nur zwei Tage in diesem Gefängnis in Boston blieben, trugen die Geräusche und der Anblick des *Charles-Street*-Gefängnisses nicht dazu bei, Fehler weiterhin zu überzeugen, dass sein Entschluss, sich in die Hände der Amerikaner zu begeben, richtig gewesen war. Später erinnerte er sich, dass er »besonders verbittert über die Behandlung durch die Amerikaner war, weil wir uns mit so viel Sorgfalt um die Gefangenen auf der ATLANTIS gekümmert hatten«.[41]

Gemäß dem Verfahren des US-Heeres für die Handhabung des Zustroms feindlicher Ausländer mussten die Besatzungsangehörigen von *U 234* in Fort George G. Meade in Maryland untergebracht werden, ehe sie auf die Kriegsgefangenenlager der Amerikaner verteilt wurden. Auf Grund einer nachrichtendienstlichen Beurteilung bestimmte der amerikanische Marinenachrichtendienst (ONI), dass General Keßler und sein Stab, die Zivilisten Dr.-Ing. Bringewald und Ruf sowie die Offiziere Fehler, Bulla und Pfaff von *U 234* in das gemeinsame Vernehmungszentrum der Marine und des Heeres in Fort Hunt/Virginia zu bringen waren. Nach einem kurzen Verhör in dieser Einrichtung sollten dann Fehler und seine Offiziere verschiedenen Kriegsgefangenenlagern zugewiesen werden, um auf ihre Repatriierung zu warten, von der sie annahmen, dass sie bald erfolgen würde. Die amerikanische Repatriierungspolitik folgte jedoch den Bestimmungen der Genfer Konvention, in der es hieß, dass die Repatriierung der Gefangenen »mit geringstmöglicher Verzögerung nach dem Friedensschluss« erfolgen sollte.[42] Doch ein Friedensschluss mit den Vereinigten Staaten trat auch nach dem September nicht ein [und ist auch bis ins Jahr 2001 offiziell noch immer nicht eingetreten] und so mussten die Offiziere und Mannschaften von *U 234* auch weiterhin in Gefangenschaft schmachten.

Nach einem kurzen Aufenthalt in Fort Meade kam die restliche Besatzung von *U 234* in verschiedene Internierungslager für feindliche Ausländer überall im Land. Ihr Bestimmungsort richtete sich nach den Arbeitsmöglichkeiten wie auch nach der politischen Einstufung. Das *Provost Marshal General's Office* (Generalkommando der Militärpolizei) hatte in den Vereinigten Staaten 348.108 deutsche Kriegsgefangene zu bewachen. Angesichts der »beunruhigenden Regelmäßigkeit, mit der überzeugte Nationalsozialisten unter ihnen die demokratischer eingestellten Mitgefangenen in den Internierungslagern in Selbstjustiz exekutierten«, kam es zur Einteilung dieser amerikanischen Einrichtungen in zwei Kategorien: In jene, in denen sich [nach Auffassung der durch ihre Propaganda stark beeinflussten Amerikaner] überzeugte Anhänger Adolf Hitlers befanden, und in jene, die der Unterbringung von Gefangenen dienten, die eher als Mitläufer der Nationalsozialisten einzustufen waren.[43] Von *U 234* wurden nahezu alle Angehörigen der Besatzung mit Ausnahme von Siegfried Schramm, Gerhard Wilian, Adolf Mania und Waldemar Putzas als etwas radikale Anhänger des Nationalsozialismus angesehen.[44] Jede Gruppe kam bis zu ihrer Repatriierung 1946 in ein für sie vorgesehenes Lager.

* * *

Die MAGIC-Information des Marinenachrichtendienstes – aus einem entzifferten japanischen Funkspruch im Diplomaten-Kode stammend – war durch Lt. Nazros ersten Lageplan von der Fracht in *U 234* bestätigt worden, die Verantwortlichen in Portsmouth veranlassend, *U 234* mit dem Mantel der Geheimhaltung zu umgeben. Als das Marinepersonal in Portsmouth am Morgen des 20. Mai erwachte, stellte es fest, dass der Bereich des Trockendocks von einer 1,8 m hohen Abschirmung aus grünem Segeltuch umgeben war. Zugang hatten nur noch das ONI-Personal und die Wachmannschaften der Marineinfanterie (USMC). Doch jeder Versuch, eine vollständige Geheimhaltung aufrechtzuerhalten, war vergeblich; denn der Kommandoturm von *U 234* ragte über die Segeltuchabschirmung hinaus und verriet seine Identität.

Da die Verantwortlichen der US-Marine in Portsmouth zumeist keine Vorstellung von der vollen Bedeutung der Fracht hatten, ließen die Techniker Vorsicht walten, als sie das U-Boot zu entladen begannen. Die Offiziere von ONI waren sich nicht sicher, ob die Zugänge zu den Frachträumen frei von Sprengfallen waren. Obschon die Besatzung von *U 234* auf frühere Gelegenheiten zur Sabotage, Selbstversenkung oder sonstigen Beschädigung verzichtet hatte, so lange *U 234* noch in See stand, waren viele Besatzungsangehörige entweder als Restkommando an Bord geblieben oder wurden nach kurzem Aufenthalt im Marinegefängnis aus Platzmangel wieder an Bord des U-Bootes zurückgebracht.[45] Folglich war das Potenzial für Sabotage vorhanden und die Möglichkeit existierte, wenn auch die Wahrscheinlichkeit hierfür gering war. Captain Herbster, USN, schloss daraus: »Man kann es nie wissen.«[46] Daher wurden die Besatzungsangehörigen von *U 234* herangezogen, um bei der Untersuchung und beim Ausladen des

Unterseebootes mitzuhelfen. Peter Schölch, dem Bootsmann von *U 234*, wurde vom zuständigen Offizier der US-Marine die Verantwortung für das Entladen des U-Bootes übertragen. Dahinter stand die vernünftige Überlegung, wenn es versteckt angebrachte Sprengladungen im Boot gab, dann würden die deutschen Seeleute ihren Anbringungsort vorher verraten, ehe sie selbst in die Luft flögen.[47/47a]

Das Werftpersonal riskierte es, einiges aus der Ladung wegen der gewaltigen Größe des Unterseebootes und der Kompliziertheit der Verpackung nicht zu beachten. In dieser Hinsicht zeigten die Gefangenen den ernsthaften Wunsch zur Zusammenarbeit. Erich Menzel teilte den Vernehmungsoffizieren von ONI die genaue Örtlichkeit mit, an der sich an Bord sein persönlicher und militärischer Besitz befanden. Dieser war zusammen mit jenem von Keßler und v. Sandrart in den mittschiffs gelegenen Minenschächten untergebracht, und zwar in zwei der hinteren. Diese Entdeckung ließ das Ausmaß erkennen, bis zu welchem die deutschen Seeleute auch die winzigsten Räume und Ecken an Bord von *U 234* als Stauraum genutzt hatten – wertvolle Informationen an sich. Menzels Aussagen vermittelten den Offizieren von ONI eine ungefähre Vorstellung, was sie erwarten konnten, in den Laderäumen zu finden. Allein in Menzels Besitz fanden sich »geheime Filmrollen und andere Dokumente«, die sich alle auf Menzels Auftrag bezogen.[48]

Nach Prüfen der vorläufigen nachrichtendienstlichen Auswertung der Fracht von *U 234* übernahm das Marineministerium die Zuständigkeit für die sofortige Durchführung des Entladens. Am 23. Mai wurde Portsmouth angewiesen, sämtliche Dokumente von *U 234* nach Washington zu senden. Außerdem sollte die Fracht in einen sicheren Lagerraum verbracht und eine Bestandsliste an den CNO übersandt werden, nachdem die Gefahr der Sabotage durch Fachleute zur Beseitigung von Sprengladungen gebannt worden war. Nach Prüfung der Bestandsliste erginge Weisung über den weiteren Verbleib sowie auch hinsichtlich »der Überwachung des Zugangs zur…gesamten Fracht auf Grund ihrer wesentlichen Bedeutung für den Pazifischen Krieg«.[49] Da einiges von der Fracht aus Waffensystemen bestand, die den US-Streitkräften nicht bekannt waren, ersuchten die Verantwortlichen in Portsmouth um das Benennen eines Offiziers, der das Entladen der verdächtigen Frachtstücke leiten sollte.

Der Marinenachrichtendienst musste nicht lange suchen. Im Verlaufe seines Verhörs am 27. Mai verriet LtzS. Karl Pfaff, der II.WO, dass er für die Fracht verantwortlich gewesen war und persönlich das Verstauen in den Minenschächten überwacht hatte. Zudem hatte Pfaff die Frachtliste erstellt und kannte daher die einzelnen Frachtstücke, die in jedem Schacht verstaut worden waren. Was ihn betraf, so hatte Pfaff den unbedingten Wunsch zur Zusammenarbeit und vermittelte seinen Vernehmungsoffizieren den Eindruck, dass er »verfügbar und bereit [wäre], das Entladen zu unterstützen,… wenn dies gewünscht« wurde.[50] Als ein Zeichen guten Willens gab Pfaff zur Kenntnis, dass die langen Frachtbehälter horizontal gehandhabt und verstaut worden waren, die kürzeren hingegen senkrecht.

Pfaff kannte nicht nur die Örtlichkeiten des Verstauens der einzelnen Frachtstücke; er wusste weit mehr über die Fracht. So enthüllte er zum Beispiel, dass der einzigartige Charakter der geheimnisvollsten Frachtstücke, das Uranoxid, sich sogar im Erfordernis ihrer Verpackung offenbarte.[51] Dies vertiefte noch die Sorgen bei ONI; denn 1945 wussten nur wenige Militärs etwas über die Existenz von Uranoxid, und diejenigen, die etwas wussten, waren von ihm eingeschüchtert und von Unsicherheit erfüllt, welche physikalisch/chemischen Eigenschaften das Erz haben könnte. Folglich bot ONI somit Pfaff einen persönlichen Anreiz für seine Zusammenarbeit beim Entladen und Identifizieren der Frachtstücke an, dem der junge deutsche Offizier rasch zustimmte.[52]

Gemäß Pfaff befand sich das Uranoxid in Behältern mit einem goldenen Rand, die »wie nicht verarbeitetes TNT« gehandhabt werden konnten, so lange sie verschlossen blieben. Nach Pfaffs Anweisungen wurden die gekennzeichneten Behälter durch einen Ladebaum sorgfältig aus ihren Schächten gehoben, in einem abgegrenzten Bereich des Hafens abgestellt und zum Transport gesichert. Um festzustellen, welche Behälter das Erz enthielten, traf eine Anzahl Wissenschaftler ein, um sie mit Geigerzählern zu untersuchen. Die Behälter waren jedoch alle mit Spuren radioaktiver Strahlung kontaminiert. Dies hatte zur Folge, dass die genaue Örtlichkeit nicht festgestellt werden konnte.[53] Pfaff verlieh den Vorgängen einen weiteren unheilvollen Anschein, indem er warnte, dass die Behälter mit dem Uranoxid »nicht geöffnet werden sollten, da [der] Inhalt empfindlich und gefährlich reagieren wird«, eine Erklärung, die Portsmouth veranlasste, das Marineministerium zu verständigen und anzufragen, ob die fraglichen Behälter in Portsmouth geöffnet oder nach Washington transportiert werden sollten. Nach Ansicht von Portsmouth »sollte Pfaff auf jeden Fall zur Verfügung stehen, [wenn] die Behälter geöffnet werden«.[54]

Der Inhalt der Minenschächte erklärte die Anwesenheit von General Keßler und der zivilen Techniker an Bord des Unterseebootes. Cdr. Alexander Moffat, der diese Phase des Entladens von *U 234* überwachte, berichtete, dass die Minenschächte Zeichnungen und Blaupausen für »die Fertigung einiger der wirksamsten deutschen Waffen, darunter für die Flugkörper V 1 und V 2, sowie auch einen zerlegten Düsenjäger Me 262« enthielten.[55] Die sorgfältig erstellte Frachtliste des Unterseebootes umfasste nach Moffats Beobachtungen Einträge von Dokumenten einschließlich der Zeichnungen und Blaupausen für ein dreimotoriges Junkers-Flugzeug und für den Raketenjäger Me 163, ferner Messgeräte und Instrumente für Flugzeuge, eine Höhendruckkabine für Piloten, verschiedene Funkgeräte und andere elektronische Geräte sowie Waffen, wie zum Beispiel einen neuen Abstandszünder für Flakraketen und die »Panzerfaust« zur Panzerabwehr.[56] Als die Suche in die inneren Bereiche des Bootes weiter fortschritt, offenbarte die Öffnung im Bootskörper, dass sich Quecksilber und Blei im Wert von annähernd 5 Millionen Dollar, die in Japan zur Herstellung bestimmter Legierungen dringend gebraucht wurden, in den Kielräumen befanden und als Ballast dienten.[57]

Die Frachtstücke von unmittelbarstem Interesse an Bord von *U 234* waren die Flugzeuge und die luftfahrttechnischen Beigaben. Als die Arbeitskommandos der Marine den Inhalt der Behälter in die Bestandsliste aufnahmen, die für den Luftfahrtingenieur Dr.--Ing. August Bringewald und den Techniker Franz Ruf von der Messerschmitt A.G. bestimmt waren, entdeckten sie die folgende Fracht:

- ein Jagdbomber Me 262 mit zwei Turbostrahltriebwerken (elf Lattenkisten),
- ein Abfangjäger Me 163 mit einem Raketentriebwerk (zwei Lattenkisten) und

- eine einmotorige Me 309, ein Hochleistungs-Jagdeinsitzer (zwei Lattenkisten), vollständig mit einem Satz Tragflächen-Entwicklungszeichnungen.

Zusätzlich zu den Flugzeugen fanden die untersuchenden Offiziere auch

- eine zerlegte Höhendruckkabine für das entwickelte Höhenflugzeug Hs 130 (eine Lattenkiste),
- drei vollständige Turbostrahltriebwerke: Das Triebwerk vom italienischen Typ Isotta Fraschini sowie die Triebwerke BMW 109-003 A und Jumo 109-004 (drei Lattenkisten) sowie
- Pläne und Zeichnungen für die Me 209, ein Hochgeschwindigkeits-Jagdeinsitzer, für die Me 210, ein zweimotoriger schwerer Jäger (Zerstörer), und für die Ju 88, ein zweimotoriger Sturzflugbomber (in insgesamt vier Lattenkisten).[58]

Die Techniker von Messerschmitt hatten eine Tabelle mit Querverweisen für die in die standardmäßige Luftwaffenbenennung umgewandelten Entwurfsbezeichnungen von Messerschmitt sowie auch alle erforderlichen Werkzeuge und Bohrschablonen dabei, um die Herstellung der Maschinen für die Serienfertigung zu unterstützen.[59] In einem der wenigen für Shoji bestimmten Frachtstücken, die nicht mit ihm zusammen der See übergeben worden waren, entdeckten die untersuchenden Offiziere Prüfungs- und Handbücher für die Me 163. Ein weiteres Frachtstück enthielt Blaupausen für die Me 262, Fotografien von Bauteilen des Jagdeinsitzers Me 109 sowie besonders ausgewählte Teile verschiedener Focke-Wulf-Flugzeuge.[60] Ohne jeden Zweifel sollte der Teil der Fracht von *U 234*, der aus diesen luftfahrttechnischen Wundergaben aus Deutschland bestand, für die Zukunft der amerikanischen Luftfahrt einen unschätzbaren Wert darstellen.

Nachdem die gesamte luftfahrttechnische Fracht von *U 234* ausgepackt und in Bestandslisten erfasst war, wurde der größte Teil davon schließlich zur Erprobungsstelle der US-Heeresluftwaffe (AAF) Wright Field in Dayton/Ohio gesandt. Obwohl die Verantwortlichen der Marine die Flugzeuge Me 262 und Me 163 unmittelbar der AAF übergaben, sträubten sie sich, den Rest ihrer Kriegsbeute der rivalisierenden Teilstreitkraft auch noch zu übergeben und hielten ihn zurück, damit ihn die zuständigen Stellen der Marineluftwaffe ausbeuten konnten. Wiederholte Ersuchen von Wright Field erreichten wenig, um der Marine eine Zusammenarbeit zu entlocken. Sie wurden schließlich direkt an Col. Russell H. Sweet gerichtet, den Leiter der Abteilung für Kriegsgefangene und erbeutetes Material *(Captured Personnel and Material Branch)* im Heeresministerium. Daraufhin informierte Sweet den Direktor des Marinenachrichtendienstes, dass das Referat »Nachrichtendienst« der AAF ein »außerordentlich großes Interesse, betreffend Dokumente und Material aus der Fracht von *U 234*,« zum Ausdruck gebracht hätte. Dies hatte zur Folge, dass Capt. John Riheldaffer von ONI dem Heeresministerium eine Liste der Gegenstände präsentierte, die ohne weitere Verzögerung nach Wright Field gesandt wurden. Zusätzlich zu den verschiedenen Plänen, Zeichnungen und Dokumenten, die sich auf annähernd 3000 kg Papier beliefen, wurde die Marine angewiesen, ebenfalls zu übergeben

- die Höhendruckkabine für die Henschel Hs 130,
- 3 ts Einspritzpumpen für Flugzeuge,
- eine Selbststeuerungsanlage (Autopilot),

- Bord-Feuerleitrechner für Flugzeuge,
- drei Bombenzielgeräte Lorenz 7 H 2,
- verschiedene Funk- und Funkmessgeräte für den Bordbetrieb sowie
- 11,3 kg Bombenzünder.

Wie zu erwarten war, protestierten die Verantwortlichen von ONI heftig gegen diesen Befehl. Die Weisung von Sweet beruhigte sie jedoch einigermaßen, wonach sie alle Originale im Falle von Mehrfachfertigungen der Dokumente behalten konnten, während sie im Falle von Duplikaten bei technischen Geräten bzw. Teilen nur die Hälfte von der Gesamtanzahl an die AAF zu übergeben hatten.[61]

Infolge des Interesses der Marine an den deutschen Erfindungen auf den Gebieten des Turbostrahl- und des Raketenantriebs veranlasste Capt. Gerald Phelan, USN, vom Technisch-Nachrichtendienstlichen Zentrum *(Technical Intelligence Center)* der Marine, dass der Marinenachrichtendienst (ONI) eine gewisse Kontrolle über die Verteilung der Fracht von *U 234* ausüben sollte. Insbesondere veranlasste er, dass ONI »die Zuständigkeit für Verwaltung, Überprüfung und Verteilung allen ... Materials, das aus der Fracht von *U 234* stammt, übernehmen [sollte] .... Kein Material irgendwelcher Art ist für irgendeine andere Tätigkeit ohne ausdrückliche schriftliche Erlaubnis [von ONI] zu übergeben.« Phelan anerkannte, dass infolge einer Vereinbarung mit der AAF einiges vorgesehene Material an Wright Field übergeben werden sollte, aber er hielt alle Pläne und Blaupausen zurück, die den Abfangjäger Me 163 betrafen. In Kenntnis der Tatsache, dass er wegen dieser Verletzung von Sweets Weisung eine Aufforderung erhalten würde, verfügte Phelan, dass alle die Me 163 betreffenden Unterlagen an die Erprobungsstelle der Marineluftwaffe in Patuxent River/Maryland zu übergeben waren. Dort sollte später entschieden werden, welche Kopien an Wright Field geschickt wurden.[62] In Wirklichkeit grenzte die Kontroverse um die Verwaltung der luftfahrttechnischen Bestände aus der Fracht von *U 234* zuweilen ans Lächerliche. Sie dienten jedoch als ein weiterer Katalysator in einer zunehmend ernsthaften und möglicherweise Schaden verursachenden Rivalität zwischen Marine und Luftwaffe, die noch keine selbständige Teilstreitkraft darstellte.

Die für das Entladen von *U 234* zuständigen Verantwortlichen der Marine in Portsmouth waren auch über die Risiken beunruhigt, die das Ausräumen der gefährlichen Fracht aus dem Unterseeboot bedeutete. Menzel schwächte diese Befürchtungen etwas ab, indem er darauf hinwies, dass Fehler und Pfaff am besten über den Frachtraum Bescheid wüssten und sowohl bei der Identifizierung der verschiedenen Frachtstücke als auch bei ihrem sicheren Entladen eine »große Hilfe« sein könnten. Diese Information bedeutete für die untersuchenden Offiziere von ONI eine große Beruhigung. Ihre ständige Furcht vor Sabotage durch versteckte Sprengladungen hatte sich durch die Besorgnis bezüglich der Gefahren verschlimmert, die sich aus der Fracht ergaben. Menzel hatte sie zum Beispiel vor einem Behälter gewarnt, der zu Dr.-Ing. Heinz Schlicke gehörte und Infrarot-Abstandszünder enthielt, die »mit äußerster Sorgfalt behandelt werden müssen, da sie explodieren könnten«.[63] Schlicke wurde zur Mitarbeit gewonnen, um beim Ausladen dieser Zünder Unterstützung zu gewähren. Später nahmen ihn die Lts.(jg) H.E. Morgan und F.M. Abbott sowie Ens. F.L. Granger in ihre Obhut und brachten ihn ins

Marinewaffenamt *(Bureau of Ordnance)*, um »Kenntnis von bestimmten Einstellungen der Infrarot-Abstandszünder zu erlangen, [die] für BuOrd wichtig [waren]«.[64]

Während die Vernehmungsoffiziere von ONI kaum Probleme hatten, die deutschen Gefangenen zur Zusammenarbeit zu bewegen, erlebten sie einige Schwierigkeiten mit dem amerikanischen Marinepersonal in Portsmouth. Der Vernehmungsoffizier Jack Alberti zitierte Probleme mit den Mannschaften an Bord von *U 234* und beschwerte sich, dass »zu verschiedenen Zeiten … Mannschaften der US-Marine während des Dienstes auf *U 234* schlafend in den Kojen vorgefunden« wurden. Eine genauere Überprüfung der Missetäter offenbarte, dass die Mehrheit von ihnen betrunken war, und weitere Nachforschungen versetzten Alberti in die Lage zu berichten, dass »es einen gewissen Alkoholgenuss durch Personal der USN auch an Bord von *U 873* und *U 1228* gegeben hat, aber nirgends annähernd in dem Ausmaß, wie er auf *U 234* stattfand«. Hinsichtlich der Frage, wie die Seeleute in einer derart von der Überwachung der Sicherheit geprägten Umgebung Zugang zu Alkohol gefunden hatten, lieferte Fehler die Antwort. *U 234* hatte ursprünglich rund 900 Flaschen Spirituosen mitgeführt, von denen nur ein Teil, wie eine spätere Bestandsliste offenbarte, »bis zu diesem Zeitpunkt gefunden und von Bord gebracht worden ist«[65]

Zur Bewertung der Ausrüstung an Bord von *U 234* entsandte Untersuchungsoffiziere erkannten »eine starke Voreingenommenheit« gegen das Handeln »auf Grund von Anweisungen oder Vorschlägen, die von Deutschen kamen« und die als Berater an Bord des Unterseebootes behalten worden waren. Am Abend des 19. Mai teilte Kptlt.(Ing.) Horst Ernst, der LI von *U 234*, einem Offizier des diensthabenden Arbeitskommandos das Vorhandensein von fünf scharfen Torpedogefechtsköpfen mit. Der Offizier ignorierte diese Warnung. Am nächsten Morgen wiederholte der Leitende Ingenieur die Warnung gegenüber Lieutenant-Commander Knerr vom ONI, der sich auf die Suche nach dem diensthabenden Sperrwaffenoffizier *(Mine-Disposal Officer)* begab, ohne den Knerr die Gefechtspistolen nicht entfernen konnte. Nachdem er einen vollen Tag lang vergeblich versucht hatte, diesen Offizier ausfindig zu machen, und hinsichtlich der Sicherheit der scharfen Pistolen zunehmend besorgter wurde, ersuchte Knerr um die Erlaubnis, die Pistolen mit Unterstützung des deutschen Torpedomechanikers von *U 234* zu entfernen. Doch diese Erlaubnis wurde ihm verweigert. Am 21. Mai handelte schließlich ein entnervter Knerr gegen die Einhaltung des Dienstweges und wandte sich direkt an Rear-Admiral Winters, der die sofortige Entfernung der Gefechtspistolen befahl, ganz gleich, wer zur Unterstützung zur Verfügung stand.[66]

Amerikanisches Misstrauen gegen gut gemeinte deutsche Ratschläge erschwerte auch den Versuch, die einzelnen Behältnisse aus den Minenschächten zu entfernen. Infolge der großen Menge des für Japan bestimmten Materials waren die Frachträume an Bord von *U 234* über ihre Kapazität hinaus voll gestopft. Jeder der vorderen Minenschächte, vorgesehen zum Mitführen von 4 t Fracht, hatte in Wirklichkeit 7 t zum Inhalt und auch die mittschiffs an Backbord und Steuerbord gelegenen Minenschächte waren statt der vorgesehenen 2,5 t mit 4 t Fracht angefüllt.

Um den Zugang zu diesen Räumen zu erleichtern, empfahl Ernst, den Treibstoff des Unterseebootes abzupumpen. Dadurch käme das Boot höher aus dem Wasser und der

Zugang zu den vorher unter Wasser befindlichen und von Hand zu bedienenden Haltern läge ausreichend frei, um den Arbeitskommandos zu ermöglichen, jeden Behälter einzeln zu entfernen. Ernst warnte sie jedoch, dass es schwierig wäre, diese Halter ausfindig zu machen und genau zu bedienen; denn ein Seemann, der blind nach ihnen tastete, so lange sie sich unter Wasser befänden, könnte stattdessen den außen gelegenen Abzugshebel auslösen, der alle Behälter aus dem Boden des Unterseebootes und damit auf den Grund des Hafens von Portsmouth schießen würde. Doch der Aufsichtführende der Werft, ein Captain Dudley, erklärte »sehr nachdrücklich«, dass er keine Notwendigkeit sehe, den Treibstoff des Unterseebootes vorher abzupumpen, und daher nicht beabsichtige, dies zu tun. Außerdem, so erklärte Dudley, hätte seine persönliche Überprüfung der Schächte keinen Grund ergeben, warum sie nicht geleert werden könnten. Falls der Zugang zu den von Hand zu bedienenden Haltern erforderlich wäre, würde er »einen mit einem Taucherhelm ausgerüsteten Mann einsetzen«.[67] Jedoch ein frustrierter ONI-Offizier fegte Dudleys Einwände beiseite und am 28. Mai forderte der Planungsoffizier der Werft, das Entladekommando brauche für den U-Bootstyp X B die Angaben über Tiefgang, Trimm und Stabilität, da das Boot bereits um schätzungsweise 60 ts Fracht und 60 ts Wasserballast erleichtert worden sei und zusätzlich um 400 ts Treiböl erleichtert werden sollte.[68] Es ist offenkundig, wie Hirschfeld mehrfach beobachtete, dass das Marinepersonal der Werft in Portsmouth ein Opfer des amerikanischen Propagandafeldzuges gegen die Deutschen geworden war – die deutschen Ratschläge einfach ignorierend, die für die Fortsetzung der eigenen Kriegsanstrengungen von Nutzen gewesen wären.[68a]

* * *

Bis zur Beendigung des Entladens verblieb *U 234* isoliert im gefluteten Trockendock, während das Marinepersonal das Boot ausräumte. Am 23. Mai gab Washington den Verantwortlichen in Portsmouth die Erlaubnis, »die technischen Einrichtungen auf den deutschen U-Booten in Portsmouth auszuschlachten, um ein [amerikanisches] Unterseeboot für Versuchszwecke auszustatten«.[69] Lee A. White, der in den Hafenanlagen von Portsmouth arbeitete, erinnerte sich, dass *U 234* »das erste deutsche Unterseeboot war, mit dem sie anfingen«.[70] Amerikanische Marineingenieure brachten die nächsten beiden Jahre damit zu, das Boot auseinander zu nehmen und jedes technische Detail zu verzeichnen. Eine der wertvollsten technischen Besonderheiten von *U 234* war sein Luftmast: Der »Schnorchel«.

Da die Fähigkeit des Schnorchels einem Unterseeboot gestattete, mit den Dieselmotoren getaucht zu fahren, um auf diese Weise die geräuschärmeren E-Motoren erst dann einzusetzen, wenn einem gegnerischen Angriff ausgewichen werden sollte, waren die amerikanischen Marineingenieure bestrebt, den deutschen Schnorchel in amerikanischen Unterseebooten zu verwenden. Doch zwischen den amerikanischen und den deutschen U-Booten gab es große Konstruktionsunterschiede, so dass detaillierte Zeichnungen für den »Entwurf einer ähnlichen Ausrüstung für US-Unterseeboote« erforderlich sein würden.[71] Erneut bot Pfaff seine Hilfe an. Während seines Aufenthaltes in Fort Meade hatte Pfaff nicht nur eine ins Einzelne gehende Beschreibung in physikalischer und betriebstechnischer Hinsicht verfasst, sondern den Vernehmungsoffizieren auch untertitelte Zeichnungen von der Schnorchelanlage auf *U 234* geliefert, die als repräsentativ für den jüngsten deutschen Entwurf galt. Nachdem die Arbeitstrupps der Werft die Anlage ausgebaut hatten, brauchten die Marineingenieure daher nur noch eine Übersetzung von Pfaffs Dokument, um den Schnorchel von *U 234* an seinem neuen Standort auf einem amerikanischen Unterseeboot einzubauen.[72]

* * *

Der anhaltende Widerstand der Japaner hatte im Juni 1945 die amerikanischen Kriegsplaner veranlasst, mit der Ausarbeitung eines Plans für die Invasion der Inseln des japanischen Mutterlandes zu beginnen. Infolgedessen war jeder potenzielle Fortschritt in der japanischen Waffentechnik Ursache für große Besorgnis. Daher prüften die amerikanischen Vernehmungsoffiziere den Inhalt der Fracht von *U 234* sorgfältig und ein Schwerpunkt ihrer Verhöre galt dem, was die Offiziere und Passagiere von *U 234* über folgende Bereiche wussten:

– die japanische Beschaffung der neuen deutschen Jagdflugzeuge wie dem Düsenjäger Me 262 und dem Raketenjäger Me 163,
– die japanischen Absichten in Bezug auf die V-2-Rakete,
– die japanischen Luftabwehrmaßnahmen einschließlich Funkmessgeräte und Forschung sowie
– natürlich das Uranoxid.

Die Passagiere und die Fracht von *U 234* gewannen eine neue Bedeutung, als die Vernehmungsoffiziere versuchten, den gegenwärtigen Stand der japanischen Waffenproduktion aufzudecken und zu erfahren, wie sie das Unternehmen von *U 234* hätte steigern können. Die Dokumente, Zeichnungen, Pläne und Waffensysteme waren allein schon alarmierend genug, aber die Anwesenheit von Personen an Bord des U-Bootes mit spezialisierten technischen Fachkenntnissen ließ die beunruhigende Möglichkeit aufkommen, dass die Fähigkeit Japans, sich eine derartige Technik zunutze zu machen, von einer potentiellen Bedrohung zu einer operativen Gefahr geworden sein könnte.

Germaniawerft Kiel, 23. Dezember 1943: Stapellauf von *U 234*, ein Minenunterseeboot vom Typ X B. Der Gerüstaufbau diente der Tarnung gegen Fliegersicht. Das Boot verdrängte über Wasser 1763 t und unter Wasser 2177 t. Es war 89,80 m lang, 9,20 breit und erreichte eine Höchstgeschwindigkeit von 17 kn über und 7 kn unter Wasser. Seine Seeausdauer betrug 18.450 sm bei 10 kn. An Bewaffnung führte *U 234* ein 3,7-cm-Fla-Geschütz in Einzellafette sowie vier 2-cm-Fla-Geschütze (Vierlingsflak) in zwei Doppellafetten. Im Normalfall gehörten fünf Offiziere und 47 Mannschaften zu seiner Besatzung. *U-Boot-Archiv*

Kapitänleutnant Johann Heinrich Fehler. Neben dem Eisernen Kreuz I. und II. Klasse sind an Auszeichnungen das Deutsche Kreuz in Gold (linke Brustseite) sowie unterhalb des EK I das seltene Kriegsabzeichen für Hilfskreuzer zu erkennen, das der Oberbefehlshaber der Kriegsmarine am 24. April 1941 gestiftet hatte. Heinrich Fehler erhielt diese Auszeichnung für seine Tätigkeit als der für Sprengladungen und Seeminen zuständige Offizier auf dem Hilfskreuzer ATLANTIS unter KptzS. Bernhard Rogge. Der legendäre Kaperfahrer brachte von März 1940 bis November 1941 22 alliierte Handelsschiffe mit insgesamt 145.698 BRT auf bzw. versenkte sie. *U-Boot-Archiv*

Indienststellung von *U 234* am 2. März 1944: »Heißt Flagge und Wimpel!« Mit dem förmlichen Setzen der Kriegsflagge und des Kommandantenwimpels ging das U-Boot – nunmehr ein Kriegsschiff – aus dem Eigentum der Werft in das der Kriegsmarine über. Auf den Turmaufbauten sind die Fla-Waffen zu erkennen. *U-Boot-Archiv*

Die Offiziere im Dienstanzug mit Schärpe und Dolch sowie vorschriftsmäßig geschlossenem Mantel (von links nach rechts): LtzS. Karl Ernst Pfaff, ObltzS. Albert Klingenberg (am 1. April 1945 durch Kptlt. Richard Bulla als I WO ersetzt), Kptlt. Fehler, Kptlt.(Ing.) Horst Ernst und ObltzS. Günter Pagenstecher. *U-Boot-Archiv*

Offiziere und Mannschaften von *U 234* am Tag der Indienststellung. *U-Boot-Archiv*

Johann Fehler und seine Frau Lieselotte bei der Indienststellungsfeier von *U 234*. *U-Boot-Archiv*

Kapitänleutnant Fehler stellt *U 234* vor der angetretenen Besatzung in Dienst. *U-Boot-Archiv*

Oberleutnant Erich Menzel in der Uniform der Luftwaffe.
Erich Menzel

Marinebaurat Dr.-Ing. Heinz Schlicke.
Heinz Schlicke

Leutnant zur See Karl Pfaff in amüsanter Pose. *U-Boot-Archiv*

LtzS. Karl Pfaff (Mitte) mit zwei nicht identifizierten Angehörigen des Marinesonderdienstes bei einem offiziellen Essen nach einer früheren Unternehmung von *U 234*.*U-Boot-Archiv*

U 234 nach der Übergabe auf dem Marsch nach Portsmouth/N.H. Im Vordergrund die drohend auf das U-Boot gerichteten Geschütze des Geleitzerstörers USS SUTTON (DE-771). *U-Boot-Archiv*

Marinesoldaten der USS SUTTON durchsuchen die an Bord des Zerstörers gebrachten Besatzungsangehörigen von *U 234*. War die Behandlung an Bord der SUTTON noch fair, wurden viele Besatzungsangehörige von *U 234* nach Übernahme durch die ARGO und später an Land in amerikanischen Gefängnissen geschlagen und übel misshandelt. *U-Boot-Archiv*

Oberstleutnant Fritz v. Sandrart geht an Bord der USS SUTTON. *U-Boot-Archiv*

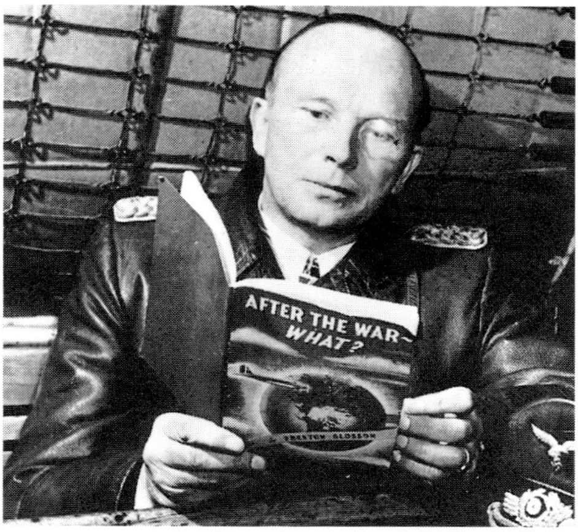

General der Flieger Ulrich Keßler studiert in Portsmouth eine »zukunftsweisende« Broschüre amerikanischer Provenienz. *Archives and Special Collections, University of New Hampshire*

An Bord der USS SUTTON (von links nach rechts): Geschwaderrichter Kay Nieschling, Franz Ruf, ObltzS. Heinrich Hellendorn, General Ulrich Keßler und Oberstlt. Fritz v. Sandrart (mit Zigarre). *U-Boot-Archiv*

Schlepper der US-Marine eskortieren *U 234* in den Hafen von Portsmouth/N.H. *Mrs. Edward Pauls*

Die an Bord der ARGO, eines Kutters der US-Küstenwache, angetretene Besatzung von *U 234*. Links im Vordergrund Wasserbomben in ihren Ablaufgestellen. *Mrs. Edward Pauls*

Dr.-Ing. August Bringewald geht in Portsmouth von Bord der USCG ARGO. *U-Boot-Archiv*

»Geh' zur Hölle, runter von meinem Schiff!«, flucht Lt. Charles Winslow, der Kommandant der USCG ARGO (Mitte mit Klemmbrett), im Zuge seiner Show für die anwesenden Pressevertreter, während Kptlt. Fehler von Bord geht. *Mrs. Edward Pauls*

Eine der Frachttuben wird aus den vorderen Minenschächten gehoben. Nach Berichten war die Uranoxid-Fracht von *U 234* in einem der sechs vorderen Minenschächte verstaut.
National Archives, Northeast Region, Waltham/Mass.

U 234 nach dem Festmachen in Portsmouth. Der herausstehende Bereich im Vorschiff sowie die kreisrunden Öffnungen mittschiffs beiderseits des Turm sind die Minenschächte.
National Archives, Northeast Region, Waltham/Mass.

U 234 offensichtlich während der Untersuchung und Erprobung durch Fachpersonal der US-Marine. Die Waffen sind bereits ausgebaut und der Mast der Schnorchel-Anlage befindet sich in aufgerichteter Position. *Archives and Special Collections, University of New Hampshire*

20. November 1947 im Atlantik vor Provincetown/Mass.: Der letzte Augenblick von *U 234*. Torpedos des Unterseebootes USS GREENFISH (SS-351) detonieren mittschiffs und das deutsche Unterseeboot gleitet in die Tiefe. *Mrs. Edward Pauls*

Dieses Gruppenfoto entstand 1984 beim Treffen der ehemaligen Besatzung von *U 234*.
Die Aufnahme zeigt (jeweils von links nach rechts):
Vorn: Horst Ernst, Heinrich Fehler, Dr. Franz Walter.
Zweite Reihe: Fritz Möstl, Georg Lühmann, Herbert Jasper, Kurt Pagel, Franz Wiedenhöft, Helmut Hauthal, Paul Kegel, Wolfgang Hirschfeld.
Dritte Reihe: Lothar Winter, Helmut Richter, Herbert Rauhe, Otto Distler, Otto Engelhardt, Heinrich Hellendorn.
Hinten: Hubert Lehrmann, Ernst Steffen, Siegfried Schramm, Rolf Bender, Werner Wintermeyer, Günter Walter, Werner Bachmann, Erich Menzel. *U-Boot-Archiv*

Teil 2

Die Neue Welt

»Meine U-Boot-Männer!
Sechs Jahre U-Boot-Krieg liegen hinter uns. Ihr habt gekämpft wie die Löwen. Eine erdrückende Materialübermacht hat uns auf engstem Raum zusammengedrängt. Von der verbleibenden Basis aus ist eine Fortsetzung des Kampfes nicht mehr möglich.
U-Boot-Männer! Ungebrochen und makellos legt ihr nach einem Heldenkampf ohnegleichen die Waffen nieder. Wir gedenken in Ehrfurcht unserer gefallenen Kameraden, die ihre Treue zu Führer und Vaterland mit dem Tod besiegelten.
Kameraden! Bewahrt euch euren tapferen U-Boot-Geist, mit dem ihr lange Jahre hindurch tapfer und unbeirrt gekämpft habt, auch in Zukunft zum Besten unseres Vaterlandes. Es lebe Deutschland!
Euer Großadmiral«

Großadmiral Karl Dönitz,
Funkspruch vom 5. Mai 1945, 15.14 Uhr

5. Kapitel

Der General

Die Durchführung des diplomatischen, militärischen und technischen Auftrags von *U 234* oblag dem General der Flieger Ulrich Keßler, der mit dem U-Boot nach Japan reiste, um eine zweifache Aufgabe zu übernehmen: Luftwaffenattaché (eigentlich Luftattaché) an der Deutschen Botschaft in Tokio und Chef des Luftwaffen-Verbindungsstabes.[1] Keßler war den Alliierten kein Fremder; nachrichtendienstliche Beurteilungen bewerteten seine Bedeutung in deutschen militärischen und diplomatischen Kreisen als beträchtlich und erachteten daher eine Überwachung seiner Aktivitäten als erforderlich. Im April 1945 fing der amerikanische Marinenachrichtendienst einen japanischen Funkspruch im Diplomatenkode ab. Seine Entzifferung ergab, dass Keßler an Bord eines deutschen U-Bootes unterwegs nach Japan war, obwohl erste Zusammenfassungen nicht erkennen ließen, an Bord welchen Unterseebootes er reiste.[2] Den Alliierten kam Keßlers Anwesenheit unter den Passagieren von *U 234* deshalb nicht völlig unerwartet.

Ulrich Keßler war ein Westpreuße, geboren 1894 in Danzig. Trotz häufiger Umzüge seiner Eltern zeichnete er sich während des Besuchs der Volksschule wie auch des Gymnasiums aus. So besuchte er in seinen Schuljahren die Volksschule im westpreußischen Zoppot, im thüringischen Saalfeld und im westpreußischen Thorn. In Thorn kam er auch auf das Humanistische Gymnasium, dem sich der Besuch des Prinz-Heinrich-Gymnasiums in Berlin anschloss und das er 1913 mit dem Abitur verließ. Doch das Studium an einer Universität lockte ihn nicht, während sich über den Grenzen in Mitteleuropa dunkle Wolken zusammenzogen.

Als 1914 der Erste Weltkrieg ausbrach, befand sich Keßler wie die meisten deutschen Jugendlichen beim Militär. Seltsamerweise hatte der General der Flieger Keßler seine militärische Laufbahn 1913 nach dem Schulbesuch in der Kaiserlich Deutschen Marine begonnen, wobei er einen Teil seiner Offiziersausbildung auf dem Seekadettenschulschiff SMS HERTHA, einem Großen Kreuzer, während einer Reise in norwegische Gewässer erhielt. Nach dem Abschluss seiner Ausbildung zum Offizier an der Marineschule Mürwik absolvierte er einen zusätzlichen Lehrgang auf dem Gebiet der Funkentelegrafie und kam zur Marinefunkstation Neumünster i.H. Dort gab es auch Anfänge einer deutschen Funkaufklärung. Im November erhielt er sein erstes Bordkommando auf dem Panzerkreuzer SMS FRIEDRICH CARL, der zu den Ostseestreitkräften gehörte und bereits am 17. November 1914 durch einen Minentreffer vor Memel sank. Spätere Kommandierungen führten ihn auf das ältere Linienschiff SMS WITTELSBACH, einem *Vordreadnought,* und auf den Kleinen Kreuzer SMS LÜBECK, der am 13. Januar 1916 in der mittleren Ostsee einen schweren Minentreffer erhielt, wobei Keßler verwundet wurde. Nachdem er zum zweiten Mal dem Tod auf See entgangen war, übte er für den Rest des Krieges kein weiteres Bordkommando aus.[3]

Stattdessen verbrachte Keßler die letzten Kriegsjahre als Marineflieger. Nach seiner Genesung begann er im Sommer 1916 mit der Grundausbildung auf Seeflugzeugen und hatte sich bis zum Dezember als Flugzeugführer und Beobachter in der II. Seefliegerabteilung qualifiziert. Im Verlaufe von Einsätzen über der Nordsee von der deutschen Küste und von Flandern aus gewann der Leutnant zur See Kampferfahrung. Ende 1917 übernahm Keßler die Führung einer Seefrontstaffel, ein Posten, den er bis Kriegsende behielt. Der Eintritt des Friedenszustandes führte zu seiner Entlassung aus der Marine, und so entschied er sich zur Aufnahme eines Studiums.

Ulrich Keßler fing an, an der Friedrich-Wilhelm-Univerität in Berlin Staatswissenschaft und Jura zu studieren. Später schloss er sich wie viele seiner Kriegskameraden einem der Freikorps an, die gegen die kommunistischen Aufstände zum Einsatz kamen, und diente in einem Bataillon als Offizier.[3a] Nach der Auflösung der Freikorps trat er in die inzwischen geschaffene Reichsmarine ein und gehörte einige Zeit zum Kommando der Marinestation der Nordsee. 1923 machte Keßler zum ersten Mal als Militärtheoretiker mit der Veröffentlichung von zwei Aufsätzen auf sich aufmerksam: »Ist die Organisation der Luftwaffe als dritte selbständige Teilstreitkraft gerechtfertigt?« und »Die Heeresführung der Entente im Weltkriege«. Ende August erhielt der Oberleutnant zur See für die nächsten beiden Jahre eine Kommandierung auf ein Torpedoboot der 2. Torpedobootsflottille bei den Seestreitkräften der Nordsee. Danach erfolgte 1925 seine Versetzung auf den Kleinen Kreuzer HAMBURG als Adjutant. Am 14. Februar 1926 verließ der Schulkreuzer HAMBURG, der zur Inspektion des Bildungswesens der Marine gehörte, Wilhelmshaven zu einer 13-monatigen Erdumsegelung. Im Verlaufe dieser Ausbildungsreise passierte die HAMBURG den Panama-Kanal, lief Häfen wie San Francisco, Honolulu, Manila und Colombo an und kehrte über den Suez-Kanal und Vigo am 20. März 1927 nach Wilhelmshaven zurück.[4]

Nach seiner Rückkehr nahm Kptlt. Ulrich Keßler ab 1927 in der Seetransportabteilung – Referat 1 (FKpt. Rudolf Lahs) bzw. der späteren Gruppe BS-X – der Marineleitung an den geheimen Vorarbeiten für eine zukünftige Marineluftwaffe teil. Er erhielt die Leitung des Ausbildungsreferats. Später wurde Keßler als Lehrer in der Offiziersausbildung an die Marineschule Mürwik versetzt. 1931 kam Keßler zum Flottenstab und wurde für eine administrative Aufgabe auf das alte Linienschiff HESSEN abkommandiert. Dies war zugleich sein letztes Bordkommando. In Anbetracht seiner Vorbildung und seiner militärstrategischen Veröffentlichungen wurde Keßler 1932 als einer der Vertreter des Deutschen Reiches zur ersten Abrüstungskonferenz des Völkerbundes nach Genf entsandt. Keßler, den zunehmend Besorgnis über das Auftauchen militanter politischer Organisationen in Deutschland erfasste, wurde während seines Aufenthaltes in Genf dem amerikanischen Außenminister Henry Stimson vorgestellt, dem er seine Besorgnisse vortragen konnte. Wie verlautet, äußerte sich Stimson gegenüber Keßler: »Wenn Sie je in Schwierigkeiten sein sollten, lassen Sie mich dies wissen. Ich werde mein Bestes tun, um Ihnen zu helfen.«[5] Dies war ein Versprechen, das Keßler nie vergessen sollte.

Ende 1933 wechselte Keßler von der Reichsmarine in das neu geschaffene Reichsluftfahrtministerium (RLM) nach Berlin über und übernahm eine Position beim Aufbau der Luftwaffe in der Führungsabteilung des künftigen Generalstabes der Luftwaffe. In ihr erhielt er den Dienstgrad eines Oberstleutnants. Im Herbst 1934 wurde er Kommandeur der Fliegerwaffenschule (See) in Warnemünde, gefolgt von einer Verwendung als Verbindungsoffizier an der Wehrmachtsakademie. Zwischen 1936 und 1938 war Oberst Keßler Kommandeur des Kommandos der Küstenflieger auf der Insel Sylt und im Anschluss daran zeitweilig Chef des Stabes beim IV. Fliegerkorps in Westfalen. Nach dessen Auflösung im Sommer 1938 kehrte Keßler in den Generalstab der Luftwaffe zurück, um sich auf seine künftige Stellung als neuer Luftattaché des Deutschen Reiches in Großbritannien vorzubereiten.[6] In diesem Zusammenhang geschah es, dass Keßler zum ersten Mal mit Hermann Göring, dem Oberbefehlshaber der Luftwaffe (ObdL) und späteren Reichsmarschall, in Konflikt geriet.

Am 26. September 1938 rief der ObdL in Berlin Keßler auf dem Höhepunkt der Sudetenkrise zu einer Besprechung zu sich. Im Hinblick auf diese Auseinandersetzung zwischen Deutschland und der Tschechoslowakei hatte Keßler schon zuvor die Auffassung vertreten, dass England bei einer erzwungenen Abtretung des Sudetenlandes mit großer Wahrscheinlichkeit militärisch intervenieren würde, eine Auffassung, die den ObdL verärgerte. Um von Keßler die Versicherung zu erhalten, dass er in Wirklichkeit nicht dieser Ansicht wäre, versuchte Göring in diesem Gespräch Keßler zu Bewusstsein zu bringen, dass er als Generalstabschef der Luftwaffe vorgesehen war, das heißt für eine Aufgabe, in der er voller Zuversicht in einen deutschen Sieg über England zu sein hatte. Von Göring unter Druck gesetzt, sich zu äußern, ob er immer noch glaube, England könnte einen Krieg mit Deutschland gewinnen, zog sich Keßler den Zorn Görings für alle Zeiten zu, als er antwortete: »Ein Krieg gegen eine Seemacht wie England wird immer ein sehr langer Krieg werden und sollte geistig und materiell von langer Hand vorbereitet sein, um mit dem ersten Angriff einen vernichtenden Schlag zu erzielen. Deutschland kann nicht heute sagen, dass ein Krieg mit England vollkommen ausgeschlossen ist, und morgen einen Krieg beginnen, auf den es überhaupt nicht vorbereitet ist.«[7] Nachdem Göring diese Antwort vernommen hatte, erwiderte er: »Gut, dann kann ich Sie nicht brauchen.« Damit war die Besprechung zu Ende. Am 10. Oktober 1938 erhielt Keßler die Mitteilung, dass der ObdL ihn für die vorgesehene Verwendung als Luftattaché nicht mehr für geeignet hielt, da er »in London keinen Offizier gebrauchen [könne], der Minderwertigkeitskomplexe gegenüber Engländern und Amerikanern« hätte.[7a]

Göring verbannte Keßler aus dem Generalstab und ernannte ihn zum Kommodore des Kampfgeschwaders 1, ein Kommando, das Keßler als Führer der Stuka-Staffeln (Junkers Ju 87) nennen sollte, die im September 1939 den Angriff gegen Polen anführten. Doch trotz ihrer Meinungsverschiedenheiten beförderte der Reichsmarschall Keßler zum Generalmajor. Anfang 1940 kam Keßler als Chef des Stabes der Luftflotte

1 nach Berlin und wurde im April zum Chef des Stabes des X. Fliegerkorps ernannt, das für den Einsatz der Luftwaffe im Norwegenfeldzug verantwortlich war. Im Februar 1942 übernahm Generalleutnant Keßler die Dienststelle des *Fliegerführers Atlantik*, die er bis zu ihrer Auflösung im Februar 1944 behielt.[7b] Im März 1944 kehrte Keßler nach Berlin zurück, um sich auf die Übernahme seiner neuen Stellung vorzubereiten: Luftwaffenattaché und Chef des Verbindungsstabes der Luftwaffe in Tokio. Der inzwischen zum General der Flieger Beförderte ging am 15. April 1945 im norwegischen Kristiansand-Süd an Bord von *U 234* zu einer Reise nach Japan, die mit dem Ende des Krieges und der Übergabe des U-Bootes an die US-Marine ein jähes Ende finden sollte.[8]

* * *

Obwohl die vorläufigen Vernehmungen Keßlers seine Kenntnis verschiedener Bereiche der alliierten Besorgnis bestätigten, brachte dieser anfänglich seine Bereitschaft zur Zusammenarbeit mit seinen amerikanischen Bewachern nicht zum Ausdruck. Doch während der Vernehmung am 22. Mai trat bei Keßler eine Sinnesänderung ein und es kam eine Diskussion hinsichtlich der Möglichkeit einer Zusammenarbeit mit ONI in Gang. Infolgedessen fuhren die Offiziere von ONI mit der Vernehmung fort und befragten ihn über Bereiche der deutschen Technik und Strategie, die Nutzbarmachung dieser Technik und Strategie durch die Japaner sowie über die deutschen Techniker und die von den Japanern verwendeten »anderen Fachleute«.[9]

Die Vernehmungsoffiziere des Nachrichtendienstes der US-Marine waren entschlossen, aus Keßler so viel an Informationen wie nur möglich über den Stand der deutschen U-Bootrüstung herauszupressen. Während Heer und Luftwaffe zum Zeitpunkt der Kapitulation der Wehrmacht weitgehend vernichtet worden waren, hatte sich die U-Bootwaffe durch das Potenzial der revolutionären »Elektroboote« der U-Boottypen XXI und XXIII regeneriert und stellte auch Anfang Mai 1945 noch eine beträchtliche Bedrohung dar. Daher bedeutete der Export der deutschen U-Boottechnologie nach Japan eine unmittelbare Gefahr für die US-Marine. Ein Hauptbereich dieser Besorgnis war die angebliche Entwicklung von ballistischen Flugkörpern, die von Unterseebooten abgeschossen werden konnten.[10] Berichte über Unterwasserstarts von Flugkörpern veranlassten ONI, Keßler hinsichtlich der Gerüchte über in Norwegen stationierte U-Boote zu befragen, die imstande sein sollten, in getauchtem Zustand V-2-Raketen abzuschießen.[11] Keßler bestritt die Kenntnis dieser Gerüchte und sagte aus, dass er das Vorhandensein eines solchen Unterseebootes bezweifelte. Er wies darauf hin, dass er vor kurzem zwei Monate in Norwegen verbrachte hatte, um auf den Transport nach Tokio zu warten, und da er sich ständig in der Gesellschaft von U-Bootoffizieren befunden hatte, glaubte er, dass er von einem solchen Waffensystem gehört hätte.[12/12a] Keßler vermutete, dass solche Gerüchte wahrscheinlich durch die Anwesenheit der neuen Unterseeboote vom Typ XXI und XXIII in norwegischen Gewässern ausgelöst worden waren.[12b] Diese modernen Boote waren imstande, Torpedos – auch die neueren Horchtorpedos – aus beträchtlicher Tiefe und mit verbesserter Zielgenauigkeit abzuschießen.[13]

Während des Krieges hatten deutsche U-Bootkommandanten die alliierten Marinenachrichtendienste in Verwirrung versetzt, da sie gegnerische Häfen mieden, die durch ausgedehnte Minensperren gesichert waren. Auf alliierter Seite war dieser Erfolg einer von zwei Möglichkeiten zugeschrieben worden: Entweder hatten die deutschen Kommandanten Kenntnis von der Position und Tiefe der Minensperren oder deutsche Wissenschaftler hatten ein neues Unterwasserhorchgerät entwickelt. Keßler verwarf diese Annahmen, indem er darlegte, dass U-Bootkommandanten hierzu weder einer neuen Technik noch nachrichtendienstlicher Erkenntnisse bedurften. Da sich die alliierten Minensperren in Tiefen zwischen 50 m und 200 m befanden, war für jedes Unterseeboot der Versuch, die Sperre zu untertauchen, mit der Gefahr verbunden, durch den extremen Wasserdruck zerstört zu werden. Daher vermieden die deutschen U-Bootkommandanten Tiefen von mehr als 200 m und konnten somit auch nicht in feindliche Häfen eindringen.[14]

Obwohl Keßlers Erklärungen die Besorgnisse militärischer und ziviler Stellen abschwächte, in deren Verantwortung die Verteidigung der Häfen an der amerikanischen Westküste gegen die Bedrohung durch japanische Unterseeboote lag, beseitigten sie eine kuriose Sorge nicht, die seit Beginn des Krieges die Verantwortlichen der US-Marine beunruhigte. Im Verlaufe des Jahres 1942 hatten die deutschen U-Boote die alliierte Schiff-Fahrt vor der Atlantik- und der Golfküste der Vereinigten Staaten offensichtlich ungestraft angegriffen.[15] Auf Grund dieser Erfolge konnten die amerikanischen Verantwortlichen nicht begreifen, warum Deutschland keinen Versuch unternahm, den strategisch wichtigen Panamakanal zu sperren. Keßler erklärte hierzu, dass er »sicher [ist], daß kein Versuch unternommen worden ist, [in den Kanal] einzudringen«. Jedoch hätten 1943 Keßler und Dönitz tatsächlich einen Plan vorgelegt, der einen Luftangriff auf die Gatun-Schleusen vorsah. Obwohl den Plan Hitler zur Kenntnis erhielt, hätten sie nichts mehr davon gehört. Als Keßler zu einem späteren Zeitpunkt Dönitz auf die Möglichkeit eines U-Bootangriffes auf den Kanal ansprach, hätte der BdU erwidert, ein solcher Angriff könnte erfolgreich verlaufen, aber das U-Boot wäre nicht imstande, in den engen Schleusen zu wenden, um zu entkommen. Keßler hielt diese Erklärung für merkwürdig, weil die deutschen Unterseeboote in der Regel Bug- und Hecktorpedorohre besaßen.[16] Dönitz hätte sich jedoch geweigert, diese Angelegenheit weiter zu diskutieren. Infolgedessen blieb der Panamakanal für die gesamte Dauer des Krieges offen. Obwohl diese Offenbarung der Unentschlossenheit in der höchsten deutschen Militärführung die Vernehmungsoffiziere von ONI faszinierte, gab es dringendere Besorgnisse, auf die Keßler angesprochen werden musste.

Im Frühjahr 1945 betrachteten die Vereinigten Staaten wie auch Japan und Deutschland eine alliierte Invasion der Inseln des japanischen Mutterlandes als eine feststehende Tatsache.[17] Infolgedessen beschloss Japan, alle verfügbaren Waffen einschließlich des Nachschubs seiner eigenen Verteidigung zuzuführen – selbst auf die Gefahr hin, bei diesem Bestreben einige seiner pazifischen Besitzungen aufzugeben.[18] Für den Nachrichtendienst der US-Marine (ONI) stand es daher fest, dass die an Bord von *U 234* befindlichen Waffen, insbesondere die Turbostrahltriebwerks- und V-Waffen-Technik einschließlich der Bauteile, bei der Verteidigung Japans Verwendung finden sollten.

Daher befassten sich die wichtigsten der von Keßler erhaltenen Informationen mit den Fakten, über die er am besten Bescheid wusste: Den Einzelheiten der offensiven und defensiven Luftkriegsführung.

Keßler teilte mit, dass die Japaner seit April 1944 Informationen über alle deutschen Waffenentwicklungen erhalten hatten – entweder im Augenblick der Einsatzfähigkeit oder in Spätstadien der Entwicklung.[19] So weit es Flugzeuge betraf, hatten die Japaner Interesse an deutschen Jagdflugzeugen gezeigt: Der Me 262 mit Turbostrahlantrieb und der Me 163 mit Raketenantrieb.[20] Obwohl die Japaner noch keine Informationen bezüglich der Me 262 erhalten hatten, waren Pläne für die Me 163 bereits Ende 1943 nach Japan gelangt und die ersten Erprobungsflüge waren im Dezember 1944 durchgeführt worden.[21] Als ob diese Nachrichten nicht schon alarmierend genug waren, offenbarte Keßler auch, dass die Erprobungen im Dezember mit einem Serienflugzeug, angetrieben durch ein Triebwerk, statt mit dem Prototyp eines Gleiters ausgeführt worden waren.[22/22a]

Der Marinenachrichtendienst befürchtete, dass die japanische Fähigkeit in der Turbostrahltechnik jede Hoffnung auf ein schnelles Ende des Krieges zerstören konnte, indem ein erfolgreiches Abwehren der Bombenangriffe durch die schweren Bomber vom Typ B-29 möglich wurde, die Japan damals heimsuchten. Obwohl die Japaner mit strahlangetriebenen Flugzeugen experimentiert hatten, waren ihre Anstrengungen ergebnislos geblieben und signalisierten einen Fehlschlag der japanischen Forschung auf dem Gebiet des Strahlantriebs. Die Folge davon war, dass die Analytiker des amerikanischen Nachrichtendienstes im Frühjahr 1945 überzeugt waren, die Japaner hatten keine Erprobungsflüge mit einem einsatzfähigen Düsenjäger durchgeführt, geschweige denn, einen solchen für die Serienfertigung entwickelt.[23] Während die Entdeckung der Me 262 an Bord von *U 234* diese Überzeugung erschütterte, zerstörten die Enthüllungen Keßlers über das Ausmaß des japanischen Bauprogramms für Düsenflugzeuge diese Überzeugung völlig.

Seltsamerweise wurde das ominöse Gespenst der japanischen Raketenjäger vom Typ Me 163 im Himmel über dem Pazifik keine Wirklichkeit. Keßler lüftete dieses Geheimnis, indem er erklärte, dass die Japaner vorsichtig jede Technik mieden, welche die Herstellung hoch entwickelter Präzisionsinstrumente, vor allem solche der Bordelektronik, zur Folge hatten, während sie gleichzeitig die Integrierung der Düsen- und Raketenflugzeuge vorantrieben. Berichte aus Tokio, die in Berlin eintrafen, klangen »drastisch und verzweifelt in ihrer Beschreibung der japanischen Fähigkeiten« und veranlassten das Reichsluftfahrtministerium in Berlin zur Schlussfolgerung, dass ein Großteil der den Japanern zugegangenen Informationen wertlos sein würde, weil die technische Grundlage für ihre eigentliche Verwertung nicht vorhanden war.[24] Infolgedessen ersuchten die Japaner Deutschland nicht nur um technische Fachkenntnisse zur Serienfertigung dieser Flugzeuge, sondern auch um Unterstützung zur Entwicklung der Fähigkeiten für die Kampftaktik mit Düsen- und Raketenjägern.

Keßler wies darauf hin, dass die Luftwaffe nie imstande gewesen war, eine größere Anzahl Düsenjäger gegen die Alliierten zum Einsatz zu bringen. Dessen ungeachtet hatte sie jedoch ein System der Jägertaktik speziell für den Einsatz der Me 262 entwickelt.

Die Führung des 163. US-Heeresfliegerkorps (USAAC) stimmte mit Keßlers Behauptung überein, dass die deutsche Luftverteidigung 1945 trotz des geschwächten Zustandes der Luftwaffe[25] und trotz der Tatsache, dass die amerikanischen Begleitjäger den angreifenden deutschen Jägern zahlenmäßig überlegen waren, durchaus wirksam geblieben war. Col. Leslie Peterson vom 163. USAAC, der an der Vernehmung Keßlers teilnahm, erkannte die gleichen einsatzmäßigen Defizite sowohl bei den geschwächten deutschen als auch bei den japanischen Luftstreitkräften und fand ihre jeweilige missliche Lage zwingend. Daher befrug Peterson den deutschen General, welche Taktik der Luftwaffe, wenn überhaupt, die Japaner anwenden könnten.

Keßler lieferte Peterson nicht nur eine umfassende Beschreibung der Kriegsgliederung der Luftwaffe in der Reichsluftverteidigung, sondern auch seine persönliche Beurteilung der japanischen Pläne, um die amerikanischen Bombenangriffe mit B-29 zu bekämpfen. In einem früheren Stadium des Krieges griffen die deutschen Jagdstaffeln massiert sowohl direkt von vorn als auch von hinten an. Dies erwies sich als das wirksamste Verfahren, um gegen die feindlichen Bomberverbände zum Erfolg zu kommen. Diese Taktik stellte sich jedoch als wirkungslos gegen die großen Bomberpulks heraus. Außerdem wurden die angreifenden deutschen Jagdstaffeln durch die neuen Begleitjäger großer Reichweite, wie zum Beispiel vom amerikanischen Typ P-51 »Mustang«, leicht abgefangen. Nach Keßlers Vorstellungen wären koordinierte Angriffe kleiner Schwärme mit bis zu vier Flugzeugen auf ein Ziel wirkungsvoller gewesen. Diese schwer fassbaren Schwärme sollten die gegnerischen Flugzeuge aus allen Richtungen angreifen, da Frontalangriffe zu lange anhielten, um einen ausreichenden Beschuss abzugeben, und Angriffe von hinten die Angreifer der größten Konzentration an Feuerkraft durch den Gegner aussetzten. Während jedoch Keßlers Taktik für den Einsatz der Jäger gegen die amerikanischen B-17- und B-25-Bomber Erfolg versprach, war diese unwirksam gegen die britischen »Mosquito«-Bomber. Die deutsche Luftwaffe besaß einfach kein Flugzeug, das es mit den »Mosquito«-Maschinen an Flughöhe und Geschwindigkeit aufnehmen konnte, eine Herausforderung, die das Entwickeln der deutschen Jagdflugzeuge mit Turbostrahlantrieb förderte.[26]

Sobald die Me 262 und die Me 163 einsatzbereit waren, plante die Luftwaffenführung, ihre Geschwindigkeit und Manövrierfähigkeit einzusetzen, um die alliierten Bomberverbände zu zerstreuen und zu vernichten. Keßler beschrieb einen typischen Angriff mit Düsen- oder Raketenjägern, wobei eine Formation aus Maschinen vom Typ Me 262 oder Me 163 den Hauptangriff von unten ansetzen, die gegnerischen Flugzeuge in senkrechtem Steigflug passieren und von oben erneut angreifen würde.[27] Außerdem sagte Keßler aus, dass die Jäger zu diesen Angriffen eher durch Bodenfunkmessanlagen (Bodenradar) als durch das Abhören des gegnerischen Sprechfunkverkehrs herangeführt wurden. Die Japaner waren bekannt dafür, den gegnerischen Sprechfunkverkehr zu nutzen, um die Jäger zu ihren Angriffen heranzuführen – eine Taktik, der die Piloten der US-Marine erfolgreich durch Wahren der Funkstille begegneten. Eine japanische Kombination aus Düsenflugzeugen und Funkmess- bzw. Radarführung könnte diese Taktik nutzlos werden lassen und würde den zahlenmäßigen Vorteil ausgleichen, den die amerikanischen Luftstreitkräfte im Pazifik besaßen.

Die unmittelbare Sorge in der Führung der US-Heeresluftwaffe galt den Anstrengungen Japans, den Luftoperationen der amerikanischen B-29-Bomber zu begegnen. Keßler erinnerte sich, dass 1944 in der deutschen Luftwaffenführung die Auffassung bestand, die Me 262 hätte die alliierte Luftoffensive gegen Deutschland aufhalten können, wenn Hitler nicht auf seiner Forderung bestanden hätte, dieses Strahlturbinenflugzeug aus einem Abfangjäger in einen Angriffsbomber umzuwandeln. Nachdem Hitler 1942 die erste Me 262 gesehen hatte, war von ihm die Zustimmung gekommen, dass bei der Produktion dieses Flugzeuges ein bestimmter Prozentsatz als Abfangjäger gefertigt werden sollte. Doch 1943 hatte der *Führer* entschieden, dass er über die Anzahl der zu Bombern umgebauten Maschinen vom Typ Me 262 getäuscht worden wäre. Hierbei steigerte er sich in eine »rasende Wut [mit dem Befehl] hinein, dass alle Maschinen umgebaut werden [müssten], und drohte, dass er die Bordwaffen eigenhändig aus jeder Me 262 reißen würde, die er finden sollte, und die verantwortlichen Offiziere kämen vor ein Kriegsgericht«.[28] Keßler legte unmissverständlich dar, dass es bei den Japanern keine Einmischung von Seiten der Kaiserlichen Regierung bezüglich der strategischen Verwendung der Turbostrahlflugzeuge gäbe. Um aber in unmittelbarer Zukunft mit den Luftangriffen fertig zu werden, hingen die Japaner in gleicher Weise von der Me 262 wie auch von der Me 163 ab.[29] Die erfolgreiche Eingliederung der deutschen Düsen- und Raketenflugzeuge in die Luftabwehr blieb jedoch der Zukunft überlassen. In der Zwischenzeit müsste Japan den Versuch unternehmen, seine dezimierten Jagdverbände mit der »Oka« zu verstärken, einem durch Raketen angetriebenen Selbstopferungsflugzeug.[30/30a]

Keßler führte die Entwicklung der Yokosuka »Oka« (auch »Okha« oder *Baka*)* auf die Anfang 1944 erfolgte Entwicklung einer deutschen ferngelenkten Rakete unter dem Namen »Mistel« zurück.[31/31a] Wenn auch die Japaner an der »Mistel« infolge ihrer Unfähigkeit, die Fernsteuerungssysteme der Flugzeuge nachzubauen, wenig Interesse zeigten, veranlasste die Idee eines selbständig gelenkten Flugkörpers japanische Wissenschaftler, eine von einem Menschen gesteuerte, raketenangetriebene Bombe zu entwickeln. Keßler wies darauf hin, dass die *Baka* zu keiner Zeit den Erfolg der konventionellen »Kamikaze«-Flugzeuge erreichte und dass sich 1945 ihre Unzulänglichkeit als zu kostspielig erwiesen hatte. Während Japan noch von der Erforderlichkeit einer menschlichen Bombe überzeugt war, wandte es sich an Deutschland um Lieferung eines leistungsfähigeren Sprengstoffträgers. Im März 1945 hatten alliierte Bodentruppen beim Vormarsch durch Deutschland eine bemannte V-1-Rakete erbeutet.[31b] Das Vorhandensein von Selbstaufopferungs-Verbänden bezweifelnd, führte Keßler diese besondere Version der V 1 auf den deutschen Versuch zurück, Japan eine verbesserte Selbstaufopferungswaffe zu liefern.[32]

Keßler gestand jedoch ein, dass er während seines Aufenthaltes in Norwegen »erstaunt [gewesen war], ... von mehr als 60 durch Rammstoß vernichteten [Fiegenden]

* Ausführlich darüber berichtet das Werk über die wichtigsten düsengetriebenen Fugzeuge des 2. Weltkriegs von *Jeffrey Ethell / Alfred Price: Strahlflugzeuge 1939-1945.* Motorbuch Verlag, Stuttgart 1997.

»Festungen« während einer Operation über Norddeutschland zu hören«.[33/33a] Obwohl er seinen Vernehmungsoffizieren berichtete, dass er und seine Offizierskameraden von der Luftwaffe »dies nicht glauben konnten«, räumte er ein, dass Hitler, Göring und Dönitz ständig die Luftwaffenführung bedrängten, den Japanern nachzueifern und Selbstaufopferungs-Taktiken einzuführen. Auf der Grundlage dessen, was Keßler berichtet hatte, formulierten die Vertreter der AAF eine Theorie, die Kälteschauer über den Rücken jagte. Wenn die amerikanischen Bomber tatsächlich das Opfer eines massierten Selbstaufopferungs-Angriffs gewesen sein sollten, dann war der Einsatz der V-1-Rakete als Selbstaufopferungswaffe wirksam gewesen. Der japanische *Buschido*-Kodex der Kriegsführung, verkörpert durch den gefürchteten »Kamikaze«-Geist und verbunden mit der Leistungsfähigkeit der deutschen Raketen war eine fürchterliche Kombination, der die amerikanische Heeresluftwaffe unter keinen Umständen entgegenzutreten wünschte. Doch Keßlers Zeugenaussage erwies sich als zweischneidig: Obschon die Vertreter von ONI und AAF jetzt von einer zuvor nicht bekannten japanischen Bedrohung Kenntnis hatten, kannte niemand wirksame Gegenmaßnahmen gegen diese Waffen.

Zusätzlich zur Schilderung des japanischen Einbeziehens der deutschen Waffen gab Keßler auch einen Einblick in den gerüchteweise verlauteten Transport auf dem Luftwege zwischen Japan und Deutschland. Er erläuterte, dass seiner Kenntnis nach keine Flüge zwischen den Territorien der Achsenpartner stattgefunden hätten, obwohl Anfang 1942 zwei italienische Offiziere einen Flug entweder nach Tokio oder in die Mandschurei angetreten hätten. Auch von Japan aus war ein Flug über Indien nach Europa in Gang gesetzt worden, aber von der Besatzung des Flugzeugs wurde nach dem Abflug nie wieder etwas gehört. Vermutlich ging die Maschine verloren. Doch das Fehlen eines rege benutzten Luftweges bedeutete nicht, dass eine solche Handelsroute nicht erwünscht war.[34]

Keßler offenbarte, dass eine Aktivierung von Lufttransportflügen zwischen Deutschland und dem Fernen Osten seit Beginn des Krieges erwartet worden war, und die Bestrebungen hatten sich seit dem deutschen Präventivschlag gegen Sowjetrussland verstärkt. Bereits 1943 fasste der Generalstab der Luftwaffe die Einrichtung eines regelmäßigen Luftverkehrs zwischen Deutschland und Japan mit der Absicht ins Auge, um Informationen, Modelle, Entwürfe und möglicherweise auch technische Neuerungen im Austausch gegen knappe Rohstoffe wie Wolfram und Gummi zu befördern. Um diese Absicht in die Tat umzusetzen, war die Planung weit vorangeschritten. Drei viermotorige Transportmaschinen vom Typ Junkers Ju 290 wurden modifiziert, um den langen Hinflug zu bewältigen und auch mit 2 t Fracht wieder nach Deutschland zurückzukehren. Die besonders ausgesuchten Piloten, ehemalige Flugkapitäne der Lufthansa und gewöhnt an die Härte langer Flüge, befanden sich für das Unternehmen bereits in der Ausbildung. Hätte der beabsichtigte Flug stattgefunden, so wären Keßler und sein Gefolge an Bord einer dieser Transportmaschinen statt mit *U 234* nach Japan gereist.[35]

Die Flüge kamen nie zustande, ein Ergebnis, das Keßler als »erstaunlich, aber für die Luftwaffe typisch,« ansah. Die Hauptursache für das Scheitern lag bei der japanischen Regierung, die mit der Sowjetunion einen Neutralitätspakt abgeschlossen hatte. Die Verantwortlichen in Japan befürchteten, dass ein die Sowjetunion überfliegendes

Flugzeug auf sowjetischem Territorium zur Landung gezwungen werden könnte, Japan in die wenig beneidenswerte Lage versetzend, erklären zu müssen, warum die Maschine deutsches Personal und Kriegsmaterial durch den sowjetischen Luftraum transportierte. Die wahrscheinliche Folge wäre ein Abbruch der diplomatischen Beziehungen gewesen, gefolgt von einer Kriegserklärung, die Japan gezwungen hätte, sein Kaiserreich an zwei Fronten zu verteidigen. Daher wandte sich Japan nachdrücklich gegen jede Vereinbarung, die den sowjetischen Luftraum verletzen könnte. Keßler schien noch zu rätseln, warum die Luftwaffe die Vorbereitungen abbrach und das Unternehmen widerrief, ohne sich zu vergewissern, ob mit den Japanern eine geheime Übereinkunft hätte erreicht werden können. Statt eines regelmäßigen Flugverkehrs hätte eine solche Übereinkunft gelegentliche Flüge vorsehen und eine insgeheime Billigung finden können, die im Falle einer Entdeckung von den Japanern öffentlich verurteilt worden wären.

Japan rechnete mit der Durchführung der vorgesehenen Flüge; aber im Herbst 1944 zog Josef Stalin, der sowjetische Generalissimus, öffentlich über die »Aggressornationen« Japan und Deutschland her und veranlasste die Japaner, übervorsichtig zu sein, indem es sich von dem deutschen Plan distanzierte.[36] Doch in Berlin sprach sich die japanische Diplomatie – Botschafter Oshima und die Attachés Vizeadmiral Abe, Konteradmiral Kojima und General Komatsu – weiterhin zugunsten des Luftweges aus, sogar wenn die Flüge sowjetisches Territorium verletzen sollten. KAdm. Kojima argwöhnte, dass die Furcht Tokios vor einem Bruch des Neutralitätspaktes darin begründet lag, dass die Sowjets dann den Vereinigten Staaten gestatteten könnten, Luftstützpunkte auf russischem Boden einzurichten, von denen aus die Amerikaner leicht Japan angreifen konnten. Kojima hielt jedoch diese Begründung für absurd; denn ob die deutschen Flugzeuge den sowjetischen Luftraum verletzten oder nicht, war kaum von Bedeutung, da die Sowjets den Amerikanern nie gestatten würden, von ihren Flugplätzen aus Japan anzugreifen. Kojima führte weiterhin aus, dass die Unstimmigkeiten zwischen Moskau und Tokio im Vergleich zu jenen zwischen Moskau und Washington unbedeutend wären. In Wahrheit tauschten japanische und sowjetische Vertreter der Geheimdienste in der Türkei regelmäßig nachrichtendienstliche Informationen über die Vereinigten Staaten aus.[37]

* * *

Ulrich Keßler war ein international angesehener Diplomat und Militärstratege. Doch das Ausbleiben eines Kommandos auf höchster Führungsebene war in erster Linie seinen Differenzen mit Hermann Göring zuzuschreiben. Die Feindschaft zwischen den beiden war in den inneren Kreisen der Luftwaffe durchaus bekannt. Nunmehr, im Juni 1945, war der Nachrichtendienst der US-Marine (ONI) bestrebt, von Göring ein klareres Bild zu gewinnen, während der ehemalige Reichsmarschall in Nürnberg in Haft war und auf sein Gerichtsverfahren wartete.

Keßler offenbarte, Hermann Göring wäre ein eigenartiger, etwas sonderbarer Charakter, der nicht notwendigerweise mit den Nationalsozialisten übereinstimmte, die einen harten Kurs vertraten und mit denen sich Hitler umgab. Luftwaffenoffiziere wie Generalfeldmarschall Manfred v. Richthofen und General Bieneck, die Göring aus dem Ersten

Weltkrieg kannten, ordneten ihn als ein »katastrophales Phänomen« ein, der »Schauspieler hätte werden sollen«, ein Hinweis auf Görings Angewohnheit, »in einem Abteil seines Sonderzuges napoleonische Gesten vor dem Spiegel einzustudieren«. Außerdem erläuterte Keßler, dass Göring eine berüchtigte Leidenschaft für fremdartige Schmuckstücke hatte und »in einem Ausmaß unmännlich [war], daß er oft Zusammenkünfte besucht hätte, ... herausgeputzt in orientalischer Kleidung, an der eine große Brosche befestigt« war. Ein Vetter Görings charakterisierte den Reichsmarschall eines Tages als eine Kreuzung zwischen einem vorgetäuschten preußischen Offizier und dem persischen Schah, obwohl ihn Keßler selbst »eher für einen Nerotyp« hielt.[38]

Berichten zufolge hatte Göring im Ersten Weltkrieg »tapfere und wagemutige« Leistungen erbracht, weshalb er sogar für seine Tapferkeit mit dem *Pour le mérite* ausgezeichnet worden war, als er im berühmten »Fliegenden Zirkus« des Rittmeisters Manfred Freiherr v. Richthofen flog.[38a] Jedoch in den 20er Jahren, als die Überlebenden des »Fliegenden Zirkus« die Richthofen-Gesellschaft gründeten, stimmten viele der Veteranen gegen Görings Aufnahme wegen »erwiesener Feigheit«. Zudem entfremdete eine spätere Drogensüchtigkeit Göring noch weiter von seinen Fliegerkameraden. Seine Beziehungen zu Hitler waren verschwommen. Während sich Göring einerseits außerordentlich vor dem *Führer* fürchtete, verachtete er andererseits trotzdem die »Judenquäler...und Hitlers falsches Anpacken des Krieges«. Doch seine Furcht vor Hitler hielt Göring von jedem Widerstand gegen den *Führer* in Fragen von militärischer Bedeutung ab. Keßler war wie viele der Auffassung, dass Göring lediglich Hitlers Wünschen zustimmte und in Wirklichkeit den Tod des *Führers* wollte, obwohl er sich selbst als »der treueste Paladin Hitlers« bezeichnete. General v. Waldau charakterisierte Görings Rolle in Hitlers Regierung mit der Erklärung, dass der Posten eines Chefs des Generalstabes bei Göring am besten »durch einen Wärter in einer Irrenanstalt« ausgefüllt werden sollte.[39]

Ungeachtet seiner Schwächen war Göring beim deutschen Volk ungeheuer beliebt, das seinen mäßigenden Einfluss auf Hitler und seinen Widerstand gegen die fanatischen Kreise innerhalb der Partei schätzte. Görings Überspanntheiten standen in völligem Gegensatz zur Strenge des Nationalsozialismus und gewannen ihm bei der Mehrheit der Deutschen noch weitere Zuneigung als ein »prima Kerl«, der Sinn für Humor besaß. In Gegenwart von höher Gestellten genoss er es oft, die Rolle der Zielscheibe in humorvollen Geschichten und Späßen anzunehmen. Doch in Situationen, in denen er der vorgesetzte Offizier war, wachte er eifersüchtig über sein Ansehen, wie eine Episode bei einem Flottenmanöver in der Vorkriegszeit bezeugt.

Im Herbst 1938 kam Göring an Bord des Panzerschiffes DEUTSCHLAND, um das jährliche Flottenmanöver zu beobachten. Göring war offenkundig ein schlechter Seemann, was teilweise seine starke Abneigung gegen die Marine erklärte. Daher verbrachte er seine Zeit an Bord des Schiffes mit dem Versuch, die Seekrankheit zu vermeiden, indem er die Fische fütterte, die dem Kriegsschiff folgten, eine Beschäftigung, die nicht unbemerkt blieb. Während der Abschiedsfeierlichkeiten, die den Abschluss der Manöver begleiteten, wandten sich zwei junge Marineoffiziere an den Reichsmarschall und teilten ihm mit, dass sie seiner langen Ehrenliste noch einen weiteren Titel hinzufügen wollten. Da Göring bereits den Titel eines Reichsjägermeisters führte, überreichten sie ihm eine kunstvoll gemalte Ehrenurkunde, die ihn zum »Reichsfischfuttermeister mit jederzeitiger Berechtigung zum Tragen eines Netzhemdes« ernannte. Göring geriet in Zorn und forderte von Admiral Erich Raeder, die beiden Offiziere in Arrest zu nehmen. Darüber informiert, dass eine derartige Bestrafung den Traditionen der Marine widerspräche, drängte Göring weiter und umschmeichelte Raeder so lange, bis dieser drei Tage Arrest über die schuldigen Offiziere verhängte.[40/40a]

* * *

Obschon Keßler ständig in den Diensträngen der Luftwaffe aufstieg, behauptete er, dass er seine militärische Karriere seinen politischen Überzeugungen geopfert hätte. Seine Abneigung gegen die herrschenden Nationalsozialisten führte dazu, dass er schon bald in eine Verschwörung zum Sturz Hitlers verwickelt wurde. Zwischen September 1943 und Frühjahr 1944 organisierten mehrere Komplotte zumindest sechs Attentate, um durch einen Staatsstreich die Kontrolle über die deutsche Regierung zu erlangen; von denen jedoch keines zum Erfolg führte. Was Keßler anbetraf, so trat dieser mit der Goerdeler-Gruppe in Verbindung, einer der selbstständigen Widerstandskreise gegen Hitler um Carl Goerdeler.

Goerdeler, ein konservativer Protestant, war zu der Zeit Oberbürgermeister von Leipzig und seit der Regierung Brüning Reichspreiskommissar, der wie viele der damaligen Konservativen monarchistische Sympathien hegte. 1936 hatte Goerdeler, der Hitlers Antisemitismus verachtete und gegen die Wiederaufrüstung war, mit den Nationalsozialisten gebrochen. Von seinen Ämtern zurückgetreten, widmete er seine Energien dem Sturz Hitlers und der Nationalsozialisten. Ende des Sommers 1938 war es Goerdeler gelungen, Verbindung zu politisch unzufriedenen Heeresoffizieren wie den Generalen Franz Halder und Ludwig Beck zu bekommen und ihre Unterstützung zu gewinnen. Diese Offiziere glaubten, dass der *Führer* gestürzt werden müsse, um Deutschland vor einem europäischen Konflikt zu bewahren, der es schließlich zerstören würde.[41]

Lebenswichtig für den Erfolg der Verschwörung war die Billigung und Unterstützung durch die alliierten Mächte. Schließlich nahm Goerdeler über den Stockholmer Bankier Jakob Wallenberg im April 1942 Verbindung mit London auf, um Verhandlungen mit den Briten über einen Waffenstillstand nach Hitlers Sturz zu führen, während gleichzeitig Kontakte zu den Amerikanern über Allan Dulles aufgenommen wurden, dem Chef des *Office of Strategic Services* (OSS) in der Schweiz. Goerdelers Kontaktpersonen in London und Bern umrissen die Pläne der Verschwörer für ein Deutschland nach Hitler und verkündeten sogar, dass Prinz Louis Ferdinand v. Preußen, der älteste der noch lebenden Söhne des Kronprinzen aus dem Hause Hohenzollern – 33 Jahre alt (1941), der fünf Jahre in einem Montagewerk der *Ford Motor Company* in Dearborn/Michigan gearbeitet hatte und danach Angestellter der Lufthansa war –, den Thron der Hohenzollern einnehmen sollte. Die Alliierten blieben jedoch unverbindlich. Dies veranlasste die Vertreter der Verschwörergruppe, Dulles zu warnen: Wenn die Vereinigten Staaten und Großbritannien es ablehnten, einen ehrenvollen Frieden mit der vorgeschlagenen Goerdeler-Regierung zu erwägen, würden sich die Verschwörer an Sowjetrussland wenden.[42]

Die beiden alliierten Regierungen weigerten sich jedoch, Zusicherungen für Friedensverhandlungen zu geben und betrachteten solche Gespräche höchstens als anmaßend.

Die Goerdeler-Gruppe unternahm den ersten Versuch eines Attentats auf Hitler im Februar 1943. Der Deckname für diese Pläne lautete: Unternehmen »Initialzündung«. Die Verschwörer veranlassten, dass Hitler nach Smolensk ins Hauptquartier der Heeresgruppe Mitte flog. Für den Rückflug nach Rastenburg schmuggelten sie eine Bombe britischer Herstellung in Hitlers Flugzeug.[43] Der Plan schlug jedoch fehl, da der Zünder der Bombe nicht funktionierte. Im November 1943 sollte Axel von dem Bussche, ein 24-jähriger Infanteriehauptmann, eine neue Uniform für das Heer vorführen, die Hitler persönlich begutachten wollte. Bussches Plan sah vor, unter Einsatz seines Lebens für Deutschland im Mantel zwei Bomben zu verstecken, sie bei der Vorführung zu zünden, auf den »Führer« zuzuspringen und ihn zu packen, so dass sie beide zerrissen werden würden. Erneut rettete Hitler die von ihm gepriesene »Vorsehung«; ein alliierter Bombenangriff zerstörte die Modellstücke samt den Bomben. Im Dezember erschien Bussche mit zwei weiteren Bomben zu einer erneut angesetzten Vorführung im Führerhauptquartier. Doch Hitler entschloss sich plötzlich, über Weihnachten nach Berchtesgaden zu fahren, und dann wurde Bussche an der Ostfront schwer verwundet. Der Argwohn Heinrich Himmlers, des Reichsführers-SS und seiner SS-Leute, machte es zunehmend schwieriger, Zugang zu Hitler zu bekommen. Bis zum Frühjahr 1944 waren weitere Verschwörergruppen zur Goerdeler-Gruppe gestoßen. Zu einer von ihnen gehörte auch der Oberstabsrichter Berthold Graf Schenk v. Stauffenberg, Referent für Völkerrechtsfragen im OKM und Bruder von Oberst Claus Graf Schenk v. Stauffenberg, der am 20. Juli 1944 das Attentat auf Hitler ausführte. Goerdelers Verbindung zu Berthold v. Stauffenberg brachte wiederum Keßler in Zusammenhang mit dem Attentat auf Hitler.

Keßlers Verbindung zur Goerdeler-Gruppe begann im Februar 1943, als eine Freundin seiner Frau, Hanna Luecke-Kallenberg, an ihn herantrat, die während des Krieges Kontakt zu Kreisen hatte, die gegen Hitler und seine Partei eingestellt waren. Frau Luecke-Kallenberg kannte Keßlers Einstellung und drängte ihn, Verbindung zu einem Leipziger Rechtsanwalt namens Perkuhn aufzunehmen, der »ihm etwas sehr Wichtiges mitzuteilen« hätte. Daraufhin traf sich Keßler mit Perkuhn im Hotel »Esplanade« in Leipzig, der ihn informierte, dass Goerdelers Hauptanliegen darin bestünde, »die Herrschaft des Pöbels zu vermeiden, wenn die NS-Regierung beseitigt würde, nachdem der Krieg verloren war«. Im weiteren Verlauf des Gespräches brachte Perkuhn die Problematik der Beseitigung Hitlers zu Keßlers Aufmerksamkeit und erklärte diesem, dass den Verschwörern bereits wichtige Heeresoffiziere zur Seite stünden. Sie brauchten aber noch »eine wichtige Persönlichkeit von der Luftwaffe«. Keßler erklärte, dass er überzeugt wäre, seine eigenen Offiziere und Einheiten würden seine Entscheidung unterstützen. Zudem könnte er versuchen, Generalfeldmarschall Albert Kesselring »abzuklopfen«, von dem Keßler wußte, wie diesem Hitlers Handhabung des Krieges widerstrebte.[44]

Weitere Informationen über das Ausmaß der Attentatspläne erfuhr Keßler von seinem Schwager Dr. Kurt Weber, dem Oberbürgermeister von Königsberg in Ostpreußen. Weber »hasste die Nazis heftig«, wie Keßler seinen Vernehmungsoffizieren offenbarte;

er war seit 1925 ein enger Freund Keßlers gewesen. Jetzt war Weber als einer der Vertrauten Goerdelers imstande, Keßler Einzelheiten über die Pläne der Goerdeler-Gruppe nach der Beseitigung Hitlers mitzuteilen. Er ließ zum Beispiel Keßler wissen, dass dieser in der neuen Regierung für den Posten des Staatssekretärs im Reichsluftfahrtministerium vorgesehen wäre.[45] Doch da Keßler für den Erfolg der Verschwörung zunehmend wichtiger wurde, verdächtigten ihn auch Gestapo und SS immer mehr.

Sowohl Weber als auch Keßler blieben hinsichtlich der Möglichkeit einer Verhaftung besorgt. Der in ständiger Verbindung zu Goerdeler selbst stehende Weber hielt daher für sich und seine Familie Gift in Bereitschaft. Keßler alarmierte die Feststellung, dass die Verschwörung – und besonders auch seine Rolle dabei – Gegenstand von Gesprächen »anderer kleiner Leute, wie Gewerkschaftssekretäre, ... [und] seines Chauffeurs, eines früheren Offiziersburschen,« war. Zudem traf Keßler auf einer Fähre in Warnemünde Dr. Jürgen Riensberg, einen früheren Freund, der ihn warnte, dass bei einem seiner Klienten ein Major der Luftwaffe zu Besuch gewesen wäre, der über Gerüchte von der Rolle der Luftwaffe bei einem Sturz Hitlers ziemlich offen gesprochen hätte. Der Major hätte ihm erzählt, dass Keßler infolge der Ungewissheit bezüglich der Einstellungen in den obersten Rängen der Luftwaffe als der einzig geeignete Offizier betrachtet würde, um eine Revolte anzuführen. Keßler erkannte jetzt, dass die Entdeckung seiner Komplizenschaft nur noch eine Frage der Zeit war und dass er ein Alibi brauchte. So versuchte er seine Verbindung zur Verschwörung zu tarnen, indem er seinen Eltern einen Brief schrieb. Darin ließ er verlauten, dass »das gesamte Ottern- und Verrätergezücht in Übereinstimmung mit dem gesunden Willen des Volkes bis zu den Kindern und Kindeskindern ausgerottet werden muß«. Keßler war sich völlig im Klaren darüber, dass die Gestapo seine Post las und zensierte. Diese Bemerkung konnte dazu dienen, die Hunde zeitweilig von seiner Fährte abzulenken.[46]

Während seines Aufenthaltes in Berlin war Keßler mit dem japanischen Marineattaché, KAdm. Kojima Hideo, näher bekannt geworden. Ende Juli 1944 nach dem fehlgeschlagenen Attentat Stauffenbergs auf Hitler teilte ein besorgter Keßler dem Marineattaché vertraulich das Ausmaß seiner Verwicklung mit. Kojima, der Keßler sehr schätzte, sprach mit Oberst Komatsu, seinem Attaché-Kameraden vom Heer in Berlin, und die beiden entschieden, Keßler anzufordern, um den gegenwärtigen Luftwaffenattaché in Tokio zu ersetzen, mit dem die Japaner nicht zufrieden waren. Hierzu suchten die beiden japanischen Attachés Göring auf, um die dringende Erforderlichkeit für Keßlers Berufung auf diesen Posten zu erläutern, wobei sie Keßlers Erfahrungen in der Luftkriegsführung nachdrücklich betonten, die dringend gebraucht wurde, um die vordringenden Amerikaner abwehren zu helfen. Beiden Attachés war angesichts der Ereignisse vom 20. Juli klar, dass ihre Forderung wahrscheinlich auf taube Ohren stoßen würde. Göring würde mit Sicherheit keinen Verschwörer aus diesem Komplott ziehen lassen, besonders keinen, gegen den er eine persönliche Animosität hegte. Doch Göring, dem tatsächlich Keßlers Verwicklung in die Verschwörung nicht bekannt war, sah in der Forderung der Japaner eine endgültige Gelegenheit, Keßler selbst loszuwerden, und stimmte zu. Kojimas und Komatsus Fürsprache verzögerte auf diese Weise die

Ermittlungen der Gestapo gegen Keßler und das Ablenken seines Schicksals hin zu *U 234* rettete letztlich dem General das Leben.[47]

* * *

Am 21. Mai 1945 erhielt der Direktor des Nachrichtendienstes der US-Marine (ONI) einen Brief von Miss Louise W. Boothe aus Lenox in Massachusetts. In diesem Brief schrieb sie, dass sie gelesen hätte, einer der deutschen Gefangenen von *U 234* wäre General Ulrich Keßler, derselbe Ulrich Keßler, den sie als Mitglied der deutschen Delegation an der Abrüstungskonferenz 1932 in Genf getroffen hatte. Miss Boothe und ihre Mutter, die im selben Hotel wie die deutsche Delegation abgestiegen waren, lernten dort Keßler kennen. Zu dieser Zeit, schrieb sie, hätte er erkennen lassen, dass er »für die Nazis keine Verwendung« hatte und dass er den Grad der deutschen Wiederaufrüstung als ein Anzeichen für einen Krieg betrachtete, der »im vollständigen Ruin Deutschlands enden« würde. Miss Boothe legte dar, dass sie und andere, die Keßler in Genf getroffen hätten, ihn für einen »ehrenhaften, geradlinigen Mitmenschen« hielten, der nicht nur das Herannahen des Krieges sondern auch die Misshandlung der Juden beklagt hatte. Ihren Brief schloss Miss Boothe mit den Worten: »Es ist nicht angebracht, Herrn Keßler als einen Nazi einzuordnen oder ihn als einen Naziverbrecher zu bezeichnen.«[48] Diese Bewertung veranlasste die Ermittlungsoffiziere von ONI Keßlers Behauptungen Glauben zu schenken, dass er nichtsdestoweniger den Nationalsozialisten Widerstand geleistet und geplant hatte, zu ihrem Sturz beizutragen, obwohl er als Offizier seinen Befehlen gehorcht und seinen Dienst für Deutschland geleistet hatte.

Ulrich Keßler stattete ONI mit der Zeugenaussage eines der hochrangigsten deutschen Offiziere aus, der nicht in Nürnberg interniert war. Während er Informationen enthüllte, die den Aufstieg des Nationalsozialismus in Deutschland, seine weltweiten politischen Bestrebungen und die Nachkriegspläne der siegreichen Kräfte in Deutschland betrafen, bestand sein wertvollster Beitrag in der Identifizierung und Bewertung der technischen und materiellen Hilfe Deutschlands an Japan. Zugegeben, die Kenntnis der Alliierten von diesen Neuerungen hatte die Gefahr nicht beseitigt, und die Vereinigten Staaten blieben noch weit von einem Sieg im Pazifik entfernt. Auch wenn Keßlers Zeugenaussage den amerikanischen Militärs keine Lösung zum Problem der Einbeziehung der deutschen Waffen in die japanischen Streitkräfte lieferte, so verschaffte sie ihnen jedoch trotzdem einige Anhaltspunkte dessen, was sie bei der geplanten Invasion Japans tatsächlich zu erwarten hatten.

6. Kapitel

Das Problem der Luftverteidigung

Die Fracht von *U 234* war ein drohendes Potenzial, aber die militärischen Nachrichtendienste der Alliierten konnten hinsichtlich ihrer praktischen Anwendung nur spekulieren. Hinzu kam, dass die nachrichtendienstlichen Analytiker kaum einen konkreten Beweis bezüglich der Fähigkeit Japans besaßen, derart moderne Waffen herzustellen. Die Anwesenheit von militärischem und zivilem Personal an Bord des Unterseebootes verschaffte den Offizieren der amerikanischen Nachrichtendienste einen unerwarteten Bonus und die von diesen Personen in Erfahrung gebrachten Informationen erwiesen sich als genauso wertvoll wie die erbeuteten Flugzeuge, Waffen, Pläne usw. Unter den Passagieren bestand das Militärpersonal der Luftwaffe aus Oberstleutnant Fritz v. Sandrart, einem Fachmann für die Luftabwehr, und Oberleutnant Erich Menzel, einem Funkmessexperten von der Luftnachrichtentruppe.[1] Die Vernehmungen dieser Persönlichkeiten durch ONI lieferten einen Einblick in Organisation und technische Ausrüstung der deutschen boden- und luftgestützten Verteidigungssysteme, wie sie auch für Japan vorgesehen waren.

* * *

Ein Vergleich zwischen der deutschen und der japanischen Luftverteidigung offenbart eine Gegensätzlichkeit, denn während die deutschen Verteidigungssysteme durchweg leistungsfähig waren, bis sie von der schieren Anzahl der alliierten Flugzeuge überwältigt wurden, blieb die japanische Verteidigung durchweg unwirksam. Ein Grund für diese Verschiedenheit war die jedem Land eigene Vorstellung von taktischer Wahrscheinlichkeit und Realität. Zum Beispiel Deutschland: Obwohl nicht die Größenordnung der alliierten strategischen Bombenoffensive vermutend, rechnete es mit der Möglichkeit von Luftangriffen auf das Reichsgebiet. Die relative Nähe Englands zu Deutschland und das offensichtliche Potenzial der Vereinigten Staaten machten solche Angriffe fast unvermeidlich. Als die amerikanischen und britischen Bomber vom 24.–30. Juli 1943 in Tages- und Nachtangriffen Hamburg bombardierten (Operation »Gomorrha«), waren die Deutschen daher von der Heftigkeit der Offensive schockiert; der Angriff an sich kam nicht unerwartet.

Der in Hamburg durch die riesigen Brände entfachte Feuersturm versetzte auch den Japanern einen genauso großen Schock.[2] Bis zu diesen Angriffen lehnte es die Mehrheit der für den Zivilschutz und die militärische Luftverteidigung Verantwortlichen ab, die Möglichkeit in Betracht zu ziehen, dass die Inseln des japanischen Mutterlandes eines Tages eine ähnliche Verwüstung erleiden könnten.[3] Radio Tokio ermahnte japanische Zivilisten, der Gefahr durch alliierte Bomben keine Beachtung zu schenken: »Warum sollten wir uns vor Luftangriffen fürchten? Der große Himmel ist geschützt durch einen eisernen Verteidigungsring. Für Jung und Alt ist es an der Zeit, sich zu erheben. Wir sind mit der Ehre betraut, die Heimat zu verteidigen. Kommt her, ihr feindlichen Flugzeuge! Kommt her, viele Male!«[4] Trotz der Beschuldigungen, die alliierte Luftangriffsfähigkeit im Pazifik zu überschätzen, instruierte jedoch im August 1943 Shigemitsu Mamoru, der japanische Außenminister, seinen Botschafter in Berlin, General Oshima Hiroshi, »alle Informationen [zu sammeln], die wir über die Verteidigung gegen Luftangriffe bekommen können«.[5] Infolgedessen sollte die Verteidigung des japanischen Mutterlandes weitgehend vom Erfolg der deutschen Luftabwehrtechnologie abhängen.

Nach den ersten Tagesangriffen von britischen Bombern auf militärische Ziele an der deutschen Küste begann das Bomberkommando *(Bomber Command)* der RAF mit den Nachtangriffen vom 16./17. Mai 1940 ihren strategischen Luftkrieg gegen Deutschland als Vergeltung für die Angriffe der Luftwaffe auf London. Diese frühen Tagesangriffe, bei denen die RAF konventionelle Sprengbomben abwarf, wurden durch die ausgezeichnete deutsche Luftverteidigung aus Funkmessgeräten, Flak und Jägern abgewehrt. Schwere Verluste der RAF[6] brachten mit Beginn des Jahres 1940 den Übergang zu Nachtangriffen, denen die deutsche Seite zunächst nicht viel entgegenzusetzen hatte. Bis 1942 hatten diese Nachtangriffe jedoch erheblich zugenommen und die RAF führte zahlreiche erfolgreiche Einsätze über Deutschland durch, in erster Linie dank der Einführung der »Lancaster«- und »Mosquito«-Bomber, der Fortschritte in der britischen Radarentwicklung und der Einführung des »Pathfinder«-Systems, d.h. hierzu eingeteilte Flugzeuge flogen als »Pfadfinder« den Bomberverbänden voraus und markierten die Zielräume durch Leuchtbomben (deutsche Bezeichnung »Christbäume«).[7] Das Ergebnis dieser Fortschritte bestand im ersten 1000-Bomber-Angriff in der Nacht vom 30./31. Mai 1942 auf Köln. Die verursachten Schäden waren ebenso groß wie die London zugefügten während des gesamten Krieges.[8] Diese Angriffe fanden einen ersten Höhepunkt in den erwähnten Luftangriffen auf Hamburg Ende Mai 1943: »30.482 Tote, 277.330 Wohnungen völlig zerstört sowie 580 Industriebetriebe, 2632 gewerbliche Betriebe, 80 Anlagen der Wehrmacht, 24 Krankenhäuser, 277 Schulen und 58 Kirchen. Im Hafen sanken Handels- und Hafenfahrzeuge mit 180.000 BRT.«[8a]

Fortschritte in der Funkmess-Entwicklung, die Verstärkung der Nachtjagdgeschwader mit verbesserter Ausrüstung und Taktik sowie auch eine verbesserte Bodenverteidigung Ende des Jahres 1943 wendeten das Blatt zugunsten Deutschlands. Die alliierten Bomberverluste stiegen von unwesentlichen Zahlen bis Mitte 1943 auf über 5 Prozent und bis Anfang 1944 auf 10 % der angreifenden alliierten Bomberverbände, vernichtet durch eine immer stärker werdende Luftverteidigung.[9] Im August 1944 hatte die deutsche Luftwaffe auf dem Höhepunkt der Leistungsfähigkeit ihrer Verteidigungsanstrengungen rund 39.000 Flakbatterien mit über einer Million Mann im Einsatz.[10] Die alliierten Verluste stiegen weiter. Bei einem Angriff auf die Kugellagerwerke in Schweinfurt am 17. August 1943 verlor die 8. USAAF mehr als ein Viertel der angreifenden Flugzeuge und in der Nacht vom 30./31. März 1944 wurden bei einem Angriff auf Nürnberg 12,5 % der angreifenden britischen Bomber vernichtet – Verluste, die die Engländer »auf schreckliche Weise an Paschendaele erinnerten«.[11] Die Verluste der 8. USAAF waren ähnlich schwer: 60 Bomber (16 %) gingen beim Doppelangriff am 17. August 1943 auf Schweinfurt und Regensburg verloren und die Verluste bei einem zweiten Angriff auf Schweinfurt zwei Monate später (14. Oktober) waren mit 77 abgeschossenen (davon 17 über See) und 121 beschädigten Bombern von 291 eingesetzten Flugzeugen noch schwerer. Im Verlaufe des Oktober 1943 verlor die amerikanische Heeresluftwaffe 9,2 Prozent ihrer Maschinen. Dies führte zur Herbstkrise der amerikanischen Tagesangriffe auf deutsches Gebiet und auch bei den Nachtangriffen hatte sich ein Umschwung zugunsten der deutschen Luftabwehr ergeben.

Die deutschen Erfolge waren jedoch nur von kurzer Dauer. Die Einführung von außen angebrachten Zusatztanks gestattete es dem Jagdschutz, die Bomberverbände bis an ihren Zielort und zurück zu begleiten. Zudem hatte die alliierte Offensive ins kontinentale Europa hinein als Ergebnis der Invasion in der Normandie eine Doppelwirkung: Zum einen kostete sie der Luftwaffe die besten Piloten und zum anderen wurden die im Westraum eingesetzten deutschen Flakbatterien vernichtet. Dies hatte zur Folge, dass die strategische Bombenoffensive der Alliierten erst dann zur vollen Leistungsfähigkeit fand, nachdem die periphere deutsche Luftverteidigung weitgehend zerstört worden war.[12]

Der Hauptgrund jedoch für die schwindende Leistungsfähigkeit der deutschen Luftverteidigung war wahrscheinlich das schiere Übergewicht der alliierten Luftoffensive. Im Verlaufe einer Woche im Februar 1944 flogen alliierte Bomber bei einem Verlust von 420 eigenen Flugzeugen über 6000 Einsätze und warfen nahezu 20.000 ts Bomben ab.[13] Angesichts der Anzahl unvermindert steigender Einsätze alliierter Flugzeuge konnte die Luftwaffe nicht mehr jeden Angriff von Bombern abwehren und musste die Luftherrschaft am Himmel über Deutschland den Alliierten überlassen. So entfachten alliierte Nacht- und Tagesangriffe am 14. und 15. Februar auf das von Flüchtlingen überfüllte Dresden praktisch ohne Widerstand einen Feuersturm mit vermutlich 35.000 Toten.* Die deutschen Funkmess- und Feuerleitanlagen der Luftabwehr blieben wirksam, in erster Linie infolge ihrer Langlebigkeit im Vergleich zu den Maschinen der dezimierten Luftwaffe. Nach Ansicht vieler Piloten der Alliierten richtete die deutsche Flak größere Schäden als der Einsatz der Jäger an.

* Anm. d. Lekt.: Es handelt sich um die Anzahl *identifizierter* Opfer. Die Verluste unter der Zivilbevölkerung und den Flüchtlingen aus dem Osten, die zu Zehntausenden in der überfüllten Stadt Zuflucht suchten, lagen insgesamt weit höher und erreichten mindestens die Zahl von 100.000 Toten; einige Quellen sprechen »von bis zu 300.000«.

Doch das deutsche Luftverteidigungssystem war ein Dreigespann und ohne die Jäger blieben die anderen beiden Komponenten unwirksam. Versuche, die Verluste an Standardjägern durch Abfangjäger mit Turbostrahl- und Raketenantrieb wie auch durch neue Boden-Luft-Flugkörper (Fla-Raketen) auszugleichen, entsprachen nicht den Erwartungen und die deutschen Flakbatterien, obwohl mit Neuerungen und ziemlich wirksam, brachen unter dem Gewicht der massiven alliierten Luftangriffe zusammen.

* * *

In Japan erwiesen sich die Befürchtungen von Außenminister Shigemitsu als gerechtfertigt; denn am 15. Juni 1944 starteten 68 amerikanische B-29-Bomber im indischen Bengalen und griffen Tokio an, der erste Luftangriff auf das japanische Mutterland seit dem »Doolittle-Raid« von 1942. Im Verhältnis zum amerikanischem Vordringen in die japanische Einfluss-Sphäre steigerte sich die Häufigkeit der B-29-Einflüge in den Luftraum über Japan. Mit dem Fall von Saipan am 8. Juli 1944 besaßen die Vereinigten Staaten jetzt eine näher gelegene Plattform, von der aus sie die Bombardierung der japanischen Inseln beschleunigen konnten. Der erste konventionelle Luftangriff von den Marinanen aus traf Tokio am 24. November 1944. Die amerikanische Besetzung von Iwo Jima im Februar 1945 und der sich anschließende Ausbau der Flugplätze auf dieser Insel verschaffte den B-29-Bombern mit ihrer großen Reichweite eine Zwischenbasis wie auch einen Stützpunkt für die Begleitjäger.[14] Daher unternahm die AAF Anfang 1945 den Versuch, Japans Fähigkeit zur Kriegsführung zu vernichten, indem sie seine Industrie durch groß angelegte nächtliche Bombardierungen zerstörte.[15]

Da jedoch die japanische Industriekapazität verhältnismäßig klein und weit verstreut war, konnte sie mit Nachtangriffen praktisch nicht getroffen werden, und so hielt die AAF die Ergebnisse dieser Offensive für unbefriedigend. Im Februar 1945 übernahm General Curtis LeMay den Befehl über die B-29-Bomber des *21. Bomber Command* und änderte sofort die Taktik von Präzisionsangriffen aus großer Höhe auf Flächenbombardements mit Brandbomben gegen die Zivilbevölkerung aus geringerer Höhe. In der Nacht vom 9./10. März 1945 griffen 325 B-29-Bomber Tokio an. Bis zum Morgen waren über 40 km^2 der Stadt in Ruinen verwandelt, 267.000 Gebäude brannten bis auf die Grundmauern nieder und die Verluste unter der Zivilbevölkerung betrugen rund 98.000 Tote.[16] Die Verheerung Tokios mit Brandbomben war lediglich ein Vorspiel. Im Verlaufe eines sechstägigen Angriffszeitraums vom 23. Mai bis zum 29. Mai 1945 verwüsteten die amerikanischen Bomber die Städte Osaka, Nagoya, Kobe, Yokohama und erneut Tokio durch Flächenbombardements mit Brand- und Sprengbomben.[17] Nunmehr mussten sogar die widerstrebendsten Verantwortlichen in Japan die Verwundbarkeit des Landes durch Luftangriffe einräumen.[18]

Die verstärkte Zuweisung japanischer Rüstungsgüter an den noch vorhandenen Rest der »Großen Ostasiatischen Wohlstandssphäre«, um dem ständigen Vordringen der Amerikaner zu begegnen, spiegelte sich in der zunehmenden Unzulänglichkeit der Luftverteidigung des japanischen Mutterlandes wider. Während des Angriffs auf Tokio vom 9./10. März verlor der amerikanische Bomberverband weniger als 2 Prozent seiner

Maschinen und bei den Angriffen vom 23.–29. Mai warfen die B-29 ihre Bomben gefahrlos ab, denn »die Flak hatte seit langem aufgehört zu feuern«.[19] Als sich die amerikanische Bombenoffensive verstärkte, verringerten sich die Verluste der AAF an Personal und Material noch weiter. Gegen Ende des Frühjahrs 1945 kam auf das Konto der japanischen Luftverteidigung lediglich ein Fünftel der B-29-Verluste, während der große Rest mechanischen Störungen und anderen Ursachen zuzuschreiben war. Inzwischen forderte der Luftkrieg über Japan schwere Opfer: Mitte des Sommers 1945 waren ca. 60 % der Bodenfläche von den 60 größten Städten Japans durch die Flächenbrände der Bombardierungen vernichtet worden.[20] Das Versagen der japanischen Heimatverteidigung war so ernst, um Baron Hiranuma Kiichiro, den Präsidenten des japanischen Staatsrates, zu veranlassen, im Sommer 1945 in der Kaiserlichen Konferenz zu bemerken: »Die Japaner sind nicht in der Lage, gegen die [amerikanischen] Luftangriffe Vergeltung zu üben. … Der Feind handelt nach Belieben. Es gibt überhaupt keine Gegenangriffe gegen die feindlichen Luftangriffe.«[21]

Die Vergleichszahlen zeigen, dass die deutsche Luftverteidigung von der AAF weit größere Opfer forderte als dies in Japan der Fall war. Allein an Flugzeugen verlor die AAF über Europa 8325 Bomber, aber nur 414 über Japan.[22] Der Erfolg der deutschen Luftabwehrverfahren war den Japanern nicht gleichgültig. Als die japanischen Verantwortlichen sich endlich die Untauglichkeit ihrer veralteten Luftverteidigungsverfahren und – soweit überhaupt vorhanden – Radarsysteme eingestanden, versuchten sie 1944, deutsche Luftabwehrtechnologie zu erwerben.

Daher ersuchte Japan die deutsche Luftwaffe um die Dienste von Fachkräften für die Luftverteidigung, eine Forderung, der von deutscher Seite stattgegeben wurde. Am 3. Mai 1945 offenbarte ein entzifferter Funkspruch der deutschen Seekriegsleitung nach Tokio, dass »ein Fachmann für Luftverteidigung« sowie »ein Fachmann für Funkmeß- und Infrarot-Ortungstechnik … und funkgesteuerte Waffen« Ende März an Bord von *U 234* Europa in Richtung Ferner Osten verlassen hätten.[23] Diese beiden Fachleute waren Oblt. Erich Menzel, ein Fernmelde- und Funkmess-Spezialist der Luftnachrichtentruppe,[23a] und Oberstlt. Fritz v. Sandrart, ehemaliger Kommandeur der Flakartillerie im Luftverteidigungsbereich Bremen. Die beiden Luftwaffenoffiziere waren nicht nur in der Lage, die gegenwärtigen japanischen Luftabwehrverfahren zu beurteilen und auf den neuesten Stand zu bringen, sondern konnten auch die Ausbildung der japanischen Techniker erleichtern, um die deutschen Verfahren aufzubauen und einzugliedern.

* * *

Erich Menzel war ein 24-jähriger Junggeselle aus Radebeul bei Dresden. Er sprach fließend Französisch und Englisch und war für die ONI-Vernehmungsoffiziere infolge seiner »guten und soliden Schulbildung« wertvoll. In Radebeul besuchte Menzel fünf Jahre die Volksschule und anschließend acht Jahre das Gymnasium, das er 1939 mit dem Abitur abschloss. Danach verzichtete Menzel auf ein Universitätsstudium und meldete sich stattdessen freiwillig zum Dienst bei der Wehrmacht.[24] Ihm gefiel es beim Militär, denn der Dienst befriedigte einerseits seine Abenteuerlust und andererseits auch seinen

Verstand, da er die Möglichkeit hatte, sich mit dem neuen Gebiet der Funk- und Funkmesskriegsführung zu beschäftigen.

Menzels militärische Karriere in der Wehrmacht ist ein Beispiel für die rasche Beförderung kluger junger Männer in die Offiziersränge der militärischen Hierarchie. Sein Aufstieg in der Luftwaffe war offensichtlich von Anfang an gesichert. Während seiner Grundausbildung, die er bei einer Einheit in Schlesien absolvierte, wurde ihm die Ehre zuteil, für die Nürnberg-Abteilung ausgewählt zu werden, um am Reichsparteitag der NSDAP in Nürnberg teilzunehmen (der durch den Kriegsausbruch nicht mehr stattfand). Am 1. Oktober 1939 kam Menzel zu einer Luftnachrichten-Ausbildungseinheit und wurde kurze Zeit später zum Grundausbildungslehrgang im Funk- und Funkmesswesen an die Luftnachrichten-Schule Potsdam kommandiert. 1940 nach Abschluss dieses Lehrgangs gehörte er während des Frankreichfeldzuges zu einer Luftnachrichten-Abteilung und war anschließend als Angehöriger der Luftnachrichtenstelle bei der Fliegerhorstkommandantur Orléans stationiert.[25]

Im November 1940 begann Menzels Ausbildung als Bordfunker, zu der auch die Navigation gehörte. In dieser Zeit erhielt er schließlich in Nordhausen auch seine Flugausbildung. Im Februar 1941 hatte er sich auch als Bombenschütze qualifiziert. Als Bordfunker, Navigator und Bombenschütze schloss Menzel im Mai seine Offiziersausbildung an einer Luftkriegsschule in Mecklenburg ab. Danach wurde er zum Leutnant der Luftwaffe ernannt und in die Bretagne abkommandiert. Dort bereitete er sich auf den Kampfeinsatz über England vor. Doch hier ergab sich einer der wenigen schwarzen Flecken in seiner Karriere, denn ein Wortwechsel mit seinem vorgesetzten Offizier kostete ihn seinen Einsatz beim fliegenden Personal, und er wurde als Ausbilder dem Bodenpersonal zugeteilt. Sechs Wochen später wurde einem enttäuschten Menzel sein Gesuch um Heimaturlaub bewilligt.[26]

Im Juni 1941, während sich Menzel auf Urlaub zu Hause in Schlesien aufhielt, begann der Angriff auf die Sowjetunion. Nach dem Urlaub erging seine Abkommandierung nach Boboruisk südostwärts von Minsk an die Ostfront. Von da aus erwarb Menzel schließlich Kampferfahrung beim fliegenden Personal und flog Kampfeinsätze gegen sowjetische Truppen, bis seine Einheit zur Neuausrüstung routinemäßig im Oktober nach Hannover verlegt wurde. Im Januar 1942 kehrte Menzels Flugzeugbesatzung an die Front zurück, und zwar diesmal nach Focsani in Rumänien. Doch sein Einsatz auf dem Balkan war nur sehr kurz. Sein Ruf war ihm vorausgeeilt; sein fachliches Können auf den Gebieten der Funksteuerung und der Funkmesstechnik war eine seltene Gabe und seine Sachkenntnis als Ausbilder verdrängte seinen Wert als Bombenschütze. Daher erfolgte seine Kommandierung für einen einjährigen Turnus als Ausbilder an die Blindflugschule in Erfurt.[27]

Im Februar 1943 entschied der Chef des Nachrichten-Verbindungs-Wesens der Luftwaffe und Inspekteur der Luftnachrichtentruppe, dass Menzels Fachwissen am besten der Forschung dienen würde, und kommandierte ihn an die Technische Erprobungsstelle der Luftwaffe nach Werneuchen nordostwärts von Berlin ab. In Werneuchen lag der Schwerpunkt auf der Funkentwicklung und die Arbeit konzentrierte sich auf die Entwicklung, den Entwurf und die Erprobung von Funkausrüstungen für die Luftwaffe.

Funkstationen wurden zur Prüfung erbeuteter feindlicher Funkgeräte und -systeme eingerichtet – auch eine erbeutete B-24 »Liberator« wurde zur Erprobung britischer und amerikanischer Funkausrüstungen verwendet. An der Forschung waren auch Techniker von Vertragsfirmen wie Siemens, Telefunken und Lorenz beteiligt.[28]

Während der nächsten beiden Jahre vervollständigte Menzel sein Fachwissen auf verschiedenen Gebieten, indem er zur Entwicklung neuer Funkmess-Systeme, Bombenzielgeräte, Funkmess-Aufklärungsverfahren und funkgesteuerter Waffen beitrug. Seine Arbeit blieb nicht unbemerkt. Im Januar 1945 wurde er als fachberatender Offizier hinsichtlich des Fernmelde- und Funkmesswesens dem neuen Luftwaffenattaché an der Deutschen Botschaft in Tokio zugeteilt: General der Flieger Ulrich Keßler. In Tokio angekommen, sollte Menzel auch dem Luftwaffen-Personalamt beim ObdL zur Verfügung stehen, um als Verbindungsoffizier zum Generalstab der Luftwaffe zu dienen. Daher war später seine diplomatische Akkreditierung vorgesehen. Sein Auftrag wurde als eine Angelegenheit von höchster Priorität betrachtet. Menzel hatte sich sofort in Horten bei Oslo zu melden, um dort für seine Reise nach Japan an Bord von *U 234* zu gehen.[29]

Menzels Spezialisierung in der Luftwaffe zum Bordfunker und Bombenschützen wie auch seine spätere Kampferfahrung mit britischen, sowjetischen und amerikanischen Luftgegnern qualifizierten seine Informationen aus den Verhören für die ONI-Offiziere infolge ihrer eher einsatzerfahrenen als theoretischen Inhalte als immens wertvoll. Zudem veranlassten Menzels Einsatzerfahrungen in der Luftaufklärung und seine spätere Aufgabe als Feindlageoffizier den Nachrichtendienst der US-Marine, seine Aussagen als »sehr zuverlässig« einzustufen. Eine Bemerkung bescheinigte: »Seinen Informationen kann vollständig Glauben geschenkt werden.«[30] Er überraschte seine Vernehmungsoffiziere, indem er eine Haltung zum Ausdruck brachte, die mehr den Zivilisten an Bord von *U 234* als den Militärs glich. Ein Verantwortlicher von ONI bemerkte: »[Er] glaubt in erster Linie an die Nutzlosigkeit des Krieges. Er hat etwas von einem Wissenschaftler an sich, der das Gefühl hat, dass jedes Wissen, das er besitzt, für das Gute aus allem genutzt werden soll.«[31]

Das vordringlichste Problem, dem sich ONI gegenübersah, war die Frage, wie viel von dem Fachwissen, das Menzel verkörperte, war eigentlich bereits in Japan vorhanden. Menzel war in der Lage, dies einzuschätzen. Während eines Gesprächs am 26. Juli bezüglich Aufklärung über See schrieb sein Vernehmungsoffizier: »[Da] wenig darüber bekannt ist, was die Japaner tatsächlich von den Deutschen erhalten haben, … mag [Menzels Bericht] von Interesse sein, da er für unsere Streitkräfte im Pazifik bei ihren Maßnahmen gegen die Aufklärungstätigkeit [des Gegners] von taktischem Wert sein kann.«[32] Zudem war ONI interessiert, von Menzel zu erfahren, in welchem Umfang die Japaner bereits deutsche Verfahren der Luftaufklärung übernommen hatten – Verfahren, die vermutlich für die Japaner wegen der »ungeheuren Aufgabe, deren sie sich in der riesigen Wasserwüste des Pazifik gegenübersahen«, von großem Wert gewesen sein müssen. Erneut könnte das Wissen, welche Methoden die Japaner übernommen haben könnten, für die Amerikaner von beträchtlichem taktischen Wert sein.[33]

Menzel teilte den ONI-Vernehmungsoffizieren mit, dass es zu seinem Auftrag gehört hatte, den Japanern Einblicke in die verschiedenen Gebiete seines Fachwissens zu geben wie auch die japanischen Anstrengungen anzuleiten, neue Funk- und Funkmess-Systeme zu entwickeln und einzuführen, und Beratung im taktischen und technischen Gebrauch dieser Gefechtssysteme zu gewähren. Menzel sollte die gesamte Breite der japanischen Luftverteidigung durch Einschätzen der Organisation, Methodik und Leistungsfähigkeit bewerten. Um diese Aufgabe zu erfüllen, musste er verschiedene Bereiche wie Flakartillerie, Luftaufklärung über See, Bordfunkausrüstungen und Schiffsbekämpfung untersuchen.[34]

Infolge des Potenzials für eine amphibische Großlandung, das eine Invasion der Inseln des japanischen Mutterlandes begleiten würde, war für ONI ein Bereich des Interesses die Luftaufklärung über See sowohl entlang der Küstengebiete als auch über dem offenen Meer. Menzel teilte seinen Vernehmungsoffizieren mit, dass die verschiedenen deutschen Verfahren, angewendet um nachrichtendienstliche Informationen über Küstengeleitzüge, Flottenankerplätze und die Küstenschiff-Fahrt zu sammeln, allesamt erfolgreich beurteilt worden waren, wenn auch auf verschiedene Weise. Die Ingenieure der Luftwaffe hatten alle deutschen Fernaufklärungsflugzeuge mit dem Funkmessortungsgerät FuG 200 »Hohentwiel« ausgerüstet. Pläne, das »Hohentwiel«-Gerät mit neueren Gerätetypen wie dem FuG 240 »Berlin« (verschiedene Versionen) und dem FuG 225 »Biene W« zu ersetzen, waren nie verwirklicht worden.[35/35a]

Das »Hohentwiel«-Gerät hatte eine wirksame Reichweite von ca. 60 km, obwohl Faktoren wie Höhe der Dünung oder Veränderungen in der Flughöhe oder Schiffsgröße die Reichweite direkt beeinflussen konnten. Die Auswirkungen der Schiffsgröße waren eine wichtige Überlegung: So konnten Unterseeboote infolge ihrer niedrigen Silhouette nur bis zu einer Entfernung von rund 35 km geortet werden, während große Geleitzüge die Reichweite auf 80–90 km vergrößerten. Insgesamt war das FuG 200 »Hohentwiel« ein außergewöhnliches Funkmessgerät und stellte infolge seiner Fähigkeit, auf einfache Weise seine Frequenzen zu ändern, für die alliierten Gegenmaßnahmen eine Herausforderung dar.[36]

Um das »Hohentwiel«-Gerät an Bord von Flugzeugen mit unterschiedlicher Geschwindigkeit unterbringen zu können, hatten die deutschen Ingenieure zwei Antennensysteme entwickelt, die normalerweise in die Nase des Flugzeuges eingebaut wurden: Die Groß- und die Kleinstantenne. Die Großantenne, die größere der beiden, fand in langsameren älteren Flugzeugen Verwendung. Die Kleinstantenne, kompakter und im Auflösevermögen schärfer, erhielten schnellere Flugzeuge. Infolge ihrer gelungenen Konstruktion und ihres kleineren Umfangs – sie umfasste nur ein Drittel des Umfangs der Großantenne – wurde die Kleinstantenne in großen Stückzahlen gefertigt und alle neueren Funkmessgeräte erhielten diese Antenne.

Menzel klärte seine ONI-Vernehmungsoffiziere darüber auf, dass die deutsche Luftwaffe sowohl parallele als auch rechtwinkelige Aufklärungsmuster verwendete, wenn ein Küstengebiet aufgeklärt werden sollte. Mit dem Fortgang des Krieges wurde jedoch das parallele Verfahren nur noch angewendet, wenn die Ernsthaftigkeit der Lage dazu zwang, dass das Flugzeug und seine Besatzung starken feindlichen Gegenmaßnahmen der Küstenverteidigung ausgesetzt werden mussten. Daher wurde das rechtwinkelige oder senkrechte Muster zum Standardverfahren. Der Hauptunterschied zwischen den beiden

Verfahren bestand in der Länge der Zeit, in der das »Hohentwiel«-Gerät zum Einsatz kam. Je länger die Impulse des Funkmessgerätes auf den aufzuklärenden Bereich gerichtet waren, desto größer war die Chance einer genauen Ortung. Das rechtwinkelige Muster verlangte den Einsatz des FuG 200 nur in der Zeit, in der das Flugzeug senkrecht zur Küstenlinie flog, und nicht, wenn die Maschine wendete oder sich auf Gegenkurs vom Land entfernte. Im Gegensatz hierzu erforderte das parallele Muster den ständigen Einsatz des »Hohentwiel«-Gerätes, so lange das Flugzeug einen beständigen linearen Kurs parallel zur Küste verfolgte.[37]

Das rechtwinklige oder senkrechte Muster verlangte das Fliegen eines Anfangskurses parallel zur Küste in einer seewärtigen Entfernung zu ihr von 70 km in einer Mindestflughöhe von normalerweise 40–50 m, um eine gegnerische Ortung zu vermeiden. Danach musste das Flugzeug auf eine optimale Ortungshöhe von 800–1000 m steigen und den Kurs ändern, um den Aufklärungsflug zu beginnen. Nunmehr auf einem Kurs im 90-Grad-Winkel senkrecht zur Küstenlinie erfolgte der Einsatz des »Hohentwiel«-Gerätes, bis das Bild auf dem Schirm durch Bodenstörungen unterbrochen wurde. An diesem Punkt wurde das Funkmessgerät abgeschaltet, die Maschine wendete und flog denselben Kurs in einer niedrigeren Flughöhe bis zum Ausgangspunkt zurück. Dort wieder angekommen, setzte die Maschine ihren Anfangskurs fort, bis sie ein neues Küstengebiet aufzunehmen hatte, um dann den Aufklärungsflug zu wiederholen.

Menzel beurteilte das rechtwinkelige Muster als ein »gutes und erfolgreiches« Verfahren.[38] Es erbrachte Ergebnisse »mit einem Mindestmaß an feindlicher Beeinträchtigung«.[39] Das Verfahren verdankte seinen Erfolg weitgehend der nur kurzen Betriebszeit des »Hohentwiel«-Gerätes – normalerweise einer Abtastdauer von weniger als drei Minuten – sowie auch der Benutzung von so niedrig wie möglich gehaltener Flughöhen, beides Faktoren, um die Chancen einer gegnerischen Ortung zu verringern. Hatte das Flugzeug jedoch über einem ungleichmäßigen bzw. unregelmäßigen Küstenverlauf aufzuklären, wie zum Beispiel einer Bucht oder einem Meeresarm, dann musste das »Hohentwiel«-Gerät angeschaltet bleiben und die Möglichkeit einer Ortung unter Einsatz von Jägern oder Flak vergrößerte sich. Zudem erzeugte die Unregelmäßigkeit der Küste auf dem Schirm des Gerätes Störflecke; so konnte ein Schiff nur geortet werden, wenn es sich näher am Flugzeug und dieses weiter vom Land entfernt befand. Um zu einer Abschwächung dieses Problems beizutragen, hatten deutsche Ingenieure Antennen entwickelt, die zusätzlich zur Antenne am Bug beiderseits der Flugzeugseiten angebracht wurden. Da der Funkmess-Beobachter nunmehr zwischen den Antennenanlagen wählen konnte, war jetzt das gründliche Aufklären eines unregelmäßigen Küstenverlaufs möglich geworden, wenn auch das »Hohentwiel«-Gerät hierzu noch immer ständig in Betrieb sein musste. Angesichts der Ergebnisse, die erzielt werden konnten, wurde das vergrößerte Ortungsrisiko als annehmbar betrachtet.

Im Verlaufe seiner Arbeit bei der Technischen Erprobungsstelle der Luftwaffe in Werneuchen hatte Menzel nicht nur neue Funkmessgeräte wie das FuG 200 »Hohentwiel« erprobt, sondern auch erbeutete Radargeräte der Alliierten wie das britische H2S-Gerät (»Rotterdam«-Gerät) beurteilt. Während der letzten Monate des Krieges in Europa hatten deutsche Techniker mit der Forschungsarbeit an einem rotierenden Antennensystem begonnen, wobei die oben genannte Kleinstantenne von Hand gedreht wurde. Menzel beurteilte dieses Verfahren als »vorteilhafter und gute Ergebnisse wurden erzielt«. Er stufte das neue deutsche Funkmessgerät mit dem Decknamen »Berlin« als »besser als das Rotterdam« ein[40], betrachtete aber das alliierte Radar als »den deutschen Entwicklungen weit überlegen und weit voraus«.[41] Das Meddo-System mit seiner fotografisch genauen Kathodenröhre, das britische Bordradar der Nachtjäger, die alliierten Radar-Bombenzielgeräte – dies alles, so legte Menzel dar, war allem, was die deutsche Seite besaß, weit überlegen.

Amerikanische Jäger- und Bomberpiloten, die mit japanischen Nachtjägern über Japan ins Gefecht kamen, berichteten, dass diese Jäger seit November 1944 mit einer schrägen, durch Radar gesteuerten Bordkanone ausgerüstet waren, die im Bug des Flugzeuges eingebaut war. Da die Luftwaffe eine ähnliche gelungene Erfindung verwendete, wollten die ONI-Offiziere von Menzel wissen, ob die radargesteuerte Kanone in Deutschland oder Japan entstanden war. Menzel erwiderte, dass in Werneuchen zwar Versuche mit einer Kanone nach dem Prinzip der Funkmess-Steuerung durchgeführt worden waren, aber die Ergebnisse als unzureichend beurteilt wurden, um einer Verwendung im Kampf zu dienen. Daher gelangten Informationen dieser Art kaum an die Japaner; tatsächlich blieb die japanische Kommission nur einen einzigen Tag in Werneuchen. Menzel wies jedoch darauf hin, dass zu dieser Kommission ein paar »erstklassige Funkmess-Fachleute« gehörten, und er sah keinen Grund, warum diese Wissenschaftler die radargesteuerte Kanone nicht selbst in allen Einzelheiten entwickelt haben könnten.[42]

Am 19. Mai 1945 unterbreitete der Chef des Waffenamtes der AAF, Lt.-Col. Edward Elliot, Oblt. Menzel einen Fragebogen, der sich mit den deutschen Bombenzielgeräten beschäftigte, die von den Japanern erworben worden sein könnten. Zur Identifizierung verschiedener Bombenzielgeräte befragt, wies Menzel darauf hin, dass das deutsche Bombenzielabwurfgerät (BZG) Modell 1 ein veraltetes Gerät war, das seit 1941 nicht mehr benutzt wurde, und sein Nachfolger, das BZG 2, »minderwertig gefertigt … [war und] unter den Bombenschützen keinen guten Ruf hatte«.[43] Während Menzel versicherte, keine Kenntnis vom Sturzflugvisier 5 B oder vom Bombenzielrechner IV R zu haben, berichtete er ausführlich über das am weitesten verbreitete und leistungsfähigste Bombenzielsystem: Die Lotfernrohr- bzw. Lotfe-Serie.

Die Lotfe-Serie, hergestellt von der Fa. Carl Zeiß in Jena, war das im Allgemeinen verwendete Bombenzielgerät der Luftwaffe; sie war so hervorragend, dass die deutschen Ingenieure, statt neue Bombenzielsysteme zu entwickeln, einfach die vorausgegangenen Lotfe-Modelle verbesserten. Die Folge war, dass das Lotfe-Zielgerät einer ständigen Entwicklung unterzogen wurde und schließlich die BZG-Modelle 7 B, 7 C und 7 D umfasste. Menzel informierte die ONI-Offiziere, dass das Lotfe-Zielgerät nach dem Prinzip des überaus leistungsfähigen amerikanischen *Norden*-Bombenzielgerätes entworfen worden war – eine Behauptung, die Menzel zugegebenermaßen nicht völlig beweisen konnte, da er selbst noch keines dieser streng geheimen amerikanischen Geräte gesehen hatte. Doch so weit es die praktische Erfahrung anging, hatte Menzel das Gerät 7 C und später 7 D bei Funkmess-gelenkten Bombenabwürfen über See selbst benutzt, als das

Gerät 7 B nach und nach ausgemustert wurde. Als Beweis dafür, dass Deutschland die neueste technische Entwicklung nach Japan sandte, führte Menzel auf *U 234* die Detailzeichnungen für die Herstellung des BZG 7 D mit sich. Infolgedessen bildete Menzels Wissen über das Modell 7 D einen Schwerpunkt für die Fragen von Lt.-Col. Elliot.

Das BZG-Modell 7 D war das modernste und leistungsfähigste der Lotfe-Serie; es umfasste alle Verbesserungen, die bereits bei den vorausgegangenen Modellen erprobt worden waren, wie zum Beispiel ein automatischer Abtriftwinkel-Kompensator. Menzel machte darauf aufmerksam, dass das neue Modell 7 D entworfen worden war, um mit den Fortschritten bei den alliierten Bombenzielgeräten gleichzuziehen. Es wies daher optische, elektrische und gyroskopische Merkmale auf und war infolgedessen das technisch modernste Bombenzielgerät, das die Achsenmächte besaßen.[43a] Das Modell 7 D benutzte Funkmess zur Entfernungs- bzw. Höhenmessung und hatte einen tatsächlichen Visierwinkel, der in der Senkrechten (Lot) von 20 Grad hinten bis 80 Grad nach vorn reichte. Menzel überraschte Elliot mit der Feststellung, dass eine Gradeinteilung bei diesem Bombenzielgerät keinen praktischen Wert besaß. Die einzige Markierung, die zum Zielen benutzt wurde, war das Fadenkreuz, das automatisch aktiviert wurde, sobald der Bombenschütze das Ziel entlang der Ebene einer direkten Linie anvisierte.[44] Das Modell 7 D war zweifellos ein modernes Bombenzielgerät und konnte sich – wenn auch noch den alliierten Zielgeräten unterlegen – für die alliierte Luftabwehr, besonders auf See, als Bedrohung erweisen.

Ungeachtet seiner modernen Eigenschaften hatte das BZG-Modell 7 D jedoch seine Grenzen. So führte Menzel zum Beispiel aus, dass die Visiereinrichtung in Höhen unter 1200 m »außerordentlich armselige Ergebnisse« erbrachte; eine akzeptable Genauigkeit begann bei 1500 m einzusetzen und lieferte zwischen 4000 und 5000 m Höhe bei Fluggeschwindigkeiten um die 300 km/h optimale Ergebnisse.[45] Das BZG 7 kam auch bei der Taktik des Gleitbombenwurfs zur Anwendung. Mit dem Modell 7 D konnte das Bombenzielgerät beim Einsatz der funkgesteuerten Gleitbombe mit einer Fallgeschwindigkeit von 2–3 m/s benutzt werden. Das Ergebnis war ein kürzerer und genauerer Bombenwurf. Die erwünschte Dauer eines Standardwurfs betrug 40–50 Sekunden; mit dem Modell 7 D konnte diese Zeit beträchtlich verkürzt werden.

Eine weitere Besorgnis von Elliot betraf die Zielgenauigkeit der Bombenabwürfe. Hierzu führte Menzel aus, dass die Zielgenauigkeit mit dem Modell 7 D unter Kampfbedingungen völlig ausreichend war. Er berichtete, dass in Russland aus Flughöhen bis zu 6000 m Brücken zerstört worden waren, wobei die Einschläge aller Bomben eines Wurfs innerhalb einer Fläche von 50 m lagen. Zudem konnte das Bombenzielgerät mit einem Funkmess-System synchronisiert werden, um die Leistung unter Schlechtwetterbedingungen zu verbessern. Doch dieses Verfahren wurde nicht als »Blindwurf« bezeichnet. Obwohl das Ziel während der Erfassungsphase mit Funkmess anvisiert wurde, musste es im Augenblick des Auslösens der Bomben physikalisch sichtbar sein.[46]

Wohl die wichtigsten Aussagen Menzels betrafen sein Wissen über die ferngelenkte Gleitbombe Henschel Hs 293 und über die Erfahrungen mit der Einsatzversion Hs 293 A. Unter Menzels Dokumenten an Bord von *U 234* befanden sich ein Instruktionsbuch sowie Zeichnungen von der jüngsten Version der Hs 293 – der erste Beweis, den die alliierten Nachrichtendienste über Japans Besitz oder Wissen von diesem frühen Inbegriff eines Lenkflugkörpers je erhalten hatten.[47] Die Luftwaffe hatte bereits einige erste Erfolge mit der Hs 293 im Mittelmeer erzielt. Tatsächlich gebührte der Hs 293 der Ruhm, der erste von einem Flugzeug aus eingesetzte Lenkflugkörper gewesen zu sein, der ein gegnerisches Schiff versenkte: Am 25. und 28. August 1943 griffen zum ersten Mal Do 217 und Ju 88 C der II./KG 100 »Wiking« im Golf von Biskaya nordwestlich von Kap Ortegal britische Unterstützungsgruppen *(Support Groups)* zur Bekämpfung ein- und auslaufender deutscher U-Boote mit Gleitbomben Hs 293 an. Sie beschädigten in beiden Angriffen einen Zerstörer und zwei Sloops schwer und versenkten am 28. August die britische Sloop EGRET.[48]

Die Hs 293 – 1943 von einem Professor Kramer konstruiert[49/49a] – war eine über Funk gesteuerte Lenkwaffe, die von einem Trägerflugzeug im freien Fall abgeworfen wurde. Sie sollte zur Bekämpfung von Schiffszielen den Lufttorpedo ersetzen und ähnelte einem kleinen Flugzeug mit einer Flügelspannweite von 3,1 m und mit einem Gefechtskopf, der 325–500 kg Sprengstoff enthielt.[50] Nach dem Abwurf aus dem Trägerflugzeug im freien Fall zündete der Flüssigkeits-Raketenmotor HWK 109-507 und beschleunigte den Flugkörper für 10–12 Sekunden auf maximal 560 km/h. Nach dem Abschalten des Motors ging die Hs 293 in den Gleitflug über. Die wirksame Reichweite der Hs 293 hing von der Flughöhe im Augenblick des Auslösens ab. Auf 1400 m Höhe ausgeklinkt, betrug ihre Reichweite rund 8 km.[51]

Die Hs 293 wurde vom Trägerflugzeug aus durch einen Steuerknüppel nach dem Zieldeckungsverfahren in ihr Ziel gelenkt, wobei der Flugkörper bei Tage durch eine elektrische Leuchte (bei Nacht durch eine Leuchtpatrone) im Heck optisch verfolgt werden konnte. Die Übertragung der Kurskorrekturen erfolgte über einen UKW-Sender (FuG 203 »Kehl«), den die Alliierten später leicht stören konnten, zu einem Empfänger (FuG 230 »Straßburg«). Eine Drahtlenkung befand sich im Versuchsstadium. Die Hs 293 besaß allerdings nur eine schwache Durchschlagskraft. Zu ihrer Steigerung war es daher beim Angriff gegen Überwasserschiffe erforderlich, den Flugkörper aus großer Höhe zum Einsatz zu bringen.[52]

Auf den ersten Blick schien für den Nachrichtendienst der US-Marine (ONI) von der Hs 293 keine große Bedrohung auszugehen. Menzel informierte jedoch seine Vernehmungsoffiziere, dass die Japaner planten, den Flugkörper gegen Erdziele einzusetzen, die er »Punktziele« nannte. Es war Menzels Absicht gewesen, die Japaner über die Einsatzmöglichkeiten des Flugkörpers zu unterrichten: Ausstatten mit Beschreibungen der Gleitbombe und ihrer Bordelektronik, Durchführen einer bis ins Einzelne gehenden Ausbildung an der Nahtstelle zwischen den Steuerungseinheiten im Trägerflugzeug und dem Empfänger im Flugkörper sowie Unterstützung zu geben, um die notwendigen Regulierungen vorzunehmen, die für den Einsatz des Flugkörpers erforderlich waren.[53]

Da die Japaner wenig Erfahrung mit ferngelenkten Waffen besaßen, brauchten sie Unterrichtung in den Grundflugeigenschaften und taktischen Einsatzmöglichkeiten des Flugkörpers. Infolgedessen sollte Menzel die Japaner auch über so einfache Bereiche wie die richtige Entfernung zum Ziel für das Ausklinken, Eigenschaften des Flugkörpers im Parallelflug zu seinem Ziel und Verhalten des Flugkörpers nach dem Ausklinken unterrichten sowie auch die Flugzeugbesatzungen schulen, die die Gleitbombe abzuwerfen und während ihres Fluges zu lenken hatten. Nach Erreichen von guten Leistungen auf diesen Gebieten sollte Menzel mit den Japanern Taktiken wie das Abwerfen von Gleitbomben im Verband erarbeiten.[54]

In den Händen eines erfahrenen Bedienungsmannes bedeutete die Hs 293 eine tödliche Gefahr sowohl für Erd- als auch für Seeziele und könnte somit eine ideale Waffe darstellen, um einen amphibischen Landungsverband abzuwehren. Menzel informierte ONI, dass die Bombe »mit 100-prozentiger Genauigkeit [im Ziel lag], wenn sie von ausgebildetem Personal richtig gehandhabt« wurde. Zudem sollte eine panzerbrechende Eigenschaft in Zukunft die Notwendigkeit überflüssig machen, den Flugkörper in großer Höhe auszuklinken. Doch obwohl die Japaner bereits zuvor Kenntnis vom Prinzip und den Funktionen des Flugkörpers hatten, fehlten ihnen detaillierte Zeichnungen sowie auch die wichtigste Grundvoraussetzung: Die Funkfrequenz, auf der die Steuerbefehle gesendet wurden.[55] Diese Mängel sollte Erich Menzel beheben.

Außerdem sollte Menzel die Luftaufklärungsverfahren der Japaner in visueller wie auch in funkmesstechnischer Hinsicht bewerten und darüber hinaus die Japaner auch in der deutschen Taktik des Bomben- und Torpedoabwurfs sowie in der Benutzung der deutschen Bombenzielgeräte unterrichten.[56] Er war ebenfalls mit der Ausbildung der Japaner beauftragt, um die erbeuteten alliierten Radargeräte zu beurteilen und ihren Verwendungszweck zu erkennen.[57] Doch sobald er in Tokio heimisch geworden wäre, hätten sich seine Pflichten ausgeweitet und alle Aktivitäten umfasst, die sich im Bereich der Funkmesstechnik mit den japanischen Problemen der Luftverteidigung, der Luftaufklärung und der Angriffstaktiken aus der Luft gegen Seeziele beschäftigten.[58] Sein letztendlicher Auftrag bezog sich auf seinen Beitrag, um die deutschen Ausrüstungen einzuführen, herzustellen und in die japanische Verteidigung einzugliedern, so weit dies überhaupt möglich war.[59] Um diese Aufgaben zu erfüllen, begleiteten ihn auf *U 234* ein Schiffssuch-Funkmessgerät FuG 200 »Hohentwiel« sowie zwei weitere Bordsysteme: »Das 1 B/3 und das 39 FuG X«.[60] Außerdem sollte mit dem nächsten Unterseeboot ein neues aktives Zielsuchgerät FuG 280 »Kiel 2« zusammen mit einem Dr. Mahlfeldt folgen, der als einer der führenden deutschen Elektronikfachleute die Sachkenntnis hatte, um diese Systeme nachzubauen.[61]

* * *

Fritz v. Sandrart, Oberstleutnant der Flakartillerie, einer Waffengattung der Luftwaffe, war der ehemalige Kommandeur der Flak im Luftverteidigungsbereich Bremen gewesen. Er hatte kurz zuvor noch am Entwurf und der Erprobung der jüngsten deutschen Fla-Waffen teilgenommen.[62] Fritz v. Sandrart trat 1913 in das Heer ein und verbrachte die auf den Ersten Weltkrieg folgenden Jahre (1919–1937) in Argentinien.[63] Ehe er nach Japan abkommandiert wurde, um an Bord von *U 234* zu gehen, führte er mit dem Stab des Flakregiments 26 die Flakgruppe Bremen, unterstellt der für das Weser-Ems-

Gebiet zuständigen 8. Flakdivision in Bremen, die zum Luftgau XI Hamburg gehörte. Oberstlt. v. Sandrart galt als Fachmann in der operativen Führung der Luftabwehr. In Japan sollte seine Aufgabe in erster Linie in der Einführung und taktischen Anwendung der neuesten deutschen Luftabwehrsysteme bestehen. Sein merklicher Mangel an technischem Fachwissen sollte durch Menzel und andere technische Fachleute ausgeglichen werden, dazu bestimmt, *U 234* auf späteren Japan-Fahrten nachzufolgen.[64]

Seit dem Ersten Weltkrieg hatte Deutschland in der Luftverteidigung bahnbrechende Arbeit geleistet. Fritz v. Sandrart berichtete von Versuchen ab dem Jahre 1914, um feindliche Beobachtungsballons und Flugzeuge durch Aufstellen von 7,7-cm- und 10,5-cm-Geschützen u.a. auf hölzernen Plattformen mit abgesenktem Lafettenschwanz zur Erweiterung des Höhenrichtfeldes abzuschießen. Dies war eine Neuerung, die so erfolgreich war, dass die nunmehr als »Flak« bezeichneten und weiter entwickelten 8,8-cm- und 10,5-cm-Geschütze bis 1917 auf Lastwagen und Eisenbahnwagen gesetzt und damit mobil gemacht wurden. Das Problem der Zielgenauigkeit gingen die Deutschen an, indem sie für jedes Geschützmodell Schusstafeln erstellten, deren Tabellen sich nach den Entfernungen, ermittelt durch ein 1,5-m-E-Messgerät, sowie nach den Höhenwinkel-Messwerten des Zielobjektes und seiner geschätzten Geschwindigkeit richteten.[65] Obwohl diese Verfahren am Standard von 1945 gemessen primitiv waren, stellten sie doch den Beginn der deutschen Fachkenntnisse über die Luftabwehr dar, die schließlich zu solch komplizierten Erfindungen wie Feuerleitrechner führten, von denen sich zwei an Bord von *U 234* befanden.[66]

Schon vor 1933, wie Fritz v. Sandrart erklärte, war erkannt worden, dass Deutschland von potenziell feindseligen Staaten umgeben war, die über hoch entwickelte Luftstreitkräfte und Luftabwehrfähigkeiten verfügten. Um den Anschluss zu gewinnen, musste Deutschland seine Wiederaufrüstung auf den Gebieten der Luftmacht und der Luftverteidigung beschleunigen. 1941 stellte die deutsche Luftwaffe jedoch fest, dass ihre vorhandenen Luftabwehrsysteme unzulänglich waren, und veranlasste, nach leistungsfähigeren Verfahren zu forschen. 1942 stärkten verbesserte Funkmessgeräte die Leistungsfähigkeit der Flakbatterien und die militärische Planung verlieh einer verstärkten Forschungs- und Entwicklungsarbeit im Bereich der Luftverteidigung eine höhere Priorität an dritter Stelle hinter der Fertigung von Flugzeugen und Panzern.[67] Diese Betonung der Luftabwehrtechnologie erklärt, warum die deutsche Luftverteidigung den alliierten Bombern bei ihren Luftangriffen über Europa derart schwere Verluste zufügte – Verluste, welche die militärischen Planer der Alliierten über Japan nicht noch einmal erfahren wollten.

Das Ausmaß, in welchem die Japaner deutsche Technologie für Luftabwehr und Gegenmaßnahmen in ihre eigenen Verteidigungssysteme eingegliedert hatten, beschäftigte weiterhin die Heeresluftwaffe und den Marinenachrichtendienst der Amerikaner. General Keßler hatte diesen Besorgnissen Rechnung getragen, indem er ausführte, dass vor dem Frühjahr 1941 keine formelle militärische Zusammenarbeit zwischen Deutschland und Japan existierte. Er hatte auch dargelegt, dass vor den auf *U 234* gefangen genommenen Passagieren keine »ballistischen Fachleute, Experten für Luftabwehrtaktik, Waffenspezialisten oder anderes spezialisiertes Personal« nach Japan entsandt worden wären.[68] Doch bereits 1943 hatte die Übermittlung deutscher Technik nach Japan begonnen. Im Juni 1943 erhielten die Japaner die technischen Zeichnungen für das Flak-Funkmessgerät »Würzburg D« (FuMG 62 D), das für die vorhandene japanische Flakbewaffnung verwendet werden konnte, begleitet von Ingenieur Pohl, einem Elektronikfachmann der Fa. Henschel, der die Japaner bei der Serienfertigung des »Würzburg«-Gerätes unterstützen sollte.[69] Doch die Japaner sahen keine Notwendigkeit für eine beträchtliche Verbesserung ihrer Luftabwehrtechnik, weil sie der Auffassung waren, die Inseln des Mutterlandes wären gegen feindliche Angriffe unverwundbar. Doch Deutschland gab sich einer solchen Selbsttäuschung hinsichtlich des japanischen Mutterlandes nicht hin. Infolgedessen kam der Anstoß zur Entwicklung eines leistungsfähigen japanischen Luftabwehrsystems nicht von der militärischen Führung Japans sondern von deutscher Seite.

Japans Widerstreben, eine moderne Luftabwehrtechnologie in Betracht zu ziehen und anschließend einzuführen, war sinnbildlich für den veralteten Zustand des militär-industriellen Bereiches in Japan. In Deutschland hatten japanische Offiziere eine theoretische Einweisung in das deutsche Luftverteidigungssystem erhalten. Zudem hatten sie sogar seine Leistungsfähigkeit beobachtet; denn sie konnten sich selbst vom taktischen Einsatz der Jäger bei der Verteidigung Berlins in den regionalen Jägerleitstellen wie auch vom Einsatz der Flakartillerie gegen alliierte Bombenangriffe auf die Anlagen der Leunawerke bei Merseburg überzeugen. Die Friedrich Krupp A.G. in Essen hatte der japanischen Marine die Konstruktionspläne für die Marineversion des hervorragenden 8,8-cm-Geschützes für Luft- und Erdziele geliefert und 1942 war in Japan ein japanisches Unterseeboot mit einem Kommandogerät eingetroffen, d.h. einem Feuerleitgerät der Fa. Carl Zeiß zur Ermittlung der Schusswerte für die Schwere Flak.[70]

So lange diese deutschen Flaksysteme auf mechanischer Technik beruhten, unternahmen die Japaner Anstrengungen, um sie in ihre vorhandenen Systeme einzugliedern. Sobald die Deutschen jedoch begannen, elektronische Geräte zur Führung und Feuerleitung zu entwickeln, die kompliziertere Komponenten enthielten, fanden sich die Japaner nicht mehr in der Lage, deutsche Technik auch weiterhin einzugliedern. Der japanischen Kriegsindustrie fehlte die technische Grundlage, um die Bauelemente der modernsten deutschen Feuerleitrechner- und Funkmess-Systeme nachzubauen. Es war nicht möglich, »den primitivsten Forderungen« nachzukommen, nicht einmal möglich, »zuverlässige Radioröhren herzustellen«. Die deutsche Seite erkannte klar, dass diese Unfähigkeit, elektronische Ausrüstungen zu entwickeln, den »Stillstand des gesamten japanischen Rüstungsprogramms« bedeutete. Ein geheimer Bericht Admiral Paul Wenneker, des deutschen Marineattachés in Tokio, vom März 1945 an das OKM kam zur Schlussfolgerung, dass Japan nicht imstande sein würde, einen alliierten Luftangriff abzuwehren. Seine Luftverteidigung sei sogar noch schwächer als seine offenkundig mangelhafte Seeverteidigung. Sein gesamtes Luftabwehrsystem sei in Wirklichkeit veraltet und es würde auch nicht im Stande sein, dieses Stadium ohne von außen kommenden Zustrom an technischem Fachwissen zu überwinden. Dies war die klare Erkenntnis, die zum Transfer deutscher Technikspezialisten nach Japan mit Unternehmen wie dem von *U 234* führte.[71]

Eine Angelegenheit, welche die Kommandeure der alliierten Luftstreitkräfte merkwürdig fanden, war das Fehlen einer Sicherung durch die deutschen Jäger über den starken Flak-Sperr-Riegeln. Fritz v. Sandrart erklärte hierzu, dass sich die deutsche Luftwaffe 1945 einem Mangel an Flugzeugführern gegenübersah (eine Situation, die nunmehr auch für Japan zutraf). Der Einsatz einer Sicherung durch Jäger in großer Nähe feuernder Flakbatterien barg außerdem das Risiko in sich, dass die Flak ihre eigenen Flugzeuge abschoss. Da die Führung der Luftwaffe ihre Jägerpiloten als zu wertvoll ansah, um sie dem Beschuss durch eine feuernde Flaksperre auszusetzen, ging sie mit der Verwendung ihrer Jagdflugzeuge sparsam um; sie kamen entweder zum Einsatz, um einen einfliegenden Bomberverband abzufangen, ehe das Flakfeuer einsetzte, oder um die Bomber auf dem Rückflug zu verfolgen. Diese Strategie der Wirtschaftlichkeit erklärt, warum die Jagdflugzeuge nicht in Zonen mit starker Flakkonzentration eingesetzt wurden. Auf diese Weise konnten die Flakbatterien ohne jede Beschränkung feuern.[72]

Auf Grund seiner Arbeit in Deutschland, Versuchsausrüstungen zu erproben, war Fritz v. Sandrart in der Lage, Informationen über die jüngsten deutschen Entwicklungen in der Luftabwehr, besonders im Bereich der Flakartillerie, zu liefern, von denen einige auch für Japan vorgesehen waren. So hatten zum Beispiel die deutschen Geschützexperten immer wieder das Kaliber der Flakgeschütze gesteigert, um über eine Munition mit stärkerer Treibladung eine größere Anfangsgeschwindigkeit (V_0) als Ausgleich für die gestiegene Flughöhe der alliierten Bomber zu erzielen, aber auch um mit größeren Granaten eine verbesserte Wirkung gegen die größer gewordenen Bomber zu erreichen. Doch die gesteigerte Größe der Treibladung und der Granaten verursachte eine übermäßige Abnutzung der Geschützrohre und zwang die deutschen Ingenieure, über andere Verfahren zum Erzielen der entsprechenden Höhe und Wirkung nachzudenken. Um diesem Problem zu begegnen, wurden hierzu Versuche mit Geschützen und Munitionen kleineren Kalibers durchgeführt, als sich der Krieg bereits seinem Ende näherte. Als Ergebnis dieser Versuche gelang es, eine V_0 von 1300 m/s zu erreichen, und noch höhere Geschwindigkeiten lagen durchaus im Bereich des Möglichen.[73] Eine weitere Neuerung, das Pfeilgeschoss, entworfen zum Verschießen aus einem konisch zulaufenden Rohr, war bei Flakbatterien im Frankfurter Raum erprobt worden.[74] Verantwortliche des AAF drückten hinsichtlich dieser Waffen Besorgnis aus, denn ihr Einsatz durch die Japaner könnte den taktischen Vorteil der B-29 – den Bombenabwurf aus großer Höhe – zunichte machen.

Eine von der deutschen Seite erfolgreich angewandte Taktik war das Verwenden von Attrappen, um die alliierte Luftaufklärung zu täuschen. Nach der Aussage Fritz v. Sandrarts wurden die Attrappen-Anlagen zentral vom Kommandeur der Flakdivision koordiniert, der die Ausführung wiederum dem örtlichen Kommandeur der Flakgruppe überließ. Die Wirksamkeit dieser Taktik zeigte sich beispielsweise durch die Scheinanlagen, die den Güterbahnhof Oslebshausen und die Focke-Wulf-Flugzeugwerke in Bremen – häufige Ziele von Bomenangriffen – verkörperten. Im Gebiet von Bremen kam eine Tarnung bei Tage nicht zur Anwendung, wohingegen sich die nächtliche Tarnung als großer Erfolg erwies und dazu beitrug, den Bahnhof Oslebshausen und die Focke-Wulf-

Werke vor der vollständigen Zerstörung durch feindliche Bombenangriffe zu retten. Um die Wirkung als Köder zu erhöhen, wurden große Brände simuliert; sie täuschten die alliierten »Pfadfinder«-Flugzeuge für das Setzen ihrer Markierungen. Die Ergebnisse waren in gleicher Weise sehr erfolgreich.[75]

Verantwortliche des AAF waren auch bezüglich der Berichte von amerikanischen und britischen Bomberpiloten neugierig, die Ende 1944 von mehrfarbigen Sprengwolken über Deutschland sprachen, die sich unter die regulären Detonationen von Flakgranaten mischten. Im April 1945 hatten amerikanische B-29-Besatzungen ähnliche Sichtungen über Japan gemeldet. Am 13. April erklärten sieben Besatzungen, dass »Feuerbälle« ihre Spur über den Himmel gezogen hätten, wobei einige am Boden eingeschlagen und detoniert wären. Eine Meldung vom 16. April legte dar, dass eine B-29 während desselben Einsatzes viermal angegriffen worden wäre: Der erste Feuerball »kam uns aus 3 [Uhr] entgegen, … aber unsere Geschwindigkeit brachte uns an ihm vorbei«. Der zweite Feuerball erschien achteraus der Maschine, nachdem er die Bucht von Tokio gekreuzt hatte und detonierte schließlich im Ozean. Dasselbe Schicksal widerfuhr dem dritten Feuerball, der etwa 240 km vom japanischen Mutterland entfernt auftauchte, und auch der letzte Angriff hatte dieses Ergebnis.[76] Die Erklärungsvorschläge für diese ungewöhnlichen Erscheinungen reichten von Einsätzen mit raketengetriebenen »Selbstopferungs«-Flugzeugen bis zu einem neuen Magnetgerät zur Luftabwehr, das sich vor seiner Detonation an einen Bomber anheftete. Nachrichtendienstliche Berichte der Alliierten meldeten, dass die Japaner versuchten, die öffentliche Moral durch das Ankündigen neuer Verteidigungswaffen zu stützen. Eine dieser Waffen wäre mit einer »atomaren Entladung« verbunden, die das feindliche Flugzeug paralysieren würde. Eine derartige Waffe könnte möglicherweise in Form eines »farbigen Balls von einer Art Schuss in die Luft« auftauchen.[77]

Wing Commander H. Priestley war bestrebt, das Rätsel aufzuklären. Der Oberstleutnant der *Royal Air Force* forderte daher, dass ONI Informationen über die Identität der »farbigen Feuerbälle« beschaffen sollte. Die Vernehmungsoffiziere von ONI stellten diese Frage Fritz v. Sandrart, der über die »Feuerbälle« Bescheid wusste, die über Deutschland gemeldet worden waren. Er teilte mit, dass es sich um eine Versuchswaffe handelte, die – während sie noch Verwirrung stiftete – nichtsdestoweniger bereits als unbrauchbar eingestuft worden war. Die von der deutschen Luftwaffe entwickelte Erfindung war nicht für die Flakartillerie-Einheiten vorgesehen gewesen, sondern wurde als Bombe von einem Flugzeug aus abgeworfen, dass in eine Flughöhe über die der feindlichen Bomberverbände gestiegen war. Ausgestattet war die Bombe mit einem Zeitzünder, der sie theoretisch auf Höhe der angreifenden Bomberformation detonieren lassen sollte. Diese neue Waffe hatte jedoch nur einen begrenzten Erfolg und wurde daher zurück in die Werkstätten und Labors der Erprobungsstelle verwiesen.[78] Was die Berichte betraf, die sich auf das Auftauchen von »Feuerbällen« über Japan bezogen, so konnte Fritz v. Sandrart seine Vernehmungsoffiziere nur auf das Technische Amt und das Kommando der Erprobungsstellen der Luftwaffe hinweisen. Dies brachte ONI auf den Verdacht, dass die Japaner aus ihren Flugzeugen deutsche Bordraketen einsetzten, die für den Luftkampf bestimmt waren.

Da den Amerikanern bekannt war, dass Japan die industrielle Kapazität fehlte, um Luftabwehrwaffen in großen Stückzahlen zu produzieren, stellten sie sich die Frage, wie die Japaner ihre knappen Ressourcen unter den verschiedenen Prioritäten ihrer Verteidigung aufteilten. Fritz v. Sandrart offenbarte, dass sich Deutschland einem ähnlichen Problem gegenübergesehen hatte. Die Kriegsmarine hatte traditionell eine Strategie der »ortsfesten Flakbatterien« verfolgt. Eine Strategie, zu der zum Beispiel die wiederholten Forderungen von GAdm. Dönitz gehörten, für einen verstärkten Flakschutz der Werften in Kiel und Bremen mit zumindest je 1000 Geschützen zu sorgen.[79] Doch die bloße Anzahl der Geschütze und der Umfang der Bombenziele in Deutschland verringerten die Brauchbarkeit dieser Strategie. Wie Fritz v. Sandrart mitteilte, bedeutete die Konzentration der Ressourcen in nicht mobilen Flakbatterien eine Verweigerung des Schutzes gegenüber anderen Zielen, die plötzlich Bedeutung erlangen konnten.[80] Zudem war es mit ortsfesten Batterien nicht möglich, die Ressourcen der Luftverteidigung zu verlagern, um dem Druck alliierter Bombenangriffe zu begegnen, deren Ziele oft täglich wechselten. Infolgedessen führte der Generalstab der Luftwaffe die bewegliche Kriegsführung ein. Da bekannt war, dass die japanischen Luftabwehrspezialisten über das gesamte deutsche Luftverteidigungssystem Bescheid wussten,[81] rechneten die Verantwortlichen der AAF damit, dass die Japaner in gleicher Weise eine bewegliche Kriegsführung einführen würden.

Fritz v. Sandrart erläuterte seinen Vernehmungsoffizieren die Verbindung zwischen dem Frühwarnsystem (Flugmeldedienst bzw. Funkmessorganisation) und der Luftverteidigung, wie sie unter der beweglichen Kriegsführung praktiziert wurde. Als Anfang 1942 die alliierten Luftangriffe zunahmen, reorganisierte die deutsche Luftwaffe das Frühwarnsystem und unterstellte es der operativen Führung des XII. Fliegerkorps mit seinen Jagddivisionen. Gleichzeitig wurde für die Jägerführung ein Gitternetzsystem eingeführt, um Jägereinsatz und Flakabwehr aufeinander abzustimmen. Mit der weiteren Zunahme der alliierten Luftangriffe wurde im Januar 1944 aus dem bisherigen Luftwaffenbefehlshaber Mitte das *Luftflottenkommando Reich* zur einheitlichen Führung der gesamten Reichsluftverteidigung neu geschaffen. Zur Erfassung der Feindeinflüge befanden sich bei den Luftgaukommandos bzw. den nachgeordneten Flakdivisionen (Luftverteidigungskommandos) die *Luftlagezentren*. Sie erhielten ihre Meldungen von der über das gesamte Land verteilten Funkmessorganisation und werteten sie aus – wobei die Fernfunkmessgeräte wie »Wassermann« oder die weit reichenden Geräte wie »Freya« oder »Würzburg-Riese« hauptsächlich im westlichen Küstenbereich standen. Den Luftgaukommandos unterstand auch die Flakorganisation, während der Einsatz der zur Luftflotte Reich gehörenden Jagdverbände den Jagddivisionen oblag.

Innerhalb des Luftgaukommandos XI in Hamburg gehörte zum Beispiel Bremen zum Bereich der 8. Flakdivision, die neben Bremen auch für das gesamte Weser-Ems-Gebiet zuständig war, während Bremen selbst von einer Flakgruppe verteidigt wurde. Der Kommandeur der letzteren (Luftverteidigungsbereich Bremen) erhielt fortlaufend die Luftlagemeldungen vom Luftlagezentrum der 8. Flakdivision in Bremen. Falls Bremen durch einfliegende Feindverbände direkt bedroht war, erhielt der Flakkommandeur neueste Lage- und Positionsmeldungen zusätzlich von der 2. Jagddivision im nahe gelegenen Stade. Deren Funkmessgeräte zur Jägerführung »malten« ein identisches Lagebild wie Bremen, aber mit genaueren Ortungsangaben. Zudem steigerten die am Rande Bremens befindlichen »Freya«-Anlagen beim Beginn der Operation die Genauigkeit der Ortung. Diese Querinformationen gestatteten es sowohl den Jägerleitstellen als auch den Flakkommandeuren eine genaue Beurteilung der Bedrohung vorzunehmen, um auf ihrer Grundlage unter sparsamer Verwendung der Ressourcen die geeigneten Gegenmaßnahmen ergreifen zu können.[82]

Im Falle eines beginnenden Luftangriffs wurde eine aufeinander abgestimmte Folge von Abwehrmaßnahmen in Gang gesetzt, denen die Absicht gemeinsam war, der Gefahr mit Wirksamkeit und auch Sparsamkeit zu begegnen. Wenn eine Funkmessortung ein Eindringen von mehr als zehn Flugzeugen in die 350-km-Verteidigungszone meldete, dann wurde für den unmittelbar bedrohten Bereich Vollalarm ausgelöst, zum Beispiel für den Stadtbereich Bremen. Näherte sich nur ein einzelnes Flugzeug, gab es eine teilweise bzw. begrenzte Warnung. In jedem Falle musste der Alarm weit genug im Voraus der geschätzten Ankunftszeit des georteten Kontaktes ausgelöst werden, um der Bevölkerung ausreichend Zeit zu geben, die Luftschutzräume aufzusuchen. Bisweilen konnte diese Zeitspanne der Vorwarnung bis zu 20 Minuten betragen. Sie war von großer Wichtigkeit; denn Zeit wurde nicht nur gebraucht, um das Zielgebiet von Zivilisten zu räumen, sondern auch um die Batterien der Luftabwehr zu besetzen und die Geschütze, Feuerleit- und Funkmessanlagen feuerbereit zu machen. Alle Verteidigungssysteme sowie auch die Gefechtsstände von der Division an abwärts wurden normalerweise besetzt, sobald ein einfliegender Feindverband die 350-km-Zone erreicht hatte.

Mit dem Fortgang des Krieges erlangte das Vorhandensein von Energie eine vorherrschende Bedeutung. Daher hatten alle Luftabwehrsysteme im unmittelbaren Verteidigungsbereich rund um die Uhr zusätzlich auch eine eigene Stromversorgung, ausgenommen die Funkmess-Stationen entlang des 100-km-Umkreises. Diese Stationen dienten auch als Transformatoren und besorgten eine rechtzeitige Stromumschaltung zum Verteidigungsbereich. Um die Stromversorgung zu sichern, hatten deutsche Ingenieure festgestellt, dass gegenüber unterirdischen Stromkabeln oberirdische Hochdraht-Leitungssysteme vorzuziehen waren, da sie einen besseren Widerstand gegen die Erschütterungen des Detonationsdrucks einer Bombe boten. Außerdem war es im Falle einer Leitungsstörung viel einfacher, eine heruntergerissene Leitung zu finden, als im Untergrund nach dem Ort der Störung zu suchen. Infolgedessen war im Allgemeinen eine schnelle Reparatur möglich. Im Falle eines Stromausfalls blieb das Querverbindungsnetz zumindest teilweise funktionsfähig, da Hilfssysteme die Übermittlung des Funkverkehrs ebenso wie die der »Freya«-Werte an die einzelnen Batterie-Gefechtsstände auch weiterhin gestatteten.[83]

Fritz v. Sandrart wies darauf hin, dass die Hauptaufgabe eines Luftverteidigungskommandos für einen bestimmten Bereich darin bestand, ein nicht aufeinander abgestimmtes Abwehrfeuer der Flak zu vermeiden, die sich nähernden Bomber sobald wie möglich aufzufassen und zu bekämpfen sowie die nach dem Auslösen der Bomben auf dem Rückflug befindlichen Maschinen erneut unter Beschuss zu nehmen, während gleichzeitig auch ein Bekämpfen aller zweitrangigen Flugzeuge zu erfolgen hatte. Bei diesem System war die Grundlage des Erfolgs das schnelle und leistungsfähige Auffassen und Erkennen der Ziele. Sobald der einfliegende Verband identifiziert und seine Position auf einer »Quadrat«- bzw. Flugmeldekarte markiert war, wobei sich Überlappungen mit den Batterien weiter vorn ergaben, kam ein Flächenabwehrfeuer in Gang. Dies war eine Taktik, die sich im Allgemeinen als erfolgreich erwies, obwohl Frühwürfe von Bomben die Chancen verringerten, einen Bomber mit Flakfeuer herunterzuholen. Die sich hieraus ergebende Taktik eines so frühzeitig wie möglich erfolgenden massierten Einsatzes aufeinander abgestimmter Feuerkraft erwies sich als wirksam. Doch Veränderungen in der alliierten Strategie unterbrachen ernstlich die Stetigkeit.[84]

Mit dem Fortgang des Krieges zeigte sich die zunehmende Anzahl und Reichweite der alliierten Luftangriffe für die taktische Konzeption der Flakkommandeure als »außergewöhnlich störend«.[85] Als insbesondere störend erwies sich die zunehmende Reichweite des alliierten Radars, das laut Fritz v. Sandrart das deutsche Verteidigungsnetz schließlich dazu zwingen sollte, sich zu verzetteln, indem es die Frühwarnsysteme unwirksam machte. Fritz v. Sandrart brachte seine Überraschung zum Ausdruck, dass die Alliierten diesen Vorteil nicht stärker ausgenutzt hatten, statt einfach die zunehmende Anzahl der über Europa in Verlust geratenen Flugzeuge und Besatzungen hinzunehmen.

Die Nachtangriffe der RAF, die von den schnellen Bombern des Typs »Mosquito XVI« durchgeführt wurden, verringerten die deutschen Luftabwehrmaßnahmen in hohem Maße. Die hohe Geschwindigkeit der zweimotorigen »Mosquito«-Bomber mit 668 km/h und ihre Flughöhe von bis zu 11.887 m verwirrten die deutschen Funkmessgeräte und erschwerten eine frühe Ortung besonders bei Nacht.[86] Die Flughöhen, die von den »Mosquito«-Bombern erreicht werden konnten, behinderten die Abwehr der Flakbatterien, da auch eine größere Schusshöhe erforderlich war. Britische Piloten stellten fest, dass sie von deutschem Flakbeschuss umso weniger beeinträchtigt wurden, je höher sie flogen.[87] Auch bei den Tageseinflügen begann die RAF, Wege zu finden, um die deutschen Luftabwehrmaßnahmen zu schwächen. Fritz v. Sandrart erläuterte, dass ein Angriff aus der Sonne bei teilweiser Wolkenbedeckung besonders wirksam war, weil er das optische Richten und Feuern der Flakgeschütze »praktisch unmöglich« machte.[88]

Vielleicht die wertvollste Information Fritz v. Sandrarts betraf die Entwicklung und den Entwurf des Großbatterie-Luftabwehrsystems. Den gesamten Krieg hindurch hatten die standardmäßigen Luftabwehrmaßnamen ihren Wert bewiesen, aber ihre Leistungsfähigkeit wurde durch die Verfügbarkeit von Munition und Flakwaffen begrenzt. Als der Krieg aus der Serie kurzer Blitzkriege in einen lang andauernden Zwei-Fronten-Krieg überging, erwies sich die deutsche Kriegsindustrie als nicht in der Lage, eine ausreichende Anzahl von Flakwaffen zu beschaffen, um alle Ziele mit Priorität in Deutschland zu schützen. Infolgedessen entschloss sich die Luftwaffenführung, ein System der Verteidigung von Orten mit Vorrang zu schaffen, um Batterien mit einer größeren Anzahl von Geschützen zu bekommen, die mit Hilfe eines zentralen Feuerleitsystem einheitlich gerichtet wurden. Die Entwicklung der Kommandogeräte, d.h. der Feuerleitrechner zur Ermittlung der Schusswerte, begünstigte diese Absicht und führte zur praktischen Durchführbarkeit. Zudem zwang die zunehmende Anzahl an massierten Bombenangriffen der Alliierten die deutsche Seite zur operativen Umsetzung dieser Absicht.[89]

Das Großbatterie-System ging von einem einfliegenden Verband mit folgenden Werten aus: Geschätzte Flughöhe zum Bombenabwurf 8.000 m und eine Fluggeschwindigkeit von 110 m/s. Die Batterie-Gruppe bestand aus drei Batterien mit 8,8-cm- und 10,5-cm-Fla-Geschützen, deren Stellungen versetzt in einer Dreiecksformation angeordnet waren.[90] Innerhalb dieses Dreiecks hatten zwei Batterien quer zur Haupteinflugrichtung Stellung bezogen, während die dritte Batterie die Spitze des Dreiecks bildete. Die Flakbatterien standen rund 150–200 m vom Gefechtsstand mit dem Kommandogerät 40 in der Mitte und innerhalb des Dreiecks ca. 400–500 m voneinander entfernt. Ihre Stellungen waren versetzt so angeordnet, dass sich ihr Feuer überlappte. Diese typische Anordnung gewährte eine wirksame Verteidigung für ein begrenztes Gebiet; in ausgedehnten Verteidigungsbereichen wie Bremen war der sich überlappende Beschuss infolge der Knappheit an Geschützen und Personal jedoch nicht möglich. Fritz v. Sandrart erläuterte auch, dass die Konzeption der Großbatterie auf der Annahme beruhte, dass ein alliierter Bomberverband – ungeachtet der Richtung, aus der er sich nähern könnte – aufgefasst und anschließend durch den Beschuss von mindestens zwei Großbatterien bekämpft werden würde, ehe er seine Abwurfzone erreichte. Das Vorhersagen der Annäherung eines Bomberverbandes aus einer oder zwei feststehenden Richtungen über ein begrenztes Gebiet verstärkte die Genauigkeit und Wirksamkeit des Systems. Dem eigenen Schutz der Batterien dienten Splitterschutzwände und Erdwälle; somit konnten die Geschütze nur durch einen Volltreffer zerstört werden.

Das Großbatterie-System erwies sich sowohl hinsichtlich der Vernichtung feindlicher Bomber wie auch bezüglich des Umstandes als wirksam, dass sie gezwungen wurden, frühzeitig ihre Bomben abzuwerfen. Doch diese Wirksamkeit, auch wenn sie beträchtlich war, wurde schließlich durch die alliierten Gegenmaßnahmen aufgehoben. Verstärktes Stören der aktiven und passiven deutschen Funkmessgeräte, für das es keine Abhilfe gab, und die sich steigernde Anzahl feindlicher Bomber überwältigten schließlich die Abwehr der Flakbatterien, die sich nach den Worten Fritz v. Sandrarts bald als »hilflos angesichts der überwältigenden Luftmacht erwiesen«.[91] Deutschland hatte jedoch während des gesamten Krieges seine Elastizität demonstriert und hoffte, das Großbatterie-Konzept auf die frühere Ebene des Erfolgs zurückzuführen.

Fritz v. Sandrart war der Auffassung, dass nur neue Taktiken und Waffensysteme – einige für einen sofortigen Einsatz und andere für Anfang 1946 vorgesehen – die Großbatterie auf den früheren Stand ihrer Leistungsfähigkeit zurückbringen könnte. Hierzu gehörten verbesserte Feuerleitrechner, um mit Hochgeschwindigkeitsflugzeugen wie dem schnellen »Mosquito«-Bomber fertig zu werden, empfindlichere Abstandszünder für Flakgranaten, Einrichtungen zur Abwehr von Störungen, um den alliierten Störmaßnahmen gegen die aktiven und passiven Funkmessgeräte zu begegnen, sowie durch Funkmess gelenkte Raketen, ausgestattet mit Zielsuchköpfen. Darüber hinaus experimentierte Krupp mit Fla-Geschützen kleineren Kalibers sowie auch mit der 15-cm-Flak 50, die mit einer verbesserten Anfangsgeschwindigkeit eine Schusshöhe von 18.000 m erreichen sollte. Fritz v. Sandrart legte dar, dass eine V_0 von 1300 m/s bereits erzielt worden war und sogar noch höhere Anfangsgeschwindigkeiten möglich wären.[92]

Die Verhörgruppe in Washington registrierte mit Beunruhigung, dass sich diese Neuerungen alle an Bord von *U 234* befanden und daher für den Einsatz durch die Japaner bestimmt waren.[93] Doch Fritz v. Sandrart teilte die Besorgnis seiner Vernehmungsoffiziere hinsichtlich Japans Einsatz der deutschen Luftabwehrmaßnahmen kaum. Obwohl er vermutlich der führende Flakfachmann der Luftwaffe war, offenbarte er, dass er »kaum etwas über die japanische Flak wisse«, und das wenige, was er wusste, führte ihn zur Überzeugung, dass die Japaner »bei der Ausrüstung der Flak im Vergleich zu den Deutschen weit zurücklägen«.[94] Hinsichtlich der Aussichten eines siegreichen amerikanischen Luftkrieges über Japan befragt, erwiderte Fritz v. Sandrart, dass die Luftüberlegenheit der Schlüssel für den alliierten Sieg in Europa gewesen war. Die Japaner »haben nicht die geringste Chance .... Die werden eine weitaus schlimmere Niederlage als Deutschland erleiden.«[95]

7. Kapitel

Die Dönitz'sche Marinemission

Ende 1944 war Großadmiral Karl Dönitz zur Überzeugung gekommen, dass die beste Gelegenheit zum Sammeln von Erfahrungen beim Einsatz größerer Flottenverbände in der Möglichkeit bestand, von den Japanern zu lernen. Deutsche Operationen zur See, die mit Schlachtschiffen wie die BISMARCK und die TIRPITZ einmal von beeindruckender Leistungsfähigkeit gewesen waren, blieben nunmehr auf den Einsatz von U-Booten und auf Küstengefechte beschränkt. Im Gegensatz hierzu war Japans Krieg im Pazifik seit dem 7. Dezember 1941 in erster Linie ein Seekrieg gewesen. Daher kündigte Dönitz am 3. Dezember 1944 Hitler gegenüber seine Absicht an, Offiziere der deutschen Kriegsmarine nach Japan zu entsenden. Sie sollten dort bei der Kaiserlich Japanischen Marine Erfahrungen erwerben, die später beim Wiederaufbau der dezimierten deutschen Flotte genutzt werden konnten.[1]

Die Entsendung einer technischen Marinemission nach Japan war schon zu einem früheren Zeitpunkt in Betracht gezogen worden. Bereits 1943 hatte VAdm. Paul Wenneker, der deutsche Marineattaché, einen Informationsaustausch gefordert, der aber infolge seiner niedrigen Priorität nicht zu Stande kam. Die Absicht von Dönitz, Marineoffiziere nach Japan zu senden, verbunden mit dem Wunsch Hitlers, den Japanern einen Gefallen zu erweisen, veranlasste das OKM, den Plan wieder aufleben zu lassen, obwohl die Vorbereitungen für die Abreise der Mission nicht vor Ende Dezember 1944 abgeschlossen werden konnten.

Die Marinemission für Japan unterschied sich vom Auftrag der übrigen Spezialisten an Bord von *U 234*. Infolge der Größe japanischer Flottenoperationen erkannte das OKM die Notwendigkeit einer deutschen Beobachtung der japanischen »Entwicklungen, Verfahren, Ausrüstungen usw. von Wert«, das heißt das Gewinnen von Informationen, die – zurück zur Kriegsmarine gelangt – von ihr genutzt werden könnten. Andererseits wurden die Mitglieder der Mission darüber belehrt, ihren japanischen Gastgebern so wenig wie möglich zu offenbaren. Ihre Gepäckstücke trugen alle die Aufschrift »Nicht an Japaner aushändigen!« und das gesamte Material, das die Angehörigen der Marinemission mit sich führten, sollte vom Missionschef Gerhard Falcke und von Wennekers Stab überprüft werden, ehe mit den Japanern ein Austausch stattfand.[2]

Dönitz hatte ursprünglich die Absicht gehabt, eine aus zehn bis 15 Offizieren bestehende Mission nach Japan zu entsenden. Doch aus Platzmangel konnte er an Bord von *U 234* nur vier unterbringen. Im Dezember 1944 hatten sich die drei anderen Offiziere bei Falcke in Berlin zu melden. Falcke, der mit Wenneker Verbindung aufgenommen hatte, um genau zu erfahren, was er nach Japan mitzubringen hatte, koordinierte das Sammeln der erforderlichen technischen Informationen und traf im Februar in Kiel ein. Schließlich stießen am 25. März 1945 auch der ehemalige Seeflieger Richard Bulla, der Marineflakexperte Heinrich Hellendorn und der Marinerichter Kay Nieschling in Kiel zu Falcke und gingen an Bord von *U 234*. Nach dem ersten Teilstück ihrer Reise, die nach Norwegen führte, wo *U 234* noch Schnorchel-Übungen durchführte, trat Falckes Mission im April endlich die lange Fahrt nach Japan an.

* * *

Geführt wurde die Marinemission nach Japan von dem 48-jährigen Fregattenkapitän Gerhard Falcke, einem Schiffbauingenieur und Fachmann für Elektro-Schweißtechnik. Auf Grund der Schlussfolgerungen aus den vorläufigen Verhören der Kriegsgefangenen beurteilte der Nachrichtendienst der US-Marine Falcke als »gut informiert, zuverlässig, intelligent [und] zur Zusammenarbeit bereit« – ein »vornehmer Typ«, der ungeachtet der Versicherung, kein »aktives Interesse an politischen Dingen« zu haben, nichtsdestoweniger Loyalität zum Nationalsozialismus an den Tag legte.[3] Das OKM hatte in Falcke den idealen Offizier gesehen, um eine technische Mission nach Tokio zu leiten. Nachdem er seine Ausbildung zum Schiffbauingenieur abgeschlossen hatte, war er im Amt Kriegsschiffbau des OKM für die Zusammenarbeit mit dem verbündeten Ausland zuständig gewesen und hatte die gemeinsamen Marinebestrebungen mit der Sowjetunion, Italien, Bulgarien, Spanien und Japan koordiniert. Die Verbindung von diplomatischer und technischer Erfahrung in seiner Person verschafften ihm eine einzigartige Qualifikation für diese Mission.

Falcke war einer der ältesten Passagiere von *U 234*. 1897 in der Nähe von Merseburg geboren, hatte er die Volksschule in Coburg und das Gymnasium in Köln besucht, das er 1915 mit dem Abitur abschloss. Unmittelbar danach trat Falcke in die Kaiserlich Deutsche Marine ein, absolvierte die Ausbildung zum Offizier und schied 1919 als Leutnant zur See nach dem Kriege wie Keßler aus der Marine aus, um ein Studium aufzunehmen. So besuchte er in der Folge die Technische Hochschule in Aachen, um Elektro- und Schweißtechnik sowie Maschinen- und Werkzeugmaschinenbau zu studieren.

1925 schloss Falcke sein Ingenieur-Studium ab und begann sofort im Anschluss daran mit seiner Karriere als Ingenieur bei der Siemens & Halske A.G. in Berlin-Siemensstadt. 1928 avancierte er zum Abteilungsleiter und wurde in die Forschungs- und Entwicklungs-Abteilung versetzt. Dort spezialisierte er sich auf Elektro-Schweißverfahren. 1935 verließ er die Siemens A.G., um sich als selbstständiger Unternehmer niederzulassen. Falcke erhielt rasch Aufträge, um Elektro-Schweißtechniken für die Messer-Werke in Frankfurt/Main wie auch für die Fa. Müller in Köln zu entwickeln. In beiden Fällen wurde er jedoch der Nichterfüllung seiner Verträge beschuldigt und er stellte infolgedessen nach kurzer Zeit den Betrieb seiner Firma wieder ein. 1936 arbeitete Falcke bei der eben flügge gewordenen Luftwaffe als technischer Berater an der Lufttechnischen Akademie bei Berlin. Hier brachte Falcke seine Erfahrung in der Elektro-Schweißtechnik ein, um die Standardverfahren zur Fertigung von Flugzeugzellen mit hervorragender Festigkeitssicherheit zu verbessern.[4]

Am 15. März 1938, als sich die politische Lage in Europa verschlechterte, folgte Falcke einem Angebot, wieder in die Marine zurückzukehren. Angesichts seiner technischen Ausbildung und Erfahrung erhielt er in der Kriegsmarine sofort den Dienstgrad eines Kapitänleutnants und wurde der Flottenabteilung im OKM in Berlin zugeteilt.[4a] Hier koordinierte er die Beschaffung von Material und Ausrüstung für das Marinekonstruktionsamt sowie nach entsprechenden Vorgaben auch die Feststellung der Priorität für die Zuweisung dieser Materialien, um sie dem Bau der entsprechenden Kriegsschiffe zuzuführen. Mit der Eingliederung seines bisherigen Wirkungsbereiches in das neue Amt Kriegsschiffbau gehörte er ab 1940 ebenfalls zu diesem Amt.[5]

Hier im Amt Kriegsschiffbau wurde Falcke 1940 mit der Leitung des Referats für Zusammenarbeit mit dem befreundeten Ausland beauftragt. In dieser Eigenschaft war sein Referat die Verbindungsstelle zu den technischen Vertretern der Marinen aus den Ländern, mit denen Deutschland freundschaftlich verbunden war.[6] Obwohl seine Pflichten eigentlich diplomatische und technische Besuche in diesen Ländern erforderten, wagte sich Falcke selbst nie aus seinem Berliner Amtszimmer. Die Reisen ins Ausland hatten die Mitarbeiter seines Referates zu übernehmen, während er die Besuche der ausländischen Marinevertreter für Schiffbau und Technik empfing. Infolgedessen legte sich Falcke ein umfangreiches Wissen zu, das den Austausch von Material, Plänen, Dokumenten und Personal mit diesen Ländern hinsichtlich der Marine betraf.[7] Von allen Ländern, mit denen Falcke zu tun hatte, interessierte ihn persönlich Japan am meisten. Tatsächlich sprach Falcke fließend Japanisch und war ein Kenner der japanischen Kultur.[8] Folglich war Falcke die logische Wahl, als das OKM einen Offizier mit dem diplomatischen und technischen Können suchte, um in Wennekers Stab in Tokio das marinetechnische Referat zu übernehmen.[9]

Infolge seiner Verbindung zu den Japanern und insbesondere zur Kaiserlich Japanischen Marine war Falcke imstande, den ONI-Offizieren in Portsmouth Einzelheiten über die deutsch-japanische Zusammenarbeit zu liefern. Laut Falcke hatten die Achsenmächte bereits vor dem Abschluss des Dreimächtepaktes über ihre Außenministerien politische Verbindungen zueinander unterhalten. Nachdem der Pakt zu Stande gekommen war, zeigten in der Folge Beurteilungen den japanischen Verantwortlichen an, dass in Deutschland die Führungsstrukturen, seine Waffentechnik und seine Rüstungsindustrie moderner als ihre eigenen waren. Infolgedessen schlossen die Achsenmächte zusätzliche Übereinkommen hinsichtlich des Austausches militärischer und wirtschaftlicher Informationen ab. Dem lag die Vorstellung zu Grunde, solche Informationen dem entsprechenden Führungspersonal zu vermitteln, das dann in seinen jeweiligen Bereichen das entsprechende Leistungsniveau erwerben konnte.[10]

Falcke führte die Vernehmungsoffiziere von ONI durch die verwirrende Befehlsstruktur des OKM, so weit dies die japanischen Angelegenheiten betraf. Vom Oberkommando der Wehrmacht (OKW) kamen die allgemeinen Entscheidungen und Weisungen, die sich auf die Zusammenarbeit mit Japan bezogen und insoweit die Wehrmacht betroffen war. Auf politischer Ebene koordinierte das Auswärtige Amt die Vorgänge und das Reichsministerium für Bewaffnung und Munition kümmerte sich in militärischer und ziviler Hinsicht um die industriellen Angelegenheiten. Außerdem arbeiteten die Industrie und verschiedene zivile Stellen mit, um die Zusammenarbeit zwischen dem militärischen und dem zivilen Sektor zu fördern. Schließlich waren auch im OKM selbst zwei verschiedene Bereiche mit den Vorgängen befasst: Die Seekriegsleitung koordinierte das deutsch-japanische Zusammenwirken im Marinebereich, während das Amt Kriegsschiffbau für den Zugang zu den Werften und auch für das Entsenden entsprechender technischer Missionen nach Japan sorgte.[11]

Von Interesse war in diesem Zusammenhamg eine weitere Organisation: Der Marinesonderdienst (MSD).[11a] Er koordinierte alle überseeischen Transportaufgaben und Zufuhren für das Reich. Als ein Teil seiner Verbindungsaufgaben unterhielt Falcke eine enge Arbeitsbeziehung zum MSD und war imstande, dem Nachrichtendienst der US-Marine einen Überblick über seine Struktur zu geben, wie sie zur Zeit des Auslaufens von *U 234* existierte. Mit dem beginnenden Vordringen der Alliierten Richtung Deutschland hatte der MSD seine bisherige Dienststelle von Bordeaux nach Kiel verlegt. In Kiel befand sich auch die Kriegsdienststelle für Fremde Marinen des MSD, die KKpt.(V) Eiffel mit Dr. v. Hanfstengel als seinem Gehilfen führte. Dieser Dienststelle direkt unterstellt war das Marinetransportamt, geleitet von KKpt.(V) Becker. Ihm zur Seite stand Kptlt.(V) Longbein als sein Stellvertreter. Die beiden Verwaltungsoffiziere koordinierten und überwachten das Beladen von *U 234* in Kiel und in Kristiansand-Süd.

Als Teil der deutsch-japanischen Attachégruppe hatte der MSD auch in Japan Marineoffiziere stationiert. Im Frühjahr 1944 gehörten die Korvettenkapitäne v. Krosigk, van Wüllen-Schloten, Ross und Souchon sowie ObltzS. Koch und Inspektor Boreck zu dieser Gruppe.[12] Von ihnen hatten KKpt. v. Krosigk und KKpt. Souchon den Auftrag, Fracht und Ankunft von *U 234* in Japan zu koordinieren, Deutschlands letzte kooperative Anstrengung seiner offiziellen Zusammenarbeit mit Japan.[13] Laut Falcke war das abgebrochene Unternehmen mit *U 234* der Höhepunkt eines langen und enttäuschenden Versuches gewesen, eine Zusammenarbeit zwischen Verbündeten zu Stande zu bringen, zwischen denen die halbe Welt lag.

Da Falcke eng mit der japanischen Marinemission in Deutschland zusammengearbeitet hatte, war er in der Lage, den Vernehmungsoffizieren von ONI Einzelheiten über die deutsch-japanische Zusammenarbeit zwischen den Marinen zu berichten. Er teilte ihnen mit, dass die japanische Regierung in deutlicher Erkenntnis von Deutschlands überlegenen Kapazitäten zur Kriegsführung schon in den frühen Stadien des Krieges eine *Militärische Dreimächte-Pakt-Kommission* gebildet hatte, um nach Europa entsandt zu werden. Bereits 1941 traf diese Mission, bestehend aus militärischen, technischen und wirtschaftlichen Fachleuten unter Führung von Admiral Nomura Naokuni, mit dem Befehl in Berlin ein, die Möglichkeiten eines materiellen und technischen Austausches zwischen Deutschland und Japan zu erforschen. Nach den Vereinbarungen der Ergänzungsprotokolle zum Pakt hatte jede Teilstreitkraft der deutschen Wehrmacht eine

Vortragsreihe sowie ein Besichtigungsprogramm vorzubereiten, um die japanische Mission mit den deutschen Forschungsarbeiten und Herstellungstechniken bekannt zu machen.[14] Innerhalb des vorgesehenen Rahmens sollten die Angehörigen der Mission einen umfassenden Überblick über den neuesten Stand der kriegsmäßigen Führungsstrukturen und der Waffentechnologie erhalten.

Sobald das Vortragsprogramm gebilligt worden war, setzte sofort die Unterrichtung ein und behandelte alle Aspekte der deutschen Seekriegserfahrungen. Verantwortliche Offiziere aus der Seekriegsleitung trugen über die einzelnen Bereiche der Seekriegsführung vor, wobei die Aspekte der Besetzung Norwegens und Dänemarks im Frühjahr 1940 sowie der Einsatz der deutschen Hilfskreuzer besondere Berücksichtigung fanden. In Vorträgen des Marinepersonalamtes wurde über Probleme der Personalpolitik berichtet, wie zum Beispiel Ausbildung und Finanzen. Das Amt Kriegsschiffbau trug durch seine Vertreter, darunter auch Falcke, über verschiedene schiffbauliche Aspekte wie Maschinenbau und Starkstromtechnik sowie über Organisation und Leistungsfähigkeit der Werften vor. Rüstungsprobleme und Waffentechnik sowie auch Nachrichtenwesen und Sicherheit der Funknetze behandelten das zuständige Marinewaffenamt und andere Stellen, während Erläuterungen zu Finanzfragen aus dem Wehrwirtschafts- und Rüstungsamt des OKW kamen. Ein Hauptzweck dieser Bemühungen war die Weitergabe deutscher Industrietechnologie an Japan. Geeignete Vortragende – über ein interaktives Konsortium aus Fachleuten der verschiedenen Reichsämter und privaten Industrieunternehmen ausgewählt – behandelten die Beschaffung von Rohstoffen und Material, Verarbeitungsverfahren, Standardisierung und Probleme der Ölversorgung. [15]

Da die Angehörigen der japanischen Mission nur die Veranstaltungen besuchten, die ihr besonderes Fachgebiet betrafen, fanden Vorträge zu verschiedenartigen Themenbereichen, wie zum Beispiel Waffentechnik und Schiffbau, zur selben Zeit statt. Infolgedessen war es möglich, trotz der großen Bandbreite der Vorträge das gesamte Unterrichtungsprogramm in zweieinhalb Wochen abzuschließen.[16]

Obwohl sich Nomuras Mission mit allen Gebieten der Marinetechnik beschäftigte, waren ihre Vertreter hauptsächlich am U-Bootbau interessiert. Falcke erinnerte sich später, dass die Japaner über den Unterschied zwischen deutscher und japanischer Bauweise »ganz überrascht« waren, insbesondere was den Unterschied in der Größe zwischen vergleichbaren Unterseebooten betraf. So führte zum Beispiel das deutsche 769-t-Boot vom Typ VII C dieselbe Feuerkraft wie das japanische 2500-t-Boot. Jedoch für diesen Größenunterschied gab es einen praktischen Grund; die weiten Seeräume der japanischen Operationsgebiete erforderten im Bootsinneren größere Unterbringungsmöglichkeiten für Treibstoff und Proviant, und so opferten die japanischen Schiffbauingenieure Geschwindigkeit und Manövrierfähigkeit für zusätzlichen Raum. Hinsichtlich Stabilität und Festigkeit bemerkte Nomura, dass die deutschen U-Boote – im Gegensatz zu den genieteten japanischen Unterseebooten – geschweißt waren und daher eine größere Festigkeit besaßen.[17] Diese gesamten Informationen waren offensichtlich von großem Wert für Nomura, der bei seiner Abreise gegenüber Falcke seine Anerkennung in einem Brief ausdrückte und sich für die Mühe bedankte, die sich Falcke trotz seines anspruchsvollen Programms im Amt Kriegsschiffbau in Nomuras Namen gemacht hatte.[18]

Wenn auch das informatorische Austauschprogramm sowohl für Deutschland als auch für Japan vorteilhaft war, so war doch auch ein wachsendes Misstrauen zwischen den Bündnispartnern offensichtlich. Dieser Argwohn war teilweise dem Mangel an zweisprachigem Personal zuzuschreiben, das Japanisch ins Deutsche übersetzen konnte. Um ein völliges Verständnis der Informationen zu garantieren, hatten die Japaner ein schriftliches Protokoll verlangt, so dass Einzelheiten zu einem späteren Zeitpunkt übersetzt werden konnten. Während eine größere Anzahl der anwesenden Japaner die deutsche Sprache etwas beherrschte, da sie sich bereits früher längere Zeit zu Studienzwecken in Deutschland aufgehalten hatten, konnten nur verhältnismäßig wenige Deutsche, die beteiligt waren, Japanisch lesen oder schreiben. Jene, die einige Sprachkenntnisse besaßen, hatten dennoch Schwierigkeiten, die militärischen oder technischen Ausdrücke zu verstehen. Um sich mit ihren japanischen Partnern genauer zu befassen, hatte die deutsche Seite außerdem den Nachteil ihrer Unkenntnis der japanischen Kultur. In Verbindung mit den Sprachschwierigkeiten förderte diese Unwissenheit den Eindruck, dass den Japanern nicht völlig getraut werden konnte, »absolute Geheimhaltung« zu wahren.[19] Infolgedessen war das deutsche Personal, das am Austauschprogramm beteiligt war, belehrt worden, beim Halten von Vorträgen oder Durchführen von Besichtigungen Zurückhaltung zu üben. Auch Falcke wurde belehrt, »Informationen von … hoher Bedeutung gegenüber der Mission [Nomuras] zurückzuhalten«, und zwar auf Grund der Annahme, dass »die Japaner nicht völlig korrekt« wären.[20]

Diese Annahme war nicht gänzlich unbegründet. In den ersten Monaten des gegenseitigen Austauschs hatten die Japaner der deutschen Seite Angaben über amerikanische Schlachtschiffe zukommen lassen, hauptsächlich aus Querschnittszeichnungen am Mittelspant bestehend, um im Austausch Angaben über britische Kriegsschiffe zu erhalten. Die von den Japanern gelieferten Zeichnungen erwiesen sich jedoch, wenn auch bemerkenswert genau, nur von geringem Wert, da sie sämtlich von älteren Schiffen stammten.[21]

Die Japaner hegten zudem den gerechtfertigten Verdacht, dass ihre deutschen Partner auch nicht völlig aufrichtig waren. Nomura und andere Angehörige der Mission hatten ihr Interesse an bestimmten Themen zum Ausdruck gebracht, die das OKM als heikel betrachtete. Das Oberkommando der Kriegsmarine und das Auswärtige Amt erließen daher ähnlich lautende Weisungen, in denen es hieß, dass alle am Austauschprogramm von deutscher Seite Beteiligten der japanischen Mission alle Vorteile ihres Fachwissens zukommen lassen sollten. Allerdings gäbe es trotzdem Beschränkungen hinsichtlich der Natur und des Ausmaßes der zu gebenden Informationen zu beachten. Insbesondere sollten Mitteilungen über deutsche Waffensysteme und Geräte, die bereits an der Front zum Einsatz kamen, eingeschränkt werden.[22] In seiner Vernehmung durch die ONI-Offiziere bestätigte Falcke, dass von deutscher Seite aus bestimmte Informationen zurückgehalten wurden. Obwohl die Japaner über alle Waffensysteme, welche ihre Marine im Einsatz hatte oder die sich noch im Entwicklungsstadium befanden, ihre deutschen Partner orientiert hatten, so berichtete er, hatten diese ihre Informationen über jüngste Entwicklungen zurückgehalten, wie zum Beispiel über Torpedos, Druckfestigkeit der Bootskörper bei U-Booten und Kreislaufmotoren. Außerdem hatten sie als »eine Sache des Prinzips« keine Forschungsergebnisse an die Japaner weitergegeben.[23]

Obwohl die Verantwortlichen auf deutscher Seite sich in den ersten Kriegsjahren widerstrebend verhielten, den vollen Umfang ihrer technischen Entwicklungen zu offenbaren, wurden die ehemals strengen Beschränkungen bezüglich der Zusammenarbeit aufgegeben, als sowohl Deutschland als auch Japan an den Fronten schwerere Verluste hinnehmen mussten. Falcke, der von ONI als »in Kenntnis dessen, was ausdrücklich für den Austausch mit Japan« bestimmt war, betrachtet wurde, offenbarte, dass er Zeichnungen und Pläne im Gewicht von Hunderten von Kilo dabei hatte, mit denen die Japaner eine eigene Marinerüstungsindustrie hätten aufbauen können.[24] Zu diesen Dokumenten, die im Minenschacht 30550-27 auf *U 234* verstaut waren, gehörten die Baupläne für das Schlachtschiff BISMARCK, die neuen Zerstörer 1936 C (Typ *Z 46*) und 1944 (Typ *Z 51*), das neue Minensuchboot 1943 (Typ *M 601*) und die neuen S-Boot-Entwürfe.[25] Die vielleicht wichtigsten Dokumente waren die Bauzeichnungen der neuen deutschen Unterseeboote (»Elektroboote«) vom Typ XXI (Hochseeboot) und XXIII (Küstenboot). Aber auch die Pläne für den Bau konventioneller U-Boote der Typen II (Küstenboot), VII C (Standard-Atlantikboot), IX (Fernboot), X (Minenboot) und XI (U-Kreuzerentwurf) befanden sich an Bord von *U 234*. Außerdem sollte Falcke sein Fachwissen im Kriegsschiffbau zur Verfügung stellen, um den Japanern besondere Anleitungen für den Bau der neuen Boote zu geben, beginnend mit dem Typ IX.[26] Um die Kontinuität mit den deutschen Herstellerfirmen zu wahren, führte Falcke auch Kopien der Baulizenzen und Patente mit, um jedes aufkommende Problem hinsichtlich Japans Befugnis, die Boote zu bauen, lösen zu können.[27]

Falckes Aussagen bei ONI gaben den Vernehmungsoffizieren auch einen Einblick in die Arbeit dessen, was als leistungsfähige deutsche Marinebürokratie betrachtet wurde. Hauptsächlich infolge Falckes Mannigfaltigkeit an Talenten und Fachwissen hatte er im Amt Kriegsschiffbau vielfache Aufgaben – die so umfangreich waren, dass er sich wiederholt beschwerte, weil ihn die Anforderungen zeitlich überlasteten. In den ersten Kriegsmonaten wurde das Amt mit Ersuchen der Verbündeten Deutschlands und der von ihm abhängigen Länder überschwemmt – eine Flut, die Falckes personell unterbesetztes Referat unvorbereitet traf, um sie zu bewältigen. Anfang November 1939 teil Falcke seinen Vorgesetzten mit, dass er und seine Mitarbeiter in einer Weise überlastet waren, dass sogar Freizeit und Urlaub nicht mehr gewährt werden konnten.[28] Den ganzen Krieg hindurch beklagte sich Falcke, von dem auch erwartet wurde, dass er seine Forschungsarbeiten als Marineingenieur weiterführte, über die Personalprobleme, die eine zu schwache Besetzung und die personellen Anforderungen des Krieges mit sich brachten. Zudem bedeuteten die immer mehr zunehmenden Anforderungen der verbündeten Länder auch »immer mehr Arbeit und zu wenig Schlaf«; eine Situation, die »ruinös für die Gesundheit« war.[29] Im April 1943 hatten Organisationsprobleme und eine fortwährende Personalschwäche, so machte Falcke geltend, zu gesundheitlichen Problemen geführt, die sich in einer Mittelohrentzündung äußerten.[30] Doch seine Ersuchen um weiteres Personal blieben erfolglos.

Falcke war auch für das Wohlergehen des nach Übersee im Auftrage des Amtes Kriegsschiffbau entsandten deutschen Personals zuständig. Infolge der Anforderungen des Krieges an das Budget der Kriegsmarine standen Falcke nicht genügend Mittel zur

Verfügung, um das Netz seines für das K-Amt tätigen Verbindungspersonals ausreichend zu finanzieren. Daher brachte er viele Stunden mit Ersuchen zu, damit die Vertreter des K-Amtes ihre Auslagen rückerstattet bekamen; sie waren gezwungen, ihre Aufwendungen mit eigenen Mitteln auszulegen, um ihre Auslandsaufgaben zu erfüllen. Vielfach erstattete Falcke seinen Mitarbeitern ihre Auslagen aus eigener Tasche, wenn die Rückerstattung verweigert wurde. Zu den sich aus seiner Stellung ergebenden Frustrationen kam dies noch hinzu.

Falckes Schwierigkeiten mit der Logistik der Überseereisen und Abordnungen waren kennzeichnend für die Erfahrungen des Chefingenieurs Hermann Lange, der im August 1943 nach Japan reiste. Lange, ein Schiffskonstrukteur, hatte vor seiner Abreise aus Europa eine Abschlagszahlung in japanischen Yen erwartet. Doch er erhielt sie weder in deutschen Reichsmark noch in japanischen Yen. Außerdem verzögerten logistische Probleme seine Abreise aus Bordeaux um zwei Wochen, ein Aufenthalt, für den ihm nicht genügend Mittel zur Verfügung standen. Infolgedessen war er gezwungen, sich von Becker, dem Chef der MSD-Dienststelle, 250 RM auszuleihen. Nach seiner Ankunft in Japan mit erschöpfter eigener Geldbörse, ohne dass ihm eine Reserve in japanischer Währung zur Verfügung stand, beschwerte sich Lange bei Falcke, dass er seinen Aufgaben nicht richtig nachkommen könnte. Das Kleidergeld von 3000 Yen, das er vom Marineattaché in Tokio erhalten hatte, war »angesichts des Wirtschaftssystems von Tokio nicht genug Geld«. Dieser Betrag reichte weder für Kleidung noch konnte Lange japanische Würdenträger in einem Stil bewirten, wie es sich für deutsches diplomatisches Personal geziemte. Darunter litt nach Langes Auffassung die Effizienz seiner Position, bis Falcke schließlich das finanzielle Defizit behob.[31] Nach vier Jahren bürokratischer Zänkereien, finanzieller Knappheiten und den Auseinandersetzungen mit temperamentvollen Verbündeten hatte Falcke von allem genug. Daher kam im April 1944 der Zeitpunkt, an dem er um seine Versetzung ersuchte, wobei er anführte, dass trotz aller Bemühungen nach besten Kräften nichtsdestoweniger sein Referat unzulänglich geblieben war.[32]

Zusätzlich zu seinen Verwaltungsaufgaben koordinierte Falcke auch die Übersendung von Forderungen der militärischen Planung an die Forschungs- und Entwicklungsabteilungen. In diesem Bereich gab es Probleme. Nach Falckes Auffassung waren sie in der Mehrheit den Verständnisschwierigkeiten zwischen den militärischen Planern und dem technischen Fachpersonal zuzuschreiben. Sehr häufig klaffte zwischen den militärischen Forderungen und dem, was die Techniker und Wissenschaftler tatsächlich liefern konnten, eine große Lücke.[32a] Falcke sagte zu seinen Vernehmungsoffizieren von ONI, er nehme nicht an, dass es ein solches Durcheinander in den US-Streitkräften gäbe, die sicherlich viel weniger Bürokratie aufzuweisen hätten, und es würden sicher keine Forderungen erhoben werden, die »Technikern nicht möglich« wären.[33]

Wie seine Mitgefangenen auch wurde Falcke in Fort Meade/Maryland bis zu seiner Überstellung im Juni 1945 in das Verhörzentrum in Fort Hunt/Virginia inhaftiert.[34] Dort verblieb er bis zum Ende des Sommers und kam dann unter die Zuständigkeit des *Provost Marshal General's Office* (Generalkommando der Militärpolizei) des Heeres. Trotz seiner nationalsozialistischen Neigungen wurde Falcke als so genannter »Nazi-Gegner« eingestuft und später in ein Gefangenenlager überstellt, das dazu diente, die begeisterten Hitler-Anhänger von ihren weniger begeisterten Landsleuten abzusondern. Infolgedessen kam Falcke am 27. August 1945 in das Kriegsgefangenenlager für so genannte »Nazi-Gegner« in Ruston/Louisiana.[35] Im Dezmber verkündete das *Provost Marshal General's Office* die Schließung des Lagers in Ruston und Falcke wurde zusammen mit 213 Offizierskameraden nach Dermott in Arkansas verlegt.[36] Sein späterer Verbleib ist nicht klar; obwohl seine Offizierskameraden Ende 1946 nach Deutschland repatriiert wurden, behauptete 1949 eine Zeitung, dass Falcke »mehrere Jahre für die US-Marine gearbeitet« hätte, ehe er nach Deutschland zurückgekehrt wäre.[37]

Gerhard Falcke war das Beispiel eines in technischer wie auch in diplomatischer Hinsicht ausgebildeten Bürokraten der Mittelschicht. Zu Beginn des Krieges ehrgeizig und dem Nationalsozialismus ergeben, war es für Falcke einzigartig, dass seine Desillusionierung nicht durch das politische und militärische Versagen des »Dritten Reiches«, sondern eher durch die Schwächung seiner Dienststellung infolge der bürokratischen Ineffizienz herbeigeführt wurde.

Obwohl Falcke den Großteil seiner Dienstzeit in einer Verwaltungsrolle zugebracht hatte, blieb er nichtsdestoweniger im Kriegsschiffs-Maschinenbau wie auch in der Materialbeschaffung für die Marine ein erfahrener Ingenieur. Für eine Mission in Japan mit Aufgaben der Verbindungsaufnahme, die unbedingt einen Offizier seiner sozialen Stellung und intellektuellen Gewandtheit brauchte, war er die ideale Wahl. Von seinem Standpunkt aus betrachtete Falcke seine Aufgabe in Japan als die letzte Gelegenheit, das zu vollbringen, was er als sein Schicksal betrachtete.

* * *

Das OKM hatte Kapitänleutnant Richard Bulla eher mit dem Auftrag eines Beobachters als mit der Aufgabe eines Instrukteurs nach Japan geschickt. Die Kriegsmarine hatte während des Krieges keine Trägerluftstreitkräfte erhalten; denn auf einem Gebiet, auf dem die Kaiserlich Japanische Marine hervorragende Leistungen aufwies, war bei der deutschen Luftwaffe ein Stillstand eingetreten. So hatte ein immer wieder verzweifelt um die Zuweisung von Luftstreitkräften ringendes OKM durchaus die Bedeutung einer Seeluftwaffe für den Erfolg des U-Bootkrieges erkannt und versuchte, diesem Mangel abzuhelfen, indem es zunächst aus den japanischen Erfahrungen zu lernen hoffte. Zu diesem Zweck hatte Großadmiral Karl Dönitz am 28. Dezember 1944 Bulla auf *U 234* abkommandiert, um nach Japan zu reisen.[38]

Bulla hatte einen ungewöhnlichen Werdegang aufzuweisen, denn er diente als Seeoffizier sowohl in der Luftwaffe als auch in der Kriegsmarine. Im April 1935 in die Marine eingetreten, meldete er sich im Dezember 1938 nach seiner Seeoffiziersausbildung zu den Seefliegern der Luftwaffe. Bis zum Einmarsch in Polen im September 1939 gehörte der Leutnant z.S. Richard Bulla als Adjutant zur Küstenfliegergruppe 206. Danach wurde er zur Bordfliegergruppe 196 abkommandiert. Im Dezember 1939 wurde Bulla zusammen mit seinem Flugzeugführer, Feldwebel Borchert, und zwei Seeflugzeugen vom Typ He 114 dem Hilfskreuzer ATLANTIS *(Schiff 16)* zugeteilt. Gleichzeitig übte er die Funktion eines Torpedooffiziers aus.[39]

Kapitän z.S. Bernhard Rogge, der Kommandant der ATLANTIS, war am Einsatz von Bordflugzeugen interessiert, denn er sah das Bordflugzeug für die Sicherung des Hilfskreuzer als wichtig an. ObltzS. Bulla bestätigte Rogges Auffassung, denn das Bordflugzeug erwies sich als die »Augen« der ATLANTIS von großem Wert. Im Indischen Ozean, Südwestpazifik und zuletzt im Südatlantik klärten die Bordflugzeuge des Hilfskreuzers zwischen Mai 1940 und dem November 1941 große Seegebiete auf.[40/40a]

Anfangs mit seiner Aufgabe als Beobachter bei Aufklärungsflügen zufrieden, drängte er Rogge, mit seinem Flugzeug auch Kampfaufgaben zu erfüllen. Mit Rogges Erlaubnis stattete er die He 114 mit zwei 50-kg-Bomben und einer 2-cm-Bordkanone mit 120 Schuss Munition aus. Außerdem befestigte er eine Leine am Flugzeug, an der ein Greifhaken schwebte, um bei einem feindlichen Handelsschiff die Funkantenne zu fangen und herunterzureißen, ehe es einen Notruf aussenden konnte.[41] Bullas Erfindung zeigte sich als sehr gelungen. Auch dies trug dazu bei, dass die ATLANTIS mit 22 Handelsschiffen und 145.697 BRT einer der erfolgreichsten deutschen Hilfskreuzer des Krieges war.[42]

Im Dezember 1944 wurde Kptlt. Bulla von der Schiffsartillerieschule mit dem Befehl abkommandiert, sich in Berlin zu melden. Dort wurde ihm eröffnet, dass er nach Japan zu gehen hätte. Bis zu seiner Abreise verbrachte er seine Zeit mit Besprechungen bei GAdm. Dönitz, dem ObdM, bei Admiral K. Balzer vom Marinepersonalamt und bei Oshima Hiroshi, dem japanischen Botschafter. Am 1. Februar 1945 traf Bulla in Kiel ein, meldete sich bei Kptlt. Johann Heinrich Fehler, seinem einstigen Bordkameraden von der ATLANTIS, und schiffte sich auf *U 234* ein.[43]

Bulla informierte die Vernehmungsoffiziere von ONI, dass sein Auftrag in Japan von ihm forderte, zwei bis fünf Jahre mit dem Studium der japanischen Marineluftwaffe zu verbringen. Danach sollte er nach Deutschland zurückkehren, um in Friedenszeiten bei der deutschen Marine eine ähnliche Waffengattung ins Leben zu rufen.[44] Diese Enthüllung überraschte die Verantwortlichen der US-Marine, denn während des Krieges war das Fehlen einer Marineluftwaffe bei der Kriegsmarine deutlich sichtbar geworden. Viele Beobachter waren der Meinung gewesen, dass dies nach der Versenkung des deutschen Schlachtschiffes BISMARCK, die teilweise dem Einsatz britischer Trägerflugzeuge zu verdanken war, zur Schaffung trägergestützter Luftstreitkräfte auf deutscher Seite führen würde. Infolge des Wechsels bei den strategischen Prioritäten wurde jedoch der Weiterbau des einzigen deutschen Flugzeugträgers GRAF ZEPPELIN (23.200 ts standard) im Januar 1943 endgültig eingestellt.[45/45a] Die daraus sich ergebende Umwandlung der Kriegsmarine in eine Marine der Unterseeboote[46] veranlasste die ONI-Vertreter, Bulla über seinen Auftrag und über die sich hieraus ergebenden Folgerungen hinsichtlich der gescheiterten Pläne der Kriegsmarine in einem Nachkriegseuropa zu befragen.

Als Bulla offenbarte, dass er der einzige Marineoffizier gewesen war, der den Befehl erhalten hatte, nach Japan zu gehen, um das japanische Marineflugwesen zu studieren, glaubten die ONI-Vertreter darin ein Anzeichen zu sehen, dass das Oberkommando der deutschen Kriegsmarine die Bedeutung einer trägergestützten Luftwaffe zu spät erkannt hätte.[47] Die Länge von Bullas vorgesehenem Aufenthalt in Japan – zwei bis fünf Jahre – veranlasste die Verantwortlichen beim Nachrichtendienst der US-Marine in Washington zur Spekulation, dass Deutschland auf Japan zur Fortsetzung des Krieges bauen würde. Dies bewiesen Unternehmen zur Zusammenarbeit, wie zum Beispiel das von *U 234*. Bullas Erwartung, nach Deutschland zurückzukehren und Marineluftstreitkräfte in Friedenszeiten aufzustellen, überzeugte die nachrichtendienstlichen Verantwortlichen weiterhin, dass die deutsche militärische Führung plante, das Bündnis mit Japan zu nutzen, um die Zeit zur Vervollkommnung geheimer Waffen und Techniken zur Massenvernichtung zu bekommen.[48]

Bulla offenbarte, dass der technologische Austausch zwischen Deutschland und Japan minimal gewesen war; denn während die Japaner bestrebt waren, die jüngsten Entwicklungen der deutschen Wissenschaftler zu erhalten, verhielten sie sich widerstrebend, ihre eigenen Entwicklungen und Materialien zu teilen.[49] Andererseits hatte ein regelmäßiger Austausch mit Unterseebooten zwischen den beiden Verbündeten über eine gewisse Zeitspanne hinweg existiert. Bulla berichtete eingehend, wie er sich als Seeflieger der Luftwaffe im Sommer 1942 mit dem japanischen Unterseeboot *I 30* (FKpt. Endo) im Golf von Biskaya getroffen hatte, um das Transport-U-Boot bis zu seinem Einlaufen im westfranzösischen U-Bootstützpunkt Lorient aus der Luft zu sichern. Hinsichtlich der U-Bootfrachten legte Bulla dar, dass »einige der jüngsten deutschen Entwürfe, die in Deutschland tatsächlich in der Fertigung [waren], über diese Unterseeboote ihren Weg nach Japan gefunden« hatten. Zudem war er der Auffassung, dass mit dem Eintreffen von *U 234* die japanischen Pläne für die Serienfertigung von Düsenflugzeugen anstanden.[50]

Viele der sehr wertvollen Enthüllungen Bullas stammten jedoch nicht aus Antworten auf Fragen seiner Vernehmungsoffiziere, sondern ergaben sich aus den abgehörten Gesprächen zwischen ihm und seinen Mitgefangenen in der Zelle. Sogar in der vermeintlichen Privatsphäre seiner Zelle erwies sich Bulla als vollendeter Soldat. Während sich Gefangene oft über das Gefängnisleben beklagten oder über das Deutschland nach dem Kriege spekulierten, beschäftigte sich Bulla in diesen Gesprächen mit militärischen Angelegenheiten. Ein ONI-Abhörprotokoll berichtete: »[Bulla] scheint Flieger gewesen zu sein und weiß eine Menge über deutsche Flugzeuge [und spricht von] Feindflügen über London und auch von Luftkämpfen.«[51] In einem dieser abgehörten Gespräche erzählte Bulla von einem Angriff auf ein kleines britisches Schiff im Atlantik, obgleich es stark bewaffnet war: »Ich versenkte es auf meisterhafte Weise, ohne Verluste oder Schäden zu erleiden.«[52]

Die Vernehmungsoffiziere von ONI stellten überrascht fest, dass sich Bullas Fachwissen auf Bewaffnungen und neue Waffen erstreckte. Die Spezialisten an der Raum-Abhöranlage hörten aufmerksam zu, als er und Hellendorn die verschiedenen Kaliber der modernsten Fla-Waffen an Bord deutscher Schiffe diskutierten, die – ausgestattet mit elektrischen Richtsystemen – von 2 cm bis 8,8 cm reichten. Viele der neuesten 8,8-cm-Fla-Geschütze waren mit einer Schnell-Ladeeinrichtung ausgestattet, welche die Feuergeschwindigkeit der Waffe beschleunigte. Bulla und Hellendorn verglichen auch die Schussweite der neuen Waffen und erwähnten, dass die meisten der noch vorhandenen deutschen Schiffe bzw. Boote das 3,7-cm-Fla-Geschütz [Flak 43] als ihr hauptsächliches Luftabwehrsystem führten[53] – eine Entwicklung, die Hellendorns Auftrag veranlasste, um die neuen Geschütze in das japanische Waffenarsenal einzugliedern.

Ähnlich wie Bulla reiste auch Oberleutnant z.S. Heinrich Hellendorn hauptsächlich als Beobachter und weniger als Instrukteur nach Japan. Im Januar 1945 hatte GAdm. Dönitz persönlich die auf *U 234* mitfahrenden Marineoffiziere empfangen. Hierbei hatte er Hellendorn instruiert, den Japanern sein Fachwissen über Marineflaksysteme anzubieten, während er gleichzeitig die Taktik der Kaiserlichen Marine in See studieren sollte. Dönitz informierte Hellendorn ferner darüber, dass er nach Beendigung seiner Aufgabe nach Deutschland zurückkehren sollte – eine Mitteilung, die für den jungen Oberleutnant zur See eine Erleichterung gewesen sein muss, denn er hatte nicht den Wunsch verspürt, nach Japan zu reisen. Die Vernehmungsoffiziere von ONI betrachteten den 26-jährigen Hellendorn als einen »offenen, … ernsten, … intelligenten … [und] nicht politischen Individualisten, [der] seine Informationen bereitwillig preisgibt«.[54]

Im Oktober 1919 in Bentheim westlich von Rheine geboren, besuchte Hellendorn in Erfüllung seiner Schulpflicht vier Jahre lang die Volksschule, gefolgt von sechs Jahren Mittelschule in Bentheim und weiteren drei Jahren Oberschule in Norden. Im September 1939 rückte Hellendorn als Freiwilliger der Kriegsmarine auf dem Dänholm ein, einer kleinen Insel vor Stralsund, um die infanteristische Grundausbildung eines Offiziersanwärters zu absolvieren. Im Anschluss daran kam er für fünf Monate als Seekadett auf das alte Linienschiff SCHLESWIG-HOLSTEIN, das zu dieser Zeit als Kadettenschulschiff in der Ostsee diente. Nach bestandener Offiziersanwärterprüfung im April 1940 zum Fähnrich zur See befördert, besuchte er den Offizierslehrgang an der Marineschule Mürwik, heute ein Vorort von Flensburg, und schloss diesen Teil seiner Ausbildung mit der Offiziershauptprüfung ab.

Im August 1940 wurde Hellendorn nach Antwerpen ins besetzte Belgien zum Vorpostendienst abkommandiert, ehe er im Oktober 1940 auf die Schiffsartillerieschule nach Kiel kam. Nach dem Abschluss des zweimonatigen Lehrgangs hatte er sich in Swinemünde zu melden, um mit dem praktischen Teil an Bord der beiden Tender DRACHE, einem Artillerieschulboot, und FUCHS, einem Flakartillerie-Schulboot, seine Ausbildung zum Artillerieoffizier (AO) abzuschließen. Im Februar 1941 meldete sich der nunmehrige Oberfähnrich z.S. in Hamburg, um auf dem neuen Schlachtschiff BISMARCK erste Erfahrungen in seiner zukünftigen Position zu sammeln. Im Mai 1941, während die BISMARCK zu ihrer ersten und letzten Feindfahrt auslief, kehrte er nach Swinemünde an die Küstenartillerieschule zur Flak-Ausbildung zurück. Nach ihrem Abschluss wurde der LtzS. Hellendorn als III. Artillerieoffizier, der für die Flak zuständig war, im Juni 1941 zur TIRPITZ abkommandiert, dem Schwesterschiff der BISMARCK. Im August 1944 erlitt der inzwischen zum II. AO ernannte ObltzS. Hellendorn bei einem der zahlreichen Luftangriffe auf das vor Tromsö im Norden Norwegens liegende Schlachtschiff eine Verwundung. Nach einem anschließenden Genesungsurlaub wurde er Ende Januar 1945 nach Berlin befohlen. Dort sollte er sich bei GAdm. Dönitz im OKM melden, das sich im Stabsquartier »Koralle« bei Bernau nördlich von Berlin befand. Hierbei erfuhr er von seiner Abkommandierung nach Japan.[55]

Hellendorn konnte dem US-Marinenachrichtendienst keine Informationen über die Schiffsartillerie mitteilen, die dieser nicht bereits besaß. Stattdessen brachte er Aufklärung über die Ausstattung der Kriegsmarine in den letzten Monaten des Krieges. So informierte Hellendorn seine Vernehmungsoffiziere, dass die deutsche Marine im Wesentlichen aus Handels- und Reiseschiffen bestünde. Da die deutsche Führung stets angenommen hätte, dass England den Krieg gegen Deutschland nicht erklären würde, wäre die Flotte der Kriegsmarine nie einer beträchtlichen Verstärkung unterzogen worden. Hinsichtlich der Taktik bestätigte Hellendorn Deutschlands Schwächen bei groß angelegten Flottenaktionen mit seinem Eingeständnis, dass der Schwerpunkt der deutschen Seestrategie auf Maßnahmen zur Küstenverteidigung lag. Es wären diese Schwächen, die Dönitz veranlasst hätten, seine Offiziere nach Japan zur Ausbildung zu schicken.[56]

Infolge ihres gemeinsamen Interesses am Waffenwesen und an der Artillerie verglichen Bulla und Hellendorn in ihren Gesprächen während der gemeinsamen Haft »Rezepte« für wirksame Panzersprenggranaten. Während sie geringschätzig die frühen deutschen Versuche mit Granaten zur Schiffsbekämpfung beurteilten, stimmten sie überein, dass die Sprengkraft einer Flakgranate verbunden mit der panzerbrechenden Wirkung eines Panzerabwehrgeschosses eine sehr wirksame Granate ergeben müsste. Zu seiner Theorie erklärte Bulla, dass die wirksamste Granate aus der Mischung »einer hochbrisanten Panzerabwehrgranate, einer Panzersprenggranate, einem hochbrisanten Brand[satz], einer M[mine] und einem VZ [Verzögerungszünder]« bestünde.[57]

Bulla überraschte auch die Offiziere der Gesprächsüberwachung der ONI, als er das Vorhandensein eines neuartigen Flugzeuges enthüllte, das »senkrecht steigen und sinken sowie auf einer Fläche von fünf Metern starten oder landen kann. … Die [deutsche] Marine wollte 80 dieser Flugzeuge für den Einsatz von Zerstörern aus beschaffen.« Bulla erklärte weiter, das neue Flugzeug könnte auch bei unfreundlichem Wetter fliegen, während dies die bisherigen Flugzeugtypen nicht könnten. Außerdem wäre es mit einer neuartigen Bombenabwurfvorrichtung ausgerüstet, die, anders als die bisherigen unzuverlässigen deutschen Vorrichtungen, nach einem verhältnismäßig »einfachen Prinzip« arbeitete.[58]

Wenn sich auch Bulla als eine wertvolle Informationsquelle für die ONI-Vernehmungsoffiziere erwies, so blieben doch hinsichtlich des Umfangs seines Wissens Zweifel. Bulla erklärte wiederholt, dass er über den Auftrag des Unterseebootes oder bezüglich deutscher Technologie in Japan wenig wisse. Als Hellendorn Bulla gegenüber erwähnte, er hätte den Vernehmungsoffizieren gesagt, dass er nichts über japanische Raketen wüsste, erwiderte Bulla: »Ja, die Japse waren gerissen genug, darüber nie etwas uns Deutschen zu erzählen.«[59] Nach der Rückkehr von seinem Verhör am 24. Mai, bei dem er behauptet hatte, er wisse kaum etwas, informierte Bulla im Vertrauen Hellendorn, dass er Kenntnis vom Besuch des ersten japanischen U-Bootes im deutschen Machtbereich hätte, eines Ereignisses, das von einem Schleier des Geheimnisses umgeben worden war.[60] Außerdem war es Bulla gewesen, bestätigt durch Hellendorn, der die Identität von Shoji und Tomonaga, der beiden japanischen Offiziere an Bord von *U 234*, aufgedeckt hatte.[61] Bullas Behauptung, er wisse kaum etwas, ist fragwürdig, denn er hatte in

Berlin leichten Zugang zu japanischen Diplomaten. Tatsächlich wohnte er sogar in derselben Straße gegenüber von General Oshima Hiroshi, der vom Heeresattaché zum Botschafter befördert worden war.[62] Wie auch immer, er schien das »Glück«, in Amerika gelandet zu sein, geschätzt zu haben, und sagte zu Hellendorn: »Wir können hier etwas lernen.«[63]

* * *

Während Falcke, Bulla und Hellendorn aus der Seeoffizier-Laufbahn der Marine kamen, war dies beim Geschwaderrichter Kay Nieschling nicht der Fall. Er war Marinerichter[63a], der anscheinend mit dem Auftrag nach Japan ging, die Gerichtsbarkeit für die zahlreichen dort stationierten Wehrmachtsangehörigen auszuüben. Außerdem hatte er die Aufgabe, den deutschen diplomatischen Dienst in Japan vom letzten Rest des Spionagerings um den Sowjetspion Richard Sorge zu säubern, der auf dem Höhepunkt seiner Tätigkeit auch den Stab des Marineattachés infiltriert hatte. Wie Falcke, so war auch Nieschling in politischen Angelegenheiten bewandert und überraschte seine Vernehmungsoffiziere mit seiner relativ objektiven Ansicht über die globale Lage nach der Zerschlagung Deutschlands, wenn er auch zugegebenermaßen auf die NS-Ideologie festgelegt war.

1945 hatte die deutsche Präsenz in Japan ein derartiges Ausmaß erreicht, dass Wenneker Berlin in juristischer Hinsicht für Angelegenheiten der deutschen Marinevertretung um Unterstützung ersuchte. Das OKM hielt in der Marine nach einem jungen, ehrgeizigen Juristen Ausschau und fand in Kay Nieschling einen geeigneten Kandidaten. Infolgedessen erhielt Nieschling am 24. Dezember 1944 den Befehl, sich bei Admiralstabsrichter Rudolph im OKM in Berlin zu melden, der in der Folge den jungen Juristen von seiner Abkommandierung nach Tokio informierte.[64]

Nieschlings Abkommandierung nach Tokio kam in der Kriegsmarine für Beobachter nicht überraschend, denn Wenneker brauchte einen jüngeren Offizier als Wehrmachtsrichter. Wennekers Kontakte in der japanischen Marine beschränkten sich auf Admirale und höhere Stabsoffiziere, die seine Wahrnehmungen über den Gesamtzustand der japanischen Marine begrenzten.[65] Das OKM war der Auffassung, dass Nieschling, der sich während seiner Abkommandierung nach Norwegen einen guten Ruf als effizienter Diplomat erworben hatte, dazu beitragen würde, die Kenntnis der Kriegsmarine von der japanischen Marine durch Kontakte mit jüngeren japanischen Offizieren zu erweitern.[66]

Nieschlings offizielle Aufgabe als Jurist war es, für das 2000 Mann starke deutsche Marinekontingent in Japan als Straf- und Untersuchungsrichter zuständig zu sein.[67] Vom November 1943 an hatte die alliierte Seeblockade weitere Fahrten deutscher Blockadebrecher zwischen Japan und Europa verhindert. Infolgedessen konnten keine inhaftierten Angehörigen der deutschen Marine wegen Verstößen gegen das Militärstrafrecht nach Deutschland geschickt werden, um vor ein Kriegsgericht gestellt zu werden. Sie mussten daher in Tokio abgeurteilt werden. Nieschling war beauftragt, ein Kriegsgericht nach deutscher Militärgerichtsbarkeit einzurichten, um dieses Problem anzugehen. Seine Hauptaufgabe sollte jedoch darin bestehen, die Akten des deutschen Auswärtigen Amtes zu prüfen und jene deutschen Kommunisten hinter Schloss und Riegel zu bringen, die am Spionagefall Sorge beteiligt waren.[68]

Dr. Richard Sorge war ein deutscher Journalist, der zum japanischen Büro der *Frankfurter Zeitung* gehörte und gleichzeitig als Spion für Stalin arbeitete. Von seinem Eintreffen in Tokio im September 1933 bis zu seiner Verhaftung im Oktober 1941 führte Sorge einen Spionagering, der sowohl die deutschen wie auch die japanischen diplomatischen Kreise infiltriert hatte. Sorges Operationsbasis war die Deutsche Botschaft, in die er so gründlich eingedrungen war, dass er faktisch im Verlaufe seiner achtjährigen Tätigkeit unter zwei Botschaftern zum Botschaftsangehörigen wurde.[69] Nach seiner Verhaftung im Herbst 1941 rühmte sich Sorge: »Die Tatsache, dass ich erfolgreich an die Deutsche Botschaft in Japan herantrat und das absolute Vertrauen ihrer Mitglieder gewann, ergab die Grundlage meiner Organisation in Japan. ... Sogar in Moskau wird die Tatsache, dass ich bis in das Zentrum der Botschaft vordrang und dies für meine Spionagetätigkeit nutzte, als außerordentlich erstaunlich beurteilt, ein Vorgang, dem in der Geschichte nichts gleichkam.«[70].

Tatsächlich führte Sorge eine der erfolgreichsten Spionageorganisationen des Zweiten Weltkrieges. Zwei Ereignisse brachten seine wesentlichsten Mitteilungen an die Sowjets hervor. Infolge seiner Kontakte auf hoher Ebene zu japanischen Militärs aus dem engsten Kreis war Sorge imstande, an Informationen zu kommen, die es ihm gestatteten, Moskau zu warnen und das Datum des Beginns des Unternehmens »Barbarossa« im Juni 1941, des deutschen Angriffs auf die Sowjetunion, mitzuteilen. Josef Stalin war jedoch hinsichtlich Sorges Zuverlässigkeit skeptisch und ignorierte diese außerordentlich wichtige nachrichtendienstliche Information. Als sich Sorges Vorhersage als zutreffend herausstellte, war seine Glaubwürdigkeit unter Beweis gestellt. Seine nächste Meldung wurde mit mehr Respekt behandelt.

Gegen Ende des Sommers 1941 empfand Stalin den doppelten Druck, der vom deutschen Vormarsch im Westen der Sowjetunion und von der Bedrohung durch die Anwesenheit der Japaner in der Mandschurei (damals das von Japan abhängige Kaiserreich Mandschukuo) gleichzeitig ausging. Ein japanischer Angriff im Fernen Osten der Sowjetunion wäre ein strategischer Albtraum gewesen und hätte die Sowjets gezwungen, an zwei Fronten gleichzeitig Krieg zu führen. Sorge trug jedoch dazu bei, Stalins Besorgnisse zu mildern; denn im September 1941 konnte er Moskau über die Beschlüsse des japanischen Kronrates vom 2. Juli unterrichten: Zurückstellen des »Nordproblems«, d.h. des japanischen Angriffs auf die Sowjetunion aus der Mandschurei heraus, weiteres Vordringen nach Süden einschließlich der Besetzung des Südens von Indochina und »notfalls« Inkaufnahme des Krieges mit Großbritannien und den Vereinigten Staaten. Infolgedessen war Stalin in der Lage, die ausgeruhten sibirischen Divisionen an seine Westfront zu verlegen, um die Verteidigung Moskaus gegen den in Schlamm und Kälte erstarrten deutschen Vormarsch zu unterstützen.

Derart umfangreiche nachrichtendienstliche Lecks mussten die Aufmerksamkeit der japanischen Geheimpolizei, der »Tokko« (d.h. Gedanken-Polizei), und der deutschen Abwehr auf sich ziehen. Mitte Oktober 1941 nahmen die Japaner Sorge und einige seiner Komplizen fest. Nach und nach verhaftete die Tokko insgesamt 35 Angehörige des

Spionagerings. Doch erst im Frühjahr 1942 deckte die Abwehr des Admirals Canaris das Ausmaß des Sorge-Rings in der Deutschen Botschaft auf. Neben dem kompromittierten Botschafter gehörte zu den Informanten Sorges auch ein SS-Standartenführer, der Polizeiattaché der Botschaft. Ein japanisches Militärgericht verurteilte Sorge 1943 zum Tode, der nach dreijähriger Haft 1944 hingerichtet wurde. Doch die Nachwirkungen des Falls Sorge endeten nicht mit der Aufdeckung des Spionagerings und dem Tod Sorges. Die Verantwortlichen in Berlin befürchteten, dass noch weiteres diplomatisches Personal, darunter auch hochrangige Personen wie Wenneker, verwickelt sein könnten. Daher erhielt auch der vom OKM entsandte Nieschling den Auftrag, Reste der Sorge-Organisation aufzuspüren und strafrechtlich zu verfolgen.

Der US-Marinenachrichtendienst entschied, dass Nieschling von den Passagieren und der Besatzung an Bord von *U 234* zu den auffallendsten Anhängern des Nationalsozialismus zählte; denn er sollte an Bord des U-Bootes auf der Fahrt nach Japan die Aufgabe des so genannten *Nationalsozialistischen Führungsoffiziers* (NSFO) wahrnehmen, in der Wehrmacht eingeführt im Herbst 1944 nach dem Attentat auf Hitler. Obwohl Nieschling Mitte der 30er-Jahre in seiner Haltung zum NS-Regime unschlüssig war, festigte der Ausbruch des Krieges 1939 seine Loyalität, als vorgesetzte Offiziere der Wehrmacht den jungen Richter überzeugten, dass es dem Nutzen Deutschlands diente, wenn er dem Nationalsozialismus und Adolf Hitler verbunden blieb. So stieg Nieschling in den Rängen der Kriegsmarine auf und knüpfte wertvolle Kontakte, um seine Karriere voranzubringen. Zur Zeit seines Eintreffens in Berlin zur Besprechung seiner Aufgaben in Tokio war er Thema einer Erörterung, »seine Möglichkeiten als zukünftiger [NS]-Führer in Japan« betreffend.[71] Nieschling hatte sich tatsächlich einen Namen gemacht; und der amerikanische Nachrichtendienst beschrieb ihn als einen »hochrangigen Marinerichter, gut informiert über die deutschen Persönlichkeiten in Japan und die japanischen Persönlichkeiten in Deutschland«.[72]

Die ONI-Gesprächsüberwachung notierte, dass »dieser Mann [Nieschling] zweifellos ein hoffnungsloser Fall ist, 100-%-iger Nazi«, eine Beobachtung, die Nieschlings Eingeständnis unterstützte, dass er »stets [Hitlers Buch] *Mein Kampf* dabei hatte, egal, wo er sich befand; das war seine Bibel«.[73] Nieschling erklärte, dass der Nationalsozialismus und Deutschland »ein und dasselbe [wären]. … 80 Prozent des deutschen Volkes sind noch immer ‚Nazis' … und werden ‚Nazis' bleiben, bis sie sterben.«[74] Nieschling argumentierte weiter, dass die Vereinigten Staaten den Nationalsozialismus nicht als Gefahr betrachten sollten, vorausgesetzt, amerikanische Beurteilungen bezogen »Terror, Vernichtung und Widerstandsbewegungen wie den „Werwolf"« oder verbrecherische Kriegsgerichte »schlechter Nazis« in amerikanischen Kriegsgefangenenlagern nicht ein.[75] Doch sollten die Vereinigten Staaten versuchen, den deutschen Nationalsozialismus zu beseitigen, würde dies »das Säubern der Welt für mindestens zwei Generationen« bedeuten.[76] Wenn auch die Offiziere, die diese Untersuchung führten, über die Ankündigung als ein bedeutungsloses Dogma hinweggingen, erwies sie sich trotzdem als prophetisch: Nieschling hatte unwissentlich die amerikanischen Anstrengungen angedeutet, sich einem Gerichtsverfahren entziehende und unter Verdacht stehende »Kriegsverbrecher« der Gerechtigkeit zuzuführen.

Der US-Marinenachrichtendienst war natürlich wissbegierig bezüglich seines deutschen Gegenstücks: Der Abteilung Marinenachrichtendienst (MND) in der Seekriegsleitung (2. Skl) des OKM. Nieschlings Einschätzung der Skl führte bei ONI zur Schlussfolgerung, dass der Ruf dieser Führungsorganisation, von rücksichtsloser Leistungsfähigkeit zu sein, mehr Legende als Tatsache war. Nach Nieschlings Beschreibung war die Skl von Rivalität und Eifersucht zwischen den Abteilungen und Referaten zerfressen und von Elementen des Widerstandes infiltriert. Wichtige Positionen wurden aus politischen Erwägungen heraus besetzt; so zum Beispiel durch KptzS. Norbert v. Baumbach, Chef der 3. Skl »Nachrichtenauswertung«, der im OKM nicht als ein Offizier von »Befähigung und Klugheit« angesehen wurde.[77] Nieschling offenbarte, dass Ernennungen wie die von KptzS. v. Baumbach nicht isoliert dastanden. Daher folgerte ONI, dass die Skl weit weniger leistungsfähig war.[77a]

Obwohl Nieschling darlegte, das gesamte Unternehmen durch *U 234* war dazu bestimmt, »Japan aktiv im Krieg zu halten und das japanische Kriegspotential zu stärken«, sagte er auch aus, dass Deutschland infolge der japanischen Geheimhaltung und der Weigerung zur Zusammenarbeit keine Vorstellung davon hatte, wie umfangreich dieses Potenzial überhaupt war.[78] Die Japaner hielten nicht nur ihre Geheimnisse vor der deutschen Seite zurück; sie waren auch bekannt wegen des Misstrauens gegenüber ihrem Verbündeten. Um diesen Punkt zu veranschaulichen, berichtete Nieschling von einem Erlebnis des deutschen Marineattachés in Tokio, der nach Verlassen seines Büros einige Zeit später feststellte, dass er ein paar wichtige Papiere vergessen hatte. Als er zurückkam, um sie zu holen, fand er den Raum »von Polizei und Beamten der Japaner wimmelnd« vor. Die verlegenen Japaner behaupteten, dass sie einen Fehler begangen hätten – sie wollten das Büro eine Tür weiter durchsuchen –, und entschuldigten sich wortreich.[79] Zwischenfälle wie dieser waren symbolisch für das Misstrauen zwischen den Achsenpartnern und ONI folgerte daraus, dass die durchaus aktiven deutsch-japanischen Beziehungen nichtsdestoweniger unnatürlich waren.

Nieschling lieferte wertvolle Informationen über Japans diplomatische Beziehungen zur Sowjetunion, ein Anlass der Meinungsverschiedenheiten zwischen Deutschland und Japan, der für die Vereinigten Staaten von Interesse war. Die Westalliierten hatten die Sowjetunion nachhaltig bedrängt, eine zweite Front gegen Japan zu errichten, waren sich aber hinsichtlich der wahren Beziehungen zwischen Moskau und Tokio nicht im Klaren. Infolge seiner Bedeutung innerhalb der deutschen diplomatischen Vertretung hatte Nieschling Einblick in viele geheime Dokumente des OKM, die sich mit der Art der sowjetisch-japanischen Beziehungen beschäftigten. Daher war er in der Lage, Stalins Absichten etwas aufzuhellen.[80]

Das OKM war richtigerweise der Auffassung, dass Moskau niemals einen Zwei-Fronten-Krieg beginnen würde, nachdem die Rote Armee die verheerenden Verluste verkraftet hatte, die der Preis für das Standhalten gegen den deutschen Angriff 1941 gewesen waren. Aus Verhören sowjetischer Kriegsgefangener erfuhr die Wehrmacht vom Vorhandensein der sibirischen Kampfeinheiten vor der deutschen Ostfront, ein Anzeichen dafür, dass Stalin einen großen Teil seiner Streitkräfte zur Verteidigung Sibiriens abgezogen hatte, um die deutschen Armeen zu bekämpfen, sobald die Gefahr einer japanischen Offensive gebannt war. Zudem existierte zur Zeit des OKM-Berichtes dort »keine Feindseligkeit« zwischen Japan und der Sowjetunion und daher war auch kein plausibler Grund für einen Krieg vorhanden. Nieschling wies auch auf die Beobachtungen des OKM hin, dass in den wenigen Fällen von Unstimmigkeiten zwischen den beiden Mächten die Sowjetunion, wenn auch ziemlich halsstarrig, »schließlich immer klein beigab«.[81]

Um das sowjetisch-japanische Verhältnis noch weiter zu veranschaulichen, bezog sich Nieschling auf ein Gespräch, das er mit FKpt.(Ing.) Shoji geführt hatte, einem der beiden japanischen Passagiere auf *U 234*. Im Verlaufe einer Diskussion über Moskaus eventuellen Bruch des sowjetisch-japanischen Neutralitätspaktes erinnerte Shoji – der bei der japanischen Auslandsvertretung in Stockholm akkreditiert gewesen war – daran, dass der japanische Botschafter in Moskau »schlecht behandelt« worden war, um die Vereinigten Staaten zufrieden zu stellen.[82] Trotzdem lobte Shoji die Effizienz des sowjetischen Außenministeriums und erklärte: »Japan konnte nie voraussagen, was Russland im Sinn hatte. ... Stalin war [immer] raffinierter als die Japaner.«[83]

Die vielleicht alarmierendste Information, die ONI bei Nieschling herausfand, war seine Einschätzung des Zustandes der deutschen Nation in den letzten Monaten des Krieges. Hierzu offenbarte Nieschling, dass spätestens Ende Januar 1945 das deutsche Oberkommando entschlossen gewesen wäre, den Krieg »auf eine Weise, die mehr oder weniger ... annehmbar war,« zu beendigen, selbst wenn dies bedeutet hätte, auf ein letztes Aufgebot für einen letzten Widerstand zurückzugreifen.[84] Hitlers Generale hätten mit einem Ausbruch nationaler Leidenschaft gerechnet, um eine solche Anstrengung in Gang zu halten – aber, wie Nieschling ausführte, gab es auch eine starke praktische Grundlage zur Fortsetzung des Krieges. Deutschlands Nahrungsmittelversorgung hätte keinen bedeutenden Schaden genommen und schien noch zumindest für ein weiteres Jahr auszureichen.[85] Trotz schwerer, gegen die Zivilbevölkerung gerichteter Luftangriffe könnten die grundlegenden Bedürfnisse an Kleidung, Brennstoff und Transport offensichtlich noch befriedigt werden. Die Reichsmark wäre noch immer eine starke und gesunde Währung und die Gefahr öffentlicher Unruhen hätte die Gestapo wirksam im Griff. Schließlich hätte der Reichsminister für Propaganda und Volksaufklärung Joseph Goebbels auch Hitler davon überzeugt, dass der »Nervenkrieg« der alliierten Propaganda mit einer »intensiven und raffinierten Gegenpropaganda« bekämpft werden könnte.[86] Dies waren ominöse Behauptungen, aber die ONI-Vertreter taten sie als einen Versuch von Seiten Nieschlings ab, unmittelbar nach der Niederlage etwas Würde zu retten.

Nichtsdestoweniger war sogar Ende Januar 1945 die arg in Mitleidenschaft gezogene deutsche Kriegsmaschinerie noch nicht vollständig zerschlagen.[87] Nieschling sagte aus, dass er in diesem Sinne eine OKM-Dokumentation gesehen hatte, wonach die U-Bootwaffe »bereitstand, um in Kürze einen sehr bedeutenden frischen Aufschwung zu erfahren«. Die deutsche Rüstungsindustrie hätte den U-Booten mit verbesserten Waffen neues Leben eingehaucht, wie zum Beispiel mit schwerer auffindbaren und stärkeren Seeminen sowie mit präzise treffenden akustischen Torpedos (Horchtorpedos). Außerdem hätten neuere technische Fortschritte – wie etwa eine automatische Tiefensteuerungsanlage, der Schnorchel und ein Funksignalgeber, der ein Einpeilen ausschloss

– versprochen, die deutschen Unterseeboote für alliierte U-Bootbekämpfungsmaßnahmen ziemlich unsichtbar zu machen. Schließlich war auch noch ein eigens entworfenes neues Abwehrsystem vorgesehen gewesen, um das Unterseeboot vor seinem gefährlichsten Feind, der Wasserbombe, zu schützen und die Wirksamkeit der alliierten U-Jagdgruppen zu mindern, die 1944 die U-Bootbedrohung im Atlantik beträchtlich verringert hatten.[88]

Nieschling bestätigte Gerüchte über weitere »neue Waffen« – von denen er eingestandenermaßen keine Einzelheiten wusste –, die jedoch den vordringenden alliierten Truppen schwere Verluste beigebracht hätten. Mit diesen Waffen wäre eine Wiederaufnahme der deutschen Offensive möglich gewesen, die den Alliierten mit ihren »gewaltigen Truppen- und Materialkonzentrationen einen Schock versetzt« hätten.[89] Bei ihrem strategischen Einsatz zu einem früheren Zeitpunkt wäre es möglich gewesen, den Verlauf des Krieges in Europa umzukehren. Obgleich in Europa keine Gefahr mehr bestand, versetzte das Vorhandensein derartiger Waffen den amerikanischen Nachrichtendienst in ein doppeltes Dilemma. Zunächst zog ONI die Schlussfolgerung, dass die amerikanischen Truppen, die an der geplanten Invasion Japans teilnehmen sollten, sich Waffen gegenübersehen könnten, gegen die sie keine Verteidigungsmöglichkeit hätten, falls weitere deutsche Unternehmungen wie die mit *U 234* erfolgreich verlaufen wären. Der zweiten Besorgnis gab Nieschling Ausdruck, der die ONI-Vertreter daran erinnerte, dass die Amerikaner und Briten nicht die einzigen Sieger waren, die von den neuen Waffen wussten. Niemand im Westen könnte mit Sicherheit wissen, welchen Umfang die deutsche Technologie hatte, die den sowjetischen Truppen bei ihrem Vordringen nach Berlin in die Hände gefallen war.

Obwohl die Vernehmungsoffiziere von ONI bemerkten, dass Nieschling »eine unsinnige Furcht gegenüber Russland« hatte[90], waren sie trotzdem daran interessiert, seinen Bericht über die deutsche Einschätzung des angloamerikanisch-sowjetischen Bündnisses zu hören. Laut Nieschling konnte die deutsche Führung nicht verstehen, warum die Engländer und Amerikaner nicht aufhörten, ihr Vorrücken einzustellen, um Deutschland zu gestatten, den Kampf gegen die Bolschewisten fortzusetzen.[91] Das Oberkommando erhoffte, in letzter Minute ein Abkommen auszuhandeln, das zu einem angloamerikanisch-deutschen Bündnis gegen die Sowjetunion führen würde, gestützt auf die Voraussetzung, dass der »vollständige Ruin und die Absicht, Deutschland ins absolute Chaos zu stürzen, nicht mit der … englischen Politik übereinstimmen könne«. Nieschling sagte mit beträchtlicher Weitsicht voraus: Sollte das Bestreben fehlschlagen, zu einem Bündnis zu kommen, wäre ein geteiltes Nachkriegsdeutschland die Folge, zerrissen zwischen dem »intoleranten, totalen Dogmatismus« der Sowjetunion und dem »konstruktiven, demokratischen Westen«.[92]

Viele Deutschen waren der Auffassung, dass ein Bündnis zwischen den Kräften der Demokratie und des Kommunismus von Natur aus gespalten wäre und daher nicht aufrechterhalten werden könnte. Die sowjetische Aggression bedrohte den Weltfrieden; daher sollten die Westalliierten, statt dann allein zu kämpfen, an der Seite der deutschen Nation stehen, ungeachtet »ihres Militarismus und Nationalsozialismus«.[93] Nieschling drückte die Besorgnis aus, dass die Vereinigten Staaten und Großbritannien in naher

Zukunft diesen Kampf gegen die kommunistische Aggression beginnen müssten, denselben Kampf, bei dem Deutschland mit ansehen musste, wie »seine Kultur, sein Geschick und seine heiligsten Ideale zerschlagen und grausam vernichtet« wurden.[94] Über den größten Teil von Nieschlings Voraussagen gingen die ONI-Vertreter als Schrecken verbreitende Taktik und Propaganda hinweg, dazu bestimmt, Argwohn und Misstrauen in die amerikanischen Beziehungen zu Moskau zu säen.[95]

Paranoid oder nicht, Nieschling schnitt Probleme an, zu denen ONI weder befriedigende Antworten noch Erklärungen wusste. Die Vereinigten Staaten behaupteten, dass die in Europa stehenden US-Streitkräfte im Falle eines sowjetischen Losschlagens dort 85.000 Flugzeuge besäßen, um den Frieden zu bewahren. Nieschling zweifelte diese Behauptung an und erkundigte sich, ob die Amerikaner den Zeitpunkt in Rechnung gestellt hätten, an dem die Einsatzbereitschaft dieser Flugzeuge nicht mehr gegeben wäre. Außerdem bezweifelte Nieschling, dass die Vereinigten Staaten die »schrecklichen und unvorstellbaren« Möglichkeiten der vorhandenen V-2- und geplanten V-3-Raketen mit »ihrer unbegrenzten Reichweite und ihrem grenzenlosen Potenzial« begriffen hätten.[96] Nieschling hegte richtigerweise ebenso die Vermutung, dass die Amerikaner wenig Kenntnis von den Fähigkeiten der sowjetischen Wissenschaftler und der Rüstungsindustrie der Sowjetunion besaßen. Eine andere Sache von möglicherweise ernsten Folgen für die Alliierten war die Tatsache, dass die Sowjetunion im Besitz bedeutender deutscher Versuchseinrichtungen wäre.[97] Nieschling war überzeugt, dass die Sowjets keine Bedenken hätten, jede Art deutscher Technologie zu nutzen, die sie erlangen konnten.

Ganz gleich, ob Nieschling ein scharfsinniger Beobachter des weltpolitischen Geschehens oder nur ein Demagoge war, der aus der NS-Doktrin deklamierte, seine Voraussagen erwiesen sich jedenfalls als bemerkenswert genau. Er sagte auch voraus, dass die unmittelbare Konsequenz eines amerikanischen Sieges über Japan in einem freien China bestehen würde, das in der Folge dem Kommunismus anheim fiele.[98] Als die Alliierten die Elbe als Demarkationslinie zwischen der westlichen und der sowjetischen Einfluss-Sphäre in Deutschland bestimmten, kommentierte Nieschling, dass dies nur zur künftigen Teilung des Deutschen Reiches führen könnte, in dem »sich bereits sehr schmerzliche und erschütternde Komponenten der künftigen Auseinandersetzungen zeigten«.[99]

Nieschling vermutete auch richtigerweise, dass die Sowjetunion den Westalliierten in naher Zukunft Schwierigkeiten verursachen würde.[100] Während die Vereinigten Staaten und England in der Welt nach dem Kriege die Bastionen der Freiheit verkörperten, würde Moskaus Weigerung, die Amerikaner bei ihrem Kampf gegen die Japaner zu unterstützen, die Vereinigten Staaten »allein und schwach gegenüber einem noch immer starken Russland« dastehen lassen.[101] Um den Frieden zu bewahren, wäre es unumgänglich, dass die Vereinigten Staaten sowohl einen entschlossenen Willen als auch starke Waffen besitzen. Obwohl Amerika »diese Waffen in Eisen schmiede«, führte Nieschling weiter aus, wäre es von wesentlicher Bedeutung, dass »Gott den Vereinigten Staaten für ihre Führungsrolle … mehr Weisheit verleihe, als sie Deutschland besaß«.[102] Deutschland war besiegt worden, aber vielleicht würde die historische Bedeutsamkeit des letzten deutschen Widerstandes erweisen, so gemahnte Nieschling, dass er die Vereinigten Staaten gestärkt hätte.

In Anbetracht der ominösen Begleiterscheinungen beim Auftrag von *U 234* konnte keiner der Kommentare Nieschlings, so dogmatisch sie auch waren, als vollkommen unwichtig betrachtet werden. Nichtsdestoweniger bewertete der Nachrichtendienst der US-Marine seine Gedanken etwas gewichtiger als nur das Wunschdenken eines ranghohen Juristen in der Niederlage, um Deutschland von sowjetischer Besetzung befreit und offen für die Rückkehr zur nationalen Identität und zum preußischen Militarismus zu sehen.[103] Doch ehe Kay Nieschling als lediglich ein weiteres Nebenprodukt von Hitlers untergegangenem »Dritten Reich« abgetan wird, muss daran erinnert werden, dass er als ein ranghoher juristischer, diplomatischer und politischer Marineoffizier im Gegensatz zu den meisten Deutschen an den militärischen und diplomatischen Entscheidungen sowie an anderen Entwicklungen beteiligt war. Er war ein gut unterrichteter und objektiver Beobachter, dessen Misstrauen gegenüber den geopolitischen Absichten der Sowjetunion und dessen Darlegungen bezüglich des sowjetischen Besitzes deutscher Waffentechnologie zweifellos als eine Vorwarnung der kommenden ideologischen Auseinandersetzung zwischen der Sowjetunion und dem Westen angesehen werden konnten. Er wandte sich mit unheimlich wirkender Genauigkeit an seine Kritiker, als er warnte: »Wehe den Deutschen, die unterlagen! Aber dreimal wehe den Eroberern von heute!«[104]

8. Kapitel

Der Wissenschaftler

Am 24. Mai 1943 beschwor Generalmajor Okamoto Seigo, der japanische Militärattaché in Berlin, seine Vorgesetzten in Tokio, »die Rolle, welche die Wissenschaft in diesem Krieg spielt,« in Betracht zu ziehen.[1] Okamoto bezog sich hauptsächlich auf die deutsche und alliierte Entwicklung von Erfindungen, die zu »elektromagnetischen Wellen, um sich bewegende Objekte zu orten,« wie auch zu »stärkeren Flugzeugen [mit] höherer Geschwindigkeit« führten – Erfindungen, die nach seiner Auffassung, »den Ausgang dieses Krieges entscheiden«. In seiner Eile, die Vorherrschaft im pazifischen Raum zu errichten, hatte Japan die Forschung sowie die Entwicklung einer modernen Militärtechnik zugunsten einer konventionellen Militärmaschinerie geopfert. Japans strategische Investition warf sicherlich ihre Dividende ab, aber mit dem Fortgang des Krieges stellten Heer und Marine fest, dass ihre technischen Fähigkeiten jenen ihres deutschen Verbündeten deutlich unterlegen waren – und schlimmer noch, auch jenen der Amerikaner. Okamoto drückte dies in einem Funkspruch an das kaiserliche Oberkommando so aus: »Wenn die Schlachten in der Schwebe hängen, und wir in dieser Hinsicht für unzureichend befunden werden, wer weiß, was dann geschehen wird?«[2]

Okamoto empfahl, Tokio sollte Gespräche mit der deutschen Seite hinsichtlich eines Austausches technischer und wissenschaftlicher Informationen beginnen, wies aber darauf hin – infolge der alliierten Überwachung des Atlantik die Schwierigkeiten eines Verschiffens von Mustern und Prototypen erkennend –, dass jedes derartige Teilen von Informationen sich auf einen Austausch von technischen Fachleuten und das Beschaffen wissenschaftlicher Daten in Form von Dokumentation und Blaupausen beschränken muss.[3] Da die alliierten Seestreitkräfte die vorher als zuverlässige Blockadebrecher eingesetzten Überwasserschiffe der Achsenmächte versenkt hatten, blieb für die Kriegsmarine als einziges zuverlässiges Transportmittel nach Japan nur noch das Unterseeboot übrig.[4]

U 234 war nicht das erste U-Boot, das deutsche Techniker und Wissenschaftler nach Japan brachte,[5] aber mit Sicherheit war es eines, das mit großer Ungeduld erwartet wurde. Im Januar 1945, während mit General Keßler der Auftrag von *U 234* besprochen wurde, informierte Oshima den General: »Japan ist sehr darauf bedacht, dass Sie und Ihre Begleitung aus … Wehrmachtsangehörigen und Technikern sobald wie möglich in Japan eintreffen sollten.«[6] Am 14. April 1945 gab das OKM in Übereinstimmung mit den japanischen Wünschen an Tokio bekannt, dass sich an Bord von *U 234*, das bereits unterwegs in den Fernen Osten wäre, »zwei deutsche Zivilingenieure, die Fachleute in der Serienfertigung des Turbostrahljägers Me 262 sind,« sowie auch »ein Spezialist für Funkmess- und Infrarotstrahlentechnik« befänden.[7]

Die »Zivilingenieure« waren Dr.-Ing. August Bringewald und der Techniker Franz Ruf von der Messerschmidt A.G. in Augsburg und bei dem Funkmess- und Infrarot-Spezialisten handelte es sich um Marinebaurat (E) Dr.-Ing. Heinz Schlicke.[7a] Von allen Passagieren an Bord von *U 234* betrachteten die ONI-Vertreter in Portsmouth diese drei Personen als die größte Gefahr für die amerikanische Sicherheit; denn wenn auch die Waffensysteme an Bord des Unterseebootes unheilvolle Auswirkungen für die Amerikaner mit sich brachten, so waren sie doch ohne die richtigen Fachleute, um sie zu fertigen und einzusetzen, nichts als lediglich träge technische Objekte. Um das Integrieren der modernsten deutschen Technik bei den Japanern zu erleichtern, hatte Berlin Bringewald, Ruf und Schlicke mit der Aufgabe beauftragt, diese Objekte in Waffen für die Verteidigung des japanischen Mutterlandes umzuwandeln. Mit der Kapitulation der Wehrmacht wurde jedoch die gesamte deutsche Technologie, die dem Nutzen der Japaner dienen sollte, nunmehr zur Kriegsbeute.

Die Vereinigten Staaten erfuhren rasch, dass sie nicht die einzige alliierte Macht waren, die aktiv nach deutscher Technik und ihren Schöpfern suchten. Lt.-Cdr. J.H. Marchant informierte am 2. Januar 1945 [sic: 1946?] Rear-Adm. Luis de Flores: »Alle wichtigen Mitarbeiter der Technischen Hochschule Wien und der zu ihr gehörenden Laboratorien sind zusammen mit allen Unterlagen und Ausrüstungen nach Moskau … zur Fortsetzung ihrer Arbeit auf dem Gebiete der Staustrahltriebwerke gebracht worden.« Marchant teilte zudem den Aufenthaltsort von »mehreren hundert« Angehörigen technischen Personals mit, durchsetzt mit deutschem Lehrpersonal, die jetzt in der Sowjetunion arbeiteten. Des Weiteren berichtete er, dass die Sowjets die Leitung für die Großserienfertigung des Strahltriebwerks Jumo 109-004 bei den Junkers Flugzeug- und Motorenwerken in Muldenstein übernommen hatten. Er gab außerdem bekannt, dass sowjetische Agenten an die bekannten Luftfahrtingenieure Helmut Schelp und Herwarth Schwabl, die damals für die US-Marine in München tätig waren, bei mehreren Gelegenheiten mit Abwerbungsangeboten herangetreten sind.[8] Als solche »unverschämten Angebote« der Sowjets gang und gäbe wurden, entschlossen sich die amerikanischen Verantwortlichen zu einer strengeren Überwachung der Situation.

Marchant hatte am 14. Dezember 1945 Flores informiert: »Der Großteil des erstklassigen deutschen Technikerpersonals war, soweit sich dieses in der sowjetischen Besatzungszone aufhielt, nach Russland abtransportiert worden.« Die Sowjets hatten ihre Rekrutierungsbemühungen angekurbelt und lockten Deutsche, die für die Amerikaner arbeiteten, mit »Gehältern wie vor dem Kriege, ausgezeichneten Arbeitsbedingungen und verhältnismäßiger Freiheit«. Als sowjetische Agenten mehrere wichtige Wissenschaftler und Techniker auf dem Gebiete der Lenkwaffentechnik angeworben hatten, führte Marchant weiter aus: »Auf diesem Gebiet ist deutsche Technik von keiner US-Dienststelle ausgewertet worden.«[9] Natürlich hatten die Vereinigten Staaten die Talente mehrerer deutscher Wissenschaftler genutzt, aber die Tatsache blieb, dass diese Männer als Kriegsgefangene eingestuft wurden und deshalb nach den Bestimmungen der Genfer Konvention zurück nach Deutschland repatriiert werden mussten. Nach ihrer Rückkehr nach Deutschland, so wurde vermutet, würden sie mit ihrer Arbeit aufhören.

Die Besorgnis, dass die »besten« deutschen Wissenschaftler nach ihrer Repatriierung in die Sowjetunion weggeholt werden könnten, veranlasste H. Struve Hensel vom US-Marineministerium den Heeresminister Robert P. Patterson zur Durchführung einer amerikanischen Auswertungspolitik zu drängen. »Die Vereinigten Staaten sollten danach trachten, … das gesamte hervorragende deutsche Wissenschaftspersonal ausfindig zu machen, das zum Kommen überredet werden kann«, erkärte Hensel. »Unsere nationale Sicherheit erfordert, dass wir den größtmöglichen Nutzen aus … den fähigsten deutschen Wissenschaftlern ziehen.« Während Berichte zu erkennen gaben, dass die Mehrheit der deutschen Wissenschaftler lieber in die Vereinigten Staaten zurückkehren würden, um zu arbeiten, waren attraktive Angebote der Sowjets und das Fehlen einer offiziellen amerikanischen Auswertungspolitik die Ursache, die viele Wissenschaftler veranlasste, sich stattdessen in die Sowjetunion zu begeben. Hensel bat Patterson inständig um Unterstützung: »Wir werden ein klar erkennbares Risiko auf uns nehmen, wenn wir nicht … einen Plan entwerfen, um diese Wissenschaftler in die Vereinigten Staaten zu bringen, … sowohl um des materiellen Gewinns willen, den wir aus ihrer Arbeit erzielen, als auch um sicherzustellen, dass ihre Talente sich nicht gegen uns wenden.«[10]

Während das Problem auf politischer Ebene erörtert wurde, entschied die militärische Ebene, dass die Zeit drängte, und die Teilstreitkräfte nahmen die Angelegenheit in die eigenen Hände. Ende Mai 1945 kabelte Robert Staver, der Leiter des Forschungs- und Entwicklungsamtes für Strahlantrieb des US-Heeres nach Washington, um seine Vorgesetzten zu veranlassen, dass erbeutete deutsche Waffen gegen die Japaner eingesetzt werden könnten und dass »hundert deutsche Spezialisten mit ihren gesamten Unterlagen, Plänen und Ausrüstungen in die Vereinigten Staaten gesandt werden sollten«.[11] Nach einigen Diskussionen wurde Stavers Vorschlag gebilligt. Am 21. Juli berichtete dem Heeresministerium die Nachrichtendienstliche Abteilung der Technischen Mission der US-Marine in Deutschland, dass die Gemeinsamen Stabschefs *(Joint Chiefs of Staff)* der angloamerikanischen Streitkräfte das »Verbringen von hervorragenden deutschen Spezialisten [in die USA] … für die Forschung in Bezug auf den japanischen Krieg gebilligt« hatten.[12] Mit diesem Beschluss begann unter den amerikanischen Teilstreitkräften wie auch zwischen Amerika und seinen Verbündeten ein Wettlauf zur Ergreifung der »besten« deutschen Wissenschaftler. Während das US-Heer und sein *Air Corps* noch vorbereitende Gespräche in Gang setzten, um deutsche »Gehirne« in die Vereinigten Staaten zu senden, war die US-Marine unter »großer Geheimhaltung« imstande, das Heer zu überholen und »drei deutsche Wissenschaftler« in die Vereinigten Staaten zu bringen.[13] Doch diese Wissenschaftler überquerten den Atlantik nicht auf amerikanische Initiative, sondern befanden sich auf Befehl des deutschen Oberkommandos an Bord von *U 234*: Dr.-Ing. Heinz Schlicke, der Funkmess- und Infrarotfachmann, sowie Dr.-Ing. August Bringewald und Franz Ruf von der Messerschmitt A.G. Auf die beiden letzteren

Personen wird im nächsten Kapitel zurückzukommen sein. Zunächst soll der technische Auftrag Dr. Schlickes einer Betrachtung unterzogen werden.

Die wissenschaftlichen Fähigkeiten Japans waren 1945 weitgehend veraltet; seine Technologie hinkte jener der Alliierten um volle drei Jahre hinterher.[14] Während Erich Menzel den Auftrag gehabt hatte, die Japaner in der Anwendung vorhandener deutscher wie auch alliierter Funkmess- bzw. Radartechnik und Fertigung entsprechender Geräte zu unterrichten, bestand die Aufgabe von Dr.-Ing. Heinz Schlicke darin, ihnen bei der Entwicklung neuer Funkmess- und Infrarotsysteme sowie entsprechender Radar-Gegenmaßnahmen zu helfen. Diese Enthüllung kam für ONI nicht überraschend; abgehörte und entzifferte Funksprüche der Achsenpartner hatten das Ausmaß von Schlickes Auftrag umrissen. Die Verantwortlichen bei ONI sahen in Schlicke jedoch einen der führenden deutschen Elektronikfachleute und waren dementsprechend misstrauisch gegenüber der Behauptung, dass ein Wissenschaftler seines Formats einfach degradiert werden sollte, um die Japaner bei der Enträtselung von Echoimpulsen auf einem Radarschirm zu unterstützen.[15]

Im Dezember 1912 in der Nähe von Dresden geboren, wuchs Schlicke in den Wirren des Ersten Weltkrieges auf und litt wie die Mehrheit der Deutschen unter den Folgen von Deutschlands Niederlage.[16] Nichtsdestoweniger waren seine schulischen Leistungen ausgezeichnet, die er mit dem Abitur an einer Oberrealschule abschloss, einem Schulzweig mit mathematisch-naturwissenschaftlicher Fachrichtung. Anschließend studierte er unter Prof. Dr. Heinrich Barkhausen an der Technischen Hochschule in Dresden. Dort erreichte Schlicke 1937 den ersten der drei Doktorgrade in den technischen Wissenschaften in der ungewöhnlich kurzen Zeit von nur neun Monaten.[17] 1939 ging er nach Berlin, arbeitete in der Forschungs- und Entwicklungsabteilung der Telefunken-Gesellschaft für drahtlose Telegraphie m.b.H. und erhielt schließlich den zweiten Doktorgrad. Der Ausbruch des Kriegs im selben Jahr veränderte jedoch die Richtung seiner Forschungsarbeit und letztlich auch die seines Lebens.[18]

Nach einer Tätigkeit an verschiedenen Forschungseinrichtungen wurde Schlicke zum Leiter der Marine-Erprobungsfelder in Kiel ernannt, eine Position, in der er die Forschungsarbeit an Funkmess-, Infrarot- und Funkpeilanlagen sowie ihre Erprobung und Reparatur leitete.[19] 1941 ging er mit dem Rang eines Marinebaurats zur Kriegsmarine und erhielt die Leitung der Nachrichtenübermittlungs-Einheit in Kiel, die für die Einrichtung, Wartung und Reparatur aller Nachrichtenverbindungen der Marine nach Dänemark und Norwegen sowie in die Balkanländer verantwortlich war. Infolge seines Erfolgs bei der Lösung der deutschen Probleme mit Hochfrequenzantennen wurde Schlicke im Januar 1943 zum OKM nach Berlin abkommandiert. Dort arbeitete er als Koordinator der Forschungsarbeit für Prof. Dr. Küpfmüller, der die gesamte Forschungstätigkeit der Marine auch auf dem Gebiet der Nieder- und Hochfrequenztechnik leitete.[20] In dieser Eigenschaft war Schlicke für die Entwicklung der Infrarotgeräte, die im 200-µm- bis 0,7-µm-Bereich arbeiteten, sowie für die Anlagen zur Nachrichtenübermittlung im 10.000-m- bis 30.000-m-Bereich (Längstwellen) zuständig. In Berlin hatte Schlicke zunächst nicht direkt mit der Technik von FuMO- und FuMB-Anlagen zu tun, aber als Mitarbeiter von Prof. Dr. Karl Küpfmüller, dem Leiter des Wissenschaftlichen Führungsstabes der Kriegsmarine, erhielt er am Rande Kenntnis von allen Fortschritten auf diesem Gebiet. Infolge der wechselnden Schwerpunkte des Seekrieges und der zunehmenden Bedeutung der U-Bootwaffe innerhalb der Kriegsmarine veränderte sich auch der Schwerpunkt der Forschungstätigkeit Schlickes von der Funktechnik der Nachrichtenübermittlung zur Funkmesstechnik, um FuMB-Geräte als Gegenmaßnahmen zu den alliierten Radargeräten zur Bekämpfung der U-Boote zu entwickeln.

Im Frühjahr 1944 war die Lage der deutschen U-Boote verzweifelt; im Monatsdurchschnitt wurde eines von drei Unterseebooten versenkt. Infolgedessen erhielten Schlicke und seine Kollegen in Zusammenarbeit mit verschiedenen Erprobungseinrichtungen der Marine den Auftrag, das gesamte Spektrum der elektromagnetischen Wellen einschließlich der Schallwellen in dem Versuch zu erforschen, einen Weg zu finden, um ein Unterseeboot unter Wasser zu tarnen bzw. um das aufgetauchte U-Boot elektronisch vor einer Ortung zu warnen. Schlicke beschrieb diese Zeiten als eine »anstrengende Schlacht der Intelligenz mit Maßnahmen, Gegenmaßnahmen und wiederum Gegenmaßnahmen gegen die Gegenmaßnahmen«, die oft während der alliierten Luftangriffe geführt wurde.[21] Im Herbst 1944 zwang jedoch das Herannahen der Alliierten und die hiermit verbundene Knappheit an Zeit und Material das OKM, den japanischen Verbündeten als eine zunehmend wichtigere Quelle der Unterstützung zu betrachten, um den auf Deutschland lastenden Druck zu mindern.

Die Forderungen Japans nach Unterstützung in elektronischer Hinsicht waren 1943 zu einem unaufhörlichen Ersuchen geworden. Infolgedessen entsandte Dr. Küpfmüller einen gewissen Chefingenieur Steckert und einen Berater nach Japan – zusammen mit den Plänen für das Flak-Funkmessortungsgerät »Würzburg-Riese« und für das FuMB 35 »Athos« sowie mit den Plänen für verschiedene deutsche U-Boottypen. Jedoch die Japaner »nahmen den Vorteil dieser Informationen nicht wahr« und das Unternehmen wurde als Fehlschlag betrachtet. Im Oktober 1944 entschied Admiral Otto Backenköhler, der Chef der Kriegsmarinerüstung, auf den Rat von Dr. Küpfmüller hin, noch einmal einen Offizier nach Japan zu entsenden, um die Japaner in elektronischer Hinsicht zu unterstützen. Daher erhielt Dr.-Ing. Schlicke den Befehl, sich bei Admiral Paul Wenneker in Tokio zu melden, um japanischen Ingenieuren auf dem Gebiet der Elektronik Unterstützung zu gewähren.[22]

Schlickes wichtigster Kontakt in Japan war Fregattenkapitän Dr.-Ing. Ito, der Leiter der Forschung auf dem Gebiete des Funkmesswesens in der japanischen Marine. Dr.-Ing. Ito hatte wie Schlicke bei Prof. Dr. Barkhausen an der Technischen Hochschule Dresden studiert und 1937 promoviert. 1938 hatte Dr.-Ing. Ito auf Geheiß der japanischen Regierung Prof. Dr. Barkhausen nach Tokio eingeladen, um japanische Wissenschaftler auf dem Gebiet der Hochfrequenztechnik zu unterrichten.[23] Deutsche Prioritäten hinderten jedoch den hervorragenden Prof. Dr. Barkhausen daran, Deutschland zu verlassen. 1944 empfahl Prof. Dr. Barkhausen, Schlicke nach Japan zu schicken, und gab seinem ehemaligen Studenten, nachdem der Abkommandierungsbefehl ergangen war,[24] ein formelles Empfehlungsschreiben an Dr.-Ing. Ito mit. Infolge Dr.-Ing. Itos Ansehen kam das OKM zur Überzeugung, dass für Schlicke kein weiteres förmliches Treffen mit anderen japanischen Wissenschaftlern arrangiert werden müsste. Nach dessen Eintreffen in Tokio würden sich die Arbeitsbeziehungen zu anderen von selbst ergeben.[25]

Ursprünglich sollte Schlicke nach Penang gehen, dem deutschen U-Bootstützpunkt auf der Malaienhalbinsel. Dort sollte er zu einer Gruppe von Marineingenieuren stoßen, die im Fernen Osten Anlagen entwickelten. Doch eine Konferenz im OKM entschied am 6. Januar 1945, Schlicke nach Tokio zu senden.[26] Er sollte im Februar 1945 nach Japan abreisen, aber das vorgesehene Unterseeboot wurde versenkt, ehe es den Abgangshafen Bergen erreichen konnte.[27] Infolgedessen wurden Schlicke und seine Ausrüstung dem nächsten verfügbaren Unterseeboot zugewiesen: *U 234*, das bereits mit Passagieren überfüllt war. Ende Februar ging Schlicke in Kiel an Bord des U-Bootes, das anschließend nach Kristiansand-Süd auslief, dem letzten Zwischenhafen, ehe es Kurs nach Japan nahm.

* * *

Wie die übrigen Passagiere von *U 234* wurde auch Schlicke in Gewahrsam genommen und kam zunächst ins Marinegefängnis von Portsmouth. Allerdings verblieb er dort nicht lange. Da die Verantwortlichen von ONI aus den nachrichtendienstlichen Berichten von Schlickes Bedeutung erfahren hatten, stuften sie ihn in die »Kategorie I« der feindlichen ausländischen Wissenschaftler ein und verbrachten ihn nach Fort Meade in Maryland.[28] In Fort Meade erhielt Schlicke ein eigenes Quartier und wurde nach seinen eigenen Angaben »gut behandelt«.[29] Doch schon bald wurde er nach Fort Hunt in Virginia verlegt. Dort erfuhr ONI, dass seiner Abkommandierung nach Japan ein weitaus komplexerer Auftrag zu Grunde lag als ursprünglich angenommen.

Schlicke sagte aus, dass sich sein Auftrag aus fünf gleichermaßen wichtigen Einzelaufgaben zusammensetzte, die sich mit den deutschen Fortschritten auf den Gebieten des Funkmesswesens und der Technik der Nachrichtenübermittlung über Funk, der U-Bootkriegsführung und einem der seltenen Beispiele der Zusammenarbeit von Seiten der Japaner befassten. Seine erste Aufgabe bestand darin, sich mit der japanischen Forschung im Bereich der Nachrichtenübermittlung und der Funkpeiltechnik vertraut zu machen. Schlicke teilte mit, dass die Japaner 1933 eine eigene Magnetfeldröhre (Magnetron) entwickelt und seither beträchtliche Forschungsarbeit mit Raumwellen-Übermittlung und Längstwellen-Fortpflanzung geleistet hatten.[30] Die theoretischen Anwendungen der Magnetfeldröhren und die Raumwellen-Übermittlung durch die japanischen Wissenschaftler waren für die deutsche Seite von »größtem Interesse« und Schlicke war instruiert worden, sich mit dieser Technik bekannt zu machen. Die Magnetfeldröhren waren für die deutschen Wissenschaftler deshalb von besonderem Interesse, da sie gegenüber den deutschen Versionen als überlegen angesehen wurden. Die Engländer und Amerikaner hatten sich ebenfalls die Raumwellen-Übermittlung nutzbar gemacht. Schlicke erklärte, dass die deutschen Ingenieure nach dem Erhalt des ersten erbeuteten alliierten Geräts nach dem Meddo-System nicht in der Lage waren, die Größe des Umformers für die Raumwellen zu berechnen, und sie waren auf Grund fehlender theoretischer Daten auch nicht imstande, das Gerät nachzubauen. Da die Japaner mit der Raumwellen-Übermittlung erfolgreich Versuche durchgeführt hatten, waren die deutschen Ingenieure an den japanischen Entwicklungen »außerordentlich interessiert«.[31]

Schlickes zweite Aufgabe beschäftigte sich mit der Überwachung der alliierten Hochfrequenz-Radartechnik, die gegen Japan zum Einsatz kam. Schlicke hatte vor, sich mit der alliierten Technik gründlich vertraut zu machen und sich dabei auf den »vermutlich guten« japanischen Nachrichtendienst ebenso zu verlassen wie auf seine eigenen Feststellungen. Um beizutragen, die gegnerische Radarstrahlung zu beobachten und zu analysieren, hatte Schlicke an Bord von *U 234* die notwendige Ausrüstung mitgeführt, um Empfangsstationen zu bauen, die in der Lage sein würden, die Frequenzen im 0,8-cm- bis 10-cm-Bereich zu beobachten. Schlicke plante in diesem Zusammenhang, die auf der 1,2-cm-Frequenz ausgesandten Impulse zu beobachten – der vermutlich von den Amerikanern benutzten Frequenz. Die gewonnenen Informationen wären für deutsche Gegenmaßnahmen im Hinblick auf Frühwarnung und Funktäuschung von wesentlicher Bedeutung gewesen.[32]

Zudem hatte Schlicke den Auftrag erhalten, in Japan und in Indochina Stationen zur Funknavigation zu bauen. Die Anlagen eines Typs mit dem Decknamen »Goldweber« sendeten auf 20–80 m Wellenlänge und benutzten das Wullenwever-Antennensystem. Die ortsfeste Mehrelemente-Antenne in senkrechter Anordnung in Kreisform ermöglichte die Erzeugung »starker, scharf gebündelter und rotierender Einzelkeulen« innerhalb kurzer Wellenlängen, die entweder als Navigationspeiler oder auch mit breiteren Suchempfangskeulen zur Schiffsortung benutzt werden konnte.[33] Ursprünglich hatte die Wehrmacht die Errichtung drei derartiger Stationen vorgesehen, und zwar je eine in Norwegen, Italien und Japan. Doch im Frühjahr 1945 war nur die norwegische Station betriebsbereit.[34] Daher sollte Schlicke den Aufbau der Stationen in Japan und Indochina leiten, während für das italienische Bein der Dreiergruppe noch ein Ersatz gesucht wurde.

Kurz vor seiner Abreise aus Deutschland hatte Schlicke noch die Funkerprobungsstelle der Luftwaffe in Leoberdorf bei Wien besucht. Hier nahm er an Versuchen teil, die sich mit der Ausbreitung von Längstwellen befassten und deren Zweck es war, den optimalen Übermittlungszeitpunkt für verschiedene Tageszeiten zu ermitteln. Schlicke wollte diese Versuche in Japan unter Benutzung eines Quarz-gesteuerten 50-Hertz-Senders wie auch eines Impulsumformers fortsetzen. Er führte jedoch diese Geräte nicht an Bord von *U 234* mit und erklärte, sie würden mit dem nächsten Unterseeboot nach Japan nachgebracht werden. Die sonstige Ausrüstung, die er zur Durchführung seiner Experimente brauchte, sollte in Japan gefertigt werden.[36]

Schlickes letzte Hauptaufgabe umfasste Versuche mit einem neuartigen Sendesystem zur Übermittlung von Funksprüchen in extrem kurzer Zeit: der Funksignalgeber KZG 44 Mod. 2 »Kurier«. Dieses Gerät verwendete sich selbst zerstörende Funksignale von Millisekundendauer, die auch von getauchten Unterseebooten abgegeben und von der gegnerischen Funkpeilung schwer erfasst werden konnten. Der Kurzzeichengeber »Kurier« setzte Schnellsendeimpulse von 250 Hertz in Perioden von sieben Zeichen in 0,44 Sekunden mit sich ständig verändernder Sendefrequenz ab. Da infolge der extrem kurzen Sendezeit ein Anpeilen und Orten des Senders durch den Gegner sehr schwierig war, plante die deutsche Marine, mit dem KZG 44 »Kurier« ihre neuesten U-Boote auszurüsten. Im Frühjahr 1945 hegten die alliierten Nachrichtendienste die Besorgnis, dass dieses Gerät zum Einsatz kommen könnte; denn dies hätte zur Folge gehabt, dass sie die U-Boote des neuen Typs XXI bei der Abgabe von Funksprüchen nicht mehr hätten orten können.[36]

Darüber hinaus sollte Schlicke die japanische Marine mit weiteren Neuerungen der deutschen Funktechnik versorgen. Unter den Geräten, die auf *U 234* mitgeführt wurden, befand sich auch ein Suchempfänger, mit dem Radarimpulse im 1-cm-Bereich empfangen werden konnten. Dieses FuMB sollte bei der japanischen Marine als Frühwarngerät bei Radarortung zum Einsatz gelangen.[37] Schlicke hatte auch vor, die Japaner über Bau und Betrieb des Längstwellen-Senders »Goliath« der Kriegsmarine bei Magdeburg für den Weitverkehr mit U-Booten zu unterrichten. Mit dieser Sendeanlage, zu der auch von ihm selbst entwickelte einziehbare Antennen gehörten, konnten zum Beispiel U-Boote in der Karibik in 25 m Tauchtiefe erreicht werden.[38] Diese vielfältige neue Technik sollte die Unterseeboote der Kaiserlichen Marine nicht nur unsichtbarer machen, sondern sie auch in See mit sicheren Funkverbindungen versorgen.[39]

ONI stellte auch fest, dass Schlicke in der Rüstungsindustrie tätig gewesen war, wenn auch nur für kurze Zeit. Er war daher imstande, wertvolle Informationen über den Einsatz von Bomben in der U-Bootkriegsführung zu liefern. Schlicke teilte auch mit, dass die deutsche Seite befürchtet hatte, die Alliierten hätten ferngesteuerte Bomben entwickelt. Dies hatte die Kriegsmarine veranlasst, Bestrebungen in Gang zu setzen, um Gegenmaßnahmen zu ergreifen. Infolgedessen war Deutschland gezwungen gewesen, sein eigenes Fernlenkbomben-Programm zu überprüfen. Nach Schlickes Angaben hatte die deutsche Luftwaffe drei ferngesteuerte Bomben entwickelt, die sich bei Kriegsende zum Teil noch in der Erprobung befanden: Die Fallbombe X-1 (»Fritz X«), die Gleitbombe Hs 293 und den Gleittorpedo Bv 143.[39a] Zudem enthüllte Schlicke Einzelheiten hinsichtlich der deutschen Entwicklungen bei Fernzündungseinrichtungen von Gefechtsköpfen, Zielsuchgeräten und Rechnern für ferngelenkte Flugkörper und Raketen sowie passiv-akustische Zielsucheinrichtungen für Torpedos.[40] Obwohl er nicht wusste, ob die Japaner an der Entwicklung der ferngesteuerten Bomben beteiligt waren oder ob sie Deutschland nach Japan geliefert hatte, war er imstande, ONI mit Erkenntnissen anderer Bereiche japanischer Forschungs- und Entwicklungstätigkeit zu versorgen.

So lieferte Schlicke dem alliierten Nachrichtendienst eine Einschätzung der japanischen Fähigkeiten, elektronische Geräte zu entwickeln und herzustellen. ONI hatte in diesem Bereich japanische Schwächen erwartet, aber das Ausmaß ihrer Unfähigkeit, spezielle Probleme zu lösen, war dem Nachrichtendienst nicht bekannt gewesen. Von Schlicke erfuhren die Amerikaner zum Beispiel, dass die Japaner »große Schwierigkeiten bei ihrer Funkmess-Entwicklung [sowie] große Probleme bei der Fertigung« erfahren hatten, »auch wenn ihnen theoretische Informationen zuteil geworden waren«. Sie besaßen kein erstklassiges Isolationsmaterial für die Fertigung von Funkmessgeräten, eine Unzulänglichkeit, die Schlicke auszugleichen versuchte, indem er an Bord von *U 234* eigenes Material mitführte. Schlicke informierte seine Vernehmungsoffiziere auch darüber, dass die japanische Marine »bei Nacht praktisch blind [wäre], da sie keine erstklassigen Ortungsanlagen besaß, … und das wenige, das sie hatten, war von sehr schlechter Qualität«. Um die Wissbegier von ONI hinsichtlich japanischer Fortschritte bei gelenkten Flugkörpern und Infrarot-Zündern zu befriedigen, berichtete Schlicke, dass die Japaner »aus Mangel an richtig ausgebildetem wissenschaftlichen Personal nicht in der Lage sein würden, [diese] herzustellen«, auch wenn die Japaner über diese Waffen und Waffenteile Informationen bekämen.[41]

Schlickes Gesamtbeurteilung offenbarte, dass die Japaner »seit Beginn des Krieges einen Mangel an Elektronik empfanden …, der sie Schiffe und Männer in beträchtlicher Anzahl« gekostet hätte. Er wies darauf hin, dass Japan sowohl das OKW als auch das OKM »nachhaltig« um Unterstützung und Informationen auf elektronischem Gebiet ersucht hatte. Diese Forderungen blieben sich im Inhalt immer gleich: Japan wollte »jeden Fortschritt auf dem Gebiet der Elektronik wissen, den Deutschland erreicht hatte, und von jedem elektronischen Fortschritt Kenntnis erhalten, den Deutschland bei den Alliierten festgestellt hatte«.[42] Insgesamt sah Schlicke die japanischen Wissenschaftler gegenüber ihren deutschen Kollegen als unterlegen an. Er hielt sie für weitgehend unfähig, Erzeugnisse herzustellen, die auf Gebieten wie zum Beispiel der Chemie und Physik ausgedehnte Forschungsarbeiten erforderlich machten.[43]

* * *

1944 hatte Prof. Dr. Falkenhagen, ein Physiker an der Technischen Hochschule in Dresden, mit japanischen Wissenschaftlern an einem Absorptionsmaterial gearbeitet, das theoretisch ein Unterseeboot gegen die sowohl von einem Funkmess- als auch von einem Infrarotgerät ausgestrahlten Ortungsimpulse unsichtbar machen würde, wenn die Außenseite des U-Bootes mit diesem Material beschichtet wurde. Diese frühen Versuche mit einer »Stealth«-Technik wurden unter der Bezeichnung »Schwarzes U-Boot« bekannt.[44/44a] Als einen weiteren Teil seines Auftrags hatte Schlicke Informationen über japanische Fortschritte mit Materialien zu sammeln, die Schallwellen wie auch Funkmess-Strahlung absorbierten.

Dieser Aspekt von Schlickes Abkommandierung mit dem Decknamen »Schornsteinfeger« konzentrierte sich auf die japanischen Versuche mit Ferrit-Werkstoffen, einer Verbindung von Eisenoxid mit Oxiden von Nickel, Mangan u.a., die Isolier-Eigenschaften aufweisen.[45] Zwei japanische Wissenschaftler hatten diese Werkstoffe entwickelt, als sie für ihre Doktorarbeiten unter Leitung von Prof. Dr. Barkhausen in Dresden forschten, der Jahre zuvor auch Schlickes Mentor gewesen war.[46] Schlicke hatte entdeckt, dass Ferrit-Werkstoffe eine magnetische Isolier-Eigenschaft besaßen, von der vorstellbar war, dass sie als ein Mittel zum Absorbieren einer Funkmess-Strahlung eingesetzt werden konnte, um die Ortung eines aufgetauchten Unterseebootes auszuschließen.[47] Die Verwendung eines derartigen Werkstoffes konnte dazu beitragen, den Einsatz der geschwächten deutschen U-Bootgruppen wieder zu beleben, eine Überlegung, die Schlicke veranlasste, die Ferrit-Forschung als eine Angelegenheit von höchster Priorität zu bezeichnen.

Schlicke sagte aus, die deutsche Kriegsmarine hätte vier verschiedene Verfahren zur Tarnung von U-Booten erforscht. So hatte die Marine als Maßnahme gegen die alliierte Radarortung den Schnorchel und das »Schwarze U-Boot« entwickelt sowie mit geometrischer Ablenkung der Radarstrahlen experimentiert. Als eine Maßnahme gegen eine Infrarot-Nahortung war die »Wärmetarnung« durch Tarnanstriche entwickelt worden. Dann sah sich die Marine der Ultraviolett-Ortung gegenüber, die den alliierten U-Jagdeinheiten Erfolge beim Aufspüren von Unterseebooten brachte, die infolge eines Lecks eine Ölspur nach sich zogen. Hier entwickelten die Wissenschaftler der Kriegsmarine zusammen mit dem deutschen Industriekonzern I.G. Farben ein leichtes Dieselöl, das an der Wasseroberfläche nicht fluoreszierte, wenn es angestrahlt wurde. Und schließlich hatte die Kriegsmarine gehofft, durch das Beschichten des Bootskörpers mit schallabsorbierendem Material einer Asdic- bzw. Sonarortung des Unterseebootes entgegenzuwirken.[48]

Auch offenbarte Schlicke, dass »ein beträchtliches Maß an Forschungsarbeit« auf dem Gebiete des »Dielektrischen Sumpfes« (Deckname), d.h. eine bestimmte Absorptions-Beschichtung gegen Radarstrahlung, geleistet worden war. Im Wesentlichen versuchten deutsche Wissenschaftler, die Ortungsreichweite alliierter Maßnahmen gegen U-Boote durch Aufbringen einer Abschirmschicht auf dem Bootskörper zu beeinflussen, die eine einkommende Radarstrahlung »von größtmöglichem Frequenzbereich« absorbieren sollte. Das Problem bestand darin, eine geeignete Substanz ausfindig zu machen, welche die richtige Durchlässigkeit wie auch die adequaten nicht leitenden Koeffizienten aufwies, um eine maximale Absorption zu erbringen. Waren die entsprechenden Werkstoffe erprobt worden, so berichtete Schlicke weiter, ergaben sich zusätzliche Schwierigkeiten bei dem Versuch, den Bootskörper mit dem betreffenden Material zu beschichten. Bei einigen Werkstoffen mussten Luftblasen als Absorptionsmittel erzeugt werden, die dann entweder wieder in sich zusammenfielen oder sich mit Wasser füllten, sobald das Unterseeboot tauchte. Um diesem Problem zu begegnen, wurde die Beschichtung mit einem Spezialwachs als Imprägniermittel überzogen. Diese Maßnahme stellte sich als zufriedenstellend heraus, als sie beim Schnorchelkopf der U-Boote erprobt wurde; denn die Erprobungen ergaben, dass der auf diese Weise beschichtete Schnorchelkopf erst in einer Entfernung von 5 km geortet werden konnte. Schlicke teilte den ONI-Offizieren auch mit, dass er Proben dieses Werkstoffes an Bord von *U 234* mitführte.[49]

Als Ergebnis der Versuche entwickelten deutsche Wissenschaftler unter den Decknamen »Fafner« und »Alberich« zwei Absorptionsverfahren.[49a] Das Fafner-Verfahren beruhte auf der Theorie der Reflexion und Absorption von Schallwellen unter Wasser. Um eine entsprechend »schwache« Reflexion der Schallwellen zu erhalten, wurde die Außenseite des Unterseebootes mit einer Schicht eines schallschluckenden Materials von annähernd 10 cm Dicke überzogen. Das entscheidende Isolationsmittel bestand aus Luftbläschen, welche die komprimierte Energie der Schallwellen absorbierten. Um zudem die Schallablenkung zu unterstützen, geschah das Auftragen des Materials in gerippter Form. Das Ergebnis bestand in einer reflektierten Schallenergie von weniger als 10 Prozent, die sich innerhalb einer relativ großen Frequenzbreite bewegte.[50] Das Fafner-

Verfahren wurde jedoch für den Frontgebrauch auf deutschen U-Booten als nicht praktikabel angesehen, obwohl es wegen seiner Wirksamkeit über eine große Frequenzbreite hinweg begrüßt wurde. Denn zusätzlich zu den Beschichtungsproblemen infolge der unbeständigen Haftungsfähigkeit unter Wasser verringerte die 10 cm dicke Schicht des Überzugs die Geschwindigkeit des U-Bootes beträchtlich.[51] Welche Mängel das Verfahren auch immer aufwies, die Fafner-Isolationstechnik wurde als einziges Verfahren KAdm. Kojima und der japanischen Marinekommission gezeigt.

Auf der Suche nach einem wirksamen Absorptionsmaterial, das die Leistungsfähigkeit des Unterseebootes nicht beeinträchtigte, entwickelten die deutschen Wissenschaftler das Alberich-Verfahren. Mit diesem Verfahren wurde das schallschluckende, gummiartige Material (Oppanol) in einer effizienteren Schicht aus 4 mm dicken Matten verwendet, die auf der Außenseite des Unterseebootes beträchtlich leichter aufgebracht werden konnten. Alberich wurde als ein sehr wirksamer Schutz gegen eine alliierte Asdic- bzw. Sonarortung angesehen. Die Beschichtung dämpfte die Schallrückstrahlung im Bereich von 10–18 kHz auf etwa 15 Prozent; denn dieses Verfahren beruhte auf der Theorie des Absorbierens spezifischer Resonanzfrequenzen. Es ging von der Annahme aus, der Gegner würde nur ein bis zwei bestimmte Frequenzen benutzen, und so war das schallschluckende Material nur vorgesehen, die Schallrückstrahlung in diesem Frequenzbereich zu dämpfen.[52] Aus diesem Grunde war das Verfahren auch nur innerhalb dieses engen Frequenzbereiches wirksam.

Sowohl das Fafner- wie auch das Alberich-Verfahren hatten deutliche Vor- und Nachteile. Prof. Dr. Küpfmüller, der die Forschungsarbeiten hinsichtlich der Verwendung verschiedenartiger geometrischer Formen zur Erschwerung einer Radar- oder Unterwasser-Schallortung geleitet hatte, kam zur Schlussfolgerung, dass die wirksamste Maßnahme gegen die alliierte Radar-, Asdic- bzw. Sonarortung in einer Kombination aus drei Verfahren bestand:

- Verwendung des Schnorchels, um einer Radarortung zu entgehen;
- Verwendung aufgetragener geometrischer Winkel und Formen, um Radar- oder Schallimpulse abzulenken; und
- Verwendung schallschluckenden Materials in Form einer Beschichtung, um die Schallrückstrahlung zu dämpfen.[53]

Schlicke war als Mitarbeiter Dr. Küpfmüllers diese dreifache Kombination der Gegenmaßnahmen mit Sicherheit bekannt und da von deutscher Seite aus das Alberich-Verfahren nie den Japanern enthüllt worden war, nahm ONI an, dass Schlicke dieses Wissen »als ein Mittel zu benutzen beabsichtigte, um mit den Vertretern des Gegners zu feilschen«.[54]

* * *

Als hervorragender Fachmann auf dem Gebiete der Infrarot-Technik bedeutete Schlicke für ONI eine besonders wertvolle Quelle der Information zu diesem Thema. Von 1942 bis 1944 der Amtsgruppe *Technisches Nachrichtenwesen* im OKM bzw. ihren Vorgängern zugeteilt, war er für die Entwicklung der Infrarot-Ausrüstung zuständig gewesen.[55] Infolgedessen war er hervorragend qualifiziert, um Marinepersonal über Fortschritte auf dem Gebiete der Infrarot-Technik zu instruieren.

Schlicke informierte daher seine Vernehmungsoffiziere über mehrere Grundprobleme, auf welche die deutschen Wissenschaftler bei der Entwicklung der Infrarot-Ausrüstung gestoßen waren. Für die Kriegsmarine war von hauptsächlichem Interesse die Absorption der Infrarot-Strahlung gewesen, wenn sie durch Wasserdampf geht, und inwiefern eine Neigung der Feuchtigkeit des Nebels oder der Gischt besteht, die Infrarot-Strahlen zu zerstreuen, die nicht vollständig absorbiert werden. Schlicke legte dar, dass unter übermäßig feuchten Bedingungen, wie zum Beispiel bei Nebel, eine Infrarot-Übertragung beträchtlich geringer ist, abhängig von der Größe der Wassertröpfchen. Ein weiterer Bereich des Interesses war das Fehlen wirksamer Infrarot-Filter. Schlicke erklärte, dass seine Dienststelle versucht hatte, einen Filter für Infrarot-Ausstrahler zu entwickeln, den reflektierte Lichtstrahlen, wie etwa durch nächtliches Mondlicht auf dem Wasser, nicht beeinträchtigen würden.

Im Frühjahr 1945 rechnete die Kriegsmarine mit der Wiederaufnahme des U-Bootkrieges, hauptsächlich durch den beginnenden Einsatz von Unterseebooten der neuen Typen XXI und XXIII. Da jedoch die Alliierten nunmehr die Infrarot-Ausstrahlung der mit FuMO-Geräten ausgerüsteten U-Boote als wirksame Ortungsmöglichkeit benutzten, hing der Erfolg dieser neuen Boote von der Verringerung der Strahlungsintensität ab, die von den FuMO-Geräten ausgesandt wurde. Eine Lösungsmöglichkeit war die Entwicklung eines Infrarot-Ortungsgerätes, das insofern erwünscht war, da vom Boot keine Funksignale ausgingen.[56] Bis 1945 hatte die Kriegsmarine etwa 80 % ihrer Frontboote verloren; daher war jede Entwicklung, die zum Erhalt der kostbaren U-Boote und ihrer erfahrenen Besatzungen beitrug, von enormem Wert.

So informierte Schlicke auch über die deutschen Entwicklungen auf dem Gebiete der Infrarot-Ortungstechnik. Eine dieser Neuerungen war das Wärmepeilgerät, mit dem es möglich war, große Schiffe des Gegners auf Entfernungen bis zu 50 km und Unterseeboote bis zu 16 km durch Aufspüren ihrer Wärmesignatur zu orten. Der hauptsächliche Nachteil dieses Gerätes bestand darin, dass mit ihm durchaus die Richtung des Fahrzeuges bestimmt werden konnte, aber seine genaue Entfernung konnte nicht ermittelt werden.

Eine weitere Erfindung im Bereich der Infrarot-Strahlung war der *Evaporigraf,* ein Gerät zum Aufspüren der Verdunstungswärme, das eine passive Infrarot-Peilung verwendete. Es zeichnete ein tatsächliches Bild der Quelle, von der die langwellige Wärmestrahlung ausging, ohne ein Abtastgerät zu Hilfe zu nehmen. Die Wärmesignatur der Quelle wurde in einen Parabolspiegel reflektiert, der wiederum das Bild auf einen Glasschirm projizierte. Der Schirm war mit einem Ölfilm von der Dicke nur eines Bruchteils der Wellenlänge überzogen und von einem Vakuum umhüllt, um zu gewährleisten, dass das Bild in eine Umgebung projiziert wurde, deren Druck unterhalb des außerhalb herrschenden Luftdrucks lag. Nach ca. sechs Sekunden erschien ein vager Umriss des Objektes und nach etwa zehn Sekunden war sein vollständiges Bild sichtbar. Handelte es sich bei dem Objekt um einen Menschen, so wurde als Erstes sein Magen registriert, gefolgt vom Nasenbereich. Keine Wärme aussendenden Bereiche, wie zum

Beispiel Knöpfe, erschienen als dunkle Flecken. Der *Evaporigraf* war bis zu 100 m wirksam und konnte, da er keine Strahlung aussandte, auch nicht geortet werden. Außerdem ergaben Versuche, dass Wasserdampf die Empfindlichkeit des Geräts nicht beeinträchtigte. Dies lag vor allem an der langen Wellenlänge, auf der es arbeitete.[57]

Deutsche Infrarot-Ortungsverfahren waren kaum von Erfolg gekrönt. Die wirksamsten Geräte schränkten zudem die schmalen Erfassungsbereiche ein. Daher versuchten die Ingenieure auch, das Blickfeld für die Infrarot-Erfassung zu erweitern.[58] Schlicke offenbarte ferner, dass die Arbeiten am »Bildwandler« und an einem Infrarot-Ortungsgerät der zweiten Generation, dem »Großbildwandler«, der sowohl für Flugzeuge als auch für Schiffe entworfen worden war, Fortschritte gemacht hatten. Zusammen mit Dr. Schaffernicht von der AEG hatte er am Bildwandler gearbeitet. Die beiden Wissenschaftler stießen jedoch infolge der Lichtinterferenzen auf »beträchtliche Schwierigkeiten«. Diese Schwierigkeiten führten zur Entwicklung des Großbildwandlers, der ursprünglich mit einer Abtastscheibe arbeitete, ähnlich jener, die bei den ersten Fernsehgeräten Verwendung fand. In dem Bestreben, sowohl Bewegung wie auch Strahlung zu verringern, wurde der verbesserte Großbildwandler mit einem Zungenfrequenzgerät ausgestattet, das den vorgesehenen Bereich abtastete. Schlicke legte dar, dass die letztere Methode sehr erfolgreich war. Das verbesserte Ortungsgerät war für den Einbau auf kleinen Überwasserfahrzeugen und U-Booten vorgesehen.[59]

Einer der ehrgeizigeren Versuche auf dem Gebiete der Infrarot-Ortungstechnik befasste sich mit einem Verfahren unter dem Decknamen »Flamingo«. Das Flamingo-Projekt bestand aus drei nacheinander entwickelter Varianten sich drehender Infrarot-Warnempfänger: »Flamingo I–III«. Für den Einbau auf U-Booten waren diese Geräte wasserdicht gebaut; denn von Feindfahrt zurückgekehrte U-Bootkommandanten hatten der U-Bootführung berichtet, dass vor dem Angriff eines gegnerischen Zerstörers oder Flugzeuges beim Angreifer eine »rote Scheibe« auftauchen würde. Dies war ein definitiver Hinweis darauf, dass der Gegner auf nahe Entfernung Scheinwerfer einsetzte, die Infrarot-Filter benutzten, um den Umstand auszugleichen, dass Störungen durch Seegang den Einsatz des Radars auf derart nahe Entfernung unwirksam machten. Diese Berichte hatten zur Folge, dass die U-Boote den Warnempfänger »Flamingo I« erhielten, um das Vorhandensein einer Infrarot-Strahlung zu erkennen, die von dem gefilterten Scheinwerferlicht ausging. Der »Flamingo I«-Empfänger war gegen einen 100-Watt-Scheinwerfer, ausgestattet mit Infrarot-Filter, auf Entfernungen bis zu 8 km wirksam. Er wurde auch als ein »ziemlich genaues« Peilgerät angesehen, ein weiterer Vorteil, denn die Abweichung betrug nur 5 Grad. Zudem zeigte das Gerät keine Reaktionen auf Störungen, die von anderen Quellen nächtlicher Strahlung wie Sternenlicht ausgingen.[60]

Der »Flamingo II«-Empfänger war ein zum passiven Gebrauch vorgesehenes Infrarot-Ortungsgerät. Es war zu dem Zweck entwickelt worden, ein Flugzeug durch Orten seiner Auspuffgase zu erkennen. Frühe Experimente mit sich drehenden Anlagen waren erfolgreich verlaufen. Doch bei dem Versuch, das Ortungsgerät druckfest zu machen, traten Schwierigkeiten auf. Außerdem verursachte der große Suchbereich der 45°-Drehantenne mit dem sich daraus ergebenden Richtungsverlust Probleme, eine Schwierigkeit, die bei Rundblickbeobachtungen üblich war. Diese Probleme wurden mit dem »Flamingo II«-Gerät gelöst, das Quecksilberschalter wie auch ein vergrößertes Gehäuse benutzte, das dem Druck großer Wassertiefe widerstehen konnte. Um das Problem des Richtverlustes zu lösen, wurde die Rotation der Antenne verändert. Das »Flamingo II«-Gerät, das eher nach Wärmestrahlen als nach tatsächlicher Wärme suchte, erfasste Flugzeuge mittlerer Größe wirksam auf Entfernungen von 8–10 km.[61]

Aus Kiel war 1944 berichtet worden, dass Feindflugzeuge, die zuvor auf Entfernungen von 10–15 km mit konventioneller Infrarot-Peilausrüstung geortet worden waren, nicht mehr mit diesen Geräten erfasst werden konnten. Luftwaffeningenieure der Alliierten hatten festgestellt, dass die Auspuffgase ihrer Flugzeuge von den deutschen Infrarot-Warnempfängern »gelesen« werden konnten, und fingen infolgedessen an, die Auspuffgase der Maschinen abzuschirmen. Daraufhin begann die deutsche Seite mit der Entwicklungsarbeit des »Flamingo III«-Gerätes, das eher die tatsächliche Wärmesignatur eines Flugzeuges als seine Wärmestrahlung erfassen sollte. Wie Schlicke jedoch den ONI-Offizieren mitteilte, war die Arbeit am »Flamingo III«-Gerät noch nicht abgeschlossen gewesen, als er das Entwicklungslabor im Februar 1945 besucht hatte.[62]

Schlicke offenbarte ferner, dass die deutsche Seite auch auf dem Gebiet des Einsatzes der Infrarot-Technik für Zielsuchzwecke geforscht hatte. 1944 begann die Entwicklungsarbeit an einer Zielsucheinrichtung für ein Sprengboot, bekannt unter dem Namen »Linse«. Hierbei handelte es sich um ein kleines Motorboot, dessen Bug eine starke Sprengladung aufwies und das mit Infrarot-Ortung ins Ziel gesteuert werden sollte.[62a] In einer Entfernung von 5000–1000 m vor dem Ziel sollte das Boot unter Einsatz des »Bildwandler«-Ortungsgerätes geführt werden und ab 1000 m war ein Übernehmen der Steuerung durch ein Infrarot-Zielsuchgerät geplant gewesen. Letzteres besaß eine weite Öffnung (Apertur), die ihm einen großen Erfassungsbereich verlieh. Da die tatsächliche Temperatur des Ziels nicht bestimmt werden konnte, wurde eine Voreinstellung der Temperatur von 100°C angenommen. Schlicke berichtete, dass die auf dem mecklenburgischen Tollense-See bei Neubrandenburg durchgeführten Versuchsfahrten als erfolgreich angesehen worden waren; denn die Leistung des Bootes wurde als »ausgezeichnet« beurteilt. Obwohl es für die deutsche Seite zu spät war, um das Sprengboot »Linse« noch einsetzen zu können, behauptete Schlicke, dass die Japaner versucht hätten, dieses neue Waffensystem in ihr Programm aufzunehmen. Daher hatte er die vollständigen Einzelheiten dieser Erfindung an Bord von *U 234* dabei.[63]

Die vielleicht alarmierendste Enthüllung für ONI war das Vorhandensein der Infrarot-Abstandszünder. Ein gewisser Dr. Preikschot hatte im Februar 1945 Schlicke bei dem erwähnten Besuch informiert, dass zum Einbau in die Flak- und Bordraketen Infrarot-Abstandszünder entwickelt worden waren. Ein Auftrag für 20.000 Zünder dieser Art war ergangen und der Einsatz dieser Raketen sollte im März 1945 stattfinden. Ihre Zielgenauigkeit war mit einer Konstruktionsabweichung von nur 5 Grad außerordentlich hoch. Allerdings war ihre Leistungsfähigkeit durch die Verwendung des Infrarot-Zünders in der Praxis beeinträchtigt. Wenn sich eine solche Rakete als Ziel einer großen Gruppe von Flugzeugen in aufgelockerter Formation näherte, wählte der Zünder eine Position zwischen den Flugzeugen, da sich der Wärmesensor nicht für ein bestimmtes Zielflugzeug entscheiden konnte, d.h. der Zünder suchte eine durchschnittliche Flugrichtung und die Rakete detonierte harmlos in der Luft zwischen den Maschinen.[64] Nichtsdestoweniger war der mögliche Einsatz von Flak- und Bordraketen mit Infrarot-Abstandszündern als Zielsucheinrichtung für die Verantwortlichen von ONI eine Ursache der Besorgnis. Sie kamen zur Überzeugung, dass Schlicke ein wertvoller Aktivposten sein konnte, wenn sich die Notwendigkeit für das Entwickeln von Gegenmaßnahmen ergeben sollte.

Schlickes Kenntnisse über den Stand der technischen Entwicklung in Deutschland waren für die ONI-Vertreter von ungeheurem Wert. Doch während seiner Inhaftierung in Fort Meade erwies er den Amerikanern einen sogar noch wertvolleren Dienst, indem er dem US-Marineministerium eine Reihe von Aufsätzen zur Verfügung stellte, in denen er seine Forschungsarbeit für die Kriegsmarine auf elektronischem Gebiet zusammenfasste.[65] Sein erstes Manuskript, abgeliefert am 19. Juli 1945, trug die Überschrift »Allgemeine Übersicht über die vom OKM geplanten Maßnahmen auf elektronischem Gebiet, um den U-Bootkrieg wieder aufzunehmen«. Dieser erste Aufsatz gab der amerikanischen Marine einen umfassenden Überblick über die deutsche Nachrichtenübermittlungs- und Funkaufklärungstechnik sowohl auf passiver wie auch auf aktiver Grundlage, Tarnung, Suchempfang, Täuschung, Störung der Funkmessgeräte und Gegenmaßnahmen, Fernsteuerung sowie Maßnahmen gegen Ortungsverfahren im gesamten Frequenzbereich der Ultraschall- und elektromagnetischen Wellen.[66]

Schlickes Fachwissen beeindruckte sogar die überaus skeptischen amerikanischen Wissenschaftler und militärischen Führer, von denen viele gegen die Politik der Ausnutzung deutscher Wissenschaftler protestiert hatten.[67] Doch vieles von dem, was Schlicke in seinen Aufsätzen vortrug, blieb selbst sehr klugen amerikanischen Verantwortlichen fremd und schuf in Verbindung mit der Sprachbarriere eine Atmosphäre der Verwirrung. Schlicke versuchte, Klarheit zu schaffen, indem er eine Reihe schematischer Darstellungen zur Veranschaulichung von Begriffen verfasste, wie zum Beispiel »Dämpfungskomponenten einer TE-20-Welle im Verhältnis zur Frequenz« oder »Entwicklungen auf dem entfernten Gebiet des Raumwellenbereiches«.[68]

Schlicke setzte die Zusammenarbeit mit den Vertretern der US-Marine bis zum 25. Juni 1946 fort, als er zusammen mit anderen deutschen Wissenschaftlern nach Deutschland repatriiert wurde. Vielen der repatriierten deutschen Wissenschaftlern wurde die Fortsetzung ihrer Forschungsarbeit in den Vereinigten Staaten angeboten. Obwohl eine beträchtliche Anzahl von ihnen sich entschied, in Deutschland zu bleiben, litten viele andere unter den Bedingungen im Nachkriegsdeutschland. Zu diesen Wissenschaftlern zählten besonders jene, die wie Schlicke in der sowjetischen Besatzungszone zu Hause waren. Auch Schlicke wählte die Rückkehr in die Vereinigten Staaten und nahm am 7. Oktober 1946 seine Arbeit an der Forschungseinrichtung des *Office of Research and Inventions* (Amt für Forschung und Erfindungen) der Marine in Sands Point auf Long Island/New York wieder auf.[69]

* * *

Im Sommer 1945, als sich Schlicke und die anderen ehemaligen Passagiere von *U 234* an das Leben als Kriegsgefangene in den Vereinigten Staaten angepasst hatten, deckten technische Kommissionen der Alliierten in Europa die Geheimnisse der deutschen Forschungsarbeit auf zahlreichen technisch-wissenschaftlichen Gebieten auf. In Kenntnis des Wertes solcher Informationen für Amerikas Fortsetzung des Krieges im Pazifik schlug das Gremium der angloamerikanischen Stabschefs (CCOS) am 6. Juli Richtlinien für die amerikanische Ausnutzung einer »minimalen Anzahl deutscher Wissenschaftler« in den Vereinigten Staaten vor.[70] Die Ergebnisse des sich daraus ergebenden Programms sollten tiefgreifende Auswirkungen auf das Leben von Dr.-Ing. Heinz Schlicke haben.

Fachberichte aus Europa bestätigten das Interesse der Marine an der deutschen Forschungsarbeit auf dem Gebiet der unbemannten Flugzeuge und gelenkten Flugkörper. Lt.-Cdr. J.H. Marchant von der Marinetechnischen Mission hatte die deutschen Einrichtungen inspiziert und war zum Schluss gelangt: »Die Deutschen waren vermutlich den USA auf dem Gebiet der gelenkten Flugkörper weiter voraus als auf jedem anderen Gebiet.« Dies wäre ein Gebiet, so führte er weiter aus, dass von den amerikanischen Forschern »nur oberflächlich angekratzt worden ist«. Marchant betonte jedoch, dass ein Übernehmen deutscher Technik lediglich das Vorspiel zu weiterer Forschungsarbeit bedeuten würde; denn ein umfassendes Verstehen und Anwenden deutscher Technik würde das Begreifen des »grundlegenden Fortschritts und projektiven Denkens« deutscher Wissenschaftler bedingen. Auf der Grundlage seiner Beobachtungen empfahl Marchant, dass den »auf diesem überaus wichtigem Gebiet« arbeitenden Wissenschaftlern »die uneingeschränkte Unterstützung bis zur erschöpfenden Ausnutzung gewährt wird«.[71]

Ein weiteres Gebiet deutscher Forschungsarbeit, für das die Marine Interesse zeigte, war die Infrarot-Technik. Cdr. H.G. Dyke vom Amt für Forschung und Entwicklung der Marine *(Naval Office of Research and Development)* suchte in dem Bestreben festzulegen, welche deutschen Wissenschaftler hinsichtlich ihrer Ausnutzung von maximalem Wert sein könnten, am 9. August 1945 den Rat von Physikern des *Massachusetts Institute of Technology*. Neun Tage später antwortete das Technische Institut mit einem Bericht über den Stand der deutschen Infrarot-Forschung.

Den Institutsbericht leiteten Worte der Anerkennung ein; zum Zeitpunkt der Kapitulation der Wehrmacht wären »uns die Deutschen bei der Infrarot-Entwicklungsarbeit sowohl in der Grundlagenforschung als auch in der Produktion und bei der militärischen Anwendung von Geräten weit voraus« gewesen. Hierfür bot der Bericht mehrere Gründe als Erklärung an, von denen zwei als auffallend hervorstachen. Erstens hatte Deutschland den Vorteil eines beträchtlichen Vorsprungs bei der Infrarot-Entwicklungsarbeit für militärische Zwecke gehabt, da der Beginn der Forschung bis zu den Wiederaufrüstungsprogrammen der 30er-Jahre zurückreichte. Zweitens hatte der »Mangel« auf dem Gebiete der Radarentwicklung die Wissenschaftler dazu verführt, den Nachdruck auf andere physikalische Eigenschaften zu legen, die den alliierten Radarsystemen entgegenwirken konnten. Der Institutsbericht anerkannte außerdem, dass der Fronteinsatz deutscher Infrarot-Systeme »beträchtlich intensiver« erfolgt war als ein solcher auf amerikanischer Seite, aber nichtsdestoweniger zum Zeitpunkt der deutschen Kapitulation von verhältnismäßig geringer Bedeutung war. Doch in den letzten Monaten des Krieges in Europa war sich die deutsche Seite »der Vorteile der Infrarot-Systeme lebhaft bewusst geworden und hatte gelernt ..., dass diese Systeme in künftigen Kriegen eine unerlässliche Bedingung für die Kampftruppen sein werden«.[72/72a]

Das Amt für Luftfahrt im US-Marineministerium *(Bureau of Aeronautics – BuAer)* war sowohl am Einsatz unbemannter Flugzeuge als auch an der Infrarot-Technik interessiert und suchte jene Wissenschaftler heraus, die dazu beitragen konnten, Tarnverfahren für gelenkte Flugkörper zu entwickeln. Der Chef dieses Amtes unterrichtete am 24. Oktober 1945 Lt.-Cdr. W.H. van Benschoten von der Abteilung für Sondergeräte *(Special Devices Division)* des Marineamtes für Forschung und Erfindungen *(Office of Research and Inventions),* dass BuAer wünschte, die Forschungsarbeiten für »Verfahren zur Tarnung unbemannter Überschallflugzeuge gegen Radarortung [zu beginnen]. ... Diese Studie könnte unter Bezugnahme auf den deutschen V-2-Flugkörper entworfen werden.«[73] BuAer stellte bald fest, dass ONI »den Mann in seinem Gewahrsam [hatte], der für die elektronische Forschung in der deutschen Marine zuständig« gewesen und daher »in hohem Maße qualifiziert [war], die Untersuchung durchzuführen«. Das Luftfahrtamt forderte daher, dass Dr.-Ing. Heinz Schlicke, der sich damals in Fort Hunt in Virginia befand, »angeworben und mit dem Projekt beauftragt werden« sollte; es trug den Decknamen »Projekt 77«.[74] Am 31. Oktober forderte Lt.-Cdr. van Benschoten formell, dass Schlicke an das Versuchslaboratorium Projekt 77 in Sands Point auf Long Island/New York zu versetzen wäre.[75] Doch Schlicke war als Kriegsgefangener eingestuft und unterstand somit der Zuständigkeit des *Provost Marshal General's Office,* d.h. des Generalkommandos der Militärpolizei des Heeres. Infolgedessen musste Rear-Adm. H.G. Bowen, der Chef des *Office of Research and Inventions,* dem Heeresministerium *(War Department)* ein offizielles Ersuchen vorlegen, um Schlicke aus der Zuständigkeit bzw. dem Gewahrsam des Heeres in die Zuständigkeit der Marine zu überstellen, ein Ersuchen, dem schließlich stattgegeben wurde.[76] Schlickes spätere Arbeit war von derartigem Wert, dass der Nachrichtendienst der US-Marine entschied, sein Fachwissen langfristig auszunutzen.

Infolge der Ungewissheit, die über den Status ausländischer Zivilisten bestand, sollten alle deutschen Staatsangehörigen wie vorgesehen bis zum 15. Juli 1946 nach Deutschland zurückkehren. Hierbei bildete Heinz Schlicke keine Ausnahme; er musste daher nach Deutschland repatriiert werden. Doch am 30. April desselben Jahres informierte das *Office of Research and Inventions* den für das Projekt 77 verantwortlichen Offizier, dass ein neu in Gang gesetztes Programm ergänzende Bestimmungen »für die zukünftige Verwendung der deutschen Wissenschaftler und des technischen Personals vorsehen« würde. Auf diese Weise bot sich der Marine die Gelegenheit, sich Schlickes Fachwissen nach seiner Repatriierung wieder zu sichern. Das neue Programm gestattete es der Marine, diese Wissenschaftler dann weiter zu beschäftigen, wenn sie bestimmte Kriterien erfüllten. Da die Marine ein fortwährendes Interesse an Schlickes Arbeit auf dem Gebiete der elektromagnetischen Strahlung zum Ausdruck gebracht hatte, wurde er als wünschenswerter Kandidat für das Ausnutzungs-Programm *(Exploitation Program)* mit der Bezeichnung *»Projekt Paperclip«* (Projekt Büroklammer) vorgesehen.[77]

Zusätzlich zur Gelegenheit, seine Forschungsarbeit in der verhältnismäßigen Freiheit der Vereinigten Staaten fortzusetzen, bot ein »Paperclip«-Vertrag einem Wissenschaftler auch Anreize, wie etwa einen legalen Status für den Aufenthalt in den Vereinigten Staaten, die eventuelle Überführung seiner Familie nach Amerika und Patentschutz für seine Erfindungen.[78] Auf diese Weise kam Schlicke in den Genuss eines »Paperclip«-Vertrages und seine Arbeit wurde als so geheim eingestuft, dass Amerikas sowjetischem Verbündeten jeder Zugang zu ihr verweigert wurde.[79]

In Sands Point auf Long Island setzte Schlicke zusammen mit Erich Menzel, inzwischen sein Assistent, seine theoretische Arbeit hinsichtlich der Radartarnung und Infrarot-Forschung fort, Gebiete, auf denen ihn ONI als »hervorragend« einstufte.[80] Nach der Niederlage Japans arbeitete er weiterhin für das *Office of Research and Inventions* an geheimen Projekten bis zum 1. September 1950, als sein Dienstvertrag mit der Marine endete.[81] Er hatte darum gebeten, von seiner Zusammenarbeit mit der Marine entbunden zu werden, um ein Angebot der *Allen-Bradley Company* in Milwaukee anzunehmen, in deren Dienste er nach seiner Entlassung sofort eintrat. 1964 endete für Heinz Schlicke die Fahrt endgültig, die im Februar 1945 auf einem Unterseeboot begonnen hatte, als die *Allen-Bradley Company* ihn auf eine Geschäftsreise nach Japan schickte. Als ein bekannter Lehrbeauftragter, Erfinder und Autor glaubt Schlicke heute: »Die USA sind für das Geld, das sie ausgegeben haben, um mich hierher zu bringen, durchaus entschädigt worden. … Ich empfinde meine Arbeit als ein „Dankeschön" an Amerika für seine Leistung, ein verwüstetes Deutschland durch den Marshall-Plan umzustrukturieren und neu zu beleben, sowie dafür, zu seiner Wiedervereinigung beigetragen zu haben.«[82]

9. Kapitel

Die Männer von Messerschmitt

Die für Japan verhängnisvoll ausgegangene Luft-/Seeschlacht von Midway Anfang Juni 1942 veranlasste die Japaner, die Prioritäten ihrer Kriegsproduktion neu zu bestimmen. Sie setzten die Flugzeugproduktion vor allem anderen an die erste Stelle ihrer Dringlichkeitsliste. Bei der Einschätzung ihrer geschwächten Luftwaffe stellten die militärisch Verantwortlichen fest, dass die japanischen Streitkräfte nicht nur in der Anzahl der Kampfflugzeuge, sondern auch in der Luftfahrttechnik den Alliierten nachhinkten. Japanische Piloten, welche die Leistung ihrer Flugzeuge mit jener der amerikanischen verglichen, waren überzeugt davon, dass sie weit unterlegene Maschinen flogen. Gemäß Fregattenkapitän Nomura Ryosuku, zuständig für Operationen im Stabe der 11. Luftflotte in Rabaul, hatten japanische Piloten »einen Horror vor amerikanischen Jägern« und räumten ein, dass ihre Jäger vom Typ Mitsubishi A6M, amerikanischer Kodename »Zero«, die dem amerikanischen Typ Vought F4U-2 »Corsair« noch unterlegen waren, ab 1943 den weit moderneren Jägern, wie zum Beispiel vom Typ Grumman F6F-1 »Hellcat«, ebenbürtig oder sogar überlegen waren. Außerdem lagen die Japaner auf luftfahrttechnischem Gebiet um ein bis anderthalb Jahre hinter den anderen Kriegführenden zurück und die tatsächliche Flugzeugproduktion hinkte noch ein weiteres Jahr hinterher.[1] In Kenntnis der verzweifelten Verfassung ihrer Flugzeugindustrie entschieden Heer und Marine des Kaisers, dass die sofortige Lösung ihrer Probleme darin bestand, Deutschland um Prototypen von einsatzfähigen Kampfflugzeugen zusammen mit dem entsprechenden luftfahrttechnischen Fachwissen zur Unterstützung der Entwicklung einer leistungsfähigen Produktion zu ersuchen.

Die Ursprünge der japanischen Flugzeugindustrie rühren aus der Zeit nach dem Ende des Ersten Weltkrieges her. 1920 begann die Abteilung Flugzeugbau der Schiffbauwerft Kawasaki mit dem Bau eines Flugzeugs französischen Entwurfs und dem Bau von Flugzeugmotoren. Bis 1926 folgten weitere japanische Firmen wie Nakajima, Mitsubishi, Aichi Tokei, Kawanishi und Tashikawa dem Beispiel Kwawasakis und schufen ebenfalls Firmenzweige dieser Art, sich auf den Bau von Flugzeugzellen und Motoren spezialisierend. Doch trotz der optimistischen Stimmung, welche den flügge gewordenen Industriezweig umgab, blieben die Ambitionen der japanischen Flugzeugfertigung im Umfang begrenzt und von verhältnismäßig geringer Bedeutung.[2] Bis 1937 war Japan nicht gefordert, stärkere Luftstreitkräfte aufzustellen. Doch diplomatische Ereignisse in diesem Jahr zwangen die japanischen Führer, die Notwendigkeit einer verstärkten Luftwaffe neu zu überdenken. Die japanische Intervention in China veranlasste eine Verschiebung in der politischen Gesamtlage Ostasiens und alarmierte den Westen angesichts des Potenzials der japanischen Aggression. Gleichzeitig fingen die westlichen Mächte an, die Bestände an Flugzeugen in ihren eigenen fliegenden Arsenalen aufzustocken – in erster Linie als Antwort auf die Schaffung der deutschen Luftwaffe. Daher erkannten die japanischen Führer deutlich, um als Weltmacht angesehen zu werden, musste Japan seine Heeres- und Marineluftstreitkräfte verstärken und sie mit allem ausstatten, was hierzu notwendig war.

Japan fing an, den Ausstoß seiner Flugzeugindustrie zu verstärken, und die Anzahl der in diesen Firmen Beschäftigten stieg von etwa 50.000 Arbeitern 1937 auf über 150.000 im Jahre 1941. Auch die japanische Regierung unter Premierminister Tojo Hideki hatte begonnen, das Wachstum der heimischen Flugzeugindustrie durch Subventionieren des Aufschwungs kleinerer Unternehmen und die Ausweitung der Produktion bei vorhandenen Firmen zu fördern. 1944 stammten 90 % der Flugzeugzellen und 80 % der gesamten Motorenproduktion aus Japans »privatisierten« Firmen.[3] Doch obwohl die japanischen Firmen sehr erfahren in der Fertigung ausländischer Flugzeugtypen waren, fehlte es ihnen an der ausreichenden Fertigkeit, ihre eigenen Typen zu entwerfen und zu bauen.

Anfangs besaßen die japanischen Firmen nicht das Fachwissen, um ihre eigenen Flugzeugtypen zu entwerfen und zu fertigen. Daher verließen sie sich hinsichtlich Forschung und Entwicklung weitgehend auf ausländische Firmen. Die Verantwortlichen in Japan strebten eifrig nach ausländischen Lizenzen, um die Erfahrungen europäischer und amerikanischer Hersteller in der Hoffnung zu nutzen, schließlich in der Lage zu sein, eigene Flugzeugtypen und Herstellungseinrichtungen zu entwickeln und zu bauen. Zusätzlich zum Bemühen um ausländische Konstruktionen begannen japanische Firmen auch, Konstrukteure für Flugzeuge und Techniker für ihre Fertigung als Spezialisten ins Land zu holen, um die Integration westlicher Fertigungsmethoden in die japanischen Fabriken sowie auch den Bau und die Organisation der Betriebsabläufe in den neuen Fertigungsanlagen zu überwachen. Die allmähliche Erweiterung und Modernisierung der japanischen Flugzeugindustrie, die Lizenzfertigung ausländischer Typen und die Ausnutzung der Erfahrung ausländischer Spezialisten charakterisierte die frühe Entwicklung der Luftstreitkräfte des japanischen Heeres und der Marine.[4]

Trotz der beeindruckenden Leistungen der japanischen Luftstreitkräfte in den frühen Stadien des Krieges war die Fertigung sogar ihrer erfolgreichsten Flugzeugtypen, wie etwa des Jagdeinsitzers Mitsubishi A6M »Zero«, mit Schwierigkeiten verbunden. Infolge des verhältnismäßig raschen Wachstums der Industrie Japans in der Vorkriegszeit konnten sich die Flugzeughersteller nicht auf eine Schwerindustrie im Hintergrund stützen, wie dies in anderen hoch industrialisierten Ländern der Fall war.[5] Zudem hatten die einzelnen Firmen praktisch keine Reserven an ausgebildeten Arbeitern; denn Facharbeiter wurden zum Militär eingezogen, und so bestand die Mehrheit der verfügbaren Arbeitskräfte aus ungelernten Arbeitern, die zum großen Teil aus der Landwirtschaft kamen.[6]

Die japanische Praxis, sich auf ausländische Firmen zu verlassen, wurde in beträchtlichem Maße durch den Ausbruch des Krieges mit den Vereinigten Staaten 1941 gefährdet, wobei sich diese Lage durch die Isolierung Deutschlands Mitte 1941 noch weiter verschärfte. Diese Unterbrechung des Handelsverkehrs brachte den Import der für die japanische Industrie wichtigen Werkzeugmaschinen praktisch zum Erliegen. Diese und andere Schwierigkeiten veranlassten die deutsche Seite, die japanische Flugzeugindustrie in gewisser Weise als »rückständig« zu bezeichnen.[7]

Während Japan im Bau von Flugzeugzellen und -motoren gegenüber anderen Industrieländern nicht wesentlich nachhinkte, bestand ein erheblicher Mangel in der Entwicklung der Flugzeugelektronik und anderer Ausrüstung. Die Abhängigkeit von ausländischen Lizenzen für Flugzeuginstrumente bedeutete, dass die japanischen Hersteller einen tödlichen Schlag versetzt bekamen, als das ausländische Fachwissen entweder ganz ausfiel, wie im Falle der Vereinigten Staaten, oder verweigert wurde, wie im Falle Deutschlands. Die japanischen Ingenieure waren nunmehr gezwungen, ihre eigenen Instrumente zu konstruieren und zu fertigen. Sie erfüllten zwar ihren Zweck, waren aber den immer wieder verbesserten Produkten der alliierten Flugzeugelektronik nicht ebenbürtig. Ein 1944 erstellter Bericht der amerikanischen *Strategic Bombing Survey (USSBS)* – einer Dienststelle zur Erarbeitung der strategischen Bombenziele – führte aus: Japanische »Flugzeuginstrumente sind den … deutschen, englischen und amerikanischen Instrumenten unterlegen. … Wenn auch im Allgemeinen von guter Konstruktion sind ihre Ganzmetallflugzeuge in Leistung, Bewaffnung und Ausrüstung vergleichbaren britischen und amerikanischen Typen nicht gewachsen.«[8]

Die militärischen Führer Japans waren sich hinsichtlich der Abhängigkeit des Landes von ausländischem Fachwissen auf dem Gebiete des Flugwesens durchaus bewusst. Doch die Unterzeichnung des Dreimächtepaktes und dessen spätere geheime Zusatzprotokolle über Militärhilfe verschafften den Admiralen und Generalen eine gewisse Erleichterung. Solange Deutschland mit Japan verbündet blieb, würde es möglich sein, zu kontern und in einigen Fällen alliierten Neuerungen Herr zu werden. Die japanische Abhängigkeit von deutschen Firmen bestätigte die Flut deutscher Ausrüstungen, die vor 1941 durch die Sowjetunion nach Japan flossen. Transporte mit elektrischen Ausrüstungen von Bosch, Navigationsinstrumenten von Siemens und Askania sowie Funkausrüstungen von verschiedenen deutschen Firmen gingen regelmäßig über die Transsibirische Eisenbahn.[9] Diese Transporte hörten im Juni 1941 mit dem deutschen Angriff auf die Sowjetunion auf. Doch die japanischen Forderungen nach deutscher Ausrüstung verringerten sich nicht.

Bis zum Dezember 1944 beruhten Japans Hoffnungen, in der Luft wettbewerbsfähig zu bleiben, hauptsächlich auf der Verfügbarkeit deutscher Hilfe. Doch deutsche Beobachter in Japan waren über das enttäuscht, was sie wahrnahmen: Vom Ignorieren leistungsfähiger Herstellungsverfahren bis hin zum Mangel an Standardisierung, technischem Personal und Werkzeugmaschinen. Die japanische Führung versuchte, diesen Mängeln durch Unterstützen ihrer eigenen veralteten Herstellungsmethoden zu begegnen, indem sie moderne deutsche Ausrüstungen erwarben, sich die Herstellungsrechte an deutschen Neuerungen sicherten, die Ausbildung japanischer Ingenieure in Deutschland erleichterten und sich die Dienste deutscher Ingenieure und Techniker für die Fertigung verschafften. Ein deutscher Bericht vom Dezember 1944 fasste die deutschen Zielvorstellungen zusammen. Durch den Transfer von Material und Personal hoffte Deutschland: »Die japanische Flugzeugproduktion wird auf lange Sicht durch den Aufbau einer entsprechenden Fertigung und Verbesserungen in den Betriebsabläufen wesentlich unterstützt werden.«[10] Doch Japans Bedarf an Hilfe war zu dringlich, um ihn durch »Aufpolieren« seiner veralteten Fertigungsverfahren zu stillen. Daher versuchte die japanische Führung nicht nur, die nötigen Mittel zu erwerben, um die modernsten deutschen Flugzeuge zu fertigen, sondern versuchte auch, die Flugzeuge selbst als Musterexemplare zu kaufen.

* * *

Überraschenderweise kamen die anfänglichen Erkundigungen bezüglich der Lieferbarkeit der deutschen Flugzeuge nicht direkt vom japanischen Militär. Da es kein offizielles Zusatzprotokoll über den technischen Austausch zwischen den beiden Verbündeten gab, begann die japanische Industrie zu analysieren, welche deutschen Flugzeuge unter Verwendung der japanischen Produktionseinrichtungen am leichtesten nachgebaut werden konnten. 1942 frug das Berliner Außenbüro der Mitsui-Bussan-Maschinen-Werke im Hauptbüro in Tokio an: »Da kein Fokker-190-Jagdeinsitzer [Fw 190 in Europa] abgeschossen worden ist, ... würden Sie in Betracht ziehen, ein Musterexemplar zu kaufen, nachdem Sie mit den Nakajima-Flugzeugwerken gesprochen haben?«[11] Im Dezember 1942 unterzeichneten Japan und Deutschland ein Zusatzprotokoll zu ihrem Wirtschaftsabkommen, das besonders regelte: »Die Übergabe bestimmter Maschinen und Anlagen, die Entsendung von Ingenieuren [und] technischen Fachleuten sowie die Ausbildung von Technikern.«[12]

Im Januar 1943 begann Deutschland, seine leistungsfähigsten Kampfflugzeuge, vor allem die Jagdeinsitzer Messerschmitt Me 109 und Focke-Wulf Fw 190, nach Japan zu verschiffen. Zusätzlich zu diesen Flugzeugen, die bereits unterwegs waren, bot General Otani Seigo, der japanische Heeresattaché in Berlin, seine Beurteilung weiterer deutscher Flugzeuge an, darunter des Jagdeinsitzers Me 309, eines Versuchsflugzeuges, und des geplanten viermotorigen Bombers Me 264.[13] Obwohl die Me 309 im Stadium eines Prototyps verblieb, drängte Otani das japanische Heer, »noch 1943 sofort eines der Versuchsmuster mit zwei bis vier Exemplaren zu Studienzwecken zu kaufen«.[14] Wenn auch Tokio dieser Empfehlung zustimmte, so war Otani doch nicht in der Lage, den Kauf dieser Maschinen abzuschließen, da Messerschmitt im Oktober 1943 die Entwicklung dieses Flugzeuges einstellte. Das deutsche Rüstungsministerium informierte jedoch Botschafter Oshima, dass Deutschland keine Einwände hätte, wenn die Japaner wünschten, »die Me 309 zu fertigen, um den [eigenen] Bedarf zu decken«. Infolgedessen wies Tokio Otani an, den Transfer aller technischen Angaben und Pläne für die Me 309 und die Me 264 – »durch die jetzt der Marine zur Verfügungen stehende Spezialmöglichkeit, d.h. Unterseeboot« – nach Japan zu veranlassen.[15] Doch es sollte zwei Jahre dauern, ehe dieser Plan verwirklicht werden konnte.

Japans Versuche, deutsche Flugzeuge zu erwerben, flauten bis zum Frühjahr 1944 etwas ab, als Botschafter Oshima Hitler von Japans »großer Besorgnis hinsichtlich der Verstärkung seiner Luftwaffe« informierte. Daraufhin versprach Hitler, Deutschland würde »alles Erforderliche tun«, um diese Besorgnis zu beseitigen.[16] Ein Grund für das neu erwachte japanische Interesse waren die erfolgreichen Versuche der Messerschmitt A.G. mit düsengetriebenen Flugzeugen. In einem Bericht vom März 1944 ersuchte Otani den stellvertretenden japanischen Kriegsminister, Tokio sollte »sofort Techniker [nach Deutschland] entsenden ..., um dieses Flugzeug [die Me 262] zu studieren«.[17] Otani informierte auch den Chef der kaiserlichen Heeresluftwaffe: »Japan würde gut daran tun, die Lizenzrechte für die Fertigung des neuen Jägers Me 262 zu kaufen.«[18] Im Herbst 1944 nahmen die Japaner formell mit Direktor Graf Plum von der Messerschmitt A.G. Verbindung auf und ersuchten um die Patentrechte und die Pläne für die Me 262 wie auch für den raketengetriebenen Abfangjäger Me 163. Graf Plum gab dem Ersuchen statt und schlug einen sofortigen Transport mit einem U-Boot nach Japan vor, sobald dies die Lage zuließ.[19] Doch der bloße Erwerb der Pläne konnte das Problem nicht lösen; denn der japanischen Industrie fehlte es immer noch an technischem Fachwissen, das für die Fertigung von Flugzeugen mit Strahlantrieb erforderlich war.

In der Erkenntnis, dass ein Ausnutzen des deutschen Erfolgs mit diesem Jagdflugzeug »wichtig [war], wenn Japan die Luftherrschaft erringen sollte«, informierte Otani Tokio, dass Deutschland der Entsendung eines Flugzeugkonstrukteurs nach Japan zugestimmt hatte.[20] Der stellvertretende japanische Kriegsminister teilte am 6. April 1944 Otani mit, dass Vertreter der Kaiserlichen Marine darum ersucht hatten, »Vorkehrungen zu treffen, um einige Konstruktionsingenieure der Messerschmitt A.G. mit einem unserer Unterseeboote nach Japan zu bringen«.[21] Doch kein japanisches Unterseeboot sollte in Europa eintreffen. In Anbetracht des geschwächten Zustandes der japanischen U-Bootwaffe und der erfolgreichen U-Abwehrkriegsführung der Alliierten war es zweifelhaft, ob eines ihrer Unterseeboote eine solche Fahrt überstehen würde. Trotzdem blieben die Pläne, Prototypen dieser Flugzeuge sowie Ingenieure mit drei Unterseebooten nacheinander nach Japan zu transportieren, auch weiterhin bestehen.[22] Das erste Unterseeboot – *U 864* (KKpt. Ralf-Reimar Wolfram) – sollte Prototypen und Pläne der Jagdeinsitzer Me 309 und Me 209, die Pläne für den Bomber Me 264 sowie die Messerschmitt-Ingenieure v. Klingensperg und Schaurens nach Japan bringen. Das U-Boot wurde jedoch am 9. Februar 1945 vor der norwegischen Küste auf der Höhe von Bergen von einem britischen U-Boot angegriffen und versenkt.[23] Das zweite Unterseeboot, das sich zugleich als das letzte nach Japan ausgelaufene U-Boot erwies, war *U 234*, das wie oben beschrieben sich unter Kptlt. Johann Heinrich Fehler nach Kriegsende den Amerikanern stellte.[24]

* * *

Anfang 1942 entschied die deutsche Führung, der Entwicklung und der späteren Fertigung düsengetriebener Flugzeuge Priorität zu verleihen. Deutschland war in der Entwicklung des ersten Flugzeuges mit Strahltriebwerk führend. Schon am 27. August

1939 war die He 178 vom Heinkel-Werksflugplatz in Rostock-Marienehe zu einer Weltpremiere gestartet: Dem ersten Flug eines reinen Düsenflugzeuges. Von der Zukunft des Turbinenluftstrahlantriebs überzeugt, erteilte das deutsche Luftfahrtministerium der Junkers Flugzeug- und Motorenwerke A.G. im Dezember 1941 den Auftrag zum Serienbau des Strahltriebwerkes Jumo 109-004 A, während der Flugzeugkonstrukteur Willy Messerschmitt 1940 die Entwurfsarbeit für den ersten Düsenjäger abschloss, der die Bezeichnung Me 262 bekam. Schließlich erhielt ein Prototyp der neuen Me 262 im Frühsommer 1942 zwei Triebwerke vom Typ Jumo 004 A und startete am 18. Juli 1942 vom Messerschmitt-Erprobungsgelände Leipheim zum ersten rein strahlgetriebenen Flug, der erfolgreich verlief. Im April 1944 war die erste Me 262 als erster Strahljäger der Welt einsatzfähig.[25]

Als die Me 262 ihrer Einsatzbereitschaft entgegenging, begannen die Analytiker der alliierten Nachrichtendienste die Meldungen über das neue deutsche Flugzeug aufmerksam zu registrieren. Im Januar 1944 erhielt das *Office of Strategic Servives* (OSS) einen Bericht, wonach die Serienfertigung des neuen deutschen Flugzeuges, das Geschwindigkeiten bis zu 1000 km/h (621 mph) erreichen könnte, im Dezember 1943 begonnen hätte. Das neue Flugzeug hätte »eine verstärkte Triebwerksleistung, [die] für die hohe Geschwindigkeit dieses Flugzeuges verantwortlich« wäre, ausgestattet mit Bauteilen aus den Junkers-Werken in Dessau.[26] Trotz der Verwendung von Triebwerken mit Bauteilen von Junkers würde der Zusammenbau des Flugzeuges in den Messerschmitt-Werken Augsburg und Oschersleben erfolgen und »keine Änderungen in der Bewaffnung« gegenüber den vorhandenen Jägern der Luftwaffe aufweisen.

Wie vorherzusehen war, bestand die alliierte Reaktion auf solche Einschätzungen in Ungläubigkeit, wie zum Beispiel der Kommentar eines Lieutenant Pearson zeigt. Dieser hatte beim Lesen des OSS-Berichtes vermerkt: »621 mph sind eine ganz schön hohe Geschwindigkeit! Da mag viel Rauch drinstecken.«[27] Ständig eingehende Informationen besagten, dass das neue Flugzeug Raketen als Starthilfe benutzte, um den hohen Brennstoffverbrauch für den Kampf zu nutzen. Die Me 262 war mit einer Druckkabine ausgestattet, um dem Luftdruck in Höhen von 15.000–17.000 m zu widerstehen, in denen das Flugzeug im Horizontalflug Geschwindigkeiten über 1000 km/h erreichen konnte. Unheilvoller für die Angloamerikaner war die Information, dass die Me 262 einer der größten Schwächen der Luftwaffe zu begegnen schien: Dem verzweifelten Mangel an Piloten. Ein aus Stockholm stammender OSS-Bericht vom 5. August 1944 behauptete, dass die außerordentlich wendige Me 262 »im Allgemeinen sehr leicht zu fliegen ist. … Innerhalb eines halben Jahres kann ein Anfänger zu einem voll einsatzfähigen Kampfpiloten ausgebildet werden.« Das Potenzial des Flugzeuges selbst hatte sich 1944 über Deutschland gezeigt, als eine Gruppe von zwölf Me 262 einen ganzen Verband mit 30 alliierten Bombern innerhalb von 30 Minuten abschoss.[28]

Die alliierten Nachrichtendienste begannen vom November 1944 an, die von der Me 262 ausgehende Bedrohung nicht nur auf die alliierten Streitkräfte in Europa zu beziehen, sondern auch auf die amerikanischen im Pazifik. Entzifferte Funksprüche aus dem abgehörten diplomatischen Funkverkehr offenbarten, dass die Japaner sich schon seit dem März 1944 aktiv um das deutsche Flugzeug bemühten.[29] Der japanische Heeresattaché in Berlin hatte im Mai 1944 Tokio ersucht, japanische Techniker sollten »sofort nach Deutschland entsandt werden, um [die Me 262] zu studieren«.[30] Im November erhielt der *Air Technical Intelligence Service* der US-Marine – das lufttechnische nachrichtendienstliche Referat der Marineluftwaffe – einen Bericht von Capt. S.B. Spangler, USN, von der *Power Plant Design Branch* (Unterabteilung für Flugtriebwerksbau), der einen Vergleich zwischen deutschen und japanischen Flugzeugen vorschlug. Spangler hatte klar erkannt: »Beim Bau der Triebwerke für japanische Flugzeuge ist es allgemein bekannt, dass die Japaner ... von ihrem Achsenpartner Deutschland beträchtlich [an technischem Wissen] entlehnt haben.« Die *Power Plant Design Branch* war nicht in erster Linie mit deutschen Entwicklungen befasst; sie musste jedoch eingehend die der Japaner verfolgen, um mögliche Tendenzen vorherzusagen. Spangler gab fernerhin den nachrichtendienstlichen Besorgnissen der Marineluftwaffe Ausdruck, indem er bemerkte: »Es ist nicht vorstellbar, dass sie [die Japaner] nicht am Strahlantrieb arbeiten, eng angelehnt an die in diese Richtung gehende deutsche Entwicklung. ... Es scheint deshalb ... logisch zu sein, dass die [japanische] Entwicklung eine ähnliche Richtung verfolgen wird.«[31] Während diese Vorgehensweise bei der japanischen Fertigung von Flugzeugen wie der Me 109, der Fw 190 und des Sturzkampfbombers Ju 87 (»Stuka«) offenkundig war, zeigten sich die Japaner als rückständig, was den Fertigungsbeginn der Me 262 und Me 163 betraf.[32] Maßnahmen waren jedoch unternommen worden, um die japanischen Anstrengungen für den Einsatz dieser Flugzeuge zu verstärken. Der bisher letzte und zweifellos wichtigste Schritt war das Auslaufen von *U 234* nach Japan gewesen. In seinen provisorischen Laderäumen führten Dr.-Ing. August Bringewald und der Techniker Franz Ruf von der Messerschmitt A.G. die Pläne und Bauzeichnungen für die Me 163 und Me 262 mit, zudem ein in Lattenkisten verpacktes, aber nichtsdestoweniger vollständiges Musterexemplar der Letzteren.

* * *

Das zweiköpfige Messerschmitt-Kontingent leitete Dr.-Ing. August Bringewald, der oft als »die rechte Hand von Willy Messerschmitt« bezeichnet worden war. Er hatte in Deutschland die Fertigung der Me 262 wie auch die von anderen Kampfflugzeugen geleitet. Daher sollte Bringewald die Serienfertigung der Me 262 auch in Japan leiten und den Boden für die Fertigung der Me 163 vorbereiten.[33] Sein Begleiter war der Techniker Franz Ruf, ein Spezialist für das Bereitstellen der Werkzeugmaschinen sowie ihr Einrichten für die Flugzeugfertigung. Ruf hatte zuvor das Herrichten der Produktionsstätten für deutsche Flugzeuge überall in Europa überwacht, vor allem in Rumänien. Jetzt hatte er den Auftrag erhalten, die Fertigungsstätten in Japan für den Serienbau der Me 262 und der Me 163 einzurichten.[34]

August Bringewald wurde 1901 in Hagen/Westf. geboren, besuchte die Volks- und Oberrealschule in Dortmund und bestand 1918 das Abitur. Sein Berufsziel war es, Ingenieur zu werden, und so absolvierte er zunächst eine dreijährige Lehrzeit in verschiedenen Werkstätten als Maschinenschlosser. Danach besuchte Bringewald das Beuth-Technikum in Berlin. Ab 1924 arbeitete er bei AEG und Bergmann und setzte seine Ausbildung durch den Besuch des Abendstudiums an einer Ingenieurschule in Berlin fort. 1927 verließ er die AEG und wurde Angestellter bei Dr. Paul Meyer, einem Fachmann für Elektrotechnik, dessen Firma jedoch bald darauf in Konkurs ging. Daher war Bringewald wie viele Deutsche während der Weltwirtschaftskrise von 1931 bis 1933 arbeitslos. 1933 erlangte er die Position eines Gruppenleiters in der Konstruktionsabteilung bei den Heinkel-Flugzeugwerken. 1935 verließ er Heinkel und ging zu den Henschel-Flugzeugwerken, um 1938 endgültig zur Messerschmitt A.G. zu wechseln. Bei Messerschmitt arbeitete Bringewald als Konstruktionsingenieur und führte gleichzeitig die Oberaufsicht über den Produktionsbereich in Augsburg. Die ONI-Vernehmungsoffiziere beachteten besonders Bringewalds eingehende Kenntnisse bezüglich der deutschen Produktionsschwierigkeiten durch die alliierten Luftangriffe sowie sein Wissen über die Patent- und Produktionsabkommen zwischen deutschen und japanischen Flugzeugherstellern. Bringewald konnte die deutsche Luftfahrtindustrie aus der Sicht eines Zivilisten erläutern und den Vertretern von ONI »interessante Informationen über die deutsche Haltung gegenüber Japan« anbieten.[35]

So erinnerte er sich an seine persönlichen Erfahrungen mit Vertretern der japanischen Flugzeugindustrie in Deutschland und war daher in der Lage, ONI beim Ermitteln des Umfangs der japanischen Kontakte mit deutschem Zivilpersonal zu unterstützen. Er war auch Anfang 1944 den Vertretern des japanischen Militärs vorgestellt worden, als er über Japans Interesse an der Me 262 unterrichtet wurde. Nach der Zusammenkunft mit den japanischen Offiziellen in Berlin, unter anderem auch mit General Otani, reiste Bringewald nach Leipheim und Ulm, wo er eine Abordnung aus dem japanischen Verbindungsstab in einer Reihe von Vorträgen über die »allgemeine Konstruktion und die besonderen Eigenschaften« der Me 262 unterrichtete. Nach diesen Vorträgen hatte Bringewald bis zum Herst 1944 keine weiteren persönlichen Kontakte mit den Japanern, als er sich in Berlin meldete und von General Otani hinsichtlich seiner Abkommandierung nach Japan administrative Einzelheiten und Anweisungen erhielt.[36]

Im Sommer 1944 bemerkten Mitarbeiter in Augsburg zu Bringewald, dass japanische Ingenieure beim Besuch der Messerschmitt-Werke wiederholt Techniker über die Me 262 befragt hätten, besonders bezüglich der Fertigungsschwierigkeiten, auf welche die Japaner in Zusammenhang mit diesem Flugzeug gestoßen waren. Ein Bereich großer Besorgnis für die Japaner waren die Schwierigkeiten, die sich mit dem Triebwerk ergeben hatten. Bringewald berichtete, dass dies für ihn nicht überraschend gewesen war, da die deutschen Ingenieure beträchtliche Probleme mit dem Triebwerk Jumo 004 erfahren hatten. Es war jedoch davon auszugehen, dass die Japaner zu diesem Jumo-Triebwerk weitere Informationen von Junkers erhalten hatten, da die Messerschmitt A.G. selbst keine Forschung und Entwicklung von Triebwerken durchführte.

Die Me 262 war nicht das einzige neuartige Flugzeug, für das die Japaner Interesse zeigten. Bringewald berichtete, dass ein Teil seiner künftigen Aufgabe in Japan die Aufsicht über den Serienbau des raketengetriebenen Abfangjägers Me 163 gewesen wäre. Es war ihm aber nicht möglich gewesen, seine Arbeit in Augsburg im Stich zu lassen, um sich ausreichend mit der Me 163 vertraut zu machen. Infolgedessen beschränkte sich sein Wissen auf das, was er während einer dreitägigen Inspektion des Montagewerkes über die Me 163 erfahren hatte. Bringewald war der Auffassung, dass die Japaner zu keiner Zeit ein ernsthaftes Interesse an der Me 163 gezeigt hatten. Im Verlaufe ihrer zahlreichen Besuche in der Augsburger Betriebsstätte erkundigten sich die japanischen Ingenieure und Offiziellen nie über das Flugzeug. Er hielt es daher für unwahrscheinlich, dass die Japaner in ausreichender Zahl Angaben erhalten hatten, um den Bau der Me 163 zu beginnen.[37] Auch die Entwicklung des Triebwerks hatte einige Zeit gedauert und er hatte von keinerlei Versuchen erfahren, Pläne und Dokumente sowie Techniker nach Japan zu schicken.[38]

Obwohl die japanischen Verbindungen zur Messerschmitt A.G. vielseitig waren, liefen alle Bestrebungen der Japaner über einen einzigen Mann. Bringewald betonte, dass Dr. Graf v. Thun, der Leiter der Auslandsabteilung in der Messerschmitt A.G., für alle Angelegenheiten zuständig war, welche die Japaner betrafen. »Durch seine Hände und über seine Unterschrift« ging alles Material, das die Japaner in Lizenz erhielten, darunter auch Flugzeuge und Bauteile, die aus Montageanlagen außerhalb Augsburgs stammten. Außerdem verlautete bezüglich Dr. Graf v. Thun, dass er nicht nur über die Fertigung japanischer Düsenflugzeuge Informationen besitze, sondern auch über die japanischen Fortschritte in der Raketentechnik sowie über die Informationen, welche die Japaner außer von Messerschmitt auch von anderen deutschen Herstellern von Flugzeugen bekamen.[39]

Unter der Verantwortung Graf v. Thuns leistete ein Dr. Layritz die praktische Verbindungsarbeit zwischen Messerschmitt und Japan. Dr. Layritz, einer der Mitarbeiter von Dr. Graf v. Thun, überwachte die Übergabe des Materials einschließlich der Blaupausen und Bauzeichnungen an die Japaner. Er war bei allen Konferenzen mit den Japanern anwesend und arbeitete mit Korvettenkapitän Nagamori zusammen, der Japans Beauftragter für den Empfang des lizenzierten Materials war. Nagamori aus dem Stabe des japanischen Marineattachés war für den Erwerb des erforderlichen Materials einschließlich der Lizenzen vor allem für die Me 262 und die Me 163 zuständig. Bringewald war bei drei Besprechungen zwischen Dr. Layritz und Nagamori in Jettingen bei Herrenberg anwesend, als der Transfer der Blaupausen und Bauzeichnungen besprochen wurde. Drei weitere Besprechungen fanden in Berlin statt, die eher organisatorischen als praktischen Gründen dienten. Bringewald erinnerte sich, dass ihn Nagamori bei einer dieser Besprechungen mit der Behauptung überraschte, dass die Japaner mit einem eigenen Strahltriebwerk experimentierten. Ihre Bestrebungen wären jedoch wenig erfolgreich, so dass »die dringende Notwendigkeit der Me 262« bestünde.[40]

Bringewald wies darauf hin, dass der Argwohn zwischen den Achsenpartnern ein beträchtliches Hindernis blieb – trotz des verzweifelten Bedarfs der Japaner nach deutschem Fachwissen. Obwohl Messerschmitt zugestimmt hatte, den Serienbau von Deutschlands wichtigstem Flugzeug für den japanischen Gebrauch zu überwachen, wollten die Japaner den deutschen Ingenieuren »selbst die primitivsten Informationen [vorenthalten], die es [ihnen] ermöglichen sollten, den organisatorischen Aufbau eines Flugzeugwerkes in Japan zu planen«. Die deutschen Ersuchen um Zugang zu wichtigen Informationen ignorierend, erklärten die japanischen Offiziellen, dass sie von »den Fähigkeiten des nach Japan zu entsendenden deutschen Personals überzeugt« waren. Sie hegten die Überzeugung, dass die deutschen Fachleute auch ohne vorbereitende Planung kaum Schwierigkeiten haben würden, die Me 262 und die Me 163 zu fertigen, sobald sie in Japan eingetroffen waren. Die große Zeitspanne, die für die Ausbildung der Arbeiter und Techniker, für den Bau der Fabrikationsanlage und für die Materialbeschaffung erforderlich war, stellte für die Japaner kaum einen Grund zur Besorgnis dar – ein unübersehbares Anzeichen der Kluft, die zwischen den östlichen und den westlichen Produktionsmethoden herrschte.[41]

Mit Bringewalds Aussage war ONI imstande, den Verdacht zu erhärten, dass die japanische Militärhierarchie Wissenschaftlern und anderen nicht militärischen Spezialisten gegenüber nur eine geringe Achtung zum Ausdruck brachte, vor allem jenen gegenüber, die aus dem Westen stammten. Bringewald erklärte, dass sein und Rufs »Verhältnis zu den Japsen nicht sehr gut war«. Als Beispiel führte er bei der Beschreibung der letzten Tage von Tomonaga und Shoji an, ihrer Mitpassagiere an Bord von *U 234*: »Als sie ihre persönlichen Besitztümer [an die Besatzung] verteilten, waren wir ausgeschlossen. … Sooft sie an uns vorbeigingen, wandten wir uns ab; sie bemerkten dies.« Was den Kontakt zu den beiden japanischen Offizieren anbetraf, erwähnte Bringewald: »Wir sprachen mit ihnen nur das Nötigste, wie der Kommandant [Fehler] auch. Er redete mit ihnen nur, wenn dies erforderlich war.«[42] Die sehr offenkundige Missachtung der japanischen Offiziere für die beiden deutschen Zivilisten war für eine Persönlichkeit vom Format Dr.-Ing. Bringewalds beleidigend. Zumindest bei einer Gelegenheit sagte Bringewald, er könnte »einen von ihnen verprügeln«.[43] Die Untersuchungsoffiziere von ONI müssen sich gefragt haben, wie leistungsfähig deutsche Ingenieure in Japan hätten sein können, wenn sie alle Bringewalds und Rufs Abneigung geteilt hätten.

Franz Ruf hatte nicht den luftfahrttechnischen Hintergrund wie sein Gefährte Bringewald aufzuweisen. 1907 in Augsburg geboren, besuchte er acht Jahre die Volksschule und begann 1921 in der Maschinenfabrik Augsburg-Nürnberg A.G. (MAN) eine Lehre als Maschinenschlosser, die er 1925 mit der Gesellenprüfung abschloss. Seine Leistungen waren ausgezeichnet gewesen, so dass ihn MAN in einer außergewöhnlichen Geste als Facharbeiter weiter beschäftigte. Er blieb fünf Jahre bei MAN und in den letzten Jahren seiner Firmenzugehörigkeit führten ihn ausgedehnte Montageaufenthalte an Orte innerhalb Deutschlands und nach Holland, um für MAN Druckerpressen aufzustellen.

Während seiner Tätigkeit bei MAN bildete sich Ruf laufend weiter und absolvierte Kurse in Stenografie, Buchführung, in der Eisen- und Stahlerzeugung sowie in der Fabrikation von Werkzeugen und Werkzeugmaschinen. 1930 wechselte er zur Eisengießerei Georg Fischer in Schaffhausen. Er blieb sechs Monate in der Schweiz und baute Generatoren in Dieselmotoren für Unterseeboote um. Im August 1930 kehrte er zu MAN nach Augsburg zurück und arbeitete wieder in der Montageabteilung. 1935 legte er in seinem Beruf die Meisterprüfung ab. Anschließend ging er zur Bayerischen Flugzeugwerke A.G. in Augsburg und arbeitete dort als Meister in der Fertigungsabteilung. Im September 1938 wurden die Bayerischen Flugzeugwerke in Messerschmitt A.G. Augsburg umbenannt (und aus dem Jagdeinsitzer Bf 109 wurde die Me 109). Zu dieser Zeit war Ruf für den gesamten industriellen Maschinenpark und seine Ausrüstung in der Fertigungsabteilung für Flugzeugteile verantwortlich.

1939 wurde Ruf Hauptgruppenleiter und stellvertretender Abteilungsdirektor, zuständig für die Beschaffung des Industrie-Maschinenparks. Außerdem wurde er Berater für Firmen, die Werkzeugmaschinen und ihre Ausrüstung für den industriellen Maschinenpark der Messerschmitt A.G. herstellten. Ab 1943 erhielt er die Oberaufsicht über die Fertigung aller Maschinen und -teile, die in Italien hergestellt wurden. Er hatte diese Stellung bis zum September 1944 inne, als er nach Augsburg zurückgerufen und ihm eröffnet wurde, dass er nach Japan zu gehen habe. Dort sollte er die Aufsicht und Beratung über die Beschaffung und Herstellung des industriellen Maschinenparks für die Serienfertigung der Me 262 übernehmen.[44]

Ruf beschrieb seine Zuständigkeiten in Japan als eine vierfache Aufgabe:

1. Die Leitung für die Herstellung der Werkzeugmaschinen und ihr Einrichten zur eigentlichen Fertigung der Flugzeugteile;
2. die Oberaufsicht über die Herstellung der Vorlagen und Formen, die als Schablonen gebraucht wurden, um bei der Serienfertigung des Flugzeuges Beständigkeit zu garantieren;
3. Koordinieren der Zulieferung passender Schablonen für die Verwendung bei der Montage; und
4. die Oberaufsicht über die Herstellung der Arbeitsmaschinen für die Montagestraßen.

Daher gehörten zu Rufs Fracht an Bord von *U 234* Hunderte von Seiten mit Plänen, Bauzeichnungen, Blaupausen und farbig markierten Karten für die Herstellung von Schablonen und Werkzeugmaschinen, für Anstrichmuster, für das Einrichten von Montagestraßen sowie Bauteil-Listen. Außerdem hatte er Vorlagen und Formen für Rumpf- und Tragflächenverkleidungen, für die Montage der Tragflächen, Querruder, Landeklappen, Flügelspitzen-Kappen, für die Leitwerkmontage, für die Montage der Stabilisatoren, Höhenruder, Seitenflossen und Seitenruder dabei.[45] Infolgedessen kam nach der Übergabe von *U 234* nicht nur eine vollständige Me 262 zum Vorschein, sondern – vermutlich wichtiger – auch die technischen Mittel für die Serienfertigung des Flugzeuges.

* * *

Im Gegensatz zu den übrigen Passagieren an Bord von *U 234* waren Bringewald und Ruf Zivilisten, die für die Dauer ihrer Arbeit einer japanischen Firma als Arbeitgeber zugewiesen waren. Die beiden Deutschen hatten besondere Dienstverträge mit der Messerschmitt A.G. unterschrieben. Diese enthielten die Bedingungen für ihre Arbeitsverpflichtung in Japan. Normalerweise betrug die Dauer dieser Verpflichtung ein Jahr, aber in diesem Falle behielt sich die Messerschmitt A.G. das Recht vor, sie jederzeit zurückzurufen. Zudem hatte sich die Messerschmitt A.G. verpflichtet, für die Kosten ihrer Lebenshaltung in Tokio sowie auch für die finanzielle Absicherung ihrer in Deutschland zurückgebliebenen Familien zu sorgen. Um ihre Angestellten zusätzlich abzusichern, gewährte ihnen die Messerschmitt A.G. eine Pension und schloss für sie eine Lebensversicherung ab, die im Falle der Erwerbsunfähigkeit oder des Todes fällig wurden, und garantierte den Schutz ihres persönlichen Eigentums in Deutschland während ihrer Abwesenheit. Eine letzte Klausel in ihren Dienstverträgen erinnerte sie daran, dass sie nicht nur Vertreter des Reiches sondern auch der Messerschmitt A.G. waren. Daher wurde von ihnen ein entsprechendes Verhalten erwartet.[46] Bringewald und Ruf wurden diesen beruflichen Erwartungen gerecht, aber es waren nicht die Japaner, die beeindruckt waren, sondern es waren ihre Vernehmungsoffiziere von ONI in Portsmouth.

Die ONI-Offiziere verhörten Bringewald und Ruf oft gemeinsam. Letztere gewährten ihnen hierbei Einblicke in die Arbeitsbedingungen der militärisch-industriellen Strukturen in Deutschland, besonders auch hinsichtlich der Rolle Japans als Käufer deutscher Produkte. Die Messerschmitt-Unternehmungen nach Japan stellten ein gemeinschaftliches Unternehmen zwischen dem Reichsindustrieministerium (RIM), dem japanischen Heeresattaché General Otani und der Messerschmitt A.G. dar. Als die Reise nach Tokio zum ersten Male erwähnt wurde, brachten Bringewald und Ruf Vorbehalte zum Ausdruck, einem militärischen Unternehmen zugeteilt zu werden. Erst als ein Direktor der Messerschmitt A.G. aus dem Hauptbüro in Augsburg ihre Abreise anordnete, fügten sie sich stillschweigend und betrachteten nunmehr die Reise mit ihren Gefahren als Teil ihrer beruflichen Aufgabe.[47]

Auf Grund des Abhörens und Entzifferns des diplomatischen Funkverkehrs waren den alliierten Nachrichtendiensten die japanischen Bestrebungen bekannt, den deutschen Düsenflugzeug-Entwurf nachzubauen. Den Amerikanern war jedoch weder bekannt, wer innerhalb der japanischen Streitkräfte die Oberaufsicht führen sollte, noch wussten sie genau, wo die Japaner planten, derartige Flugzeuge zu bauen. Bringewald offenbarte, dass er und Ruf unter der Schirmherrschaft des japanischen Heeres arbeiten sollten. Die beiden hatten von General Otani offizielle Empfehlungsschreiben an den Befehlshaber der japanischen Südarmee und an den Kommandeur der Heereseinheit erhalten, die an ihrem Bestimmungsort stationiert war. Da jedoch die Briefe vor dem Auslaufen von *U 234* versiegelt und vor der Ankunft in Portsmouth vernichtet worden waren, hatten Bringewald und Ruf keine Ahnung, was ihr Bestimmungsort hätte sein sollen.[48]

Hinsichtlich der Durchführung ihres Auftrages hatten die beiden keine besonderen Informationen erhalten; diese hätten nach ihrem Eintreffen in Japan folgen sollen. So waren sie zum Beispiel nicht darüber informiert, ob sie einem bereits vorhandenen Produktionsbetrieb zugewiesen werden würden oder ob von ihnen erwartet wurde, eine neue Fabrikanlage bzw. -anlagen zu bauen, bestimmt für die Fertigung der Me 262 und Me 163. In Anbetracht der Betonung des Schutzes gegen Luftangriffe war Bringewald vor allem davon überrascht, dass ihm oder Ruf keine Informationen mitgeteilt worden waren, ob die Fabrikanlage ober- oder unterirdisch gebaut werden sollte bzw. ob es sich um einen einzigen Komplex oder um eine aufgeteilte Anlage handelte. Darüber hinaus waren sie auch weder über den Zustand oder die Kapazitäten der japanischen Industrieanlagen noch über die Einschätzung ihrer Erfolgsaussichten unterrichtet worden. Die einzige Information, die Bringewald von vorgesetzter Seite je erhalten hatte, war die Tatsache, dass diese Produktionsanlage, ob bereits vorhanden oder noch zu bauen, vermutlich im zentralen Teil Japans liegen sollte. Weitere Informationen hätte er erst bekommen, wenn *U 234* in Japan eingetroffen wäre. Wütend beschrieb Ruf das gesamte Unternehmen als einen »Stich im Dunkeln«.[49]

Aus den Aussagen der anderen Passagiere hatten die Vertreter von ONI den Eindruck gewonnen, dass Japan kein Bauprogramm für düsengetriebene Flugzeuge in Gang gesetzt hatte. Diese Information war jedoch hauptsächlich aus militärischen Quellen wie Nieschling und Keßler und nicht von Zivilisten gekommen, die hinsichtlich des Standes der japanischen Forschung auf dem Gebiete des Turbostrahlantriebs über die Messerschmitt A.G. einen besseren Zugang zu Informationen haben dürften. Bringewald informierte ONI, dass ihm zwei japanische Heeresingenieure in Berlin – ein Hauptmann Tautani und ein Hauptmann Nagomuri – mitgeteilt hätten, dass in Japan an der Entwicklung eines Strahltriebwerkes gearbeitet wurde, obwohl »ständig Schwierigkeiten« auftreten würden.[50] Sowohl Bringewald als auch Ruf deuteten an, dass sie von den Fortschritten der japanischen Forschungsarbeiten keine Kenntnis hatten. Doch sie waren der Auffassung, dass die japanischen Ingenieure in der Lage waren, die Me 262 auch ohne »eine vollständige Baubeschreibung und die technische Aufsicht der deutschen Spezialisten« zu bauen.[51] Die beiden Deutschen waren überzeugt davon, dass bei den Japanern noch kein einsatzfähiger Düsenjäger der Front zugelaufen war. Sie qualifizierten diese Einschätzung mit dem Hinweis, dass die Japaner noch keine ausreichenden Angaben erhalten hatten, um Flugzeuge mit Strahlantrieb zu bauen, da Bauteile »zu keinem Zeitpunkt nach Japan geschickt worden waren und bis zum gegenwärtigen Zeitpunkt [Mai 1945] gibt es keine deutschen Spezialisten in Japan, welche die Japaner beim Bau dieses Flugzeuges unterstützen konnten«.[52]

Bringewald und Ruf lieferten ONI eine umfassende, wenn auch spekulative Interpretation ihres Auftrags, so wie sie ihn verstanden. Obwohl die Japaner keinen letzten Termin gesetzt hatten, hätte es nach den Berechnungen der beiden Deutschen mit Ausnahme der Beeinträchtigungen durch das japanische Militär zumindest eineinhalb Jahre in Anspruch genommen, ehe die erste Me 262 fertig gestellt worden wäre. Diese Einschätzung äußerten sie unter der unwahrscheinlichen Voraussetzung, dass sämtliches Material und alle Arbeitskräfte, Facharbeiter wie ungelerntes Personal, für das Projekt bereitgestanden wäre. Ruf vermutete, dass die Ausrüstung einer vorhandenen Fabrikanlage für die Fertigung der deutschen Düsenflugzeuge rund drei Millionen Arbeitsstunden erfordert hätte – eher als der Neubau einer Fabrikanlage in Frage kommend, ein Plan, der für den schnellsten Fertigungsbeginn in Frage gekommen wäre. Diese unsichere Einschätzung berücksichtigte die Zeitspanne für das Suchen und Beseitigen von Störungen nicht, die unvermeidlich den Beginn einer Produktion begleitet hätte.

Beide versorgten ONI auch mit einer Einschätzung vorstellbarer Fertigungszahlen, wobei sie ihre Erfahrungen in Deutschland als Bezugspunkte zugrunde legten. Unter der Voraussetzung einer Arbeitswoche mit sieben Arbeitstagen zu je acht Stunden rechneten die beiden Deutschen mit einer Fertigungsrate von 500 Maschinen des Typs Me 262 pro Monat.[53] Diese Kapazität hätte offensichtlich durch das Einlegen zusätzlicher Arbeitsschichten noch gesteigert werden können. Obwohl diese Schätzung der Produktionszahlen ohne Einbeziehung möglicher Probleme wie Mangel an Material und Arbeitskräften oder alliierte Bombenangriffe vorgenommen wurde, blieben Bringewald und Ruf zuversichtlich, dass die Fabrikanlage (bzw. -anlagen), sobald sie in Betrieb genommen worden wäre, die Me 262 in ausreichenden Stückzahlen hätte fertigen können.

Während die Me 262 als einsatzfähiges Flugzeug der Front hätte zulaufen sollen, war seltsamerweise an die Serienfertigung der Me 163 anfangs nicht gedacht worden. Trotz der Tatsache, dass die Me 163 seit August 1944 in Deutschland zum Einsatz kam, sollte der Bau dieses Flugzeugs nur zu Versuchszwecken erfolgen.[54] Eine mögliche Erklärung für dieses Rätsel lag in der Feuergefährlichkeit des für den Raketenmotor der Me 163 erforderlichen Treibstoffs. Das Raketenflugzeug lieferte 2000 kp Standschub und hatte einen hohen Verbrauch an zwei Brennstoffen mit der Bezeichnung T-Stoff (Wasserstoffsuperoxid mit Kaliumpermanganat als Katalysator) in drei Rumpftanks und C-Stoff (ein Hydrazin-Hydrat mit Methylalkohol) in vier Flügeltanks, die insgesamt 1600 Liter fassten.[55] Jede Explosion an Bord des Flugzeuges musste unvermeidlicherweise zur totalen Zerstörung der Maschine und zum Tod des Piloten führen. Falls die Japaner tatsächlich mit dem Flugzeug befasst waren, wäre dies ein merkwürdiges Paradoxon gewesen: Das Wohlergehen des Piloten hätte plötzlich zu einem hohen Stellenwert geführt, und das in einer militaristischen Gesellschaft, die Hunderte nicht ausgebildeter »Kamikaze«-Piloten in hölzernen Flugzeugen mit beängstigender Regelmäßigkeit in den Tod geschickte hatte. Bringewald und Ruf hatten keine Vorstellung, warum es den Japanern widerstrebte, die Me 163 einzusetzen.

Beide setzten ONI auch über die Probleme in Kenntnis, die in Deutschland bei der Serienfertigung der Me 262 aufgetreten waren. Ruf führte dazu aus, dass die deutschen Flugzeughersteller 1944 begonnen hatten, Schwierigkeiten zu begegnen, indem sie neben den erforderlichen Arbeitsmaschinen auch eine besondere Präzisionsprüfausrüstung beschafften – ein Anzeichen dafür, dass der Moloch Krieg trotz der optimistischen Versicherungen Albert Speers, des Reichsministers für Bewaffnung und Munition, von der deutschen Industrie seinen Tribut forderte. Die Fertigung litt auch unter dem Mangel an Rohstoffen. Die Knappheit zum Beispiel an haltbarer Leichtmetall-Legierung Duralumin bedeutete, dass die stark beanspruchten Oberflächen der Me 262, wie etwa die Rumpfnase und die Anströmkanten der Tragflächen, aus einem schwereren und in höherem Maße spröderen Stahlblech von 6–8 mm Dicke gefertigt werden musste, das eine unter der Norm liegende Dehnfestigkeit von 120 kp/cm^2 aufwies.[56]

Schließlich hob Bringewald noch zwei hauptsächliche Hemmnisse für die Entwicklung und Fertigung von Strahlflugzeugen in Deutschland hervor. Eines war der zunehmende Mangel an Facharbeitern; denn den aus schierer Not dienstverpflichteten Frauen und anderen Hilfskräften wie Zwangsarbeitern fehlten weitgehend die technischen Kenntnisse und die Leistungsfähigkeit, die für die Fertigung von Strahlturbinenflugzeugen erforderlich waren. Die zweite Schwierigkeit hatte mit der wachsenden Verdrossenheit über das Strahlflugzeug-Programm zu tun, die bei der deutschen Führung offenkundig wäre. Ihr Interesse hätte sich mehr der Unterstützung der Fernrakete A 4 zugewandt, besser bekannt unter der Bezeichnung V 2.[57]

* * *

Die Analytiker der amerikanischen Nachrichtendienste hatten allen Grund, sich über den japanischen Besitz deutscher Raketenwaffen Sorgen zu machen. Eine Übersicht des

Strategic Bombing Survey (USSBS) über die Luftbildaufklärung des US-Heeresfliegerkorps – durchgeführt nach den alliierten Luftangriffen im August 1943 auf das Areal der Heeresversuchsanstalt Peenemünde, das der Raketen-Entwicklung diente – ließ erkennen, dass die Start- und Forschungseinrichtungen im östlichen Teil des Areals schwere Schäden durch die Angriffe erlitten hatten, während der den damaligen alliierten Planern unbekannt gebliebene Hauptbereich für die Raketenerprobung in Peenemünde-West kaum beachtet worden war.[58] Diese Luftangriffe hatten keinen Stopp der deutschen Raketenforschung herbeigeführt und es ist daher durchaus begreiflich, dass die Japaner auch nach 1943 bis in das Jahr 1945 hinein fortfuhren, sich um deutsche Raketentechnologie zu bemühen. Amerikanische Begegnungen mit der bemannten fliegenden Bombe Yokosuka MX Y 8 »Oka« (d.h. »Kirschblüte« mit dem US-Kodenamen »Baka«) der Japaner im Pazifik sowie die oben erwähnte Entdeckung der bemannten Version des Flugkörpers V 1 (Fi 103 »Reichenberg«-Gerät) in Deutschland trugen außerdem zu Besorgnissen bei ONI bei, dass die Japaner bereits einsatzfähige Raketen fertigen könnten.

Bringewald und Ruf leisteten mit ihren Aussagen einen Beitrag, um die Verwirrung über die japanischen Absichten hinsichtlich der deutschen Raketen zu klären. Während General Keßler zuvor Zweifel zum Ausdruck gebracht hatte, ob die Japaner Informationen über diese Waffen erhalten hätten, betonten Bringewald und Ruf Japans »großes Interesse« am deutschen Raketenprogramm. Sie waren überzeugt, dass die Japaner tatsächlich technische Informationen über diese Raketen bekommen hatten. Ruf verwies auf ein Gespräch, dass er in Berlin zufällig zwischen General Otani, dem Heeresattaché, und einem weiteren japanischen Offizier gehört hatte, in dem dieser Otani über die deutsche Absicht informierte, die Blaupausen und die Dokumentation zur V 1 mit einem der ersten Unterseeboote zu entsenden, die für Japan bestimmt waren.[59] Angesichts der bestätigenden Aussagen der beiden Deutschen kam ONI zur übereinstimmenden Auffassung, dass die Japaner wahrscheinlich im Besitze dieser Waffen waren, wenn auch die Absichten hinsichtlich ihres Einsatzes, die sich dahinter verbargen, ein Geheimnis blieben.

Weder Bringewald noch Ruf wagten es, eine Auffassung über die japanischen Absichten bezüglich der V 1 und der V 2 zu äußern, aber beide bezweifelten, dass die Japaner genug technische Informationen besaßen, um die Raketen ohne deutsche Hilfe zu fertigen.[60] Ihre Annahme stellte die Verantwortlichen bei ONI vor eine rätselhafte Situation. Wenn die Japaner tatsächlich nicht imstande waren, die leistungsfähige deutsche V 1 oder V 2 zu fertigen, dann musste die hierzu im Widerspruch stehende »Baka«-Bombe ausschließlich japanischen Ursprungs sein. Auf dem Gebiet der Entwicklung und Fertigung von Turbostrahlflugzeugen waren Bringewald und Ruf bahnbrechend tätig gewesen und sie besaßen auch gute Kenntnisse über die deutsche Raketenforschung. Insofern waren sie Fachleute und ihre Behauptung, japanische Flugzeuge mit Strahl- oder Raketenantrieb wären ihnen »völlig unbekannt« und sie hätten auch keine Kenntnis von der Fertigung einer V-1-Rakete, die modifiziert werden konnte, um bemannt zu werden, beruhigte die Besorgnisse bei ONI.

Infolgedessen überdachten die Verantwortlichen von ONI ihre Einschätzung der komplizierten japanischen Raketenforschung nochmals. Offensichtlich hatte eine gewisse Entwicklung stattgefunden, wenn auch noch in den Anfangsstadien steckend. Wenn die »Baka« tatsächlich den bisherigen Höhepunkt der japanischen Raketentechnik verkörperte, würde jeder weitere Fortschritt eindeutig die Zusammenarbeit mit den Deutschen erfordern. Wenn auch die primitiven japanischen Raketen die tödliche Genauigkeit der deutschen V-Waffen nicht besaßen, so funktionierten sie nichtsdestoweniger doch und erzielten in einigen Fällen sogar beachtliche Ergebnisse. Die amerikanischen Militärplaner konnten das Vorhandensein von Raketen im japanischen Waffenarsenal nicht mehr unberücksichtigt lassen, gleichgültig, ob sie nun aus den deutschen Vergeltungswaffen oder der unberechenbaren »Kirschblüte« bestanden. Die alliierten Piloten würden nunmehr gezwungen sein, eine neue Abwehrtaktik anzuwenden, entwickelt, um der Gefahr von Boden-Luft-Flugkörpern zu begegnen.

Das technische Arsenal, aus dem die Fracht von *U 234* bestand, war unverständlicherweise ein Anlass großer Besorgnis für die amerikanischen Militärplaner, die sich damit befassten, Tausende von Soldaten aus Heer und Marine einschließlich ihrer fliegenden Verbände zur Invasion Japans einzusetzen. Während die Waffen selbst an sich einschüchternd wirkten, so waren die amerikanischen Besorgnisse hinsichtlich ihrer praktischen Anwendung durch Japan auf Grund der Annahme etwas geringer geworden, dass die Japaner weder das technische Fachwissen noch den für die Fabrikation erforderlichen Scharfsinn besaßen, um eine Serienfertigung der neuen Waffen in Gang zu bringen. Die Anwesenheit von August Bringewald und Franz Ruf an Bord von *U 234* versorgte ONI mit ausreichenden Informationen, um eine genaue Beurteilung der japanischen Fähigkeiten auf den Gebieten der Strahlantriebs- und Raketentechnik anstelle kalkulierter Vermutungen anzufertigen.

Eine treffende Fußnote zum Beitrag dieser beiden Deutschen ereignete sich Ende Mai 1945, als offiziell mit einer großen Zeremonie und viel Pomp eine einsatzfähige deutsche Me 262 auf dem Fliegerhorst Wright Field in Dayton/Ohio der amerikanischen Öffentlichkeit vorgestellt wurde. Präsentiert wurde das neuartige Flugzeug, das den Höhepunkt seines Lebenswerkes darstellte, von Dr.-Ing. August Bringewald, der »rechten Hand« von Dr. Willy Messerschmitt.[61]

* * *

Am 14. August 1945 bekamen Bringewald und Ruf den Befehl zur Verlegung in das Kriegsgefangenenlager von Ruston in Louisiana mitgeteilt, eine Einrichtung für »Nazigegner«.[62] Doch Heer und Marine wünschten eine weitere »Ausnutzung« der beiden Deutschen und daher wurden ihre Verlegungsbefehle widerrufen. Bringewald und Ruf blieben in Fort Meade und arbeiteten in Patuxent River/Maryland an einer Forschungseinrichtung der Marine.[63] Am 17. Dezember wurden die beiden Deutschen auf Befehl des Heeresministers in den Gewahrsam des Heeresfliegerkorps überstellt und arbeiteten von nun an im Erprobungszentrum der USAAF in Wright Field.[64] Im April 1946 erhielten Bringewald und Ruf den Befehl zur Verlegung nach New York, um repatriiert zu werden, aber die *Provost Branch of Security and Intelligence* verzögerte ihre Abreise bis zum 15. Juni.[65] Am 17. Juni wurden die beiden Deutschen erneut einem Transport nach New

York als Teil des Repatriierungstransportes 9408 zugeteilt. Doch wiederum trat Verzögerung ein und sie wurden vom Transport 9408 abgesondert, der Zuständigkeit des *Provost Marshal General* unterstellt und dem Transport 405 zugewiesen, der von den Nachrichtendiensten der Marine und des Heeres gemeinsam zusammengestellt wurde.[66] Daher kehrten sie wieder nach Wright Field zurück, ehe sie schließlich die Heimreise nach Deutschland antraten.

Endlich wurden Bringewald und Ruf am 6. August 1946 repatriiert. Nach ihrem Eintreffen im französischen Le Havre fuhren sie mit der Eisenbahn nach Augsburg weiter, in die Stadt, in der immer noch ihre Familien wohnten. Allerdings blieben sie dort nicht lange; denn im damaligen Deutschland der Nachkriegszeit versprach die Luftfahrtindustrie keine Zukunft. Daher kehrten sie mit ihren Familien in die Vereinigten Staaten zurück, um unter dem Projekt »Paperclip« zu arbeiten. Doch ihr Status als »Paperclip«-Personal währte nur kurz. Bringewald erinnerte sich später: »Bestimmten Gruppen [in Wright Field] waren die »Paperclip«-Leute nicht willkommen. … Die [dortigen] Bedingungen und der Krieg in Korea schufen seltsame Verbündete.« Infolgedessen verließen viele Angeworbene das Programm und gingen an ein College oder in die Industrie. Ruf blieb in Dayton und arbeitete weiterhin für die amerikanische Luftwaffe, bis er sich zur Ruhe setzte;[67] sein weiteres Schicksal ist nicht bekannt. Bringewald übernahm eine Stelle bei der Flugzeugfirma *Republic Aviation* in New York und ging nach 20-jähriger Tätigkeit als Vizepräsident für die Fertigung in Pension. Er kehrte nach Dayton zurück und wohnte dort bis zu seinem Tode 1993.[68]

Schlusswort

Am 19. November 1947 bahnte sich die USS TRINGA, ein U-Bootbergungsschiff, ihren Weg durch die stürmischen Gewässer vor Kap Cod, im Schlepp eine dem Untergang geweihte »Lady«. Es war üblicherweise die Aufgabe der TRINGA, ausrangierte Schiffe und Boote zu einer vorher festgelegten Position zu schleppen, um als Zielschiffe bei den Torpedoschießübungen der US-Marine Verwendung zu finden. Jedoch an diesem Morgen schleppte das Schiff ein ungewöhnliches Opfer zu seiner letzten Stunde: Ein ex-deutsches U-Boot vom Typ X B. Als sich die TRINGA ihrem Bestimmungsort 40 sm nordostwärts von Provincetown/Mass. näherte, lag dort bereits die USS GREENFISH (SS-351), ein amerikanisches Unterseeboot, auf seiner Warteposition, um das U-Boot auf den Grund des Ozeans zu schicken. Das geschleppte U-Boot der TRINGA und die Beute der GREENFISH waren identisch: *U 234*.

Im Mai 1945 waren die Tage von *U 234* als einsatzbereites U-Boot der Kriegsmarine zu Ende gegangen. Doch in der US-Marine hatte das U-Boot noch nicht ausgedient. Am 19. Mai erteilte der Chef der amerikanischen Seekriegsleitung (CNO) Anweisungen hinsichtlich der Untersuchung und Erprobung der erbeuteten deutschen U-Boote, von denen insgesamt fünf in Häfen der amerikanischen Ostküste lagen. Die Weisung verfügte, dass die Werftuntersuchung der U-Boote vom Direktor der Marinewerft Portsmouth überwacht werden sollte, während die Erprobungsfahrten vom Führer der Unterseeboote der Atlantikflotte (COMSUBLANT) zu koordinieren waren.[1] Die die U-Boote untersuchenden Werftvertreter wurden angewiesen, vorläufige Beurteilungen in einem »U-Boot-Zustandsbericht« abzugeben, aus dem die verantwortlichen Marineoffiziere ersehen konnten, welche Boote einer weiteren Erprobung in der Marine unterzogen werden könnten. Der CNO wies Portsmouth außerdem an, Personal der US-Marine bereitzustellen und auszubilden, um die Unterseeboote für die Durchführung der Erprobungsfahrten zu bemannen. Frühere deutsche Besatzungsangehörige durften nur eingesetzt werden, wenn dies als notwendig erachtet wurde. Im Falle von *U 234* war dessen Fracht Gegenstand der Weisungen des *Office of Naval Intelligence* (ONI); sie musste daher entladen, sortiert und weggebracht werden, ehe irgendwelche Werftuntersuchungen oder Erprobungsfahrten stattfinden konnten.[2]

Der Zweck dieser Erprobungen der deutschen Unterseeboote bestand darin, ihre Festigkeit und einsatzmäßige Sicherheit im Vergleich zu den amerikanischen Unterseebooten festzustellen. Das Amt für Kriegsschiffbau (BuShips) erstellte eine Liste der Erprobungen, um folgende Untersuchungen durchzuführen:

- Leistungsparameter bei Überwasser- und Unterwasserfahrt,
- Festigkeit bei Tieftauchversuchen,
- Schnorchelfahrt (soweit ein solcher vorhanden),
- Geräusch- und magnetische Messungen sowie
- Sonar- und Radar-Ortungsfähigkeit.

Um die Sicherheit der Besatzungen zu gewährleisten, hatte BuShips die Weisung erteilt, vor der Durchführung der Festigkeits-Erprobungen die U-Boote im Trockendock zu untersuchen, um festzustellen, dass sie bis in Tiefen von 80 m sicher tauchen konnten.[3]

Am 29. Mai 1945 informierte Lt.-Cdr. H.G. Dyke von der Seekriegsleitung *(Office of CNO)* das Amt für wissenschaftliche Forschung und Entwicklung der Marine (OSRD): »Die Marine ist bestrebt, Ihrem Amt … die Untersuchung der Boote zu übertragen.«[4] Doch da *U 234* vom Typ X B war und daher Charakteristika aufwies, die bei den übrigen vier Booten nicht gegeben waren, kam *U 234* hinter *U 873* vom Typ IX D_2 in der Priorität an die zweite Stelle. Am 2. Juni trafen Vertreter von OSRD und von Vertragsinstitutionen der Marine in Portsmouth für erste Untersuchungen von *U 873* und *U 234* ein. Einige der markanteren Mitglieder dieser Kommission waren

- Dr. Vanevar Bush, der Direktor von OSRD,
- Dr. Karl Compton vom *Office of Field Services* und Leiter des *Massachusetts Institute of Technology* (MIT),
- Dr. James Conant vom *Underwater Sound Laboratory* und Rektor der *Harvard University* sowie

Vertreter von *Woods Hole Oceanographic Laboratory,* der Sonderstudiengruppe der *Columbia University,* der *Bell Telephone Laboratories,* der *DuPont Corporation* und der *American Telephone and Telegraph Company.*[5] Zusätzlich reiste Dr. Julian K. Knipp vom *Radiation Laboratory* am MIT nach Washington/D.C., um die an Bord von *U 234* erbeuteten Dokumente durchzusehen und zu prüfen.[6]

Ende 1945 waren die Werftuntersuchungen abgeschlossen und am 21. Februar 1946 meldete der Kommandeur der U-Boot-Sondergruppe *(Special Submarine Group)* in New London/Conn. über CINCLANT an COMSUBLANT, dass die deutschen Unterseeboote *U 234*, *U 858*, *U 873* und *U 2513* für die weiteren Erprobungen auslaufbereit zur Verfügung stehen. Er bestimmte für die Erprobungen von *U 234* den Zeitraum vom 26. Februar bis zum 1. April 1946.[7]

Bis Ende März hatten Marineingenieure und Systemanalytiker *U 234* sowohl im Trockendock als auch in See umfassend untersucht und erprobt. Ihre Feststellungen veröffentlichten sie in einem 600 Seiten langen Bericht *»Surrendered German Submarine Report, Type XB«.* Im Juni bauten Sonartechniker die gesamte Unterwasser-Schallortungsausrüstung auf *U 234* aus und transportierten sie zu einer nicht näher bezeichneten Versuchsanstalt der Marine zur genauen Prüfung[8] – der erste Teil der zahlreichen, in der Folge ausgebauten Bestandteile seiner Ausrüstung, die *U 234* schließlich in eine Hulk verwandelten. Im September 1947 gaben die Waffenfachleute der Marine *U 234* als Zielschiff für die Erprobung von Torpedo-Gefechtspistolen frei und im November zogen Marineschlepper das U-Boot aus dem Hafen von Portsmouth zu einem Treffpunkt mit der TRINGA. Nunmehr befand sich *U 234* am 19. November im Schlepp des U-Bootbergungsschiffes, um wie ein zum Tode verurteilter Verbrecher seinem Henker zu begegnen.

Die USS GREENFISH, ein dieselelektrisches Angriffs-U-Boot, befand sich auf ihrer dritten simulierten Feindfahrt, der ersten unter Cdr. R.C. Giffen, ihrem neuen Kommandanten. Das Unterseeboot, ein »GUPPY III«-Umbau, führte mit zehn 53,3-cm-Torpedorohren – sechs Bug- und vier Heckrohren (24 Torpedos) – eine starke Bewaffnung.[9/9a] Cdr. Giffen und seine Besatzung erwarteten nicht, mehr als einen Torpedo aufzuwenden, um ihren Auftrag zu erfüllen. Nach ihrer Erfahrung reichte ein einziger Torpedo aus, um ein U-Boot zu versenken. Doch die provisorische Besatzung an Bord von *U 234* hatte ihre Arbeit mit großem Stolz ausgeführt und das Boot so »unsinkbar« wie nur möglich gemacht, wobei jedes Ventil, jede Klappe, jedes Luk und jedes Schott geschlossen und nochmals überprüft worden war.[10] Am nächsten Morgen näherte sich Giffen mit der GREENFISH dem ex-deutschen U-Boot und erteilte den Feuerbefehl. In der Zentrale gab Charles Priest, der Torpedooffizier, den Befehl an den Torpedomechaniker Myron Prevatte weiter, der im Bugraum den Torpedo abfeuerte, der nun mit hoher Geschwindigkeit auf *U 234* zulief.[11] Nach der anschließenden Detonation beobachtete Giffen mit Überraschung, dass *U 234* herausfordernd weiterhin schwamm, und befahl einen zweiten Torpedoschuss. Erneut drückte Prevatte den Abfeuerungshebel nach unten und diesmal gab es keine Überraschungen mehr. *U 234* sank am 20. November 1947 auf der Position 43°37'N, 69°33'W auf seiner letzten Reise langsam dem Meeresgrund in rund 4000 m Tiefe entgegen.

* * *

Welchen Platz nimmt *U 234* in der Geschichte des Zweiten Weltkrieges ein? In Anbetracht der Kapitulation Japans, die nach den Abwürfen der Atombomben Anfang August 1945 auf Hiroshima und Nagasaki wenige Tage später eintrat, scheint die gesamte Episode nur eine Fußnote zu sein. Was wäre jedoch gewesen, wenn Deutschland und Japan zu einem früheren Zeitpunkt im Kriege moderne Abwehrmaßnahmen und Waffensysteme ausgetauscht hätten? Hätte die japanische Industrie diese rechtzeitig entwickeln können, um ein wirksames Abschreckungsmittel gegen die amerikanischen Anstrengungen zur Bombardierung der japanischen Städte zu liefern? Hätte Japan die funktechnischen Geräte und Anlagen, die Raketenwaffen, die düsengetriebenen Flugzeuge und manches mehr unabhängig und ohne fremde Hilfe überhaupt fertigen können? Nach der Kapitulation Japans wurden diese Fragen zugegebenermaßen zu einer Angelegenheit der Vermutungen, aber sie verdienen eine Betrachtung durch die letztendlichen Nutznießer der deutschen Technik, insbesondere durch die Vereinigten Staaten.

Die Schwierigkeiten, denen sich Japan und Deutschland bei der Formulierung eines erfolgreichen Austauschprogramms gegenübersahen, spiegelten sowohl die kulturellen als auch die wirtschaftlichen Schwierigkeiten wider. Aus dem wirtschaftlichen und sozialen Ruin der Jahre nach dem Ersten Weltkrieg wieder auferstanden, trat Deutschland als eine starke Industriemacht in den Krieg ein, wobei das Land gleichzeitig eine Militärmacht darstellte, die wohl als die stärkste und modernste auf Erden galt. Im Wesentlichen hatte Deutschland gar keine andere Wahl. Seine potentiellen Feinde würden die Sieger von 1918 sein, allen voran Großbritannien und Frankreich, die beide eine beträchtliche industrielle und militärische Stärke aufbieten konnten. In Anbetracht der gegebenen Umstände konnte sich sogar die Sowjetunion als ein schrecklicher Feind erweisen, auch wenn sie mit den Verwüstungen durch Stalins Säuberungen rang. Im schlimmsten aller Fälle könnte Deutschland schließlich sogar gezwungen sein, gegen die größte Industriemacht der Welt anzutreten: Die Vereinigten Staaten. Auf jeden Fall wussten die militärischen Führer Deutschlands, dass sie rasch und mit wirksamer, moderner Bewaffnung zuzuschlagen hatten, um diesen Krieg zu führen und zu gewinnen, während das Land gleichzeitig hinsichtlich neuer Waffentechniken führend bleiben musste.

1936 ließ sich Japan auf einen Krieg zur Befreiung Asiens von den westlichen Kolonialmächten ein, während diese in Europa gebunden waren. Den Erfolg ihrer unbarmherzigen Unterjochung Chinas, Indochinas und Südostasiens in Betracht ziehend, sahen die Japaner keinen Grund, ihre eigenen militärischen Leistungen zu bezweifeln. Der erfolgreiche Angriff am 7. Dezember 1941 auf Pearl Harbor hatte Tokio zudem die zusätzliche Selbstsicherheit verliehen, dass die bewaffneten Streitkräfte Japans, insbesondere die Kaiserlich Japanische Marine, von großem Mut beseelt waren, um ihre Feinde, vor allem die Vereinigten Staaten, abzuschrecken und zu besiegen.

Außerdem war das japanische Militär von der Tradition des *Bushido,* dem ethischen Standesideal des altjapanischen Ritters, des Samurai, erfüllt, das in einem ausgeprägten Gegensatz zu den mehr weltlichen und technischen Idealen des Europäers stand. Sobald Kaiser Hirohito Japans Kampf als einen der Vorfahren würdigen Kreuzzug proklamiert hatte, hörte die Niederlage auf, eine Option zu sein. Der »Große Ostasiatische Krieg« war ein heiliger Krieg, geführt mit »jugendlicher, patriotischer Hingabe«.[12] In dem Bemühen, ein Heer nationalistischer Fanatiker zu schaffen, ließen die Japaner ihren beträchtlichen technischen Standard außer Acht. Daher blieben die Japaner technisch weit hinter den Alliierten zurück, die sich ihrerseits abmühen mussten, mit den Deutschen Schritt zu halten. Als Tokio schließlich erkannte, dass der Schintoismus allein dem militärischen und industriellen Leistungsniveau Amerikas nicht genügen konnte, war es bereits zu spät. Japan war nicht darauf vorbereitet, sich der Umgestaltung von der ideologischen zur technologischen Kriegsführung zu unterziehen – ein Schritt, der für das Überleben erforderlich war.

Was den technischen Austausch anbetraf, der zwischen Deutschland und Japan stattfand, so ist es schwierig, den Nutzen abzuschätzen, den Japan aus den Prototypen und den Fertigungsdaten zog, die sein Verbündeter lieferte. Aus den Verhören der Passagiere von *U 234* hatte es den Anschein, dass die Fertigung der deutschen Waffen in Japan größere Schwierigkeiten mit sich brachte, als die Fachleute der beiden Länder vermutet hatten. Für diese Probleme gibt es mehrere mögliche Erklärungen. Erstens reichte das fachliche Können der japanischen Ingenieure, Techniker und Arbeiter nicht aus, um die komplizierte deutsche Technik zu erfassen und zu beherrschen. Das Niveau der allgemeinen technischen Ausbildung in Japan war hinter dem der westlichen Industrienationen um Jahre zurückgeblieben. Der japanische Historiker Saburo Ienaga betrachtet diesen Mangel an technischer Ausbildung zusammen mit der »Schwächung der akademischen Freiheit, ohne die objektive und wissenschaftliche Kenntnisse nicht erworben und verbreitet werden können,« als den Hauptfaktor für das Fehlen an militärischem Vorbereitetsein im damaligen Japan.[13] Zweitens ergab sich: Obwohl Deutschland einige seiner hervorragendsten Wissenschaftler und Ingenieure entsandte, um die Japaner zu unterrichten, hätte es zwei- oder dreimal so viel an Fachleuten bedurft, um die Japaner auf das gewünschte Leistungsniveau zu bringen, und die U-Boote konnten einfach nicht den Bedarf an erforderlichem Transportraum decken. Außerdem litt Japan unter einem akuten Mangel an Rohstoffen und Arbeitskräften. Der Nachbau der deutschen Düsenflugzeuge und Raketen erforderte neue Leichtmetalle und ihre Legierungen, zu denen Japan kaum oder überhaupt keinen Zugang hatte. Gegen das Kriegsende hin flogen die japanischen Piloten aus Holz hergestellte Flugzeuge.

Schließlich können die begrenzten Auswirkungen der technischen Unterstützung Japans durch Deutschland als ein Nichtvorhandensein von zeitlicher Abstimmung angesehen werden. Schon 1940 kosteten die Schwierigkeiten, eine allgemeine Übereinstimmung zu erzielen, den Japanern bereits wertvolle Zeit; denn viele dieser Schwierigkeiten beruhten auf gegenseitigem Misstrauen. Mit der Zeit wurden diese Missverständnisse beseitigt, aber dann konnte Deutschland seine Unterstützung nicht mehr in einem ausreichenden Umfang auf den Weg bringen; denn inzwischen standen die als Blockadebrecher eingesetzten Handelsschiffe infolge der stärker gewordenen alliierten Überwachung nicht mehr zur Verfügung. Während 1944 noch deutsche Konstruktionen und Ausrüstungen eintrafen, hatte der inzwischen eingetretene Verlust an wertvollen Rohstoffen aus den weit entfernten Gebieten des kaiserlichen Machtbereiches die japanische Industrie an den Rand des Zusammenbruchs geführt. Im Frühjahr 1945 war es der japanischen Produktion durch die vernichtenden amerikanischen Luftangriffe nicht mehr möglich, die neuen deutschen Waffen in Serienfertigung herzustellen. Wenn auch Japan von seinem deutschen Verbündeten eine beträchtliche technische und materielle Unterstützung erhielt, so waren doch Ausmaß und Umfang dieser Hilfe alles in allem unzureichend, um Japans steigenden Bedarf zu decken. Den beiden Verbündeten war einfach die Zeit davongelaufen.

* * *

Das Kapitulieren von *U 234* nach dem Ende des Krieges in Europa mag für den Ausgang des Krieges gegen Japan unerheblich gewesen sein, aber seine Fahrt demonstrierte noch einmal den Wert der nachrichtendienstlichen Operationen der Alliierten. Die Verantwortlichen von ONI hatten dem Aufbringen von *U 234* eine hohe Priorität eingeräumt; denn sie besaßen nachrichtendienstliche Informationen in Form von MAGIC-Entzifferungen hinsichtlich der Personen und des Materials, die das U-Boot als Passagiere und als Fracht an Bord hatte. Am 22. April 1945 hatte Kase, der japanische Botschafter in der Schweiz, Tokio informiert, dass »Hitler und andere hochrangige Parteiführer« in den letzten Tagen des zu Ende gehenden Krieges Europa verlassen und nach Japan fliehen würden.[14] Diese Information schien durch einen weiteren abgehörten und entzifferten Funkspruch bestätigt zu werden, aus dem sich ergab, dass sich General Ulrich Keßler mit seinem Gefolge an Bord von *U 234* befinden sollte, darunter »ein Fachmann für Luftverteidigung, ein weiterer für funkgesteuerte Waffen, ein Spezialist für Funkmess- und Infrarot-Technik ..., zwei deutsche Zivilingenieure, Fachleute für die Serienfertigung der Me 262, ... und zwei japanische Marineoffiziere«.[15] Nachdem die Übergabe von *U 234* in der amerikanischen Presse bekannt gegeben worden war, gab es über die Identität der Passagiere an Bord wilde Spekulationen, wie die Balkenüberschrift der *Boston Post* vom 18. Mai 1945 bewies: »Große Jagd auf Hitler im U-Boot«. Doch als Ergebnis der MAGIC-Funkaufklärung hatten die Verantwortlichen des Nachrichtendienstes der US-Marine eine bemerkenswert genaue Einschätzung dessen erstellt, was sich an Bord von *U 234* befand. Später versetzten sie die Seestreitkräfte des Seebefehlsbereiches Ost der US-Marine in die Lage, die Übergabe des U-Bootes entgegenzunehmen.

Ehemalige Passagiere von *U 234* leisteten auch dem Projekt »Paperclip« der US-Regierung gute Dienste. Die Bereiche des hauptsächlichen Interesses der Vereinigten Staaten hinsichtlich des Fortschritts deutscher Technik – vor allem auf den Gebieten der Luftabwehrmaßnahmen, der Flugzeuge mit Strahl- und Raketenantrieb sowie der Funk- und der Raketentechnik – waren umfassend in den Frachträumen von *U 234* vertreten. Darüber hinaus begleiteten zahlreiche Blaupausen, Zeichnungen, Pläne und andere Dokumente die verpackten Waffensysteme, Geräte und anderes mehr. Hinzu kamen Heinz Schlicke, Erich Menzel, August Bringewald und Franz Ruf mit ihrem Fachwissen als Wissenschaftler, Ingenieur oder Techniker in der Forschung oder Produktion. Schlicke, Bringewald und Ruf kehrten nach ihrer Repatriierung wieder nach Amerika zurück und leisteten mit ihren beträchtlichen Fähigkeiten einen Beitrag, um Amerikas Stellung in der Nachkriegswelt zu sichern, die technologisch führende Nation zu sein. Die aus der Fracht und durch die Passagiere von *U 234* erlangten Informationen sowie die späteren Dienste der letzteren verschafften Amerikas Verteidigungs- und Waffensystemen unzweifelhaft einen Sprung nach vorn.

Es ist einmal gesagt worden, dass Amerika niemals einen Krieg beendet, sondern lediglich seine Gegner verändert. Dieser allgemein anerkannte Grundsatz trifft auch auf die Zeit nach dem Zweiten Weltkrieg zu, als die Vereinigten Staaten den Schwerpunkt ihres politischen Handelns von Deutschland und Japan weg und hin zur Sowjetunion verlegten. Ein unmittelbarer Grund zur Besorgnis war die Befürchtung, dass die Sowjets die führenden deutschen Wissenschaftler »einkassieren« würden, so dass zwischen der Sowjetunion und den Vereinigten Staaten eine gefährliche technologische Kluft entstünde. 1945 war der Besitz des vorhandenen technischen Fachwissens der Deutschen ein wertvoller Vorteil und die Sowjets erwarben es so rasch, wie dies nur möglich war. Sofort nach Kriegsende schlachteten sie in ihrer Besatzungszone sämtliche deutschen Industriebetriebe vom kleinsten bis zum größten aus, bauten alle Produktionsanlagen, Maschinen, Geräte usw. ab und verfrachteten sie in die Sowjetunion. Gleichzeitig transportierten die Sowjets – durchaus nicht immer freiwillig – alle erreichbaren Wissenschaftler und Techniker, die sie brauchten, aus ihrer Zone ebenfalls in die Sowjetunion ab. Zur selben Zeit unternahmen sie auch aggressive Versuche, in den Zonen der anderen Besatzungsmächte Deutsche anzuwerben. Dies galt auch für deutsche Wissenschaftler, die in der US-Zone für die Amerikaner arbeiteten.

Die Amerikaner beantworteten dieses sowjetische Vorgehen mit Programmen wie das Projekt »Paperclip« und den nach Europa entsandten technischen Alsos-Missionen. Als die deutschen Kriegsgefangenen, darunter auch wissenschaftliches und technisches Personal, nach Deutschland repatriiert werden sollten, betonte im Januar 1946 James Forrestal, der damalige Heeresminister, nachdrücklich gegenüber Außenminister James F. Byrnes, dass solche Programme »die potenzielle Gefahr der Fortsetzung ihrer Arbeit durch derartige Wissenschaftler in Deutschland oder anderswo außerhalb der Vereinigten Staaten beseitigen« würden.[16/16a] Forrestal hatte Recht. Ohne Programme wie diese wären Schlicke, Menzel und andere, die in Gebieten Deutschlands wohnten, die unter sowjetischer Besatzung standen, zweifellos von den Sowjets in die UdSSR gebracht worden. Es gelang den Sowjets, genügend deutsche Wissenschaftler und Techniker »einzukassieren«, um frühe wissenschaftliche Siege für sich in Anspruch zu nehmen, wie dies die Entwicklung einer sowjetischen Atombombe 1947 und der Start des Satelliten »Sputnik« 1957 beweisen. Von jenen deutschen Wissenschaftlern, die vor die Wahl gestellt worden waren, ob sie in den Vereinigten Staaten oder in Deutschland arbeiten wollten, kamen jedoch die besten nach Amerika, angelockt durch die besseren Lebens- und Arbeitsbedingungen. In den Schwankungen des Kalten Krieges erwiesen sie sich als eine starke Stütze und Amerika nahm schließlich eine führende Stellung ein.

* * *

Die Niederlage Japans wäre in jedem Fall eingetreten, ungeachtet der Entscheidung Fehlers an jenem Maimorgen 1945, sein Boot befehlsgemäß zu übergeben. Wenn auch die Ereignisse um *U 234* interessant sind, so haben sie doch für den Ausgang des Pazifischen Krieges kaum eine Bedeutung. Die Übergabe von *U 234* stellte für die US-Streitkräfte eine Sicherheitsmaßnahme dar; sie lenkte rechtzeitig für die Vereinigten Staaten die Aufmerksamkeit seiner militärischen Nachrichtendienste auf die Möglichkeit der japanischen Integration deutscher Technik, um Gegenmaßnahmen zu entwickeln, falls diese Notwendigkeit entstehen sollte. Ironischerweise leistete *U 234* seinen größten Beitrag nicht mehr zur Fortsetzung der offenen Kämpfe eines totalen Krieges, sondern gewährte ihn nunmehr auf den verborgenen Schlachtfeldern eines Abschreckungskrieges. In Wahrheit gehörten die ehemaligen Passagiere von *U 234* zu den ersten Kriegern des Kalten Krieges. Dies ist der Platz in der Geschichte, den die Männer von *U 234* mit Recht beanspruchen können. In der Durchführung ihres ersten Auftrages gescheitert, gelang ihnen in einer viel größeren Arena weit mehr: Das Fördern von Schutz und Sicherheit freier Nationen und ihrer Völker in der atomaren Welt der Nachkriegszeit.

Anhang

Das Uranoxid von U 234

Nach dem Eintreffen von *U 234* im Hafen von Portsmouth in New Hampshire begann für den Nachrichtendienst und die Verantwortlichen der US-Marine die mühsame Aufgabe, die 162 t Fracht des Unterseebootes zu entladen und zu bearbeiten. Am 21. Mai 1945 übersandte Lt.(jg) John G. Faron, der eines der Entladekommandos führte, an Capt. G.R. Phelan ein vorläufiges Verzeichnis der Fracht von *U 234*. Zusätzlich zu »Rechnern für das Großbatterie-System, ... Konstruktionszeichnungen für die Me 163, ... Zündvorrichtungen für Bomben und Torpedos [sowie] Konstruktionszeichnungen und Mustern für das Bombenzielgerät 7 H von Lorenz« notierte Faron »eine große Menge Uranoxid«. Zwei Tage später bestätigte die übersetzte Ladeliste von *U 234* jenen Teil der Fracht, der ein Objekt der Spekulation um das U-Boot werden sollte: Minenschacht Platz 38, beschriftet mit ST 1270/1–10, enthaltend zehn Kisten mit insgesamt 560 kg Uranoxid[0a] und bestimmt für das japanische Heer.[2]

Seit Mai 1945 war das Uranoxid aus der Fracht von *U 234* Gegenstand der Diskussion und veranlasste viele Spekulationen über sein Vorhandensein an Bord des Unterseebootes sowie auch über die Verwendung, die es hätte finden sollen, wenn es in Japan angekommen wäre. Es ist schwierig, diese Uranoxidfracht zu erläutern; denn viele US-Dokumente aus der Zeit des Zweiten Weltkrieges, die sich auf nukleare Vorgänge beziehen, sind weiterhin mit dem Hinweis auf die nationale Sicherheit als geheim eingestuft und persönliche Berichte widersprechen sich häufig. Diese Untersuchung wird das Uranoxid aus der Fracht betreffenden Fakten so würdigen, wie sich die Sachlage aus dem vorhandenen Beweismaterial an Dokumenten und Primärquellen ergibt – Dokumente, die nicht an Erinnerungsschwächen leiden und die den Geist der damaligen Zeit präzise widerspiegeln, in der sie entstanden sind.

* * *

Das japanische Interesse, deutsches Uran zu erwerben, war durch die Notwendigkeit bedingt; denn frühere Bestrebungen, Lagerstätten von Uranpechblende innerhalb der »Größeren Ostasiatischen Wohlstandssphäre« zu finden, hatten nur Spuren des zur Urangewinnung erforderlichen Erzes ergeben. Der Chef des Beschaffungsamtes des japanischen Heeres, General Kawashima Toranosuke, erinnerte sich, dass ihn die nach

Aussagen winzige Menge Uran, die aus der verheißungsvollen Kikune-Mine in Korea gewonnen wurde, einen »Schrei ausstoßen« ließen.[3] Unterdessen hatte Deutschland beträchtliche Vorräte an Uranoxid durch das Erbeuten von über 1000 t Uranpechblende aus dem Lagerbestand der *Union Minière* in Belgien sowie aus den reichen Erzvorkommen im Norden der Tschechoslowakei gewonnen. Japans Kriegsindustrie brauchte Uranoxid für das Gewinnen von Radium und auch für die japanischen Physiker war das Erz für Versuche zur Isotopen-Trennung und Urananreicherung erforderlich. Daher ersuchte am 7. Juli 1943 das Oberkommando des Kaiserlich Japanischen Heeres in Tokio darum, dass Oshima Hiroshi, der japanische Botschafter in Berlin, die deutsche Seite hinsichtlich »der Möglichkeit, (Uran)Pechblende aus der tschechoslowakischen Region nach Japan auszuführen,« ansprechen sollte.[4]

Im September teilte Oshima Tokio mit, dass in dieser Angelegenheit Verhandlungen mit den deutschen Stellen im Gange wären, aber er brauchte noch eine Erklärung, welche »die Bedeutung [des Urans] für Studienzwecke aufzeigte«.[5] Dies war eine beunruhigende Forderung; denn die japanischen Verantwortlichen pflegten die genauen Gründe für ihre Ersuchen nicht zu offenbaren. Dr. Nishina Yoshio, Leiter der nuklearen Forschung, vertraute seinem Assistenten Kigoshi Kunihiko an, dass er den Deutschen, die keine japanische Konkurrenz auf dem Gebiete der Nuklearforschung befürworteten, seine Pläne für die Verwendung des Urans nicht enthüllen wollte. Nishina untersuchte die Isotopen-Trennung und Urananreicherung und würde, falls ihm dies gelang, beträchtliche Mengen Uranoxid brauchen. Sein Bedarf an Uran war entscheidend, und er wollte nicht eine der wenigen Quellen gefährden, aus denen er das kostbare Erz beziehen konnte; jede Verknappung an Uran würde zu einem Engpass bei seinen Forschungen führen. Kigoshi schlug vor, Nishina sollte der deutschen Seite mitteilen lassen, das Uran würde als Katalysator für chemische Reaktionen gebraucht, um auf diese Weise jeden Verdacht zu zerstreuen, die japanische Forschung konkurriere mit der deutschen. Überzeugt davon, dass die Deutschen dieser Version Glauben schenken würden, billigte Nishina das formelle Ersuchen und legte es dem japanischen Heeresministerium vor.[6]

Deutschland besaß tatsächlich beeindruckende Mengen an Uranoxid und ein beträchtlicher Teil dieses Erzes lagerte in Kiel. Munitionsfachleute der deutschen Marine hatten festgestellt, dass das schwere Atomgewicht des Urans dieses Metall ideal für das Überziehen der Granaten für Marinegeschütze großen Kalibers machte. Im späteren Verlauf des Krieges folgte die Luftwaffe diesem Beispiel und begann metallisches Uran bei der Herstellung von Gefechtsköpfen für Flugkörper zu verwenden. Der Bedarf an Uran für diesen Zweck war so groß, dass 1943 die Forderungen der Munitionsindustrie nach diesem Metall mit dem Bedarf für die deutsche Kernforschung kollidierten. Metallische Uranplatten, wesentlich für den Bau von Kernreaktoren zu Versuchszwecken, wurden knapp. Deutsche Firmen wie Auer oder Degussa, die Uran herstellten, entschuldigten sich häufig für das Ausbleiben von Lieferungen mit der Klage, dass die Wehrmacht den größten Teil der bereits verfügbaren Vorräte an metallischem Uran beanspruche. Während es durchaus ohne weiteres vorstellbar ist, dass Deutschland auf Anforderung hin Uranoxid an Japan hätte liefern können, ist es außerordentlich fraglich, ob die Wehrmacht und die für die Rüstung Verantwortlichen einer Lieferung des wertvollen metallischen Urans zugestimmt hätten. Daher ist die Mehrheit der Fachleute mit Dr. Helmut Rechenberg vom Max-Planck-Institut für Physik in München der Auffassung, dass in Anbetracht der geringen Kapazität der deutschen Industrie, metallisches Uran in den letzten Kriegsjahren herzustellen, »mit großer Gewissheit angenommen werden kann, dass das Uranmaterial [an Bord von *U 234*] kein metallisches sondern Oxid war«.[7]

Japans stellvertretender Heeresminister J. Tory wies am 15. November 1943 Oshima an, 100 kg Uranoxid zu beschaffen, und gab hierfür Nishinas vorgetäuschte Begründung an, das Erz würde »als Katalysator bei der Herstellung von Butanol« verwendet werden.[8] Fünf Tage später berichtete Oshima, dass die Deutschen beträchtliche Mengen an Uranoxid besäßen und imstande wären, das geforderte Uran und »seine Nebenprodukte im gegenwärtigen Zeitpunkt« zu liefern. Oshima war jedoch hinsichtlich der geforderten Menge verwirrt. Obwohl in den letzten Funksprüchen von 100 kg gesprochen wurde, informierte er Tokio: »Dies ist ein Irrtum von einer Tonne im Gegensatz zur [vorher] erwähnten Menge. Daher wären wir gut beraten, eine Tonne zu bestellen.«[9]

In Berlin gab Oshima das Ersuchen aus Tokio an Major Kigoshi Yasukazu weiter – der zufällig der Bruder von Nishinas Assistent Kigoshi Kunihiko[10] war – und wies ihn an, das Uran bei den Deutschen zu beschaffen. Die auf deutscher Seite Verantwortlichen betrachteten jedoch das Ersuchen mit Argwohn. Sie nahmen es den Japanern nicht ab, dass sie lediglich beabsichtigten, das Uran für chemische Versuche oder zur Herstellung von Butanol zu verwenden, und weigerten sich daher, das Erz zu liefern. Diese Weigerung versetzte General Kawashima in Zorn, der einen wütenden Protest an die deutschen Verantwortlichen sandte und hierbei enthüllte, dass Japan das Uran in Wirklichkeit für die Kernforschung haben wollte. In einer Anmerkung zu diesem Funkspruch warnte Kawashima die Deutschen vor ihrem Mangel an Solidarität, mahnte die Einhaltung des Dreimächtepaktes an und frug: »Was geht hier vor sich, dass Sie nicht mit uns zusammenarbeiten wollen?«[11]

Kawashimas Empörung und Oshimas beträchtliches diplomatisches Talent überzeugten schließlich Berlin und die deutsche Seite lenkte ein. Ende 1943 erfolgte die Zustimmung zum japanischen Ersuchen und das Uranoxid sollte an Bord von zwei japanischen Unterseebooten nach Japan transportiert werden.[12] Major Kigoshi Yasukazu, der den Erwerb des Uranoxids koordinierte, begleitete die beiden Lieferungen nach Kiel und überwachte das Beladen der beiden Unterseeboote [sic]. Die erste Lieferung befand sich an Bord von *Ro 501* das am 30. März 1944 als Transportunterseeboot aus Kiel in den Fernen Osten auslief.[13] Doch die Ereignisse im Zusammenhang mit dem zweiten Uranoxid-Transport bleiben ein Geheimnis. Auch Kigoshi war nicht in der Lage, das Schicksal dieses Unterseebootes aufzuklären.[14] Einigen Berichten zufolge lief dieses Unterseeboot überhaupt nicht aus Deutschland aus.[15] In einem Interview mit *Associated Press* im Mai 1945 verriet Admiral Jonas Ingram, der Oberbefehlshaber der US-Atlantikflotte, dass amerikanische Streitkräfte im Sommer 1944 auf der Höhe von Island zwei japanische Unterseeboote angegriffen hätten. Eines dieser Unterseeboote wäre versenkt worden, während das andere lediglich Beschädigungen erlitten hätte und in der Folge entkommen wäre.[16] Beide Unterseeboote hätten im Begriff gestanden, durch die

Island-Färöer-Enge in den Atlantik auszubrechen, der traditionellen Route der deutschen U-Boote von der Nordsee in den Atlantik. Es ist sehr wahrscheinlich, dass es sich bei diesen beiden Unterseebooten um *Ro 501* und sein Schwesterboot gehandelt hatte, die beide aus Kiel ausgelaufen waren [sic]. Zudem erschien 1953 in der japanischen Zeitschrift *Dai-horin* ein Aufsatz, in dem der japanische Heeresmajor Yamamoto Yoichi behauptete, dass Japan 1944 durch ein U-Boot 500 kg Uranoxid aus Deutschland erhalten hätte.[17] Auf der Grundlage dieser Beweisführung hat es den Anschein, dass die 1943 geforderte Uranoxid-Lieferung in Kiel an Bord japanischer Unterseeboote verladen worden war, und zumindest ein Teil der ursprünglichen Lieferung von einer Tonne hatte Ende 1944 Japan erreicht.[18/18a]

Japan beschaffte sich schließlich Uranoxid-Reserven aus verschiedenen unter seiner Herrschaft stehenden Territorien.[19] Schon bald nahmen jedoch verstärkte Anforderungen aus dem wissenschaftlichen und militärischen Bereich diesen Vorrat in Anspruch.[20] 1944 setzte das Technische Amt der japanischen Heeresluftwaffe das Gewinnen von 500 kg Uranoxid aus der Kikune-Mine in Korea in Gang. Als jedoch die Erzförderung begann, hatte das Technische Amt unterdessen weitere 500 kg angefordert. Mitte 1944 ersuchte auch die Kaiserlich Japanische Marine das Munitionsministerium um 500 kg Uranoxid.[21] Und am *Kyurikagaku kenkyujo* in Tokio, dem Physikalisch-Chemischen Forschungsinstitut, an dem Dr. Nishina und Kigoshi Kunihiko bestrebt waren, Uran anzureichern[22], veranlasste der Mangel an Ressourcen Nishina, ebenfalls um eine Uranlieferung zu ersuchen. Der in Japan verfügbare Vorrat besaß allerdings weder die Qualität noch die Quantität, um diesen Anforderungen nachzukommen. Daher traf in Deutschland erneut ein Ersuchen seines Achsenpartners um Unterstützung ein.[23]

Im Dezember 1944 ging das Ersuchen bei Oshima in Berlin ein, der es anschließend an den für die Durchführung der Transporte nach Übersee zuständigen Marinesonderdienst (MSD) weiterleitete. Die Beauftragten des MSD arbeiteten mit Major Kigoshi Yasukazu zusammen, um die Bereitstellung des Uranoxids zu koordinieren und die Fracht nach Kiel zu bringen. Dort sollte die Lieferung auf eines der drei Unterseeboote verladen werden, die im Frühjahr 1945 für die Fahrt nach Japan vorgesehen waren. Außerdem entsandte die Zweigstelle des Marinesonderstabs in Kiel KKpt.(V) Becker zu verschiedenen Einrichtungen in Süddeutschland, um »Art und Menge der Fracht« festzustellen.[24] Im Februar 1945 waren die Beschaffungsmaßnahmen beendet und Major Kigoshi traf sich mit den Verantwortlichen des MSD in Kiel, um die Verladung der 560 kg Uranoxid zu organisieren und zu überwachen, die mit dem nächsten Transportunternehmen eines U-Bootes – Johann Heinrich Fehlers *U 234* – nach Japan gebracht werden sollten.

Die Uranoxid-Fracht von *U 234* wird in den Erinnerungen von Wolfgang Hirschfeld beschrieben. Er berichtete: »Die Päckchen sind ca. 25 x 25 cm groß, in Packpapier eingeschlagen, verklebt und schwer wie Blei.« Die beiden japanischen Passagiere Tomonaga und Shoji inspizierten und beschrifteten die Behälter,[25] die im Anschluss daran einem Ladekommando unter Führung von LtzS. Karl Pfaff übergeben und in einem der (vorn gelegenen) senkrechten Minenschächte verstaut wurden. Hirschfeld erinnerte sich ebenfalls daran, dass neben Pfaff, Tomonaga und Shoji auch Major Kigoshi in Kiel auf dem Kai stand und das Verladen von »zehn Behältern mit Uranoxid« in das Innere von *U 234* beaufsichtigte.[26]

* * *

Vieles an der Verwirrung, die von der Uranoxid-Fracht von *U 234* ausging, entstand durch die widersprüchlichen Berichte, was mit dem Erz geschah, sobald es in Amerika angekommen war. In Portsmouth wurde der größte Teil der Fracht von *U 234* sofort entladen, katalogisiert und an die verschiedenen Einrichtungen zur Erprobung und Beurteilung weitergeleitet. Das Uranoxid verblieb jedoch noch eine Zeit lang an Bord des Unterseebootes, während die auf amerikanischer Seite Verantwortlichen sorgfältig darüber nachdachten, wie sie sich seiner entledigen könnten.

Cdr. Alexander W. Moffat, der OTC von der Nordgruppe des Seebefehlsbereiches Ost, überwachte das Entladen von *U 234*. In seinen Erinnerungen berichtete er, dass das Uranoxid eine Woche nach der Ankunft in Portsmouth aus dem Unterseeboot entfernt wurde. Er behauptete ferner, dass »die ersten Behälter, die an Land kamen, aus den beiden Satteltanks stammten, durch Schweißer von Deck aus mit Schneidbrennern geöffnet«. Sobald die Behälter aus den Satteltanks an Land gebracht worden waren, »entnahmen Techniker eine Probe des Inhalts für eine Laboranalyse. ... Es schien sich um ein geruchloses, körniges Pulver zu handeln. ... Bald verbreitete sich die Kunde, dass die Behälter Uran enthielten.«[27]

Der Bericht, den Hirschfeld aus seinen eigenen Erinnerungen gab, unterschied sich wesentlich von dem Moffats. Hirschfeld berichtete, dass das Uran erst im Juli entladen worden wäre: »Die vorderen Tuben sind mit einem Kran aus den Minenschächten gehoben und auf den Kai gestellt worden.« Sobald die Tuben abgestellt waren, wurden sie von Männern untersucht, die »kleine Geräte in der Hand hatten«. Wie Hirschfeld erfuhr, waren dies Geigerzähler. Offensichtlich waren die sechs Tuben »in einem solchen Ausmaß radioaktiv kontaminiert«, dass die genaue Örtlichkeit des Urans nicht festgestellt werden konnte.[28] Um die Lage des Urans ausfindig machen zu können, erinnerte sich Hirschfeld, dass die ONI-Vertreter entschieden, Karl Pfaff zur Unterstützung abzukommandieren, der das Beladen von *U 234* in Kiel geleitet hatte.

Für die unterschiedlichen Aussagen Moffats und Hirschfelds kann eine einleuchtende Erklärung nicht so ohne weiteres gefunden werden. Jedenfalls steht fest, dass Pfaff in den Vorkehrungen der Marine hinsichtlich des Urans eine wesentliche Rolle spielte. Obwohl sich Pfaff zu diesem Zeitpunkt im Fort George G. Meade in Maryland als Kriegsgefangener in Gewahrsam befand, wurde er in das Verhörzentrum des Heeres nach Fort Hunt in Alexandria/Va. gebracht. Am 27. Mai 1945 alarmierte die amerikanische Seekriegsleitung *(Office of CNO)* Portsmouth mit der Information, dass bei der Vernehmung Pfaffs in Fort Hunt hinsichtlich der Fracht von *U 234* Licht in die Sache gekommen war. Pfaff hatte ausgesagt, dass er in Kiel für die Fracht zuständig gewesen war. Er hatte nicht nur die Ladeliste erstellt, sondern auch das Verstauen der Fracht in allen Minenschächten überwacht. Pfaff hatte seinen Vernehmungsoffizieren ferner mitgeteilt, sie sollten sicherstellen, dass beim Entladen des Unterseebootes die »langen Tuben in horizontaler Lage und die kurzen Behälter in senkrechter Position ausgepackt« werden. Zudem erklärte er sich »zur Verfügung stehend und bereit«, das Entladen zu unterstützen, sollte ONI diese Hilfe wünschen.[29] Eine Antwort an den CNO vom 28. Mai aus Portsmouth berichtete, dass die Behälter bereits entladen worden waren und dass Portsmouth auf eine Weisung des CNO wartete, ob die Behälter geöffnet oder nach Washington zur dortigen Verfügung transportiert werden sollten. In Bezug auf Pfaffs Hilfsangebot teilte der Bericht vom 28. Mai auch mit, dass »Pfaff zur Verfügung stehen sollte, wenn die Behälter geöffnet werden«.[30]

Pfaff hatte auch ausgesagt, dass das Uranoxid »in Zylindern mit einem Goldüberzug innen [verpackt war und] so lange die Zylinder nicht geöffnet [werden,] können sie wie unverarbeitetes TNT behandelt werden. … Die Behälter sollten nicht geöffnet werden, da die Substanz empfindlich und gefährlich ist.«[31] Diese Einschätzung konfrontierte die Marine mit zwei Problemen. Als Erstes ergab sich die Möglichkeit, dass die Behälter mit einer Sprengfalle versehen worden waren, um zu verhindern, dass das seltene Erz in feindliche Hände fiel. Und selbst wenn die Behälter keine solche Falle aufwiesen, war den Vertretern der Marine noch kaum etwas über die Sicherheitsprobleme bekannt, die sich beim Umgang mit Uranoxid ergaben. 1945 war der Umgang mit radioaktivem Material kein Thema, dass den Marineangehörigen allgemein geläufig war. Aus diesem Grund wandten sich die Offiziere des amerikanischen Nachrichtendienstes während seiner Vernehmung in Fort Hunt an Pfaff und forderten den jungen Deutschen auf, sie zu begleiten und die Öffnung der Uranbehälter zu beaufsichtigen.

In einem 1995 geführten Interview erinnerte sich Pfaff daran: »Ich wurde zu einem großen Platz in Indian Head eskortiert, einer Marinestation am Potomac, wo die gesamte Fracht ausgebreitet war.« Er schloss mit der Feststellung, dass dieser Platz ein Verwahrungsort für »ziemlich viel geheime Materie« war. Ihm war damals nicht bekannt, dass Indian Head in Maryland der Sitz des *U.S.Navy's Ordnance Investigation Laboratory* und der *Naval Powder Factory* war, ein logischer Ort für eine Analyse des Uranoxids.[32]

Vor Pfaffs Eintreffen hatten Angehörige der Marine die Behälter auf radioaktive Strahlung untersucht und die innen angebrachten Handgriffe, die in Wirklichkeit Holzstäbe waren, irrtümlich für Sprengfallen gehalten.[33] Als Pfaff ankam, traf er infolgedessen einen ziemlich nervösen Mannschaftsdienstgrad an, der den Auftrag erhalten hatte, die Behälter mit einem Schneidbrenner aufzuschneiden. Ehe er den Schneidbrenner ansetzte, wandte sich der Soldat an Pfaff und lamentierte, dass er Frau und Kinder hätte; er wolle nicht sterben. Pfaff hielt dem Mann vor, dass auch er (Pfaff) in Stücke gerissen werden würde, wenn der Zylinder eine Sprengfalle enthielte. Außerdem wäre die Fracht für die Japaner bestimmt gewesen. Warum hätten die Deutschen den Versuch unternehmen sollen, sie »in die Luft zu sprengen«? Die Besorgnisse des Seemanns verflüchtigten sich und er fing damit an, die Behälter aufzuschneiden.[34] Von der kleinen Flamme des Schneidbrenners abgesehen, die ein paar Lappen in Brand setzte, die im Inneren der Zylinder als Verpackung benutzt worden waren, ging das Öffnen der Frachtbehälter ohne Zwischenfall vor sich.[35]

Den zeitlichen Ablauf von Pfaffs Aufenthalt in Indian Head unterstützt eine Mitteilung vom 23. Juni 1945, die T.F. Darrah, der verantwortliche Offizier für die Forschungseinrichtung in Indian Head, an den Chef des Marinewaffenamtes (BuOrd) sowie an einen Lieutenant McQuade von ONI richtete. Darrah berichtete darin am 23. Juni über die von ihm veranlasste Verladung von elf Frachtstücken, die er als Frachtbehälter bezeichnete, die aus *U 234* stammten, obwohl er ihren Bestimmungsort nicht nannte.[36] Am 2. Juli 1945 beschrieb jedoch die Tagesordnung für eine Sitzung der *»Washington Group Trust«* als TOP 2 den »Bericht über das erbeutete Material aus dem deutschen U-Boot *U 234*« und identifizierte als Örtlichkeit des gelagerten Materials ein Warenhaus in Brooklyn, New York.[37] Ob es sich bei diesem Material um das Uranoxid aus *U 234* handelte, ist nicht klar. Andere Punkte auf dieser Tagesordnung bezogen sich jedoch auf Angelegenheiten in Verbindung mit Uran. Es liegt daher – vorausgesetzt, es handelt sich um den Verwahrungsort für dieses Erz – durchaus im Bereich des Möglichen, dass dieses Uranoxid zur weiteren Entscheidung in die Brooklyner Anlage verbracht worden war.[38]

Der Bestimmungsort des Uranoxids aus *U 234* ist ebenfalls Gegenstand widersprüchlicher Berichte gewesen. In einem 1995 geführten Interview behauptete Major John Lansdale, der damalige Chef des Sicherheitsdienstes für das »Manhattan«-Projekt, dass das aus *U 234* stammende Uran direkt in die zum Manhattan-Distrikt gehörende Aufbereitungsanlage in Oak Ridge/Tennessee gegangen wäre. Verfechter dieses Berichtes setzen voraus, dass dieses Uran, sobald es sich in Oak Ridge befand, aufbereitet worden war und in einer der über Hiroshima und Nagasaki abgeworfenen Atombomben Verwendung gefunden hatte. Die Vorstellung, dass das ursprünglich für Japan bestimmte Uran schließlich seinen Bestimmungsort doch noch erreichte, wenn auch nicht auf die erwünschte Art, ist von reizvoller Ironie. Doch dieses Szenario ist unwahrscheinlich. Lansdale räumte ein, dass er sich an keine Einzelheiten erinnern konnte, was mit dem Uran geschah, nachdem es nach Oak Ridge gebracht worden war. Er konnte sich daher nicht dazu äußern, ob es für eine der über Hiroshima und Nagasaki abgeworfenen Bomben verwendet worden war.[39] Hierzu führte Dr. Philip Morrison aus, Professor für Physik am *Massachusetts Institute of Technology* und damals am »Manhattan«-Projekt beteiligt: »Es ist überaus unwahrscheinlich, dass die [verfügbare] Zeit ausgereicht hätte, das Uran in einer der Bomben des *Manhattan*-Projekts zu verwenden.«[40]

Die Berichte von Lansdale, Moffat und Hirschfeld unterscheiden sich derart voneinander, dass sie die Wissbegierde wecken; denn aus solcher Mehrdeutigkeit entstehen Legenden. Wie können Legenden und Tatsachen voneinander getrennt werden?

Angesichts der unheilvollen Natur des Uranoxids ist es unwahrscheinlich, dass die Verantwortlichen des amerikanischen Marinenachrichtendienstes die Fracht von Mitte Mai bis zum Juli 1945 an Bord von *U 234* belassen haben sollten, wie sich Hirschfeld zu erinnern glaubt. Das von der Marine in Portsmouth, von ONI und der Seekriegsleitung *(Office of CNO)* gezeigte zweckmäßige Handeln bei der Entladung der Behälter sowie das unterstützende Hinzuziehen von Karl Pfaff bei ihrer Öffnung unterstreichen diese Annahme. Die Darstellungen von Commander Moffat und Major Lansdale gleichen sich einander. Lansdale verweist das Uranoxid nach Oak Ridge und liefert hiermit einen gut geeigneten Bestimmungsort. Moffats Behauptung, dass die Satteltanks mit dem Uran in

Pulverform im Hafen geöffnet worden wären, ist ungereimt, wie auch alle anderen Aussagen über Örtlichkeit und physikalische Beschaffenheit des Urans, die als eine »offizielle Erklärung« hätten angesehen werden können. Es muss daran erinnert werden, dass Moffat und Lansdale Offiziere waren, die sich einer militärischen Karriere verschrieben hatten und die vom Handeln her ihren Dienst in der sensiblen Welt von 1945 verrichteten. Ihre Beurteilung nationaler Sicherheitsinteressen hatte zweifellos ihre Berichte beeinflusst.

Welche Unstimmigkeiten in den Berichten der einzelnen Beteiligten auch immer bestehen, die grundlegenden Tatsachen und die Abfolge der Ereignisse können aus den offiziellen Dokumenten wie folgt zusammengesetzt werden. Die am 27. Mai vom CNO an Portsmouth ergangene Weisung enthielt Pfaffs unheilvolle Beschreibung der Fracht (»verpackt in Zylindern mit einem Goldüberzug innen … empfindlich und gefährlich«) sowie sein Hilfsangebot für das Entladen des Erzes. Der Bericht vom 28. Mai aus Portsmouth an den CNO führte aus, dass die fraglichen Behälter »aus dem Boot entladen und bereit für den Abtransport [waren]. … Ersuche um Entscheidung, ob Frachtbehälter hier geöffnet oder nach Washington transportiert [werden sollen]. … Pfaff sollte an dem Ort zur Verfügung stehen, an dem die Behälter geöffnet werden.« (Interessanterweise enthielten beide Schriftstücke in der begrenzten Verteilerliste den Chef des Marinewaffenamtes – BuOrd – im Marineministerium.) Im Interview von 1995 erklärte Pfaff, dass er irgendwann von Fort Hunt nach Indian Head gebracht wurde, sich aber nicht mehr an das genaue Datum erinnere. Doch aus den beiden CNO-Schriftstücken vom 27. und 28. Mai kann gefolgert werden, dass dies Anfang Juni 1945 gewesen sein muss. In der Folge teilte T.F. Darrah, Leiter des *Ordnance Investigation Laboratory* in Indian Head, am 23. Juni dem Chef des Marinewaffenamtes (BuOrd) mit, dass er elf Frachtstücke aus *U 234* verladen hatte, die zur Identifizierung alle Nummern trugen, die mit jenen der anderen aus *U 234* entladenen Frachtbehältern übereinstimmten. Die Tagesordnung der *»Washington Group Trust«* vom 2. Juli 1945, die sich entsprechend den übrigen Punkten der Tagesordnung hauptsächlich mit Angelegenheiten befasste, die mit Uran in Verbindung standen, ließ schließlich erkennen, dass die Gruppe über »Material aus *U 234*« diskutieren wollte, das in einem Warenhaus in Brooklyn lagerte. Bis zu diesem Punkt ist dies eine absolut folgerichtige Darstellung über die Behandlung der Uranoxid-Fracht aus *U 234* und zudem die einzige, die am ehesten der Wahrheit entspricht. Doch die Spur des Uranoxids aus dem deutschen U-Boot endet in Brooklyn. Bis zum heutigen Tage hat kein weiteres offizielles Dokument und keine zwingende persönliche Aussage den letztendlichen Bestimmungsort dieses Uranoxids enthüllt.

* * *

Eine weiter reichende Kontroverse beschäftigte sich mit der physikalischen Natur des aus *U 234* stammenden Urans. Uranoxid ist schwach radioaktiv und gibt keine schädliche Gamma-Strahlung ab. Das spaltbare Uran-Isotop U 235 muss durch den Prozess der Isotopentrennung aus dem Uranoxid herausgelöst werden. Um einen hohen Anteil an Strahlung zu erreichen, muss das Uran in einem Reaktor aufbereitet werden. Im Zweiten

Weltkrieg besaßen die Vereinigten Staaten den einzigen als funktionsfähig bekannten Reaktor der Welt, wenn auch Deutschland und Japan im Begriff standen, einen eigenen zu entwickeln. Hirschfeld sagte jedoch aus, dass seiner Meinung nach das an Bord von *U 234* verladene Uranoxid »hoch radioaktiv« gewesen wäre. Außerdem behauptete er, dass Shoji und Tomonaga, die beiden japanischen Passagiere auf *U 234*, »mit schwarzer Tusche Päckchen [eingeschlagen in braunes Packpapier] beschriften. ... Die Beschriftung lautet: »U 235«.«[41] Hiermit andeutend, dass sich in den »Päckchen« radioaktives Uran in metallischer Form befände. Außerdem erinnerte sich Hirschfeld, dass nach der Ankunft des U-Bootes in Portsmouth amerikanische Offizielle mit Geigerzählern eintrafen, die angeblich feststellten, dass die Fracht so stark radioaktiv gewesen wäre, um den gesamten vorderen Bereich des Unterseebootes zu kontaminieren. Inzwischen hatte Pfaff ausgesagt, dass die Frachtbehälter innen einen Goldüberzug aufwiesen, ein sehr wirksamer Schutzschild gegen Radioaktivität. Wiesen diese Aussagen darauf hin, dass *U 234* spaltbares Material für Japan transportierte? Denn dies hätte das Vorhandensein eines funktionsfähigen Atomreaktors während der Kriegsjahre in Deutschland bedeutet.

Wieder vergrößerten Widersprüchlichkeiten in den persönlichen Aussagen die Verwirrung. Während Hirschfeld beschrieb, dass Tomonaga und Shoji aktiv an der Verladung des Erzes teilnahmen, den Inhalt prüften sowie die Päckchen beschrifteten, behauptete Pfaff: »Die japanischen Passagiere an Bord waren mit dem Uran nicht befasst. ...Siewaren lediglich Mitfahrende, die versuchten, heim nach Tokio zu kommen.«[42] Nach Geoffrey Brooks, einem britischen Autor, der Hirschfelds Erinnerungen übersetzt und ihn ausführlich befragt hat, war Hirschfeld in Kiel »beim Verladen nicht aus der Nähe dabei«. Vor 1992 hätte er auch nicht gewusst, in wie viele Kisten das Uran verpackt worden wäre. Während des Verladens hätte sich Hirschfeld auf dem Turm von *U 234* aufgehalten, ca. 22 m von den Verladearbeiten entfernt. Aus dieser Entfernung wäre es schwierig gewesen zu erkennen, ob die Behälter zylindrisch oder rechteckig waren, und genau zu sehen, wie die Japaner die Pakete beschrifteten.[43]

Außerdem führt der amerikanische Autor Richard Rhodes hierzu aus: »Die Beschriftung »U 235« kann unmöglich bedeutet haben, [dass] die Behälter U_{235} enthielten. ... [Die Vereinigten Staaten] mussten in riesigen Trennungsanlagen eine gewaltige Arbeit leisten, um die 60 kg anzureichern, die wir für [die Atombombe] *Little Boy* brauchten.«[44] Das Vorhandensein von 560 kg radioaktivem Uran 235 hätte auf deutscher Seite eine Isotopen-Trennung in einem derart riesigen Ausmaß erfordert, dass die gesamte Welt davon in Kenntnis gesetzt worden wäre. Rhodes kommt zu dem Schluss: »Der wahrscheinlichste Inhalt der Behälter [von *U 234*] war geläutertes Erz für die Verwendung im Reaktor.«[45] Dr. Michael Thorwart vom Institut für Physik der Universität Augsburg bestätigt, dass Deutschland damals keinen funktionsfähigen Reaktor besessen hat; obwohl es der Gruppe um Werner Heisenberg im württembergischen Haigerloch gelungen war, die Neutronenerzeugung zu steigern, wurde dieser wesentliche Fortschritt bis zum April 1945 nicht erkannt. Es gibt keinen schlüssigen Beweis dafür, dass in Deutschland bis zum Ende des Krieges ein funktionsfähiger Reaktor entwickelt worden war, ganz zu schweigen davon, dass die auf *U 234* vorhandene Menge von 560 kg als spaltbares Material hätte erzeugt werden können. Zwar hatte Dr. E. Bagge im württembergischen

Tailfingen eine arbeitsfähige Isotopen-Trennanlage entwickelt, doch sie kam zu spät, um noch den deutschen Kriegsanstrengungen zu dienen. Erst am 24. April 1945 gelang zum ersten Mal eine Isotopen-Trennung.[46]

Hinsichtlich der Behauptung Pfaffs, dass der Inhalt der Zylinder nach dem Öffnen empfindlich und gefährlich sein würde, hat Rhodes als Erklärung: »Uranoxid in Pulverform ist selbstentzündlich, wenn es mit Luft in Berührung kommt, ein Problem, dem sich die amerikanischen Physiker in der Frühzeit der Reaktorentwicklung gegenübersahen.« Außerdem ist stark strahlendes Material »physikalisch außerordentlich heiß und radioaktiv sehr durchdringend. ... Ich bezweifle, ob der Goldüberzug [der Zylinder innen] ausgereicht hätte, um die sehr hohe Strahlung abzuhalten.«[47]

Lt.-Col. Richard Thurston, ein früherer Fachmann des US-Heeres für biologische und atomare Kriegführung, stellt eine weitere Erklärung für die Radioaktivität der Fracht an Bord von *U 234* zur Diskussion. Er führt hierzu aus: »Der Inhalt der Behälter könnte einen gewissen Gehalt an Radium oder einer Radiumverbindung aufgewiesen haben.« Dies hätte sowohl die Radioaktivität der Fracht als auch die Erforderlichkeit des Schutzüberzuges aus Gold erklärt. Zudem hätte sich aus dem Radium entweichendes Radon (ein radioaktives Gas) im Frachtbereich ausbreiten können. Daher wäre es schwierig gewesen, festzustellen, ob sich in den Minenschächten radioaktive Fracht befunden hat.[48] Auf jeden Fall ist laut Dr. Kigoshi Kunihiko, dem Assistenten des Leiters der japanischen Kernforschung während des Krieges, der gesamte Vorgang gegenstandslos: »Falls das Uran aus der Fracht von *U 234* eine Neutronenstrahlung aufwies, scheint es kaum vorstellbar zu sein, dass die japanischen Wissenschaftler damals ein derartig aufbereitetes Uran richtig beurteilen ... und behandeln [konnten].«[49]

Auch für die Alsos-Mission des US-Heeres ergaben sich hinsichtlich der wahren Natur des Erzes aus der Fracht von *U 234* Fragen. Ein nachrichtendienstlicher Alsos-Bericht vom 18. Juli 1945 meldete das Auffinden beträchtlicher Mengen von Metall-Legierungen in Deutschland. In diesem Bericht beschrieb H.S. van Klooster, ein Alsos-Fachberater, ein geheimes deutsches Forschungsprojekt vom Jahre 1943, betreffend die Eigenschaften der selbstentzündlichen Thorium- und Kadmium-Legierungen mit »Kupfer, Silber und Gold bis zu 50 Prozent des Atomgewichtes«. Van Klooster stellte auch fest, dass die deutschen Metallurgen mit pulverförmigen Legierungen experimentiert hatten, die »sofort Feuer fingen, wenn sie mit Luft in Berührung kamen. ... Die spontane Verbrennung ist im Falle der Silber-Thorium- oder Gold-Thorium-Legierungen sehr ausgeprägt.«[50] Die Flüchtigkeit bzw. Unbeständigkeit, die Pfaff dem Inhalt der Behälter zuschrieb – er behauptete, das Material würde instabil [»empfindlich«] beim Öffnen werden –, dürfte mit einer dieser selbstentzündlichen Legierungen übereinstimmen. Zudem schrieb Kay Nieschling, damaliger Passagier an Bord von *U 234*, 1984 in einem Brief, dass die Fracht »eine Kadmium-Legierung betraf, mit der sich [die Amerikaner] noch nicht auskannten«.[51]

Obwohl der deutsche und japanische Fortschritt in den Kernforschungsprogrammen ihrer Länder viel größer als zuerst angenommen war, ist es unwahrscheinlich, dass die Achsenpartner bis zum Frühjahr 1945 einen Reaktor mit einer kritischen Masse oder ein geeignetes Fertigungsprogramm für die Atombombe entwickelt hatten. Hierzu führte

Prof. Dr. David Holloway von der Universität Stanford aus: Die im Mai 1945 in Deutschland eingetroffene sowjetische Wissenschaftler-Delegation unter General Avramij Zevenjagin vom NKWD (des Vorgängers des KGB) zur Untersuchung des deutschen Atomprogramms fand heraus, dass die deutschen Wissenschaftler »weder Uran 235 getrennt noch einen Kernreaktor gebaut hatten oder sehr weit in ihrem Verständnis fortgeschritten waren, eine Atombombe zu bauen«.[52] Die Verwüstungen des Krieges im Inneren Deutschlands, der Mangel an wichtigen Rohstoffen, das Fehlen einer von der Regierung umfassend unterstützten wissenschaftlichen Infrastruktur sowie eines beträchtlichen wirtschaftlich-industriellen Rahmens verhinderten alles in allem einen entsprechenden Fortschritt. Deutschland war einfach nicht in der Lage, mit den Vereinigten Staaten zu konkurrieren.

* * *

Obwohl das Ausmaß der Atomforschung bei den beiden Achsenmächten noch nicht voll begriffen sein mag, war die Uranoxid-Fracht an Bord von U *234* weder ein Anzeichen für ein groß angelegtes Programm dieser Mächte noch stellte sie für die amerikanischen Verantwortlichen einen beträchtlichen unverhofften Gewinn von einzigartigem Wert dar. Richard Thurston bemerkt zu Recht: »Es gibt keinen Grund anzunehmen, dass sie [die Uranoxid-Fracht von *U 234*] Elemente enthielt, die den amerikanischen und britischen Teams, die in Los Alamos oder an anderen Orten arbeiteten, nicht sogleich zur Verfügung standen.«[53] Aller Wahrscheinlichkeit nach wurde die Fracht von *U 234* untersucht, analysiert und an irgendeinen Ort transportiert, an welchen auch immer, an dem sie gebraucht wurde; wobei ihre möglichen Bestimmungsorte ein Nutzbarmachen im Reaktor, eine militärische Verwendung oder eine Anwendung zu medizinischen oder zu Forschungszwecken umfassen könnte. Oder die Fracht ist vielleicht, wie Thurston ironisch anbietet, »unangetastet in derselben Höhle in Kansas wie die Bundeslade gelagert«.[54] Auf jeden Fall wird der Verbleib des Uranoxids aus der Fracht von *U 234* auch weiterhin ein Geheimnis bleiben und Debatten auslösen. Als das große U-Boot vom Typ X B 1947 zum letzten Mal unter die Oberfläche des Nordatlantik glitt, hinterließ es ein fortwährendes Vermächtnis als eine der andauernden Kontroversen des Zweiten Weltkrieges.

Anmerkungen

Vorbemerkung des Übersetzers:
Ergänzungen im Text des Buches durch den Übersetzer wurden in […] gesetzt. Im Übrigen sind ergänzende Anmerkungen des Übersetzers, die dem besseren Verständnis des deutschen Lesers dienen sollen, zwischen die des Verfassers eingefügt. Um sie von jenen zu unterscheiden, erfolgt ihre Angabe durch Hinzufügen eines Buchstabens an die vorausgegangene Anmerkung des Verfassers (z.B. 1a oder 2b) oder an eine Null (z.B. 0a), wenn zu Beginn eines Kapitels noch keine Anmerkung des Verfassers vorhanden ist.
Die angegebenen Quellen wurden bei Übersetzungen hier und in der »Bibliografie« so weit als möglich durch die Titel der deutschen Originalwerke bzw. durch die Titel der deutschen Übersetzungen bei englischsprachigen Werken mit genauer Verlagsangabe ergänzt. Im Übrigen wurde die Zitierweise des Verfassers beibehalten.

Vorwort

0a MAGIC und ULTRA waren höchste Geheimhaltungsstufen der Amerikaner bzw. der Briten für das Eindringen ihrer Nachrichtendienste in die japanischen bzw. deutschen Funkschlüssel (Kodes). Diese Begriffe dienten zugleich als Decknamen für die gesamte damit verbundene Tätigkeit der Funkaufklärung vom Auffangen der Funksprüche durch die Abhörstationen (z.B. Y-Dienst der Briten), ihre Entschlüsselung (mit Hilfe erbeuteter Originalkodes) bzw. Entzifferung (durch kryptologische Verfahren) und ihre Auswertung (z.B. in der britischen G.C & C.S. in Bletchley Park) einschl. der Weitergabe dieser Informationen als MAGIC- bzw. ULTRA-Nachrichten an einen kleinen, namentlich bestimmten Personenkreis. Zur Vertiefung wird der Leser auf folgende Werke verwiesen:
– Ladislas Farago: *Codebrecher am Werk. Trotzdem kam es zu Pearl Harbor*, Ullstein Verlag, Berlin-Franfurt/M. 1967;
– Rohwer/Jäckel *Die Funkaufklärung und ihre Rolle im 2. Weltkrieg*, Motorbuch Verlag, Stuttgart 1979;
– Eberhard Möller: *Kurs Atlantik! Die deutsche U-Bootentwicklung bis 1945*, Motorbuch Verlag, Stuttgart 1995.

Einleitung

0a Die sog. »Vergeltungswaffen« (V-Waffen) waren:
– Die V 1 (Fieseler Fi 103), ein wie ein normales Flugzeug gebautes, unbemanntes Projektil mit Pulso-Schubrohrantrieb und einem Bombenkopf mit einer 850-kg-Sprengladung. Sie gilt als der erste Marschflugkörper der Welt.
– Die V 2 (Fernrakete Peenemünde A 4) war die erste einsatzfähige ballistische Fernrakete (Sprengkopf mit einer 975-kg-Pulverladung).
Siehe hierzu Heinz J. Nowarra: *Die deutsche Luftrüstung 1933–1945* in 4 Teilen, Teil IV: S. 55f, 59ff., Bernard & Graefe Verlag, Bonn ohne Datum.

0b Seit Oktober 1936 begründete der Deutsch-Italienische Vertrag die »Achse Berlin–Rom«, die September 1940 im Dreimächtepakt mit Japan zur »Achse Berlin–Rom–Tokio« erweitert wurde (Achsenmächte).

1 Alan S. Milward: *War, Economy, and Society, 1939-1945*, S. 23.

2 Ebenda, S. 26.

3 Paul M. Kennedy: *The Rise and Fall of British Naval Mastery*, S. 297 [»Aufstieg und Verfall der britischen Seemacht«, S. 328].

4 Albert Speer: *Inside the Third Reich* [»Erinnerungen«], S. 215.

5 Milward: *War, Economy, and Society*, S. 57.

6 Ebenda, S. 57.

7 Ebenda, S. 58.
8 Richard Overy: *Why the Allies Won*, S. 201.
9 Milward: *War, Economy, and Society*, S. 35.
10 Ebenda, S. 31.
11 Ebenda, S. 30.
12 Ronald Spector: *Eagle against the Sun: The American War with Japan*, S. 42.
13 Saburo Ienaga: *Taiheiyo Senso* [Der Pazifische Krieg], S. 135.
13a Die Entscheidung für die ersten Dezembertage als Angriffstermin fiel in Tokio auf einer Marathon-Tagung der Verbindungskonferenz am 1. November 1941. Vorher sollten letzte Verhandlungsmöglichkeiten mit den USA ausgeschöpft werden. Zu diesem Zweck beschloss eine Kaiserliche Konferenz am 5. November zwei Vorschläge, die von den USA beide rundweg abgelehnt wurden. Nach der Ablehnung des letzten Vorschlags am 26. November erhielten die bereits auf dem Marsch befindlichen japanischen Flottenverbände nach der Kaiserlichen Konferenz vom 1. Dezember 1941 ihre definitiven Angriffsbefehle. Siehe hierzu Boog/Rahn/Stumpf/Wegner: *Die Welt im Krieg 1941–1943*, 2 Bde., Band 2: *Von Pearl Harbor zum Bombenkrieg in Europa*, Teil 2 (Werner Rahn): »Der Krieg im Pazifik«, S. 261f., Fischer Taschenbuch Verlag, Frankfurt a.M. 1992.
14 Milward: *War, Economy, and Society*, S. 139.
15 Ebenda, S. 58.
16 Ebenda.

Kapitel 1: Die Vorgeschichte
1 John W.M. Chapman (Hrsg.) *The Price of Admiralty: The War Diary of the German Naval Attaché in Japan. 1939-1943*, Bd. 1, S. 205.
2 »Secret Supplementary Protocol, Item V« in ebenda, Bd. 3, S. 505.
3 »Three Powers Pact« in ebenda, S. 504.
4 Zusatznote der Deutschen Botschaft Nr. G.1000 »Streng geheim!«, 27. September 1940, in ebenda, S. 505.
5 Jyo-ni Nr. 134 »Geheime Note Nr. 2«, 27. September 1940, in ebenda, S. 506.
5a Aufgrund des Friedensvertrages von Versailles 1919 wurden die ehemaligen deutschen Kolonien dem neu geschaffenen Völkerbund unterstellt, der sie wiederum den Mandatarstaaten (sozusagen Treuhändern) zur Verwaltung überwies. Dieses Mandatssystem war eine verschleierte Form der Annexion, welche die Alliierten mit Rücksicht auf das von ihnen proklamierte »Selbstbestimmungsrecht der Völker« nicht durchzuführen wagten. Je nach »kultureller Fortgeschrittenheit« der Bewohner wurden A-, B- und C-Mandate unterschieden, deren Abhängigkeit vom Mandatar sich entsprechend staffelte. Japan hatte die ehemaligen deutschen Südsee-Besitzungen (ohne Nauru und Samoa) als C-Mandat erhalten, d.h. die Bewohner hatten keinerlei Mitspracherechte. Nach dem Mandatsvertrag durften diese Besitzungen nicht befestigt werden, wogegen Japan in den 30er Jahren verstieß.
6 »Secret Supplementary Protocol«, 27. September 1940, in ebenda, S. 507.
7 Bericht über die Vernehmung des Generalfeldmarschalls v. Blomberg, des ehemaligen Reichskriegsministers, 13. September 1945, »Five Years of Nazi Germany, 1933-38«, S. 90, Box 721A, RG 165, *NA*. Die deutschen Verärgerungen über den empfundenen Mangel an japanischer Gegenseitigkeit waren nicht neu. Vertreter der deutschen Marine hatten bereits seit 1924 versucht, technische Übereinkommen mit den Japanern zu fördern, und spätere Missionen des damaligen KKpt. Canaris (1924), Adm. Carl Witzell (1937) und GAdm. Erich Raeder (1941) kehrten nach Berlin mit derselben grundlegenden Schlussfolgerung zurück, dass jede Zusammenarbeit mit den Japanern im Wesentlichen auf eine Einbahnstraße hinauslief.
7a Schallortungsanlagen können passiver oder aktiver Natur sein. Erstere sind reine Horchgeräte, z.B. das GHG (Gruppenhorchgerät), d.h. eine Gruppe entsprechend angeordneter Unterwassermikrofone (Passivsonar), während die Letzteren selbst Schallimpulse zur Ortung eines Zieles aussenden (dt. S-Anlage, brit. Asdic und am. Aktivsonar). Funkmess war bis 1945 die deutsche Bezeichnung für Radar.
8 OKM: 1.Skl/Ic Nr. 5359/41 Geh. 8, 11. Februar 1941, »Secret« in Chapman (Hrsg.) *Price of Admiralty*, Bd. 3, S. 534/535.
9 Johanna Menzel Meskill *Hitler and Japan: The Hollow Alliance*, S. 144/145. Die Liste mit den japanischen Forderungen ist nirgends zu ermitteln, aber wie verlautet, umfasste sie beträchtliche Anforderungen hinsichtlich Artillerie, Funkmessanlagen, Unterseeboote sowie Flugzeugtechnik.

10 John W. Masland »Japanese-German Naval Collaboration in World War II« in U.S. Naval Institute *Proceedings* 75 (Februar 1949), S. 180.
11 OKW: Wi.Rü.-Amt/Wi VII Nr. 193/41 G.Kdos., 3. April 1941 (Denkschrift von Generalfeldmarschall Keitel) in Chapman (Hrsg.) *Price of Admiralty*, Bd. 3, S. 541.
12 Bericht über die Vernehmung v. Blombergs (siehe oben).
13 Chapman (Hrsg.) *Price of Admiralty*, S. 16 Anm., Bd. 3, S. 598, Bd. 4, S. 1091.
14 Ebenda, Bd. 3, S. 550.
15 Ebenda, Bd. 4, S. 1091.
16 Ebenda, Bd. 3, 534.
17 Ebenda, Bd. 4, S. 1090/1091.
18 Ebenda, S. 948.
19 Generalfeldmarschall Wilhelm Keitel, Chef des OKW: Niederschrift zum Thema »Japan«, 3. April 1941, in ebenda, Bd. 3, 541/542.
20 SRS 549, 10. März 1942, S. 2, *MDS MAGIC*; SRS 682, 13. August 1942, S. 11/12, *MDS MAGIC*. Oshima führte an, dass ein deutscher Hersteller, der von der Mitsui-Gesellschaft den Auftrag zur Herstellung »gußeiserner Maschinenteile« erhalten hatte, gezwungen worden war, seine bisherige Produktion infolge der zunehmenden Munitionsanforderungen einzustellen.
21 »Text of German-Japanese Agreement and Supplementary Agreement Regarding Technical Cooperation«, SRS 801, 9. Dezember 1942, Anlage E 1, *MDS MAGIC*.
22 SRS 705, 5. September 1942, *MDS MAGIC*.
23 Meskill *Hitler and Japan*, S. 151/152. Das Patent für die Fertigung dieser besonderen Art Stahl besaß die Friedrich Krupp A.G.
24 SRS 929, 8. April 1943, *MDS MAGIC*.
25 SRS 847, 24. Januar 1943, *MDS MAGIC*; SRS 887, 25. Februar 1943, *MDS MAGIC*.
26 Protokoll von Col. Russell H. Sweet an Division of Naval Intelligence, nachrichtlich an Capt. John L. Riheldaffer, Subject »Captured Documents and Interrogation of Personnel on German Submarine *U-234*«, 26. Mai 1945, File »Miscellaneous«, Box 3, RG 38, *NA*.
27 Abgehörtes feindliches Kommuniqué; PPB79-80, 16. August 1944, Band »*U 234*«, *UBA*.
28 »Abkommen zwischen dem Großdeutschen Reich und dem Kaiserreich Japan über kriegswichtige Erfindungen«, ? 1944 (genaues Datum fehlt), Frames 4708436-42, Rolle 74, Mikrokopie T-179, *NA*.
29 Denkschrift für den Reichsführer-SS »Japanischer Plan, deutsche Fachkräfte nach Japan einzuführen« von ? (Unterschrift unleserlich), 24. August 1944, in »Japan-China, May 1944-December 1944«, Frames 0643984-85, Rolle 92, Mikrokopie T-82, *NA*.
30 »Entwurf eines Abkommens zwischen dem Großdeutschen Reich und dem Kaiserreich Japan über kriegswichtige Erfindungen«, 16. November 1944, in »Japan-China, May 1944-December 1944«, Frames 4708436-42, Rolle 74, Mikrokopie T-179, *NA*; Masland »Japanese-German Naval Cooperation«, S. 185.
31 Niederschrift Dr. Karl Ritter: »Ritter Japan. Aufzeichnung St. S. Steengracht«, 28. Dezember 1944, in »Japan-China, May 1944-December 1944«, Frame 363352, Rolle 737, Mikrokopie T-120, *NA*.
32 Denkschrift für den Reichsführer-SS »Japanischer Plan, deutsche Fachkräfte nach Japan einzuführen« von ? (Unterschrift unleserlich), 24. August 1944, in »Japan-China, May 1944-December 1944«, Frames 0643984-85, Rolle 92, Mikrokopie T-82, *NA*.
33 Abhör-Niederschrift, PPB16, 25. November 1944, Band »*U 234*«, *UBA*.
34 »Niederschrift des Lagevortrags des ObdM beim Führer«, 5. Dezember 1944, Abschn. II.1., in *Führer Conferences on Naval Affairs*, S. 419.
35 Abhör-Niederschrift, PPB17, 15. Januar 1945, *UBA*.
36 Abhör-Niederschrift, PPB48, 23. Januar 1945, *UBA*.
37 Abhör-Niederschrift, PPB14, 15. Dezember 1944, *UBA*; Abhör-Niederschrift, PPB15, 18. Dezember 1944, *UBA*.
38 »Captured German Documents«, *USSBS*, File 1a (11), Rolle 2, Mikrokopie M-1655, RG 243, *NA*.
39 Interview von Dr.-Ing. Peter Bringewald (Dallas/Texas) mit dem Verfasser, 12. Juni 1998.
40 »Preliminary Report on Interrogation of General Ulrich Kessler«, 30. Mai 1945, File »Kessler, Ulrich«, Box 495, RG 165, *NA*. Japans größte Besorgnis bestand darin, dass die Sowjetunion als Vergeltungsmaßnahme

für das japanische Einverständnis mit Deutschland den Vereinigten Staaten Flugplätze zur Verfügung stellen könnte, damit die Amerikaner von dort aus das japanische Mutterland angreifen konnten.

40a Japan hatte am 13. April 1941 in Moskau den Japanisch-Sowjetischen Neutralitätspakt abgeschlossen, um sich gegen die USA den Rücken freizuhalten. Erst am 8. August 1945, eine Woche vor der japanischen Kapitulation, erklärte die Sowjetunion Japan den Krieg und gehörte damit auch im Pazifischen Krieg zu den Siegermächten.

41 SRS 929, 8. April 1945, *MDS MAGIC*.

42 Allison W. Saville »German Submarines in the Far East«, U.S. Naval Institute *Proceedings* 87 (August 1961), S. 85.

43 Geoffrey Brooks »The Voyage of the German Submarine *U-234* during the Period March-May 1945 and Its Historical Implications«, unveröffentlichter Aufsatz, beigefügt einem Brief von Wolfgang Hirschfeld, Plön in Holstein, an den Verfasser, 16. Mai 1996.

44 »Erklärung von Dr. Wilhelm Classen«, 18. März 1946, S. 1/2, Box 711, RG 165, *NA*.

45 SRS 1632, 9. April 1945, *MDS MAGIC*.

46 SRS 1664, 11. Mai 1945, *MDS MAGIC*.

47 Ronald Lewin *The American Magic: Codes, Ciphers and the Defeat of Japan*, S. 206. Hinsichtlich der deutschen Tonnagezahlen zitiert Lewin das sowjetische Hauptbüro der Zollverwaltung als Quelle.

48 Chapman (Hrsg.) *Price of Admiralty*, Bd. 3, S. 566 Anm. 6. Japan, das einen Neutralitätspakt mit der Sowjetunion unterzeichnet hatte, spielte mit dem Gedanken, in Kisten verpackte Flugzeugteile als Teil des Diplomatengepäcks und getarnt als medizinische Bedarfsgüter von Berlin mit der Transsibirischen Eisenbahn durch die Sowjetunion zu befördern. Die großen Kisten erwiesen sich jedoch als zu auffällig. Moskau machte zudem »unmissverständlich klar«, dass es den Export von Waffen durch sein Territorium nicht tolerieren würde, und wies darauf hin, dass derartige Praktiken die sowjetische Neutralität verletzten.

49 »Entwurf eines Militärabkommens zwischen Japan, Deutschland und Italien«, 11. Dezember 1941, in ebenda, Bd. 4, S. 923.

50 F.H. Hinsley *British Intelligence in the Second World War*, gekürzte Ausgabe, S. 138/139.

50a Operation »Torch« (Fackel): Alliierte Landung am 7./8. November 1942 in Marokko und Algerien unter dem Oberbefehl von General Eisenhower mit der Westgruppe (Generalleutnant Patton) im Raum Casablanca, der Mittelgruppe (Generalmajor Fredendall) im Raum Oran und der Ostgruppe (Generalleutnant Anderson) im Raum Algier.

51 F.H. Hinley *British Intelligence*, S. 306.

52 Lewin *American Magic*, S. 210.

53 »For the Chief of Special Staff of the Oberkommando der Wehrmacht«, 5. Januar 1945 [?], Box 295, RG 226, *NA*.

54 Carl Boyd *Hitler's Japanese Confidant: General Oshima Hiroshi and Magic Intelligence, 1941-1945*, S. 212 Anm. 30.

55 SRS 929, 8. April 1943, *MDS MAGIC*.

56 SRS 967, 16. Mai 1943, *MDS MAGIC*.

57 SRS 848, 25. Januar 1943, *MDS MAGIC*.

58 Chapman (Hrsg.) *Price of Admiralty*, Bd. 3, S. 499.

59 Ebenda, Bd. 4, S. 1054/1055 Anm. 29.

60 Allison W. Saville »German Submarines in the Far East«, S. 84.

60a Eine *Hunter-Killer-Group* war eine selbstständig operierende U-Jagdgruppe. Sie setzte sich in der Regel aus einem Flugzeugträger (zumeist einem Geleitträger) sowie aus mehreren Zerstörern, Fregatten und/oder Korvetten zusammen. Ihr Einsatz in einem bestimmten Seegebiet ergab sich aus nachrichtendienstlichen Erkenntnissen (ULTRA). Ortete eine ihrer Einheiten ein U-Boot, dann jagte es die gesamte Gruppe bis zu seiner Vernichtung, wenn ihm nicht ein glücklicher Umstand zu Hilfe kam. Im Gegensatz zu *Escort Groups* (Geleitsicherungsgruppen direkt am Geleit) und *Support Groups* (U-Jagdgruppen zu ihrer Unterstützung), die eine ähnliche Zusammensetzung aufwiesen, operierten *Hunter-Killer-Groups* nicht in direkter Verbindung mit Geleitzügen. Sie wurden daher auch zur Jagd auf Überwasserschiffe eingesetzt, die als Blockadebrecher fuhren.

61 Allison W. Saville »German Submarines in the Far East«, S. 84.

62 »For the Chief of Special Staff of the Oberkommando der Wehrmacht«, 13. Juli 1945 [?], Box 295, RG 226, *NA*.

63 Ebenda.
64 Ebenda.
65 SRS 929, 8. April 1943, *MDS MAGIC.*
65a Die Fracht-U-Boote des Typs XX sollten eine Wasserverdrängung von 2962 t haben, lediglich Flakbewaffnung führen und 800 t Nutzlast befördern können. Am 3. März 1943 ergingen die Bauaufträge für 15 Boote (*U 1601–U 16015*) an die Deutsche Werft in Hamburg-Finkenwerder sowie für 15 weitere Boote an die Vegesacker Werft des Bremer Vulkan (*U 1701–U 1715*). Keines dieser Boote wurde mehr fertig gestellt, denn am 27. Mai 1944 erfolgte der Baustopp zugunsten des Bauprogramms für die neuen Boote des Typs XXI. Näheres zum Typ XX, zum Umbau von Frontbooten zu Transport-U-Booten sowie zum Schleppkörper-Einsatz siehe Eberhard Rössler *Geschichte des deutschen U-Bootbaus*, Bd. 2, S. 310–316.
66 Meskill *Hitler and Japan*, S. 141.
67 »For the Chief of Special Staff«, S. 4 [?].
68 Ebenda, S. 2 [?]. Die Schleppkörper-Idee wurde aufgegeben, weil sich dadurch der gesamte Fahrbereich des Unterseebootes um etwa die Hälfte verringerte und die Kapitulation Italiens bedeutete, dass die italienischen Unterseeboote nicht mehr zur Verfügung stehen würden.
69 Allison W. Saville »German Submarines in the Far East«, S. 84.
70 Ebenda, S. 3.
71 »Report on the Conversion to Fuel and Ore Freight Carriers of Certain Types of German and Italian Submarines and Their Possible Use as Blockade Runners«, 21. Juni 1942, Box 1, RG 38, *NA*. Berichte über deutsche Versuche, den Typ X B zu verwenden, verirrten sich nicht zu den Alliierten. In einem Op-Z-16-Bericht von 1942 meldete ONI, dass »eine Reihe von U-Booten, ... ursprünglich als Minenleger gebaut, gerüchtweise zu Treibstoffversorgern umgebaut worden sind«.
72 SRS 967, 16. Mai 1943, *MDS MAGIC.*
73 »For the Chief of Special Staff«, 3 [?].
73a Bereits im Frieden waren bestimmte Vorkehrungen getroffen worden, um im Kriegsfalle in Übersee kriegswichtige Rohstoffe in neutralen Ländern zu beschaffen. Die hierzu erforderliche militärische Organisation – auch als Etappenorganisation der Kriegsmarine bezeichnet – wurde in Form einer Art Reederei geschaffen: der *Marinesonderdienst* (MSD) der Kriegsmarine. Dieser unterstand militärisch als Abteilung »Ausland IV« dem Amt Ausland/Abwehr im OKW, während die fachliche Zuständigkeit im OKM zuletzt dem Admiralquartiermeister (Skl/Adm Q), Amtsgruppe A III Referat E: MSD, oblag. Neben den bereits genannten Aufgaben gehörte auch die Bereitstellung und Ausrüstung von Versorgungsschiffen (insbes. V-Schiffe, Z-Schiffe und Etappen-V-Schiffe) für Kriegsschiffe, U-Boote und Hilfskreuzer dazu, soweit es sich nicht um Versorgungs-U-Boote oder die Zuständigkeit des Tross-Schiffverbandes (TSV) handelte. Im Ausland oblagen die Beschaffungsaufgaben den Marineattachés oder sie waren im Einzelfalle deutschen Geschäftsleuten übertragen. Als 1942 Japan als entscheidender Rohstofflieferant immer wichtiger wurde, hatte der deutsche Marineattaché in Tokio, Adm. Paul Wenneker, eine Schlüsselposition inne. Ihm zur Seite stand KptzS. Werner Vermehren als erster Gehilfe und Chef des Stabes. Vgl. hierzu auch Hans-Jürgen Witthöft *Lexikon zur deutschen Marinegeschichte*, Band 1, S. 198, sowie Jak Mallmann Showell *Kriegsmarine 1939–1945. Organisation, Strukturen, Einsatz*, Motorbuch Verlag, Stuttgart 2000, S. 152f.
74 »Marineetappe Japan: Nachstehende Herren sind als Hilfskräfte verpflichtet worden«, 10. Februar 1942, Admiral Canaris, OKW/Ausland IV, Bd. VI, S. 2362; RM 13/1, III M 190/1, *BA-MA*. Zusätzlich zu den genannten Personen wies das OKM auch Hans-Dietrich Leonard zu, um die Japaner im Hafen von Yokohama zu unterstützen.
75 »Kriegstagebuch der Etappenorganisation der Kriegsmarine (Marinesonderdienst)«, 10. August 1942, OKW/Ausland IV, Bd. &, S. 2725, RM 13/1, III M 190/1, *BA-MA*.
76 Japanischer Geheimdienstbericht, Subject »Trade between Japan and Germany«, 27. Juni 1945, Box 295, RG 226, *NA*.
77 Saville »German Submarines«, S. 91.
78 SRS 1650, 27. April 1945, S. 2, *MDS MAGIC.*
79 Ebenda, S. 3/4.

2. Kapitel: Das letzte Boot

1 V.E. Tarrant *U-boat Offensive, 1914-1945*, S. 7, 10 [»Kurs West!«, S. 9, 13]. R.H. Gibson und M. Pendergast

legen dar, dass pro Tag durchschnittlich vier in See stehende U-Boote »die mächtigste Schlachtflotte in der Geschichte dazu gezwungen [hätten], ihren Stützpunkt aufzugeben und sich in einen zweiten und dann einen dritten zurückzuziehen; ein jeder lag weiter vom Hauptschauplatz des Seekrieges entfernt: der Nordsee«. Zitiert bei Tarrant, ebenda, S. 11 [»Kurs West!«, S. 14].

2 Winston S. Churchill *The World Crisis, 1911-1918*, Bd. 2, S. 1238.

3 Anthony Preston *Submarines*, S. 75. Obwohl die Deutschen dem Einsatz des Unterseebootes als Minenleger den Weg bahnten, waren sie nicht die Ersten, die ein einsatzfähiges Minenlegesystem erfanden. Diese Ehre gebührt den Russen, die 1908 mit dem Unterseeboot KRAB den ersten U-Minenleger bauten.

3a Die deutschen U-Minenleger des 1. Weltkrieges bestanden im Wesentlichen aus vier Bootstypen:

- Die kleinen Küstenboote des Typs UC I: *UC 1–UC 15* (15 Boote), von April–Juli 1915 in Dienst gestellt, Verdrängung unter Wasser: 182 t, 6 Minenschächte im Vorschiff mit je zwei Minen, eingesetzt bei den U-Flottillen Flandern.
- Die mittleren Hochseeboote des Typs UC II/III: *UC 16–UC 79, 90–UC 105* (80 Boote), ab Mitte 1916 in Dienst gestellt, Verdrängung unter Wasser: 480–582 t, 6 Minenschächte im Vorschiff mit je drei Minen, 3 x 50-cm-Torpedorohre (7 Torpedos), 1 x 8,8 bzw. 10,5 cm, insbesondere bei den U-Flottillen Flandern und im Mittelmeer bei der Deutschen U-Flottille Pola eingesetzt.
- Die mittleren Hochseeboote des Typs UE I: *U 71–U 80* (10 Boote), von Oktober 1915–Juni 1916 in Dienst gestellt, Verdrängung unter Wasser: 832 t, 2 x Unterwasser-Minenausstoßrohre im Heck (38 Minen), 2 x 50-cm-Torpedorohre (4 Torpedos), 1 x 8,8 cm bzw. 10,5 cm, eingesetzt bei den U-Flottillen der Hochseeflotte und im Mittelmeer.
- Die großen U-Minenkreuzer des Typs UE II: *U 117–U 126* (10 Boote), ab März 1918 in Dienst gestellt, Verdrängung unter Wasser: 1.512 t, 2 x Unterwasser-Minenausstoßrohre im Heck (42 Minen + ggf. 30 Minen in Deckslagerkästen mit Schienen zu den achteren Ablaufstellen), 4 x 50-cm-Torpedorohre (12 Torpedos + ggf. 2 Torpedos in Deckslagerkästen statt Minen), 1 x 15 cm + 1 x 8,8 cm bzw. 2 x 10,5 cm, eingesetzt bei den U-Flottillen der Hochseeflotte und beim U-Kreuzerverband.

Die UC-Boote hatten die U-Bootmine UC 200 an Bord. Sie wurde in den Schächten nass gelagert und war daher ständig dem Seewasser ausgesetzt. Das Werfen musste innerhalb von sieben Tagen nach dem Einführen in die Minenschächte einschließlich vorheriger Tiefeneinstellung erfolgen, denn danach konnten diese Minen nicht mehr gewartet werden. Ein wesentlicher Fortschritt war die von den UE-Booten mitgeführte U-Bootmine UE 150. Sie wurde im Inneren des U-Bootes trocken gelagert, konnte bis kurz vor dem Werfen (Einführen in das Unterwasser-Minenausstoßrohr) gewartet und auch auf eine bestimmte Tiefe eingestellt werden.

Siehe hierzu auch Gröner *Die deutschen Kriegsschiffe 1815–1945*, Bd. 3, S. 36f., 41f. und 57–63; Eberhard Rössler *Geschichte des deutschen U-Bootbaus*, Bd. 1, S. 63f., 67–71, 77–82, 89 und 114–117; und Gerhard Freiherr v. Ledebur *Die Seemine*, S. 79–84.

4 Zahlen aus Tarrant *U-boat Offensive*, S. 68, 161 [»Kurs West!«, S. 93, 218]. Zusätzlich zu den UC- und UE-Booten wurden neun Unterseeboote des neuen Typs UC III nach der Unterzeichnung des Waffenstillstandes fertig gestellt [Indienststellung März/April 1919 mit anschließender Auslieferung an die Alliierten]. 54 weitere Boote wurden auf den Helgen verschrottet.

4a Der Friedensvertrag von Versailles 1919 verfügte diktatorisch nicht nur die Auslieferung bzw. Verschrottung aller bei Kriegsende noch vorhandenen oder im Bau befindlichen deutschen Unterseeboote, sondern bestimmte außerdem im Art. 191 des Vertrages: »Der Bau und Erwerb aller Unterwasserfahrzeuge, selbst zu Handelszwecken, ist Deutschland untersagt.« Dieses Verbot wurde erst mit der Aufkündigung des Versailler Vertrages durch Hitler am 16. März 1935 beseitigt. Den Neuaufbau der U-Bootwaffe legalisierte schließlich das Deutsch-Britische Flottenabkommen vom 18. Juni 1935.

5 Tarrant *U-boat Offensive*, S. 77 [»Kurs West!«, S. 106]: »Dieses Büro, das Dr.h.c. Hans Techel, der frühere Chefkonstrukteur der Germaniawerft in Kiel, zusammen mit Korvettenkapitän Ulrich Blum, dem Vertreter der deutschen Marine, leitete, hatte die Aufgabe, einen leistungsfähigen Konstruktionsstab für U-Boote zu erhalten. … „Mentor Bilanz", eine … Berliner Scheinfirma, bildete das Verbindungsglied zwischen dem IvS und der Marineleitung.«

5a Im Juli 1922 gründeten die deutschen Werften A.G. »Weser«, Bremen, A.G. »Vulcan«, Hamburg, und die Germaniawerft Kiel unter Leitung von Dr. Ing. Hans Techel als technischem und KKpt.a.D. Blum als kaufmännischem Direktor das IvS im niederländischen Den Haag, um den technischen Wissensstand im U-

Bootbau zu erhalten. Zu den etwa 30 Ingenieuren gehörte auch der U-Bootkonstrukteur Friedrich Schürer, während des 2. Weltkrieges Leiter der Abteilung »Gesamtentwurf und Instandhaltung der U-Boote«, später Chef der Amtsgruppe »Gesamtentwurf und Schiffbau« im Hauptamt »Kriegsschiffbau« des OKM. Die geheime Unterstützung des IvS durch die Reichsmarine lief über KptzS. Lohmann, den Chef der Seetransport-Abteilung in der Marineleitung.
Durch die widerrechtliche französisch-belgische Ruhrbesetzung am 11. Januar 1923 (»Ruhrkampf«) angeregt, entstand ein geheimer Haushalt, um die durch den Versailler Vertrag entstandenen Lücken in der Landesverteidigung zu füllen. Innerhalb der Marine wurde die Verwaltung »schwarzer« Gelder (ca. 10. Millionen RM) Lohmann übertragen, der für zusätzliche Seekriegsmittel (U-Boote, Schnellboote, Minen, Flugzeuge u.Ä.) zu sorgen hatte. Hierfür gründete dieser eine Reihe von Firmen, erwarb Beteiligungen usw., wobei die gewinnbringenden Firmen, z.B. auch ein Filmunternehmen, die Verluste anderer, die für militärische Zwecke arbeiteten, ausgleichen mussten. Dies alles geschah mit Billigung der Reichsregierungen und des Haushaltsausschusses des Reichstages und wurde von allen Parteien mitgetragen. Durch an die Öffentlichkeit gelangte Indiskretionen fand das Gesamtunternehmen 1927/28 einen etwas unrühmlichen Abschluss (»Lohmann-Affäre«) und Reichswehrminister Geßler sowie Admiral Zenker, der Chef der Marineleitung, mussten zurücktreten. Unter dem neuen Reichswehrminister Groener und dem neuen Chef der Marineleitung, Admiral Raeder, wurden mehrere dieser getarnten Vorhaben weitergeführt.
In Anlehnung an U-Boottypen des 1. Weltkrieges (MS-Typ sowie Typ UB III) entwickelte das IvS ab 1923/24 eigene U-Bootstypen. Anfängliche Geschäftsbeziehungen mit Argentinien und Italien scheiterten allerdings. Ab 1925 baute das IvS auf verschiedenen ausländischen – nicht auf deutschen – Werften mehrere Unterseeboote für die Türkei, Spanien und Finnland. Die Planung und Fertigung stand in enger Zusammenarbeit mit der Marineleitung und ihren Ämtern. Hierzu gehörten auch Planungen für einen Mobilmachungs-U-Bootbau. Diese Boote bildeten später die Grundlage für den Typ I A, den Typ II und den Typ IX.
1932 wurden die geheimen Arbeiten für die geplante deutsche U-Bootwaffe im sog. »Berliner Büro« – dem »Ingenieurbüro für Wirtschaft und Technik« (IGEWIT) durch Friedrich Schürer weitergeführt. Dieser entwickelte hier den U-Boottyp VII, das Standardboot des 2. Weltkrieges in der Schlacht im Atlantik. Das IvS blieb daneben bis 1945 bestehen.
Bereits seit 1927/28 führten im Ausland die Erprobungen einschl. der Abnahmefahrten sowie ggf. die Überführungen der oben erwähnten Boote deutsche U-Bootbesatzungen durch, die unter der Führung inaktiver U-Bootoffiziere (See- und Ingenieuroffiziere) standen. Mit Beginn der 30er Jahre befanden sich bei den Erprobungsbesatzungen auch aktive Marineangehörige zur Ausbildung, z.B. als Kommandanten, Wachoffiziere und Leitende Ingenieure. Im Herbst 1932 begannen die endgültigen Vorarbeiten für den Aufbau der neuen U-Bootwaffe. Die Reichsmarine ging davon aus, dass eine internationale Revision des Versailler Vertrages, den der amerikanische Kongress nie ratifiziert hatte, in greifbare Nähe gerückt war.
Zur Vertiefung siehe Werner Rahn *Reichsmarine und Landesverteidigung 1919–1928*, Bernard & Graefe Verlag für Wehrwissen, München 1976, insbes. S. 195ff.; V.E. Tarrant *Kurs West! Die deutschen U-Bootoffensiven 1914–1945*, Motorbuch Verlag, Stuttgart 1996, S. 106ff. einschl. Anmerkungen; Rolf Güth *Die Marine des Deutschen Reiches 1919–1939*, Bernard & Graefe, Frankfurt a.M. 1972, S. 165ff.; Eberhard Rössler *Geschichte des deutschen U-Bootbaus*, 2 Bde., Bernard & Graefe, Koblenz 1986, Bd. 1, S. 130ff.

6 Preston *Submarines*, S. 93.

7 Karl Dönitz *10 Jahre und 20 Tage*, S. 14/15: Nach dem Deutsch-Britischen Flottenabkommen »durfte Deutschland 35 Prozent der englischen Schiffstonnage bauen, was auch für die einzelnen Schiffskategorien bindend war. »Nur für die U-Boottonnage waren 45 Prozent erlaubt, welche gegebenenfalls nach gegenseitigen freundschaftlichen Erörterungen auf 100 Prozent der englischen erhöht werden konnten.«

8 Ebenda, S. 45/46. Hitler hatte seinem Oberbefehlshaber der Kriegsmarine seit 1938 wiederholt zugesichert, dass in näherer Zukunft kein Krieg mit England zu erwarten wäre. Daher teilte Raeder »am 22. Juli 1939 dem … Offizierkorps der U-Bootwaffe die Antwort Hitlers mit: Er würde dafür sorgen, daß es keinesfalls zu einem Krieg mit England kommt. Denn das wäre „Finis Germaniae". Die U-Bootoffiziere sollten beruhigt sein.« (Ebenda, S. 44.)

9 Ebenda, S. 30.

10 Ebenda, S. 46. In der oben erwähnten Denkschrift an Raeder vom 28. August 1939 schrieb Dönitz: »Hundert dauernd einsatzbereite Boote, im ganzen also mindestens etwa 300 dieser Typen [VII B und IX], würden für

erfolgreiches Operieren erforderlich sein.« [Hierbei ging Dönitz von folgender Rechnung aus: 100 Frontboote in den Einsatzräumen und je 100 weitere Frontboote auf dem An- bzw. Abmarsch einschl. Wartung und Neuausrüstung in den Stützpunkten.]

11 Eberhard Rössler *Geschichte des deutschen U-Bootbaus*, Bd. 1, S. 170 [»The U-boat: The Evolution and Technical History of German Submarines«, S. 110].

12 Dönitz *10 Jahre und 20 Tage*, S. 64. [Die Fernzündung der TMB und TMC konnte auch akustisch erfolgen; vgl. Rössler, ebenda.]

13 Ebenda.

13a Später kam noch die Torpedomine Typ A (TMA) hinzu. Bei ihr handelte es sich um eine Ankertaumine mit magnetischer Fernzündung, die einen Einsatz bis 270 m Wassertiefe ermöglichte. Sie hatte eine Länge von 338,5 cm und wog insgesamt 800 kg, hatte jedoch – und das war ihr Nachteil – infolge des Ankergewichtes nur eine Ladung von 215 kg. Daher war es erforderlich, für eine größere Ankertaumine trotzdem noch ein geeignetes Minen-U-Boot zu bauen: den Typ X für die Schachtmine Typ A (SMA). Rössler *Geschichte des deutschen U-Bootbaus*, Bd. 1, S. 170.

14 Dönitz *10 Jahre und 20 Tage*, S. 65/66.

15 Roskill *The War at Sea*, Bd. 1, S. 615, zitiert in ebenda, S. 66.

15a Die Bauweise eines Bootskörpers bei einem Unterseeboot unterscheidet sich wie folgt:

- *Einhüllenboot*, d.h. der Druckkörper des Bootes entspricht gleichzeitig der äußeren Hülle (z.B. der U-Boottyp II).
- *Zweihüllentyp*, d.h. der Druckkörper umschließt nur die Teile des Bootes, die nicht dem Tauchdruck ausgesetzt werden dürfen. Die nicht druckfeste äußere Hülle enthält Tauchzellen, Treibstoffbunker, Minenschächte oder freiflutende Räume (z.B. die U-Boottypen IX und X).
- Der *Zwischentyp* ist eine Übergangslösung zwischen dem Ein- und dem Zweihüllentyp wie das Einhüllenboot mit Satteltanks (z.B. der U-Boottyp VII C), wobei nicht druckfeste Tauchzellen bzw. Treibstoffbunker (keine vollständige zweite Hülle) auf dem Druckkörper »aufgesattelt« sind.

Vgl. hierzu Ulrich Gabler *Unterseebootbau*, 3. überarbeitete und erweiterte Auflage, Bernard & Graefe Verlag, Koblenz 1987, S. 16, 22.

16 Rössler *U-Bootbau*, Bd. 1, S. 170/171 [»U-boat«, S. 108/109].

16a Die Magnetzündung bei den deutschen Fernzündungsminen für U-Boote (TMA, TMB, TMC, SMA) beruhte auf dem Balloninklinatorium (BIK), d.h. einer Magnetnadel, die als auslösender Schalter für die Zündung diente, wenn sie ausschlug. Der Abstand zwischen der Magnetnadel und dem Zündkreis war durch eine Feder gesichert, die anfänglich je nach dem geografisch gegebenen Inklinationswert unterschiedlich vor dem Wurf von Hand eingestellt werden musste (Zoneneinstellung). Trat nach dem Wurf eine Änderung der Vertikalkomponente z.B. dadurch ein, dass ein Schiff die Mine überlief, so neigte sich die Nadel gegen den beschriebenen Federdruck auf den Kontaktpunkt und schloss den Zündstromkreis. Vgl. Gerhard Freiherr v. Ledebur *Die Seemine*, J.F. Lehmann's Verlag, München 1977, S. 90.

17 Rössler *U-Bootbau*, Bd. 1, S. 170/171 [»U-boat«, S. 110]. Die Bezeichnung »SMA« bedeutete Schachtmine Typ A, d.h. die Sonderkonstruktion einer großen Ankertaumine mit magnetischer Fernzündung für Minen-U-Boote (siehe oben Anm. 13a): 215 cm Länge, 133,1 cm Durchmesser (mehr als doppelt so viel wie die TM-Typen), Gesamtgewicht 1600 kg, Ladung 350 kg (ein Drittel mehr als die TMA).

18 Ebenda, Bd. 1, S. 172/173 [»U-boat«, S. 111/112]; Gröner *Die deutschen Kriegsschiffe 1815–1945*, Bd. 3, S. 116.

19 Gröner *Die deutschen Kriegsschiffe 1815–1945*, Bd. 3, S. 116f.

20 »Formerly German Submarine Type XB: Designs, Models, and Plans«, Juli 1946, S. 2, Report 2G-10B, S1-1 to S1-6, »Surrendered German Submarine Report, Type XB, Portsmouth Naval Shipyard, 1946«, *PNS*.

21 Gröner *Die deutschen Kriegsschiffe 1815–1945*, Bd. 3, S. 116. Wie bei den anderen U-Booten wurde auch bei diesem Typ ab 1943 das 10,5-cm-Decksgeschütz zugunsten einer stärkeren Flakbewaffnung entfernt. Daher führten diese Boote von da an auf achteren Turmanbauten in Stufenform neben dem 3,7-cm-Fla-Geschütz (auf dem achtersten Anbau, Dotierung: 2500 Schuss) noch vier 2-cm-Fla-Geschütze in zwei Doppellafetten (Dotierung: 8000 Schuss).

22 »Hull Structure«, März 1946, Report 2G-10B-S8, »Surrendered German Submarine Report«, S. 2.

23 Ebenda, S. 4.

24 »Weight, Stability, und Integrity«, März 1946, Report 2G-10B-S29, »Surrendered German Submarine Report«.
25 Jak P. Mallmann Showell *U-boats under the Swastika*, S. 107 [»U-Boote gegen England«, S. 121].
26 Gröner *Die deutschen Kriegsschiffe 1815–1945*, Bd. 3, S. 116. *U 219* (KKpt.z.V. Walter v. Burghagen) wurde im Mai 1945 von der Kaiserlich Japanischen Marine übernommen und am 15. Juli 1945 als *I 505* in Dienst gestellt. Das Boot wurde 1948 von den Alliierten verschrottet.
27 Rössler *U-Bootbau*, Bd. 2, S. 348 [»U-boat«, S. 249]; »Report of the Interrogation of the Crew of the *U 234* Which Surrendered to the USS SUTTON on 14 May, 1945«, 27. Juni 1945, S. 1, *NHC*.
28 Wolfgang Hirschfeld/Geoffrey Brooks *Hirschfeld: The Story of a U-boat NCO, 1940–1946*, S. 191. Um sich für das Steuermanns-Examen zu qualifizieren, bedurfte es einer Fahrenszeit von 50 Monaten, davon mindestens 20 Monate auf Segelschiffen.
29 Ebenda.
30 Vernehmungsbericht von Johann Fehler, 31. Mai 1945, S. 1, Box 466, RG 165, *NA*.
31 Hirschfeld/Brooks *Hirschfeld*, S. 191.
32 Clay Blair *Hitler's U-boat War*, Bd. 1: *The Hunters, 1939–1942*, S. 406 [»Der U-Boot-Krieg«, Bd. 1: »Die Jäger 1939–1942«, Anm. auf S. 481].
32a Die Hilfskreuzer wurden zwischen den Kriegen in der deutschen Marine ursprünglich als »Handelsschutzkreuzer« bezeichnet, da der Versailler Vertrag Hilfskreuzer nicht erlaubte. Später wurde diese Bezeichnung als »Handelsstörkreuzer« interpretiert, aber die Abkürzung »HSK« blieb dieselbe. Benutzt wurde sie im amtlichen Verkehr mit den Nrn. 1–10 als Zusatz, z.B. »HSK 5«. Zudem wurde noch zwischen »Schwerer« (über 7000 BRT) und »Leichter Hilfskreuzer« unterschieden. Gleichwertig daneben existierten außerdem

- die Verwaltungsbezeichnung, d.h. der Vorsatz »Schiff« mit einer wahllosen Nummer, z.B. »Schiff 33«, und
- der Traditionsname, für den der Kommandant das Vorschlagsrecht hatte, z.B. PINGUIN.

Die britische Admiralität in London bezeichnete die deutschen Hilfskreuzer als »Raider« mit einem Buchstaben, bei »A« beginnend, in der Reihenfolge ihrer Entdeckung. So lauteten die Bezeichnungen für die ATLANTIS: »Schwerer Hilfskreuzer HSK 2, Schiff 16 ATLANTIS, Raider C«. Jak P. Mallmann Showell *Kriegsmarine 1939–1945. Organisation, Strukturen, Einsatz*, Motorbuch Verlag, Stuttgart 2000, S. 106. Zur ATLANTIS siehe ebenda, S. 107/108.
32b Zur Versenkung der ZAMZAM und der AUTOMEDON sowie auch zur Person Fehlers siehe Ulrich Mohr/Arthur Sellwood *ATLANTIS. Kaperfahrt unter zehn Flaggen*, Koehlers VerlagsGmbH, Jugenheim 1960, zitiert Taschenbuch-Ausgabe im Wilhelm Heyne Verlag, München 1975, insbesondere S. 48f., 109–113 und 140–148. Dr. Mohr, damals LtzS.d.R und Adjudant von KptzS. Rogge, äußerte sich über Fehler, der häufig mit ihm das Prisenkommando der ATLANTIS führte: »Fehler hat noch den abenteuerlichen Sinn eines echten Freibeuters. … Er hat eine große Begabung für den Umgang mit Mädchen und Sprengstoffen, denn er liebt die Explosionen, die beide verursachen.« Ebenda, S. 48.
Zur DRESDEN und dem vom OKM eingerichteten und auch vom MSD (vgl. oben Anm. 73a zum 1. Kapitel) betreuten Etappensystem zur Versorgung der Handelsstörer siehe Mallmann Showell *Kriegsmarine 1939–1945*, S. 277.
33 Edward P. von der Porten *The German Navy in World War II*. S. 127 [»Die deutsche Kriegsmarine im 2. Weltkrieg«, Motorbuch Verlag, Stuttgart 1975, S. 166]. Unter den 202 Passagieren, von denen 140 Amerikaner waren, befanden sich 150 Missionare verschiedener Nationalitäten sowie weitere Personen, die dem britisch-amerikanischen Sanitätskorps angehörten.
33a Kptlt.(S) Kamenz, der ehemalige Zivilkapitän der ATLANTIS ex-GOLDENFELS, der sich als Prisenoffizier an Bord des Hilfskreuzers befand, verließ in Yokohama die OLE JACOB. (Der Tanker diente von da an als Etappen-V-Schiff der Etappe Japan in Kobe. Siehe Mallmann Showell »Kriegsmarine«, S. 146). Adm. Wenneker, der deutsche Marineattaché, sandte Kamenz mit der Transsibirischen Eisenbahn nach Berlin, um das Geheimmaterial auch dort zu übergeben. Anschließend brachte ihn ein U-Boot von Deutschland aus rund um Schottland in den Südatlantik, denn inzwischen hatte mit dem Unternehmen »Barbarossa« der Russland-Feldzug begonnen. Auch die ATLANTIS war via Pazifik und Kap Hoorn in der Zwischenzeit im Südatlantik eingetroffen und Kamenz stieg wieder auf sein Schiff über. (Mohr/Sellwood *ATLANTIS*, S. 111, 167.)
Kamenz war ein *Sonderführer*. Hierbei handelte es sich um Personen ohne eine tiefer gehende militärische Ausbildung, die infolge ihrer besonderen Kenntnisse zeitweise mit einer Kriegsstelle als Offizier oder

Unteroffizier beliehen wurden, um ihnen den Kombattantenstatus zu geben, wie z.B. Kriegsberichterstatter in den PK-Kompanien oder Kapitäne und Offiziere der Handelsmarine als Prisenoffiziere auf Handelsstörern. Die Sonderführer trugen ihrem Rang entsprechend Marineuniform, hatten aber in beiden Kragenecken bzw. auf den Kragenpatten einen goldfarbenen unklaren Anker und führten als Dienstbezeichnung den Dienstgrad und dahinter ein »(S)«.

34 I.C.B. Dear/M.R.D. Foot (Hrsg.) *The Oxford Companion to World War II*, S. 93. Obwohl den zuständigen britischen Stellen der Verlust der Dokumente bekannt war, wurden weder Brooke-Popham, die britische Öffentlichkeit noch Großbritanniens Verbündete von diesem Verlust in Kenntnis gesetzt. Der Öffentlichkeit wurde der Vorgang erst bekannt, als die MAGIC-Entzifferungen 1980 durch Aufheben der Geheimhaltung freigegeben wurden.

35 Cajus Bekker *Verdammte See*, S. 207.

36 Hirschfeld/Brooks *Hirschfeld*, S. 192.

37 Von der Porten *German Navy*, S. 134 [»Die deutsche Kriegsmarine im 2. Weltkrieg«, S. 174].

38 Johann Fehler/Arthur Sellwood *Dynamite for Hire: The Story of Hein Fehler*, S. 124.

39 Vernehmungsbericht Fehler, 31. Mai 1945, Box 466, RG 165, *NA*.

40 Fehler/Sellwood *Dynamite*, S. 124/125.

41 Ebenda.

42 Vernehmungsbericht Fehler, 31. Mai 1945, Box 466, RG 165, *NA*. Fehler teilte seinen Vernehmungsoffizieren von ONI mit, dass es in Kiel seine Aufgabe gewesen wäre, den Bau von *U 234* »zu überwachen«. Doch Fehler besaß keinerlei Erfahrung im Schiffbau bzw. in der Schiffbautechnik und es ist sehr wahrscheinlich, dass er – der zum ersten Mal das Kommando eines U-Bootes übernahm – nach Kiel geschickt worden war, um den Bau des Bootes als Lernobjekt zu beobachten.

42a Wenn der Bau eines neuen U-Bootes in ein bestimmtes Stadium getreten war, begann wie bei jedem Neubau der Kriegsmarine die Phase der »Baubelehrung« für die zukünftige Besatzung des Bootes. Hierzu wurden die Offiziere einschl. des zukünftigen Kommandanten sowie die Mannschaften bis zur Indienststellung des Bootes einer Baubelehrungs-Kompanie am Standort der Bauwerft zugeteilt, der sie truppendienstlich unterstanden. Sie sollten das neue Boot von Grund auf kennen lernen; dies galt besonders für das technische Personal. Je nach Art ihrer Dienstverrichtung an Bord trafen Offiziere und Mannschaften zu unterschiedlichen Zeiten ein, bis sich die gesamte Besatzung zur Indienststellung versammelt hatte: Der Leitende Ingenieur und seine technischen Unteroffiziere und Mannschaften gehörten mit dem Kommandanten naturgemäß zu den Ersten, die sich einstellten, während das seemännische Personal den Abschluss bildete und oft nur wenige Tage zuvor ankam. Mit der Indienststellung als förmlichen Akt der Geburt eines Kriegsschiffes (»Heißt Flagge und Wimpel!« als äußeres Zeichen) ging und geht bis heute ein Boot bzw. Schiff aus dem Eigentum der Werft in das der Marine und damit des Staates über.

43 Jürgen Oesten (Hamburg), Brief an den Verfasser vom 30. August 1998.

44 Dönitz *10 Jahre und 20 Tage*, S. 483.

45 Fehler/Sellwood *Dynamite*, S. 128.

46 Hirschfeld/Brooks *Hirschfeld*, S. 193. [»Verdammt, denke ich, der ist gar kein U-Boot-Fahrer und kennt noch nicht die Tücken des Nordatlantiks und die tödliche Gefahr aus der Luft. Mit seinem strahlenden Optimismus und seiner Wärme hat er mich aber bald gewonnen«, schreibt Hirschfeld in seinen Erinnerungen *Feindfahrten*, S. 353.]

47 Interview Nr. 59, Großadmiral Karl Dönitz, 28. Juni 1945, S. 12, Box 723, RG 243, *NA*.

48 »Report of Interrogation of Crew«, S. 3.

49 Hirschfeld/Brooks *Hirschfeld*, S. 193.

49a Hier irrt der Verfasser. Im August 1943 untersagte die U-Bootführung die weitere Benutzung des FuMB 1 »Metox«, dessen Antenne das »Biskaya-Kreuz« darstellte. Ein FuMB war ein Gerät, um die einkommende Strahlung eines aktiv arbeitenden Radarortungsgerätes (FuMO) passiv zu erfassen und vor seiner Ortung zu warnen. Die »Metox«-Anlage war gegen das Bordradar ASV II in alliierten Flugzeugen vom Sommer 1942 an erfolgreich. Als die Alliierten vom Februar 1943 an das ASV II allmählich durch das 10-cm-Radar ASV III (9,7-cm-Radar: »Rotterdam«-Gerät) ersetzten, konnten dessen Impulse durch die »Metox«-Geräte nicht mehr erfasst werden. Dies führte zur Abneigung der Kommandanten gegen das Gerät, da sie annahmen, die Ursache wäre seine Eigenstrahlung – die zwar vorhanden, aber von den Alliierten nicht zur Ortung genutzt wurde. Zwischenlösungen wie das FuMB 8 »Zypern« (W.Anz.G. von Hagenuk, verballhornt »Wanze«) ab

August 1943 oder das FuMB 7 »Naxos« mit Finger-Antenne (Ant. 11) waren nicht befriedigend. Erst die Einführung

- der Antenne 24 »Cuba I« (genannt »Fliege«), einer Dipol-Peilantenne für die Wellenlänge 9 cm mit Reichweiten bis zu 20 km, ab März 1944 sowie
- der Doppelanlage FuMB 26 »Tunis« mit »Fliege« und der neuen Hornstrahler-Antenne »Mücke« für das amerikanische 3-cm-Radar mit Reichweiten bis zu 50 km ab Mai/Juni 1944 brachte eine wesentliche Verbesserung der Lage. Allerdings war auch diese Antennenanlage nicht druckfest und musste vor dem Tauchen ins Boot verbracht werden. Auf die letzten Verbesserungen gegen Kriegsende – FuMB 29 »Bali« sowie für den neuen U-Boottyp XXI FuMB 35 »Athos« und FuMB 37 »Leros« – soll hier nicht eingegangen werden, da sie kaum mehr zum Einsatz kamen. Zur Vertiefung siehe hierzu David Miller *Deutsche U-Boote bis 1945. Ein umfassender Überblick*, Verlag Stocker-Schmidt/Motorbuch Verlag, Dietikon-Zürich/Stuttgart 2000, S. 108–111; Eberhard Rössler *U-Bootbau*, Band 2, »Der Hochfrequenzkrieg der UBoote« S. 323ff.

50 Hirschfeld/Brooks *Hirschfeld*, S. 193.

50a Das im Sommer 1942 für die Luftwaffe entwickelte Schiffssuchgerät FuMG 200 »Hohentwiel« der Fa. Lorenz (Ausrüstung der Focke-Wulf Fw 200 »Condor«) wurde 1943 für den Einsatz auf U-Booten modifiziert und erhielt die Bezeichnung FuMO 61 »Hohentwiel U«. Es arbeitete auf 56 cm Wellenlänge und hatte einen Antennenspiegel von 1 x 1,4 m mit 4 Reihen á 6 Dipole (»Matraze«). Seine Reichweite lag bei Flugzeugen zwischen 10–20 km. Der serienmäßige Einbau begann im Winter 1943/44. Bis zum September 1944 waren bereits 64 Frontboote mit dem FuMO 61 ausgerüstet. Siehe David Miller *Deutsche U-Boote bis 1945*, S. 105; Eberhard Rössler *U-Bootbau*, Bd. 2, S. 328f.
Hierzu schreibt Hirschfeld: »Im Januar 1945 … erhalten wir eine Funkmeß-Station vom Typ Hohentwiel. Dazu wird eine aus der Turmverkleidung ausfahrbare Funkmeßmatratze eingebaut. Wir können also jedes Luftziel erfassen, bevor wir aus der Luft geortet werden. Die Hohentwiel-Station … hat nur den Nachteil, daß sie bei Dauerbetrieb zu heiß wird. Deshalb hat uns KKpt. Dr. Schlicke, der die Fahrt als Gast mitmacht, zwei Stationen zum Auswechseln aus Berlin besorgt.« (*Feindfahrten*, S. 354.)

51 Vernehmungsbericht Fehler, 31. Mai 1945, S. 1.

52 Johann Fehler (Hamburg), Brief an Harry Cooper, Fox Lake/Illinois, vom 20. Januar 1985.

53 »Report of Interrogation of Crew«, S. 4; Alexander W. Moffat *A Navy Maverick Comes of Age*, S. 136.

54 Hirschfeld/Brooks *Hirschfeld*, S. 197. Hirschfeld legte dar, das Vakuum wäre so groß gewesen, dass bei Bootsmann Peter Schölch die Zahnfüllungen herausfielen.

55 Fritz v. Sandrart »Die letzte Japanfahrt eines deutschen U-Bootes« in *Luftwaffen-Revue*, Januar/Februar 1971, S. 442–445.

56 Ronald Lewin *The American Magic: Codes, Cyphers, and the Defeat of Japan*, S. 211. In einer eindrucksvollen Statistik belief sich die insgesamt mit U-Booten zwischen Japan und Deutschland transportierten Frachtmengen auf nicht mehr als das, was mit einer einzigen Ladung eines Überwasserfrachtschiffs hätte befördert werden können.

57 SRS 990, 8. Juni 1943, *MDS MAGIC*.

58 Fehler/Sellwood *Dynamite*, S. 146.

58a Nach Hirschfeld waren Nieschling und die beiden Japaner bereits an Bord und in Kristiansand-Süd stiegen neben Keßler noch Fritz v. Sandrart und Menzel sowie ein sonst nirgends erwähnter Fähnrich (Ing.) Kling oder Klug (?) zu, der wie Menzel Funkmessfachmann der Luftnachrichtentruppe war (*Feindfahrten*, S. 357; zu Kling und zu den Dienstgraden der beiden Japaner siehe Günther W. Gellermann *Der andere Auftrag*, Bernard & Graefe Verlag, Bonn 1997, S. 98f.).

59 FT von der 15. U-Flottille [Kristiansand-Süd: KKpt. Mengersen] an BdU op [KAdm. Godt] und Kommandierender Adm. U-Boote [Adm. v. Friedeburg], 16. April 1945, Box 113, RG 38, *NA*.

60 »Report of Interrogation of Crew«, S. 4.

61 Memorandum von Jack H. Alberti, Office of the Chief of Naval Operations, an Capt. John L. Riheldaffer, USN, Subject »*U 234*«, 22. Mai 1945, Box 13, RG 38, *NA*.

62 »Verzeichnis der Fracht für Tokio [sic] an Bord von *U 234*«, Inventarlisten für die einzelnen Frachträume, 26. Juni 1945, Mikrofiche F-3160, *NHC*.

63 Ebenda.

64 Hirschfeld/Brooks *Hirschfeld*, S. 199 [Hirschfeld »Feindfahrten«, S. 354].

65 Hirschfelds etwas oberflächliche Beschreibung von *U 235* als nur »ein kleines Schulboot« ist ungenau. *U 235*, ein Frontboot, sank am 14. Mai 1943 bei einem alliierten Luftangriff im Kieler Hafen. Das Boot wurde gehoben und am 29. Oktober 1943 erneut in Dienst gestellt. Am 14. April 1945 wurde *U 235*, irrtümlich für ein alliiertes Unterseeboot gehalten, auf dem Wege nach Norwegen vom deutschen Torpedoboot *T 17* im Kattegat versenkt. Dr. Jürgen Rohwer (Stuttgart), Brief an den Verfasser vom 22. Februar 1999. [Hirschfeld lag mit seiner Beschreibung nicht falsch; denn *U 235* war im Vergleich zu *U 234* ein kleines VII-C-Boot. Es gehörte ab Oktober 1943 unter ObltzS. Hans-Erich Kummetz als Schulboot zur 22. U-Flottille (2. U-Bootlehrdivision), ab März 1945 als Frontboot unter Kptlt. Huisgen zur 31. U-Flottille. Vgl. Georg Högel *Embleme, Wappen, Malings deutscher U-Boote 1939–1945*, Koehlers VerlagsGmbH, Hamburg 1996, 3. erw. Auflage, S. 79.]

66 Hirschfeld/Brooks *Hirschfeld*, S. 199.

67 Fehler/Sellwood *Dynamite*, S. 148.

68 Fritz v. Sandrart »Die letzte Japanfahrt«, S. 442 [Hirschfeld *Feindfahrten*, S. 363].

69 Fehler/Sellwood *Dynamite*, 156.

69a In Kiel gehörte *U 234*, wie oben erwähnt, zur 5. U-Flottille, die das Boot am 25. März 1945 auch verabschiedete. Hirschfeld schrieb hierzu: »Am 25. März liegt *U 234* klar zum Auslaufen an der Tirpitzmole [in Kiel]. Es geht fast wie in den ersten Tagen des Krieges zu: Die Musik spielt, die Kameraden der 5. U-Flottille winken. Am Hindenburgufer sammeln sich Passanten. Um 15.00 Uhr werden die Leinen losgeworfen.« KptzS. Rösing, der als FdU West seine Befehlsstelle im norwegischen Bergen hatte, wird nicht erwähnt und war sicherlich nicht in Kiel. Erst mit dem Eintreffen in Kristiansand-Süd befand sich *U 234* in Rösings Befehlsbereich, vermutlich in der Zuständigkeit bei der dort in Aufstellung befindlichen 15. U-Flottille (KKpt. Mengersen). Hirschfeld schreibt folglich: »In den Nachmittagsstunden des 16. April legen wir von der Pier [in Kristiansand-Süd] ab und gleiten aus dem Hafenbecken. Etwas weiter draußen macht ein Verkehrsboot längsseits bei uns fest. Der FdU, Kapitän zur See Rösing, kommt an Bord, um uns zu verabschieden. Die Besatzung ist auf dem Achterdeck angetreten; die Gäste bleiben unter Deck.« Vgl. Hirschfeld *Feindfahrten*, S. 354 und 358.

70 Hirschfeld/Brooks *Hirschfeld*, S. 193.

71 »Report of Interrogation of Crew«, S. 5.

72 Hirschfeld/Brooks *Hirschfeld*, S. 204. [Nach Hirschfeld *Feindfahrten*, S. 358, hat Fehler nach dem Auslaufen aus Kristiansand-Süd und nach der Verabschiedung durch KptzS. Rösing, dem FdU West, am 16. April 1945 diese kurze Ansprache gehalten. Hirschfeld setzte hinzu: »Das ist Heinrich Fehler, ein Ritter ohne Furcht und Tadel.«]

73 FT von Fehler an die 5. U-Flottille, 25. März 1945, Box 113, RG 38, *NA*.

74 FT von Fehler an die 5. U-Flottille, 26. März 1945, Box 113, RG 38, *NA*.

75 FT von Fehler an BdU op, nachrichtl. an Kommandierender Admiral U-Boote, Befehlshaber Seeverteidigung Oslofjord und Hafenkapitän Kristiansand-Süd, 5. April 1945, Box 113, RG 38, *NA*.

76 FT von der 15. U-Flottille [in Kristiansand-Süd] an BdU op, 6. April 1945, Box 113, RG 38, *NA*.

77 FT von BdU op an 15. U-Flottille, 12. April 1945, Box 113, RG 38, *NA*; FT von BdU an Fehler, 13. April 1945, Box 113, RG 38, *NA*. [Hirschfeld meinte hierzu: »Das ist typisch Dönitz; der läßt sich vom Führerhauptquartier nicht dreinreden.« *Feindfahrten*, S. 358.]

78 FT von der 15. U-Flottille an BdU op und den Kommandierenden Admiral U-Boote, 16. April 1945, Box 113, RG 38, *NA*.

78a Siehe oben Anm. 69a.

79 Dr.-Ing.. Peter Bringewald (Dallas/Texas), Telefon-Interview mit dem Verfasser am 20. Juni 1998. [Stattdessen befand sich Kptlt. Sven Plass an Bord, ein Fachmann für Kodes und Entzifferungen, der zum Spionageprozess gegen Dr. Sorge nach Japan sollte, vgl. Högel *Embleme*, S. 152.]

80 FT von Tokio nach Berlin, 19. April 1945, Box 113, RG 38, *NA*.

81 FT des Chefinspekteurs in Kiel (165) an den Chef des WiRü-Amtes in Berlin, 15. April 1945, Box 113, RG 38, *NA*.

82 Fritz v. Sandrart »Die letzte Japanfahrt«, S. 442. [Hirschfeld erinnerte sich: Am 25. März wurden in Kiel »um 15.00 Uhr die Leinen losgeworfen. Die Diesel springen an. »Auf Wiedersehen in einem Jahr«, ruft man uns zu. Daß die Fahrt nach Japan gehen soll, ist geheim, aber bei der 5. Flottille wissen es alle.« Vgl. *Feindfahrten*, S. 534.]

83 Ebenda.
84 Hirschfeld/Brooks *Hirschfeld*, S. 204.
85 Fritz v. Sandrart »Die letzte Japanfahrt«, S. 443.
86 Ebenda.
87 Hirschfeld/Brooks *Hirschfeld*, S. 205/206 [Hirschfeld *Feindfahrten*, S. 359/360].
88 Hirschfeld/Brooks *Hirschfeld*, S. 205 [Hirschfeld-Zitat in *Feindfahrten*, S. 359 – bei Hirschfeld ist es ein Diesel-Obermaschinist namens Winkler].
88a Zu diesem und den folgenden Absätzen im Text siehe Hirschfeld *Feindfahrten*, S. 359ff.
89 Fritz v. Sandrart »Die letzte Japanfahrt«, S. 444.
90 Hirschfeld/Brooks *Hirschfeld*, S. 206.
91 Wolfgang Hirschfeld (Plön/Holst.), Brief an Dr. Dean Allard (Washington/D.C.) vom 28. Februar 1992.
92 Jürgen Oesten (Hamburg), Brief an den Verfasser vom 30. August 1998.
92a Hirschfeld *Feindfahrten*, S. 361.
93 Wolfgang Hirschfeld (Plön/Holst.), Brief an den Verfasser, 4. Februar 1996.
94 »Following Order Issued by the Grand Admiral«, 7. Mai 1945, Box 113, RG 38, *NA*.
95 Ebenda [Hirschfeld *Feindfahrten*, S. 362].
96 Hirschfeld/Brooks *Hirschfeld*, S. 208 [Hirschfeld *Feindfahrten*, S. 362].

3. Kapitel: Das Problem der Kapitulation

1 Johann Heinrich Fehler (Hamburg), Brief an Harry Cooper (Fox Lake/Illinois) vom 21. Februar 1988.
2 »Report of Interrogation of the Crew, of the *U 234* Which Surrendered to the USS SUTTON on 14 May, 1945«, 27. Juni 1945, S. 5, *NHC*.
3 Hirschfeld/Brooks *Hirschfeld*, S. 210.
4 Selbstständiges Vernehmungsgespräch Fehler, 29. Mai 1945, 12.30 Uhr, S. 3, Box 466, RG 165, *NA*.
5 Selbstständiges Vernehmungsgespräch Keßler, 21./22. Juni 1945, 23.30 Uhr–00.10 Uhr, S. 2.
6 Johann Fehler/Arthur Sellwood *Dynamite for Hire: The Story of Hein Fehler*, S. 177.
6a Vermutlich hätten die Argentinier *U 234* und seine Besatzung ebenso den Amerikanern übergeben, wie dies mit *U 977* und dessen Besatzung der Fall gewesen war. Vgl. Heinz Schaeffer *U 977. Geheimfahrt nach Südamerika*, Limes Verlag, Wiesbaden 1950.
7 Selbstständiges Vernehmungsgespräch Fehler, 27. Mai 1945, S. 3/4.
8 Ebenda, S. 2, 3 und 6.
9 Ebenda, S. 6. [Kptlt. Thilo Bode war Kommandant von *U 858*, einem Boot vom Typ IX C/40, und war am 14. Mai 1945 nach Portland/N.H. eingelaufen.]
10 Johann Heinrich Fehler, Brief an Cooper, 21. Februar 1988; Fehler/Sellwood *Dynamite*, S. 180. Keßler sprach sich für die Kapitulation gegenüber den Amerikanern aus.
11 Vernehmungsbericht Richard Bulla, 24. Mai 1945, S. 2, Box 456, RG 165, *NA*.
11a Untertriebszellen, die bei Überwasserfahrt geflutet waren, dienten auf Tauchbooten als Tauchhilfe, um bei Seegang schneller unter Wasser zu kommen. Nach Beendigung des Tauchmanövers mussten sie sofort ausgeblasen werden. Zudem gab es auf ausländischen Tauchbooten besondere Untertriebszellen im Vorschiff, mit deren Hilfe ein langsam unter Wasser fahrendes Unterseeboot schneller zum Fallen gebracht werden konnte. Sie waren in sicherheitstechnischer Hinsicht außerordentlich problematisch, da das Boot nicht mehr dem archimedischen Prinzip entsprach. Schwierigkeiten beim Ausblasen in großer Tiefe kamen hinzu. Vgl. Ulrich Gabler *Unterseebootbau*, 3. Aufl., S. 26.
12 Nagamori Yoshio »Erinnerungen an zwei japanische Offiziere, die den Heldentod im Atlantik starben«, S. 4, Ordner II, *UBA*.
12a Im Frühjahr 1943 brachte *U 180* (KKpt. Musenberg), ein Boot vom Typ IX D_1, einen der Führer der indischen Kongresspartei, Subhas Chandra Bose, in den Indischen Ozean und übergab ihn am 27. April bei Madagaskar an den japanischen U-Kreuzer *I 29* (FKpt. Izu). Im Gegenzug übernahm *U 180* Tomonaga, einen weiteren japanischen Marineoffizier sowie 2 t Goldbarren in 146 Kisten und brachte die beiden samt der Goldladung nach Bordeaux (Günther W. Gellermann *Der andere Auftrag*, Bernard & Graefe Verlag, Bonn 1997, S. 33ff., insb. S. 38 und 42).
13 FT von Vizeadmiral Abe, Stockholm/Schweden, an den Marineminister und den Chef des Stabes in Tokio, 28. Mai 1945, Box 113, RG 38, *NA*. [Hervorhebung durch den Übersetzer. *U 501* (KKpt. Hugo Förster) vom

Typ IX C (nicht C/40) fiel am 10. September 1941 in der Dänemarkstraße zwei kanadischen Korvetten zum Opfer. Der in Gefangenschaft geratene Kommandant wurde später ausgetauscht und wählte im Februar 1945 den Freitod.]

14 Wie verlautet, befand sich Nemot an Bord von *U 501* und Arima an Bord von *U 134* [einem VII-C-Boot]. Prof. Dr. Jürgen Rohwer bezweifelt jedoch diese Behauptungen.

15 Nagamori »Erinnerungen«, S. 4.

16 Ebenda, S. 2.

17 Ebenda, S. 2.

18 FT von Abe an Marineminister, 28. Mai 1945.

19 Ebenda.

20 Nagamori »Erinnerungen«, S. 2.

21 Selbstständiges Vernehmungsgespräch Fehler, 29. Mai 1945, S. 2.

22 Hirschfeld/Brooks *Hirschfeld*, S. 208 [Hirschfeld *Feindfahrten*, S. 362].

23 Johann Heinrich Fehler, Brief an Cooper, 21. Februar 1988.

24 Fehler/Sellwood *Dynamite*, S. 174.

25 Fritz v. Sandrart »Die letzte Japanfahrt«, S. 444.

26 Raum-Abhörgespräch Fehler, 29. Mai 1945, S. 2.

27 Hirschfeld/Brooks *Hirschfeld*, S. 211 [Hirschfeld *Feindfahrten*, S. 366]. Stabsarzt Dr. Franz Walter, der Bordarzt von *U 234*, bestätigte später, dass die beiden japanischen Passagiere zur Zeit ihrer Entdeckung noch am Leben waren, wenn auch in nicht mehr zu rettender Verfassung. Dr. Walter wies darauf hin, dass die eingenommene Überdosis Luminal jeden anderen rascher getötet hätte, aber die beiden Japaner waren in einer stärkeren Verfassung gewesen.

28 Johann Heinrich Fehler, Brief an Cooper, 21. Februar 1988.

29 Memorandum, Cdr. B.F. Roeder, USN, an Captain Phelan, USN, »Suicide Note Taken from *U-234*«, 7. Juni 1945, Box 3, RG 38, *NA*.

30 Ebenda.

31 Fehler/Sellwood *Dynamite*, S. 152.

32 Selbstständiges Vernehmungsgespräch Fehler, 29. Mai 1945, 12.30 Uhr, S. 3.

32a Günther W. Gellermann *Der andere Auftrag*, S. 104f.

33 Selbstständiges Vernehmungsgespräch Fehler, 29. Mai 1945, 12.30 Uhr, S. 2.

34 Nagamori »Erinnerungen«, S. 1 [»Wenn einer noch Euer gedenkt, Helden ihr lebt.« Ebenda.]

35 Ebenda.

36 Fehler/Sellwood *Dynamite*, S. 152.

37 SRS 1546, 13. Januar 1945, S. 1–4, *MDS MAGIC*.

38 SRS 1557, 25. Januar 1945, S. 4/5, *MDS MAGIC*.

39 SRS 1568, 4. Februar 1945, S. 4, *MDS MAGIC*.

39a Das Strahltriebwerk BMW 109-003 A der Bayerischen Motorenwerke GmbH, München, war für den Einbau in den Strahlbomber Arado Ar 234 bestimmt, während das Strahltriebwerk Jumo 109-OO4 der Junkers Flugzeug- und Motorenwerke A.G., Dessau, in der Messerschmitt Me 262 zum Einbau kam. Die Nummer 109 war die Tarnbezeichnung des RLM für alle Strahltriebwerke. Die Nrn. 003 und 004 bezeichneten das Triebwerk und dahinter gab ein Großbuchstabe die Version mit der Serie an (z.B A-0 = Nullserie der Version A). Einzelheiten zu diesen Triebwerken siehe in Heinz J. Nowarra *Die deutsche Luftrüstung 1933–1945*, Bernard & Graefe Verlag, Bonn ohne Datum, Teil 4, S. 110ff.

40 FT des Chefbeobachters in Deutschland an den Chef des Wi.Rü.-Amtes, 26. Februar 1945, Box 113, RG 38, *NA*.

41 FT des BdU in Berlin an den Marineattaché Tokio, 8. März 1945, Box 113, RG 38, *NA*.

42 SRS 1656, 3. Mai 1945, S. 1/2, *MDS MAGIC*.

43 Memorandum, COMINCG und CNO an NAVOP 7, Subject »Points of Surrender«, 27. April 1945, Box 531, RG 181, *NANE*.

44 Fehler, Brief an Cooper vom 21. Februar 1988.

45 Hirschfeld/Brooks *Hirschfeld*, S. 210 [Hirschfeld *Feindfahrten*, S. 365].

46 Wolfgang Hirschfeld (Plön i.H.), Brief an den Verfasser vom 4. Februar 1996 [Hirschfeld *Feindfahrten*, S. 365].

47 Hirschfeld *Feindfahrten*, S. 366.
48 Wolfgang Hirschfeld, Brief an den Verfasser vom 4. Februar 1996 [Hirschfeld *Feindfahrten*, S. 366/367].
49 Hirschfeld/Brooks *Hirschfeld*, S. 212 [Hirschfeld *Feindfahrten*, S. 367].
50 Ebenda [dto.].
50a Die SUTTON (DE-771) gehörte zur 57 Einheiten umfassenden CANNON-Klasse aus dem riesigen DE-Bauprogramm und war die letzte Einheit ihrer Klasse, die zwischen November 1942 und August 1943 auf Kiel gelegt wurde. Ihre technischen Daten lauteten:

Standardverdrängung:	1270 ts
Einsatzverdrängung:	1625 ts
Länge über alles:	93,27 m (91,44 m CWL)
Breite:	11,15 m
Tiefgang:	3,25 m (mittlerer)
Antriebsanlage:	2 x General-Motors-Dieselmotoren, 2 Wellen
Antriebsleistung:	6000 PSe für 21 kn
Bunkerinhalt:	283 ts
Fahrstrecke:	11.500 sm bei 11 kn
Geschütze:	3 x 7,6 cm, 2 x 4 cm, 8 x 2 cm
Torpedorohre:	3 x 53,3 cm (1 x 3)
Besatzungsstärke:	186 Offiziere und Mannschaften.

1956 wurde der Geleitzerstörer an die Marine Südkoreas übergeben.

Quelle: M.J. Whitley *Zerstörer im 2. Weltkrieg. Technik, Klassen, Typen*, Motorbuch Verlag, Stuttgart 1991, S. 307ff.

51 *Dictionary of American Naval Fighting Ships*, Bd. 6, S. 689.
52 V.E. Tarrant *The U-boat Offensive, 1914-1945*, S. 138–140 [»Kurs West!«, S. 193–196]. Der Großteil der Aktivitäten von U-Booten spielte sich auf hoher See ab. Doch mehrere Boote wurden auch in großer Nähe zur amerikanischen Küste versenkt: *U 857* (Kptlt. Premauer) am 7. April durch den US-Zerstörer GUSTAFSON direkt vor Kap Cod, *U 548* (ObltzS. Krempl) am 30. April durch drei Geleitzerstörer und eine Fregatte der USN vor Kap Hatteras und *U 853* (ObltzS. Frömsdorf) noch am 6. Mai durch einen Geleitzerstörer und eine Fregatte der USN südlich von Long Island.
53 Vertrauliches Memorandum von Headquarters, First Naval District, Boston, an DIO, Subject »Surrendered U-boats«, 11. Mai 1945, Box 56/C/R45, *NHC*.
54 Geheimes Memorandum für den Assistant Commandant, Operations, Subject »U-boat Situation«, 11. Mai 1945, Box 56/C/R45, *NHC*.
55 Memorandum von T.W. Nazro an Commander-in-Chief, U.S. Fleet, Subject »Capture of *U-234*, Events Leading To«, 9.–17. Mai 1945, S.1/2, Box 56/C/R45, *NHC*.
56 Memorandum von Commanding Officer, USS SUTTON, an C-in-C, U.S. Fleet, Subject »Capture of *U-234*, Events Leading To«, 29. Mai 1945, S. 2, Box 56/C/R45, *NHC*.
57 Memorandum von Commanding Officer, USS SUTTON, an C-in-C, U.S. Fleet, 12. Mai 1945, Box 56/C/R45, *NHC*.
58 Memorandum von First Naval District an Assistant Commandant, Operations, Subject »U-boat Situation«, 12. Mai 1945, Box 56/C/R45, *NHC*.
59 Geheimes Kriegstagebuch der Northern Group, Mai 1945, S. 11, Box 56/C/R45, *NHC*.
60 Hirschfeld *Feindfahrten*, S, 367.
61 Franklin M. Gates »Officer of Prize Crew Narrates Events in Surrender of *U-234* One Year Later« im *Portsmouth (N.H.) Herald«*, Mai 1946, Sammelalbum, Bd. 28, S. 88/89, Portsmouth Public Library.
62 Kriegstagebuch (deck log) USS SUTTON, 14. Mai 1945, 12.00–16.00 Uhr, S. 283, Box 56/C/R45, *NHC*.
63 Memorandum »Capture of *U-234*«, 9.–17. Mai 1945, S. 3.
64 Gates »Officer of Price Crew«, S. 88. Siehe auch Memorandum von CINCLANT an COMSUBLANT, Subject »Price Crews«, 3. Mai 1945, Box 531, RG 181, *NANE*. In Erwartung der Übergabe von deutschen U-Booten in amerikanischen Gewässern befahl CINCLANT den Unterseebootkommandos in New London/Connecticut und Portsmouth/New Hampshire, zumindest je ein Prisenkommando auszubilden und auszurüsten, das mit 12-Stunden-Bereitschaft zur Verfügung stehen sollte.

65 Wolfgang Hirschfeld (Plön i.H.), Brief an den Verfasser, 13. Mai 1996; Hirschfeld *Feindfahrten*, S. 368; Hirschfeld/Brooks *Hirschfeld*, S. 213. Hirschfeld berichtete später, dass sein persönliches Tagebuch, das er in einem WC versteckt hatte, verschwunden war, als er nach dem Aufenthalt im Gefängnis in Portsmouth/N.H. wieder zurück auf *U 234* durfte. [»Unten sieht es wüst aus. Die Spinde sind aufgebrochen und durchwühlt, die Wäsche herausgerissen und in den Dreck getreten. Mein Tagebuch, meine Pelzweste, mein Lederzeug, alles ist weg. Einer der Maaten erzählt mir, daß hier die Männer von der Army gewütet haben, nachdem die Prisenbesatzung von Bord gegangen ist.« Hirschfeld *Feindfahrten*, S. 373.] Hinsichtlich der über Bord geworfenen Mikrofilmrollen soll Schlicke gesagt haben: »Und hier geht die Rakete dahin, die über den Atlantik fliegen konnte.«

66 Johann Heinrich Fehler, Brief an Harry Cooper in Fox Lake/Illinois, 20. Januar 1985.

66a Der Horchtorpedo T 5 »Zaunkönig«, der ab Herbst 1943 zum Einsatz kam, besaß eine passiv akustische Zielsteuerung in Verbindung mit einer aktiven magnetischen Abstandszündung. Dieser akustische Torpedo, der erste seiner Art, der hauptsächlich zum Einsatz gegen Zerstörer und andere Geleitsicherungsfahrzeuge bestimmt war, erfüllte die in ihn gesetzten Erwartungen nicht.

67 »Report of Interrogation of Crew«, S. 1.

68 Gates »Officer of Price Crew«, S. 89. [So auch Hirschfeld *Feindfahrten*, S. 370: »Mich würgt es wieder in der Kehle, und ich sehe, daß der Kommandant Tränen in den Augen hat.«]

69 Kriegstagebuch USS SUTTON, 15. Mai 1945, S. 284.

70 Ebenda, 15. Mai 1945, S. 284; Bulla zitiert bei Gates »Officer of Price Crew«, S. 88.

71 Memorandum von CINCLANT an USS SUTTON, Subject »Delivery of *U-234*«, 16. Mai 1945, Box 531, RG 181, *NANE*. Die drei Geleitzerstörer SUTTON, MUIR und CARTER marschierten nach New York zur Durchführung einer Überholung weiter, während sie auf weitere Befehle warteten.

72 Memorandum des First Naval District, Boston/Massachusetts, an die Wachhabenden Offiziere, Subject »U-Boat Surrenders in Northern Group Waters«, 3. Mai 1945, Box 531, RG 181, *NANE*.

73 Schreiben von Capt. V.D. Herbster, USN, an Lt. Charles Winslow, Kommandant USCG ARGO »Persönlich und vertraulich«, 12. Mai 1945, Box 531, RG 181, *NANE*.

74 Geheimes Kriegstagebuch der Northern Group, Mai 1945, »*U-234*«, Box 56/C/R45, *NHC*

4. Kapitel: Portsmouth

1 Memorandum von Capt. V.D. Herbster, Assistant Commandant (Operations), Eastern Sea Frontier an Commandant, First Naval District, Subject »Surrender of German Submarines«, 5. Mai 1945, Geheimes Kriegstagebuch der Northern Group, Mai 1945, Box 56/C/R45, *NHC*.

2 »Operational Order 3-34: Press Task Unit«, 5. Mai 1945, Geheimes Kriegstagebuch der Northern Group, Mai 1945.

3 Telegramm der Western Union vom Commander Eastern Sea Frontier an Commmander Northern Group, 11. Mai 1945, Box 531, RG 181, *NANE*.

4 »Operational Order PRO-2/0555« von Commandant First Naval District an Commandant Portsmouth Navy Yard, Subject »Surrendered German Submarines, Cooperation with Working Press and Radio in Covering«, 11. Mai 1945, Box 531, RG 181, *NANE*.

5 Vertrauliches Telegramm vom Commander Northern Group, Eastern Sea Frontier, an ARGO, Subject »Delivery of Enemy Subs«, 11. Mai 1945, Box 531, RG 181, *NANE*.

6 *Portsmouth Periscope*, 9. Juni 1945, S. 3.

7 Memorandum von Commander Northern Group an ARGO, Subject »Surrender Stories«, 11. Mai 1945, Box 531, RG 181, *NANE*.

8 Memorandum von Commandant [1. Marinebezirk] an Commanding Officer of the Naval Air Bases, Subject »Photos of Enemy Subs«, 12. Mai 1945, Box 531, RG 181, *NANE*.

9 Robert G. Kennedy »Nazis Won't Talk to Newsmen; Two More Subs Due«, *Portsmouth (N.H.) Herald*, 16. Mai 1945, S. 1(A)

10 Memorandum von Commander Eastern Sea Frontier an Commander Task Group 2.1, Subject »Interviewing of Prisoners«, 13. Mai 1945, Box 531, RG 181, *NANE*.

11 Memorandum von SUTTON an COMINCH und CINCLANT, Subject »Info on *U-234*«, 15. Mai 1945, Box 531, RG 181, *NANE*.

12 Memorandum von COMINCH [CINCLANT ?] an CESF, Subject »Disposition of 234 Prisoners«, 15. Mai 1945, Box 531, RG 181, *NANE*.

13 Sidney M. Shalett »Huge Nazi Sub Seized in Flight to Japan; Three Luftwaffe Chiefs, Two Dead Japs Aboard« im *Boston Herald*, 17. Mai 1945, S. 1/2(A).

13a In erster Linie sind hier die modernen U-Bootstypen XXI und XXIII (»Elektroboote«) zu nennen, die noch vor Kriegsende bereits einsatzbereit zur Verfügung standen und den amerikanischen Nachrichtendiensten ebenfalls bekannt waren. Bei den Walter-Booten – Kreislaufbetrieb für Dieselmotoren bei Unterwasserfahrt mit H_2O_2 als Sauerstoffträger – handelte es sich noch um Versuchsboote verschiedenen Typs, wie z.B. Typ XVII. Zur Vertiefung siehe Eberhard Rössler *Geschichte des deutschen U-Bootbaus*, 2. Auflage, Bernard & Graefe Verlag, Koblenz 1987, Bd. 2, S. 279 ff. (Walter-Boote), 357 ff. (Typ XXI) und 363 ff. (Typ XXIII).

14 T.W. Nazro »War Diary Entry«, 14. Mai 1945, Box 56/C/R45, *NHC*.

15 Carlyle Holt »Big U-Boat Taken by US; Two Jap Suicides Aboard«, ungenannte Zeitung, 17. Mai 1945, File »*U-234* and General«, *PNS*.

16 SRS 1645, 22. April 1945, *MDS MAGIC*. Botschafter Kase riet im Hinblick auf die Unterstützung der vermuteten Flucht der deutschen Führer nach Japan zur Vorsicht. Er legte dar, dass angesichts des »grimmigen und entsetzlichen Feldzuges«, den die Alliierten gegen Deutschland führten, »eine Identifizierung [mit den Nationalsozialisten] bis zum bitteren Ende so weit wie möglich vermieden werden sollte«.

17 Lester Allen »Find Three Nazi Chiefs in U-Boat« in *Boston Post*, 17. Mai 1945, S. 1(A).

18 »Hint Tops of Nazi Biggies Bound Here on Seized Sub« in *Boston Daily Record*, 19. Mai 1945, S. 3(A).

19 »Fourth U-Boat Due Today« in *Boston Herald*, 19. Mai 1945, S. 1.

20 Lester Allen »Big Hunt on for Hitler in U-Boat« in *Boston Post*, 18. Mai 1945, S. 1(A).

21 »Log of Public Relations – Restricted«, 17. Mai 1945, Box 531, RG 181, *NANE*. Cdr. N.R. Collier, der Leiter der Presseabteilung beim 1. Marinedistrikt in Boston, meinte, dass der hochrangige Offizier ein Captain Smedburg, USN, aus Ingrams Stab war.

22 Ebenda.

23 Memorandum von Cdr. N.R. Collier, USN, First Naval District, an Captain Herbster, USN, Deputy Commander Northern Group, Subject »Publicity on Surrender of *U-234*«, 18. Mai 1945, Box 531, RG 181, *NANE*.

24 Telefongespräch zwischen Capt. V.D. Herbster, USN, und Commodore Kurtz, USN, 18. Mai 1945, Box 531, RG 181, *NANE*.

25 Hirschfeld, Brief an den Verfasser, 4. Februar 1996.

26 Johann Fehler/A.V. Sellwood *Dynamite for Hire: The Story of Hein Fehler*, S. 200. Fehler berichtete ein Beispiel: Weil er sich weigerte, den Wachposten der US-Küstenwache anzulächeln, schlug ihm dieser mit dem Kolben der Maschinenpistole in den Kiefer.

27 *Portsmouth (N.H.) Herald*, 21. Mai 1945.

28 Wolfgang Hirschfeld/Geoffrey Brooks *Hirschfeld: The Story of a U-Boat NCO, 1940-1946*, S. 216. [Zur Behandlung an Bord der ARGO siehe Hirschfeld *Das letzte Boot*, S. 9.]

29 Memorandum von Lt.(jg) M.T. Brunner, USNR, an Commander Naval Intelligence, 15. Mai 1945, Box 13, RG 38, *NA*.

30 Verschlüsseltes Memorandum, bestätigt durch Brunner, an USCG ARGO, 16. Mai 1945, Box 13, RG 38, *NA*.

31 Memorandum von Rear Admiral Winters, Commandant Portsmouth Navy Yard, an OTC Surrender Unit, Northern Group, Eastern Sea Frontier, Subject »Receipt of Prisoners«, 19. Mai 1945, Box 531, RG 181, *NANE*.

32 Hirschfeld/Brooks *Hirschfeld*, S. 216 [vgl. Hirschfeld *Feindfahrten*, S. 371, und *Das letzte Boot*, S. 10f.].

33 Ebenda.

33a Hirschfeld schrieb darüber: »Eines Tages kommt der Erste Offizier der SUTTON und fragt uns, ob wir Dokumente, persönliche Papiere und Wertsachen abgeben wollten, die wir bei der Entlassung wieder ausgehändigt bekommen. In Portsmouth würden wir an das Heer abgegeben werden, da die Marine keine Gefangenen behalten dürfe, und was das Heer abnehme, würden wir bestimmt nicht wiedersehen. Ich gebe mein Soldbuch und mein Funkzeugnisbuch ab; es sind tatsächlich die einzigen Sachen, die mir später aus Washington direkt wieder zugestellt werden.« Hirschfeld *Feindfahrten*, S. 371. Siehe auch Hirschfeld *Das letzte Boot*, S. 12f.

34 Memorandum von Op-16-Z an Op-16, Subject »Souvenirs from Enemy U-boats«, 1. Juni 1945, Box 1 RG 38, *Na*.

35 Memorandum von Jack H. Alberti, Office of the Chief of Naval Operations, an Capt. John L. Riheldaffer, Subject »Report on Events at Portsmouth Naval Yard in Connection with the Surrender of German Submarines *U-234*, *U-805*, *U-873* und *U-1228*«, 22. Mai 1945, Box 13, RG 38, *NA*.

36 Ebenda.

37 Ebenda. Obwohl beim Wachpersonal, das gestohlene Gegenstände zurückgab, Milde waltete, erstreckte sich dies nicht auf die vielen Werftarbeiter, die an Bord von *U 234* tätig waren. Am 21. Mai wurde ein Angehöriger eines Arbeitskommandos festgestellt, der einen Pack deutscher Spielkarten in seinem Besitz hatte. Er wurde verhaftet und von Rear Admiral Winters vor ein Kriegsgericht gestellt.

38 Telefongespräch zwischen Herbster und Kurtz, 18. Mai 1945.

39 Memorandum von Herbster an Rear Admiral Winters, 18. Mai 1945, Box 531, RG 181, *NANE*; Memorandum von Lt.(jg) F.H. Hanbury, USNR, an Lt.-Cdr. T. Hatton, 17. Mai 1945, Box 13, RG 38, *NA*.

40 Edward Lundquist »What If the Germans Had Listened to U-Boat Skipper?«, *The Dolphin*, 30. September 1983, S. 18/19. Fritz Steinhoffs Bruder war Dr. Ernst Steinhoff, der wie sein Bruder ein führender Verfechter des Unterwasserstarts von Flugkörpern war. Nach dem Kriege arbeitete Dr. Steinhoff am »Polaris«-SLBM-Programm der US-Marine mit.

41 Johann Heinrich Fehler (Hamburg), Brief an Wolfgang Hirschfeld (Plön i.H.) vom 3. Februar 1981, *UBA*.

42 Zitiert nach Louis M. Lyons »Nazi Prisoners to Stay Here Awhile« in *Providence (R.I.) Sunday Journal*, 13. Mai 1945, S. 4(A).

43 Joseph M. Scalia »History, Archaeology and the German Prisoner of War Experience in Rural Louisiana: The Ruston Alien Internment Facility, 1943-1945« in *Louisiana History: The Journal of the Louisiana Historical Association*, Nr. 38 (Sommer 1997), S. 314.

44 Liste der als politisch Verdächtige eingestuften Angehörigen aus der Besatzung von *U 234*, Box 13, RG 38 *NA*. Peter Wiesmeyer wurde als der Anführer der nationalsozialistisch eingestellten Gruppe von *U 234* angesehen. Erste ONI-Beurteilungen stuften ihn als einen »etwas psychopathischen Fall, möglicherweise fanatischen Typ [ein, der] übermäßig bestrebt [ist] zu gefallen«.

45 Raum-Abhörgespräch zwischen Menzel und Schlicke, 26. Mai 1945, 19.30 Uhr–19.50 Uhr, Box 515, RG 165, *NA*.

46 Telefongespräch zwischen Herbster und Kurtz, 18. Mai 1945, Box 531, RG 181, *NANE*.

47 Siehe Hirschfeld/Brooks *Hirschfeld*, S. 218.

47a Vgl. Hirschfeld *Feindfahrten*: Zurückgeblieben an Bord waren Kptlt. (Ing.) Ernst, der LI, die Obermaschinisten und einige Maschinenmaate (S. 373). Aus dem Gefängnis in Portsmouth wurden auf Veranlassung von Capt. Hatton, dem verantwortlichen Offizier des Marinenachrichtendienstes, nur die Seemännische Nr. 1, Bootsmann Peter Schölch, und Oberfunkmeister Wolfgang Hirschfeld zurück an Bord gebracht, während die gesamte übrige Besatzung wie oben beschrieben sofort in Gefangenenlager kam (S. 372, 374). Diese Restbesatzung wohnte auf einem alten Marineprahm und blieb bis zum 8. August 1945 an Bord. Danach wurde sie ebenfalls dem Heer überstellt und in ein Gefangenenlager gebracht (S. 376/377).

48 Memorandum von Jack H. Alberti an Capt. John L. Riheldaffer, Subject »*U-234*«, 24. Mai 1945, S. 1, Box 4, RG 38, *Na*.

49 Memorandum von Chief of Naval Operations (CNO) und Commander-in-Chief Atlantic Fleet (CINCLANT) an Commander First Naval District, Subject »*U-234* Cargo, Disposition Of«, 23. Mai 1945, Box 531, RG 181, *NANE*.

50 Memorandum von Chief of Naval Operations (CNO) an Commander Portsmouth Navy Yard, Subject »Mine Tubes, Unloading Of«, 27. Mai 1945, Box 531, RG 181, *NANE*.

51 Geoffrey Brooks »The Voyage of the German Submarine *U-234* during the Period March-May 1945 and Its Historical Implications«, unveröffentlichter Aufsatz, beigefügt einem Brief von Wolfgang Hirschfeld (Plön i.H.) an den Verfasser vom 16. Mai 1996. Bootsmann Peter Schölch, der das Entladen überwachte, kannte die Örtlichkeit des Uranoxids, teilte diese Kenntnis jedoch den Amerikanern nicht mit.

52 Hirschfeld, Brief an den Verfasser vom 16. Mai 1996. Pfaffs Zusammenarbeit mit ONI blieb nicht geheim. Nach dem Verlassen von Fort Meade wurde er deshalb in Schutzgewahrsam genommen und kam in ein »Anti-Nazi«-Gefangenenlager in Louisiana. Nach seiner Entlassung aus der Gefangenschaft hielt er sich nur für kurze Zeit in Deutschland auf und kehrte dann in die Vereinigten Staaten zurück. In offensichtlicher Anerkennung seiner vorhergehenden Zusammenarbeit vollzog sich seine Einwanderung einfach und rasch.

53 Ebenda.
54 Memorandum »Mine Tubes, Unloading Of«; Memorandum vom CNO an Commander Portsmouth Navy Yard, Subject »Cargo *U-234*, Information On«, 28. Mai 1945, Box 531, RG 181, *NANE*.
55 Alexander W. Moffat *A Navy Maverick Comes of Age*, S. 136.
56 »Manifest of Cargo for Tokio [sic] an Board *U-234*«, 26. Juni 1945, Microfiche F-3160, *NHC*.
57 Richard E. Winslow *Portsmouth-Built: Submarines of the Portsmouth Naval Shipyard*, S. 93; Memorandum an OP-20-3-G1-A »Cargo Unloading List for *U-234* at Portsmouth, New Hampshire, on and from 23 May 1945«, 23. Mai 1945, Box 13, RG 38, *NA*.
58 Anthony Pritchard *Messerschmitt*, S. 46/47. Die Me 209 hält bis heute den absoluten Geschwindigkeitsrekord für Kolbenmotoren, den Flugkapitän Fritz Wendel am 26. April 1939 nach Deutschland holte. [Diesen Weltgeschwindigkeitsrekord erzielte die Me 209 V-1, einer der drei zu diesem Zweck gebauten Prototypen. Das Flugzeug trug allerdings damals die Bezeichnung »Me 109 R« – die heute noch in den offiziellen Rekordlisten steht –, um den Anschein hervorzurufen, diesen Rekord hätte der damalige deutsche Standardjäger Me 109 erzielt. Im April 1944 wurde mit der Me 209 V-5 ein Prototyp für die Serienfertigung (Me 209 A-2) fertiggestellt. Danach wurde die Entwicklung zugunsten des Standardjägers Fw 190 abgebrochen. Diese Pläne befanden sich an Bord von *U 234*. Siehe Heinz J. Nowarra *Die deutsche Luftrüstung 1933–1945*, Teil 3, S. 215ff.]
59 »Material sent to Wright Field«, ohne Datum, »Records of *U-234*; Aircraft Drawings and Drawing Lists«, Box 3, RG 38, *NA*.
60 »ONI Routing Slips«, File »AAF: Final to Wright Field«, Box 7, RG 38, *NA*.
61 Memorandum von Col. Russell H. Sweet an Division of Naval Intelligence zur Unterrichtung von Capt. John L. Riheldaffer, Subject »Captured Documents and Interrogation of Personnel on German Submarine *U-234*«, 26. Mai 1945, File »Miscellaneous«, Box 3, RG 38, *NA*.
62 Memorandum von Captain Phelan an Commander Watson und Lieutenant Noble, Subject »Disposition of Material from *U-234*«, 4. August 1945, Box 5, RG38, *NA*.
63 Memorandum von Alberti an Riheldaffer, 24. Mai 1945, S. 2 und 6, Box 5, RG 38, *NA*.
64 Memorandum von Chief of Naval Operations (CNO) an Commander Portsmouth Navy Yard, Subject »POW and Fuses from *U-234*«, 25. Mai 1945, Box 531, RG 181, *NANE*.
65 Memorandum von Alberti an Riheldaffer, Subject »Report on Events at Portsmouth«, 22. Mai 1945, Box 56/C/R45, *NHC*. Erich Menzel bestätigte Albertis Bericht und beklagte sich in der Zelle darüber, dass es ihm nicht gestattet worden war, auch nur eine Flasche »Hennesey« vom Boot mitzunehmen.
66 Ebenda.
67 Ebenda.
68 Memorandum von Production Officer an Planning Officer, Subject »Stability of *U-234*«, 28. Mai 1945, Box 531, RG 181, *NANE*.
68a Hinsichtlich Captain Hattons Besorgnis über »eingebaute Boobytraps« entspann sich folgender Dialog mit Hirschfeld: »Als ich ihn [Hatton] nicht gleich verstehe, denn das Wort ist mir fremd, erklärt er mir, daß damit ein versteckter Sprengkörper gemeint ist. Jetzt muß ich doch lachen. „Also sind auch Sie ein Opfer ihrer eigenen Propaganda", sage ich. „Nun, ja", sagt er ganz ernst. „Wenn Sie immer etwas eingehämmert bekommen, bleibt doch schließlich etwas hängen. Das ist die Methode der Propaganda."« – Die Angst vor Sprengfallen war so groß, dass auf *U 234* wochenlang die umfangreiche Tiefkühllast nicht geöffnet wurde. Erst nachdem die deutschen Seeleute »den Amerikanern hoch und heilig versprochen hatten, daß kein »Boobytrap« eingebaut« wäre, konnte die Last geöffnet und das bestialisch stinkende, verwesende Fleisch entfernt werden. Siehe Hirschfeld *Das letzte Boot*, S. 18 und 43.
69 Memorandum von Chief of Naval Operations (CNO) an Commander First Naval District, 26. Juni 1945, Box 531, RG 181, *NANE*.
70 Lee A. White, zitiert in Robert K. Wilcox *Japan's Secret War: Japan's Race against Time to Build Its Own Atomic Bomb*, S. 160.
71 Memorandum von Commandant an Captain Phelan, Subject »Captured Enemy Equipment«, 5. Juli 1945, Box 531, RG 181, *NANE*.
72 Memorandum von Commandant an Bureau of Ships [im Marineministerium, auf deutscher Seite vergleichbar dem Amt Kriegsschiffbau im OKM], 8. August 1945, Box 531, RG 181, *NANE*.

5. Kapitel: Der General

1 Vernehmungsbericht Ulrich Keßler, 22. Mai 1945, S. 3, Box 495, RG 165, *NA*.

2 SRS 1650, 27. April 1945, S. 3, *MDS MAGIC*; SRS 1646, 23. April 1945, S. 9, *MDS MAGIC*. Während der Funkspruch vom 20. April andeutete, dass sich Keßler bereits mit einem U-Boot auf dem Wege nach Japan befand, räumte in einer Anmerkung zur Zusammenfassung am 23. April die nachrichtendienstliche Überwachung ein, dass es keinen weiteren Beweis gab, der den Schluss zuließ, dass er sich zur Durchführung seines Auftrags tatsächlich eingeschifft hatte – oder wenn dies bereits der Fall war, an Bord welchen Unterseebootes er unterwegs war.

3 »Preliminary Report on Interrogation of General Ulrich Kessler«, 30. Mai 1945, File »Kessler, Ulrich«, Box 495, RG 165, *NA*.

3a Vermutlich in der II. Marinebrigade, die nach ihrem Führer, dem KKpt. H. Ehrhardt, als »Brigade Ehrhardt« bekannt war. Dieses Freikorps unterstützte im März 1920 den gegen die Regierung gerichteten Kapp-Putsch, zu dessen Führern auch der General v. Lüttwitz gehörte. Nach dem Scheitern des Putsches wurde die Brigade im April/Mai 1920 aufgelöst.

4 Wie Anm. 3: Ebenda, S. 3. Keßler machte geltend, dass sein erster Aufsatz häufig von amerikanischen Fachleuten zitiert wurde, die sich mit Organisationsfragen beschäftigten. Sein zweiter Aufsatz befasste sich mit Winston Churchill als damaligem Marineminister und verteidigte den späteren britischen Premierminister gegen die Kritik an dessen Rolle, die er in der Gallipoli-Niederlage spielte.

5 Johann Heinrich Fehler/Arthur V. Sellwood *Dynamite for Hire: The Story of Hein Fehler*, S. 180.

6 »Preliminary Report on Interrogation of General Ulrich Kessler«, S. 3.

7 Ebenda, S. 4.

7a Göring hatte Keßler als Generalstabschef der Luftwaffe vorgesehen, um in dieser Eigenschaft den Luftkrieg gegen Großbritannien zu führen. Zur Vorbereitung sollte er als Luftattaché nach London gehen. Am 11. September 1969 schrieb Ulrich Keßler an Prof. Burdick: »In einer mehr als anderthalbstündigen Unterredung versuchte ich, Göring klar zu machen, daß sich die Verhältnisse für uns gegenüber 1914/18 nicht geändert hätten, daß ein Krieg gegen eine Seemacht immer ein sehr langer Krieg bedeute, daß hinter England die USA ständen und daß wir diesen Krieg verlieren müßten, wenn wir ihn begännen.« Er machte Göring außerdem klar, dass auch Italien keine Entlastung für Deutschland sei. Schon Bismarck habe festgestellt, dass Italien der Gefangene des Mittelmeers sei und im Falle eines Krieges vielmehr Deutschlands Hilfe benötigen würde. Zitiert nach Sönke Neitzel *Der Einsatz der deutschen Luftwaffe über dem Atlantik und der Nordsee 1939–1945*, Bernard & Graefe Verlag, Bonn 1995, S. 13/14 (einschl. Anm. 27).

7b Sönke Neitzel, ebenda, S. 189, beschreibt die Ablösung Keßlers so: »Am 15. März 1944 trat Keßler sein neues Amt als Chef einer nach Tokio beorderten Luftwaffendelegation an. Anfang April erhielt er das Deutsche Kreuz in Gold und wenige Tage später das Ritterkreuz. Hinter diesen Fakten verbirgt sich die Abschiebung eines unbequem gewordenen Offiziers. Keßler hatte Anfang Februar 1944 versucht, mit Hitler die aussichtslose Lage bei seiner Dienststelle zu besprechen. Ihn gelang es jedoch nicht, zu Hitler vorzudringen; und er kehrte verbittert auf seinen Gefechtsstand zurück. Der aufrichtige Offizier, der so offen seine Meinung sagen wollte, wurde abgesetzt, hoch ausgezeichnet und sollte die abgelegenste Aufgabe übernehmen, die die Luftwaffe zu bieten hatte: den Luftwaffenattachéposten in Tokio. Sein Nachfolger, Generalleutnant Holle [der Kommandeur des X. Fliegerkorps, der bereits zur Kommandoübernahme eintraf, noch ehe die Luftwaffenführung Keßler von seiner Ablösung unterrichtet hatte], ein unbeliebter »Durchhalteoffizier«, entsprach eher den Vorstellungen der Luftwaffenführung.«

8 »Preliminary Report on Interrogation of General Ulrich Kessler«, S. 4.

9 Vernehmungsbericht Ulrich Keßler, 22. Mai 1945. Zusätzlich zu den Informationen über militärische Bereiche und die militärische Zusammenarbeit zwischen Deutschland und Japan offenbarte Keßler, dass er von politischen Vorgängen Kenntnis besäße, wie etwa der japanisch-sowjetische Informationsaustausch in der Türkei, die Erschießung deutscher Agenten in Japan, deutsch-sowjetische Friedensangebote aus den Jahren 1943/44 und Einzelheiten der Verschwörung vom 20. Juli 1944 mit dem Attentatsversuch auf Hitler.

10 Die jüngste Quelle dieser Information war Nieschling; siehe selbstständiges Vernehmungsgespräch Kay Nieschling, 29. Mai 1945, 19.00 Uhr–23.00 Uhr, Box 522, RG 165, *NA*. Nach dem Vernehmen von Berichten, wonach der Versuchsstart einer Rakete unter Wasser in Österreich sabotiert worden wäre, beklagte sich Nieschling: »Der deutsche Sieg liegt auf dem Grund eines österreichischen Sees.«

11 Vernehmungsbericht Ulrich Keßler, 1. Juni 1945.

12 *The Dolphin*, 30. September 1983, S. 18/19. Deutschland hatte tatsächlich Flugkörper aus einem Unterseeboot gestartet. Im Sommer 1942 schoss *U 511* unter dem Kommando von Kptlt. Fritz Steinhoff erfolgreich eine V-2-Rakete aus einer Tiefe von 23 m nahe Peenemünde ab. Infolge der schwer zu handhabenden Startapparatur und Hitlers mangelndem Interesse wurde das Projekt aufgegeben.

12a Keßler hatte als »Fliegerführer Atlantik« zwei Jahre lang seinen Gefechtsstand in Lorient, d.h. in unmittelbarer Nähe von Kernevél, dem Gefechtsstand von Dönitz und BdU op, so lange sich dieser an der Atlantikküste befand. Daher hatte Keßler mit Sicherheit ausgezeichnete Verbindungen zur U-Bootwaffe. Leider ist von den Nachkriegshistorikern versäumt worden, Keßler über diese Zeit zu befragen, wie dies auch Sönke Neitzel beklagt.

12b Die Versuche, die Kptlt. Steinhoff im Sommer 1942 mit *U 511* vor Peenemünde durchführte, waren inoffizieller Natur, von denen lediglich Dönitz wusste. Ihn interessierte ein etwaiger Einsatz gegen Geleitzüge. Allerdings wurde die Idee wieder fallen gelassen. Im Übrigen waren diese Versuche das Ergebnis von Gesprächen zwischen den Brüdern Steinhoff. Dr. Ernst Steinhoff arbeitete damals am »Wurfkörper 42 Spreng«, einer 30-cm-Flakrakete. Der Unterwasserabschuss erfolgte aus 12 m Tiefe mit Hilfe des »Schweren Wurfgeräts 41«, einem Holzgestell für den Abschuss von sechs Raketen. Insofern sind die Angaben des Verfassers über Versuche mit der V 2 in der Anm. 12 unrichtig. Zum Projekt »Ursel« (eines Überwasser-Flugkörpers gegen Schiffe für den Typ XXI), zum Verschwinden von *U 1053* in norwegischen Gewässern im Februar 1945 (Raketenversuche?) und zur Idee von Schleppkörpern mit der V 2 für Boote vom Typ XXI siehe Näheres bei David Miller *Deutsche U-Boote bis 1945*, Verlag Stocker-Schmid/Motorbuch Verlag, Zürich/Stuttgart 2000, S. 101f.

13 Vernehmungsbericht Ulrich Keßler, 1. Juni 1945.

14 Ebenda, 4. Juni 1945.

15 Clay Blair *Hitler's U-Boat War: The Hunters, 1939–1942*, S. 764–767. 1942 versenkten die deutschen U-Boote 142 alliierte Schiffe mit insgesamt 1,07 Millionen BRT entlang der Atlantik- und der Golfküste der Vereinigten Staaten. [»Der U-Boot-Krieg«, Bd. 1: »Die Jäger 1939–1942«, S. 800–810, insbes. Tabelle 12.]

16 Vernehmungsbericht Ulrich Keßler, 4. Juni 1945, S. 1.

17 SRS 1637, 14. April 1945, S. 3, *MDS MAGIC*. Bereits am 24. März 1945 hatte Admiral Paul Wenneker, der deutsche Marineattaché in Tokio, Berlin gebeten, dem Ersuchen um deutsches Fachpersonal in Japan »unter formeller Anerkennung der Exterritorialität« in Erwartung einer amerikanischen Invasion stattzugeben.

18 Jerome B. Cohen *Japan's Economy in War and Reconstruction*, S. 199.

19 Vernehmungsbericht Ulrich Keßler, 7. Juni 1945, S. 1/2.

20 Ebenda, 28. Mai 1945, S. 4.

21 Ebenda, S. 3, 1. Die Pläne für die Me 262 waren ursprünglich im Dezember 1944 mit einem Unterseeboot nach Japan gesandt worden, aber das U-Boot war in See verloren gegangen. Keßler räumte ein, dass Berlin die japanischen Erprobungsflüge »völlig unerwartet und rein zufällig« festgestellt hatte.

22 Ebenda, 7. Juni 1945, S. 4. Die Andeutung eines Erprobungsfluges mit Triebwerk wies eher auf japanische Fortschritte bei Turbostrahltriebwerken hin als auf aeronautisch gute Ergebnisse, die ein Gleiter-Flug erbrachte.

22a Der Verfasser lässt vermutlich außer Acht, dass es sich bei der Me 163 in der Hauptserienversion B-1 um den ersten einsatzfähigen Raketenjäger der Welt handelte, nicht um einen Düsenjäger mit Turbostrahltriebwerk wie die Me 262. Die gelungene Konstruktion stammte von Prof. Lippisch von der DSF, besaß einen Raketenmotor HWK 109-509 B-1 mit 2000 kp Standschub von Prof. Hellmuth Walter und war mit zwei 3-cm-Bordkanonen MK 108 (je 60 Schuss Munition) bewaffnet. Dieses Flugzeug – im damaligen Jargon »Kraftei« genannt – war ein Objektschutzjäger und kam zum Schutz der Leuna- und der Pölitzer-Hydrierwerke bei Leipzig bzw. bei Stettin zum Einsatz. Die Me 163 erreichte nach dem Start mit ihrem Raketenmotor eine Gipfelhöhe von 15.200 m und ging danach in den antriebslosen Gleitfug über. Nach ihrem Einsatzflug brachte ein restlicher Treibstoffvorrat für ca, 2,5 min die Maschine zum heimatlichen Fliegerhorst zurück. Daher musste die Me 163 auch ein hervorragender Gleiter sein. Siehe Jeffrey Ehtell/Alfred Price *Strahlflugzeuge 1939–1945*, S. 71ff., und Heinz J. Nowarra *Die deutsche Luftrüstung 1933–1945*, Teil 3, S. 164f., 266f.

23 Vernehmungsbericht Ulrich Keßler, 7. Juni 1945, S. 4. Bis zur Freigabe der Geheimhaltung für die Vernehmungsakten Keßlers durch die National Archives and Records Administration stimmte die Mehrheit

der Historiker mit Cohen (*Japan's Economy*, S. 217) überein, dass Japan bis zum Juli 1945 keinen Erprobungsflug mit der Me 163 durchgeführt hatte.

24 Ebenda, 7. Juni 1945, S. 2

25 Ebenda, 9. Juni 1945, S. 2. Nach Keßlers Ansicht hatte die Luftschlacht um England 1940 der Luftwaffe das Rückgrat gebrochen, ein Aderlass, von dem sie sich nie wieder erholte.

26 Ebenda, S. 1/2. Der Bomber vom Typ De Havilland »Mosquito« XVI hatte eine Dienstgipfelhöhe von 11.887 m und eine Höchstgeschwindigkeit von 668 km/h. Bei der Me 163 lauteten diese Angaben 15.200 m bzw. 949 km/h und bei der Me 262 betrugen sie 11.400 m bzw. 869 km/h. [Der damalige Kolbenmotor-Jäger in der Version Fw 190 A-5 brachte es auf 10.500 m bzw. 665 km/h.]

27 Ebenda, S. 1. Diese Angriffstaktik erwies sich als besonders wirkungsvoll, wenn sie von der kleineren und wendigeren Me 163 angewendet wurde. [Dafür waren die geringe Flugausdauer und die schlechten Lande-Eigenschaften andere Nachteile.]

28 Ebenda, 25. Juni 1945, S. 7.

29 Ebenda, 28. Mai 1945, S. 8.

30 John Prados *Combined Fleet Decoded: The Secret History of American Intelligence and the Japanese Navy in World War II*, S. 716. Mit der »Oka« (Kirschblüte) wurde die japanische 721. Fliegergruppe ausgerüstet. Sie tauchte zum ersten Mal im April 1945 während der Kämpfe um Okinawa auf.

30a Die Yokosuka MX Y 8 »Oka« war eine »bemannte« fliegende Bombe mit 5 m Spannweite, 6 m Länge und einer Sprengladung von 1000–1300 kg. Nach dem Ausklinken durch ein Trägerflugzeug zündete der Pilot drei Antriebsraketen, um sich dann wie die »Kamikaze«-Flieger mit dieser fliegenden Bombe ins Ziel zu stürzen. Ploetz *Geschichte des Zweiten Weltkrieges*, Teil 2: *Die Kriegsmittel*, S. 282, und Jeffrey Ehtell/Alfred Price *Strahlflugzeuge 1939–1945*, S. 149ff.

31 Vernehmungsbericht Ulrich Keßler, 28. Mai 1945, S. 4. Die »Mistel« bestand aus einer über Funk ferngesteuerten Me 109, die von einem Bomber des Typs Ju 188 ins Gefecht transportiert wurde. Der Rumpf der Me 109 war in Wirklichkeit eine Bombe, entworfen, um beim Auftreffen sich in verflüssigtem Stahl aufzulösen. *Baka* war der Kodename, den der Nachrichtendienst der US-Marine der »Oka« gegeben hatte. Dies ist ein japanisches Wort und bedeutet »Narr«. Cohen *Japan's Economy*, S. 217.

31a Die 1942/43 entwickelten *Mistelflugzeuge* (auch Huckepack- oder Beethoven- oder Vater-und-Sohn-Flugzeuge genannt) sollten wichtige Einzelobjekte mit großer Sprengladung angreifen und vernichten. Sie bestanden aus zwei Flugzeugen: Unten ein Trägerflugzeug (in der Regel eine ausrangierte Ju 88), das eine ca. 3800 kg schwere Sprengladung bzw. eine Hohlladung im Rumpf hatte und oben ein Leitflugzeug (eine Me 109 oder Fw 190) trug, die beide mechanisch miteinander verbunden waren. Beim Anflug liefen nur die Motoren des Trägerflugzeuges, während das Gespann vom Leitflugzeug aus gesteuert wurde (ca. 2000 km Reichweite bei 380 km/h Geschwindigkeit). In Zielnähe wurde die Verbindung zwischen den Flugzeugen gelöst, der Motor des Leitflugzeuges angelassen und das Trägerflugzeug vom Leitflugzeug aus über Funk ins Ziel gelenkt. Ploetz *Geschichte des Zweiten Weltkrieges*, Teil 2: *Die Kriegsmittel*, S. 186. Zur Vertiefung siehe Arno Rose *Mistel – Die Geschichte der Huckepack-Flugzeuge*, Motorbuch Verlag, Stuttgart 1981. Zur Hohlladung in der Ju 88 (charakteristisch der »Elefantenrüssel« mit dem Aufschlagzünder anstelle der Kanzel) ebenda, S. 86: »Sobald die Zünder an der Spitze des »Elefantenrüssels« die Bodenzünder der Hohlladung elektrisch aktiviert hatten, verlief das Abbrennen der ausgehöhlten Sprengstoffmasse von hinten nach vorne. Dabei schmolz … zuerst der zentrale Punkt des Weichmetalleinsatzes [Kupfer, Aluminium, Zinkspritzguss] ab und jagte an der Spitze der nun mit ungeheurer Gewalt vorschießenden Stichflamme nach vorne, durchschlug Panzerungen oder Wandungen feindlicher Ziele und verschaffte sich Bahn ins Innere.« Auf ähnliche Weise funktionierte auch das Geschoss der bereits erwähnten »Panzerfaust«.

31b Zur V 1 siehe oben Anm. Oa zur Einleitung. Gegen Kriegsende erfuhr die V 1 einen Umbau unter der Bezeichnung Fieseler Fi 103/R 3 »Reichenberg«, vorgesehen zum Einsatz als Rammjäger gegen alliierte Bomberverbände. Der Umbau bestand im Wesentlichen im Einbauen einer Pilotenkanzel. Allerdings gelangte diese Version nicht mehr zum Einsatz. Heinz J. Nowarra *Die deutsche Luftrüstung 1933–1945*, Teil 4, S. 55f.

32 Vernehmungsbericht Ulrich Keßler, 28. Mai 1945, S. 5.

33 Ebenda, S. 8.

33a Am 7. April 1945 fand das Unternehmen »Werwolf« statt: Einsatz von 183 Rammjägern vom Typ Me 109 des *Sonderkommandos Elbe* gegen den Großeinflug der 8. USAAF. Sicherung der Me 109 durch Düsenjäger

Me 262 des JG 7 und der I./KG 54 (J). Bei der sich entwickelnden Luftschlacht über dem Steinhuder Meer westlich von Hannover erlitten die Rammjäger 133 eigene Totalverluste (77 Piloten gefallen). Die 8. USAAF verlor durch die Rammjäger 23 ihrer viermotorigen Bomber. Die Düsenjäger erzielten 28 weitere Abschüsse. Andreas Hillgruber/Gerhard Hümmelchen *Chronik des Zweiten Weltkriegs*, S. 276.

34 Vernehmungsbericht Ulrich Keßler, 1. Juni 1945, S. 1.

35 Ebenda.

36 Ebenda.

37 Ebenda.

38 Ebenda, 20. September 1945, S. 1/2.

38a Göring hatte im Juni 1918 die Nachfolge Richthofens nach dessen Tod als letzter Kommandeur des Jagdgeschwaders 1 »Freiherr von Richthofen« angetreten. Der »Pour le mérite«, genannt der »blaue Max«, den er bereits zu einem früheren Zeitpunkt erhalten hatte, war der höchste preußische Kriegsorden, eine 1740 von Friedrich dem Großen gestiftete Tapferkeitsauszeichnung, die der deutsche Kaiser Wilhelm II. als preußischer König im 1. Weltkrieg verlieh.

39 Ebenda.

40 Ebenda, S. 1.

40a Messe-Späße sind grundsätzlich tabu. Diese alte Tradition der Marine gilt noch heute und sie galt auch im August 1935, als der damalige Generaloberst Göring am Flottenartillerieschießen teilnahm.
Hans Georg Prager, ein renommierter deutscher Marinehistoriker, beschreibt den Vorfall im Standardwerk über das Panzerschiff so: Ein zeitweilig aufkommender Sturm ließ die DEUTSCHLAND heftig arbeiten. »Der Generaloberst wird von Seekrankheit erfaßt und läuft an Deck hinaus, um Neptun einen Tribut zu zollen. Aber mangels seemännischer Erfahrung begibt sich Göring nicht ausreichend in Lee. Ein Windstoß verunreinigt seine Uniform auf wenig attraktive Weise. „Hermann" – als ausgesprochen uniformfreudig und eitel bekannt – ist der Vorfall äußerst unangenehm … [und] der schlechte Zustand infolge Seekrankheit macht „den Dicken" unleidlich.
In Deutschland wird seit 1933 das Gerücht kolportiert, der Herr Reichsluftfahrtminister besitze eine große Portion Humor. … Diese Behauptung wird leider von einem jungen Leutnant der DEUTSCHLAND für bare Münze genommen … und [er] arrangiert nach Beendigung der Seereise zum Abschied eine kleine, übermütige Zeremonie in der Offiziersmesse … [wie oben beschrieben]. Wider Erwarten schnappt Göring ernsthaft ein … und fordert beim Kommandanten sofortige strenge Bestrafung des vorlauten Offiziers – wegen „Insubordination"«
Dies lehnte KptzS. v. Fischel ab. Göring geriet in Zorn, brüllte den Kommandanten an und berief sich auf seinen Befehl als General. Der Seeoffizier, dem diese Szene widerlich ist, verwies Göring an den ebenfalls an Bord befindlichen ObdM, Admiral Raeder. »Aber auch Raeder lehnte die Bestrafung des Leutnants aus grundsätzlichen Erwägungen ab.« Hans Georg Prager *Panzerschiff DEUTSCHLAND – Schwerer Kreuzer LÜTZOW*, Koehlers VerlagsGmbH, Herford 1981, S. 150ff.

41 William L. Shirer *The Rise and Fall of the Third Reich: A History of Nazi Germany*, S. 372–375 [»Aufstieg und Fall des Dritten Reiches«, S. 352ff.].

42 Ebenda, S, 907 und 1018 [ebenda, S. 929, 826f. und 930].

43 Ebenda, S. 1019 [ebenda, S. 930ff.]. Die von Canaris' Abwehr gelieferte britische Bombe war geschickt konstruiert. Sie hatte kein verräterisches Uhrwerk. Durch einen einfachen Druck auf den Kopf des Zünders wurde eine kleine Flasche zerbrochen, aus der eine ätzende Flüssigkeit entströmte. Wenn die Flüssigkeit einen Draht, der den Schlagbolzen hielt, zerfraß, musste der Schlagbolzen nach vorn schnellen und das Zündhütchen der Sprengladung zünden. Letzteres hatte versagt. [Ebenda, S. 932/933.]

44 Vernehmungsbericht Ulrich Keßler, 28. Mai 1945, Subject »Information re Political Alibi of General der Flieger Kessler«, S. 2.

45 Ebenda, S. 3.

46 Ebenda, S. 3/4, 7.

47 Nagamori Yoshio »Erinnerungen an zwei japanische Offiziere, die den Heldentod im Atlantik starben«, S. 5, Bd. 2, *UBA*.

48 Brief von Louise W. Boothe (Lenox/Mass.) an Admiral Train, Director of the Office of Naval Intelligence, 21. Mai 1945, Box 495, RG 165, *NA*.

6. Kapitel: Das Problem der Luftverteidigung

1 Memorandum von Op-16-Z an Op-16-PT, Subject »Passengers on *U-234*, Now Prisoners of War, Available for Interrogation«, 29. Mai 1945, S. 1–3, Box 13, RG 38, *NA*.

2 SRS 1054, 12. August 1943, S. 9, *MDS MAGIC*. Oshima beschrieb die Bombardierungen als »äußerst unmenschlich. ... [Die Briten] benutzten flüssiges Feuer, zusammengesetzt aus Benzol, Benzin, Gummi und Phosphor. Dies war praktisch dasselbe, als ob sie Giftgas verwendet hätten.« [Anm.d.Ü.: Tagsüber griffen die Bomber der 8. USAAF mit Sprengbomben und ebenfalls mit Phosphorkanistern an, aus denen tatsächlich flüssiges Feuer regnete, um die Löscharbeiten der nachts durch die RAF verursachten Brände zu verhindern und sie weiter zu entfachen.]

3 Saburo Ienaga *Taiheiyo Senso* [Der Pazifische Krieg], S. 140/141. Saburo Ienaga berichtet, dass in der Ausgabe der *Asahi Gurafu* vom 29. September 1939 die Gefahr alliierter Brandbombenangriffe mit Bildern beschrieben wurden, auf denen japanische Zivilisten Brände mit Wasser aus Holzeimern löschten. In der Ausgabe vom 14. April 1943 begleitete einen ähnlichen Artikel das Foto eines Luftangriffs mit Brandbomben und der Unterschrift: »Habt keine Angst vor diesen Bomben!« Vom Luftschutz [heute Zivilschutz] her sollte der Feuerbomben-Gefahr mit Nachbarschaftshilfe durch Löschen mit Eimern und Schläuchen begegnet werden.

4 Zitiert bei John Toland *The Rising Sun: The Decline and Fall of the Japanese Empire*, S. 745.

5 SRS 1063, 21. August 1943, S. 5, *MDS MAGIC*.

6 Kenneth P. Werrell *Blankets of Fire: U. S. Bombers over Japan during World War II*, S. 25.

7 Peter Calvocoressi/Ben Wint *Total War: The Causes and Courses of the Second World War*, S. 469. Ein Beispiel des hohen Leistungsniveaus beim britischen Radar war das 9-cm-Radargerät H2S in Flugzeugen, das erste Gerät für Navigation auf Fernsehbasis, das es gestattete, das Ziel zu »sehen«, ungeachtet der Sichtverhältnisse oder der außerordentlichen Flughöhe, um dem Flakbeschuss auszuweichen.

8 Werrell *Blankets of Fire*, S. 26.

8a Andreas Hillgruber/Gerhard Hümmelchen *Chronik des Zweiten Weltkrieges*, S. 177.

9 Calvocoressi/Wint *Total War*, S. 470/471.

10 Horst Boog *Die deutsche Luftwaffenführung 1943–1945. Führungsprobleme, Spitzengliederung, Generalstabsausbildung*, S. 204–214.

11 Calvocoressi/Wint *Total War*, S. 471. Während des Krieges erlitt das britische Bomber Command größere Verluste als jede andere britische Waffengattung.

12 Alan S. Milward *War, Economy, and Society, 1939-1945*, S. 299.

13 Werrell *Blankets of Fire*, S. 29.

14 Jeffrey Ethell *Mustang: A Documentary History of the P-51*, S. 114/115.

15 John Costello *The Pacific War, 1941-1945*, S. 526.

16 John Keegan *The Second World War*, S. 576/577; Michael S. Sherry *The Rise of American Air Power: The Creation of Armageddon*, S. 277 Anm. 76. Die genaue Anzahl der Toten ist [wie im Falle von Dresden] immer noch Gegenstand der Erörterung. Der U.S. Strategic Bombing Survey schätzt die Zahl auf 79.000–84.000 Tote, aber heutige Schätzungen gehen von mehr als 100.000 Toten aus.

17 Saburo Ienaga *Taiheiyo Senso*, S. 148.

18 Agawa Hiroyuki *The Reluctant Admiral: Yamamoto and the Imperial Navy*, S. 127. Eine bemerkenswerte Ausnahme von der Weigerung der japanischen Führer, die Verwundbarkeit der japanischen Städte zu erkennen, war Admiral Yamamoto Isoroku. Bereits Yamamoto hatte gewarnt, dass die japanischen Städte, weitgehend aus Papier und Holz gebaut, »sehr leicht brennen« würden und »wenn es Luftangriffe in großem Stil gibt, kann niemand sagen, was passieren wird«.

19 Toland *Rising Sun*, S. 745.

20 Keith Wheeler *Bombers over Japan*, S. 143.

21 Lester Brooks *Behind Japan's Surrender: The Secret Struggle that Ended an Empire*, S. 81.

22 Werrell *Blankets of Fire*, S. 237, 276 Anm. 124.

23 SRS 1656, 3. Mai 1945, S. 2, *MDS MAGIC*.

23a In der deutschen Wehrmacht des 2. Weltkrieges umfasste der Begriff »Nachrichtenwesen« (auch *Nachrichten* in Wortzusammensetzungen, z.B. Nachrichtentruppe) vor allem das *Funk- und Fernmeldewesen* (engl. *Communication*), z.T. aber auch den *Nachrichtendienst* im Sinne des englischen Begriffes *Intelligence*. Erst die heutige Trennung der Begriffe auch im Deutschen hat für eine Klarstellung gesorgt.

24 Vernehmungsbericht Erich Menzel, 21. Mai 1945, S. 1, Box 13, RG 38 *NA*.
25 Ebenda.
26 Ebenda, S. 2.
27 Ebenda.
28 Ebenda, 23. Mai 1945.
29 Ebenda, 29. Mai 1945, S. 1.
30 Ebenda, 26. Juni 1945.
31 Ebenda, 23. Juni 1945.
32 Ebenda, 26. Juni 1945.
33 Ebenda, 15. Juni 1945.
34 Ebenda, 26. Juni 1945. Menzel sollte sich auch der Angelegenheit des japanischen Jagdschutzes widmen und war angewiesen, mit Oberleutnant Stepp zusammenzuarbeiten.
35 Ebenda, 15. Juni 1945. Menzel listete die folgenden deutschen Flugzeugtypen auf, die als Fernaufklärer zum Einsatz kamen: Blohm & Voss BV 138 und BV 222, Focke-Wulf Fw 200 »Condor«, Heinkel He 111 [und He 177], Junkers Ju 88, Ju 188, Ju 290 (vorgesehen, aber nie als Aufklärer eingesetzt) und Ju 388 (Höhenfernaufklärer, nur als Prototyp vorhanden) und die Messerschmitt Me 264 (ein 4-motoriger Langstreckenbomber und Fernaufklärer, später vier Turbostrahltriebwerke vorgesehen, nur als Prototpy vorhanden). Alfred Price *The Luftwaffe Data Book*, S. 193. [Nowarra *Luftrüstung*, Teil 1: S. 95ff., 111., Teil 2: S. 98., 191ff., 227ff. und Teil 3: S. 83ff., 106f., 121f., 127f. und 232.]
35a Zu den Flugzeugfunkmessgeräten siehe Nowarra *Luftrüstung*, Teil 4: Funkgeräte der Luftwaffe S. 141ff., und David Pritchard *Durch Raum und Nacht. Radarentwicklung und -einsatz 1904–1945*, Motorbuch Verlag, Stuttgart 1992: FuG 200 »Hohentwiel« S. 146ff. (entwickelt aus dem britischen 9-cm-Radargerät H2S, das am 3. Februar 1943 bei Rotterdam aus einem abgeschossenen »Lancaster«-Bomber geborgen wurde – daher der Name »Rotterdam«-Gerät), FuG 224–240 »Berlin« mit Versionen S. 173ff. (entwickelt aus dem amerikanischen 3-cm-Radargerät H2X) und FuG 225 »Biene W« S. 198 (Marine-Versionen: FuMO 61–65 »Hohentwiel«, S. 207ff und Anm. 50a im 2. Kapitel, sowie FuMO 81–84 »Berlin«, S. 214f.).
36 Vernehmungsbericht Erich Menzel, 15. Juni 1945.
37 Ebenda, 26. Juni 1945, S. 1/2.
38 Ebenda, S. 2.
39 Ebenda, 15. Juni 1945, S. 2.
40 Ebenda, S. 3 [siehe oben Anm. 35a].
41 Ebenda, 15. Juni 1945, S. 3, und ebenda, 13. Juni 1945.
42 Ebenda, 7. Juni 1945, S. 2.
43 Ebenda, 5. Juni 1945, S. 1.
43a Das BZG-Modell 7 D arbeitete – allgemein dargestellt – nach dem Prinzip des Gyroskops (Kreisel-Prinzip), wobei der Bombenschütze den Schnittpunkt des in einem Spiegel befindlichen Fadenkreuzes, das mit dem Bordfunkmessgerät (FuG 101: elektrischer Höhenmesser) gekoppelt war, mit dem auf der Braun'schen Röhre erscheinenden Ziel deckungsgleich zu bringen und auf Automatik umzuschalten hatte. Nowarra *Luftrüstung*, Teil 4: S. 139.
44 Vernehmungsbericht Erich Menzel, 5. Juni 1945, S. 2.
45 Ebenda, S. 1/2.
46 Ebenda.
47 Ebenda, 29. Mai 1945, S. 2.
48 I.C.B. Dear/M.R.D. Foot (Hrsg.) *The Oxford Companion to World War II*, S. 516. [Rohwer/Hümmelchen *Chronology of the War at Sea, 1939-1945*, S. 228.]
49 Vernehmungsbericht Erich Menzel, 7. Juni 1945, S. 1.
49a Gleichzeitig mit der von Prof. Wagner bei Henschel entwickelten Hs 293 konstruierte Dr. Max Kramer bei der Ruhrstahl A.G. in Brackwede von 1940 an, abgeleitet aus der Sprengbombe SD 1400, den Lenkflugkörper X-1 (PC 1400 X, »Fritz X«), dessen Erprobung im März 1942 begann und der zum selben Zeitpunkt wie die Hs 293 zum Einsatz kam. Der erste Einsatz der X-1 fand am 29. August 1943 im Mittelmeerraum statt und ihr größter Erfolg war – infolge ihrer stärkeren Durchschlagskraft gegenüber der Hs 293 – die Versenkung des modernen Schlachtschiffes ROMA am 14. September 1943. Im Gegensatz zur Hs 293 war die X-1 eine über Funk gesteuerte Fallbombe, mit der das Ziel überflogen werden musste – ein

Nachteil zugunsten der Hs 293. Zur Vertiefung siehe Nowarra *Luftrüstung*, Teil 4: Flugkörper, S. 67 ff. (Hs 293) und S. 76ff. (X-1); vor allem aber Ulf Balke *Kampfgeschwader 100 »Wiking«. Eine Geschichte aus Kriegstagebüchern, Dokumenten und Berichten 1934–1945.* Motorbuch Verlag, Stuttgart 1981. S. 245ff.

50 Vernehmungsbericht Erich Menzel, 7. Juni 1945, S. 1.

51 Price *Luftwaffe Data Book*, S. 185.

52 Dear/Foot (Hrsg.) *Oxford Companion*, S. 516.

53 Vernehmungsbericht Erich Menzel, 7. Juni 1945, S. 1.

54 Ebenda.

55 Ebenda.

56 Ebenda.

57 SRS 1016, 5. Juli 1943, S. 3, *MDS MAGIC*. Tokio informierte im April 1943 Berlin, dass »alle Berichte, die uns möglich gewesen sind, in Japan über die [alliierte] Funkmess-Entwicklung zu erhalten, dem deutschen Militärattaché in Tokio übergeben worden sind«. Diese Mitteilung wurde später an die deutschen Bewertungsspezialisten weitergegeben.

58 Vernehmungsbericht Erich Menzel, 29. Mai 1945, S. 1/2.

59 SRS 1047, 5. August 1943, S. 4, *MDS MAGIC*. Ein Beispiel für diese Phase der Zusammenarbeit mit der Luftwaffe war am 9. Juni 1943 die Verschiffung der technischen Zeichnungen für ihr neuestes Flak-Funkmessgerät »Würzburg D« nach Japan. [Das FuMG 62 D mit der zusätzlichen Dipolantenne von FuG 221a »Rosendaal-Halbe« zur Erfassung des Rückwärts-Warnradargerätes »Monica« in alliierten Bombern.]

60 Memorandum von Lt.(jg) John G. Faron, USNR, an Capt. G.R. Phelan, USN, Subject »Cargo aboard 1600 Ton German Submarine in Portsmouth, New Hampshire, Partial List Of«, 29. Mai 1945, Box 4, RG 38, *NA*.

61 Vernehmungsbericht Erich Menzel, 29. Mai 1945, S. 1.

62 Memorandum »Passengers on *U-234*«, S. 1/2.

63 ONI-Personalgrundakte (feindliche Ausländer oder Kriegsgefangene) Fritz v. Sandrart, Nr. 3WG-1268, Box 535, RG 165, *NA*.

64 Vernehmungsbericht Ulrich Keßler, 9. Juni 1945, S. 3, Box 495, RG 165, *NA*. Keßler gab an, dass Fritz v. Sandrart »vorgesehen war, die Japaner bei ihrer Flakverteidigung zu unterstützen, [da] er hierin vom taktischen und technischen Fachwissen her sehr beschlagen war«.

65 Bericht über die Vernehmung Fritz v. Sandrarts durch Captain Halle »Answers to Preliminary List of Questions Submitted by Flak Analysis Section, Tactical and Technical Branch, Analysis Division, AC/AS, Intelligence, A.A.F.«, 1. Juni 1945, S. 1, Box 535, RG 165, *NA*.

66 Memorandum an Captain Phelan, 21. Mai 1945, S. 1, Box 5, RG 38, *NA*.

67 Ebenda, S. 6.

68 Vernehmungsbericht Ulrich Keßler, 9. Juni 1945, S. 1.

69 SRS 1047, 5. August 1943, *MDS MAGIC*; entzifferter Bericht: Punkt Nr. 9 »German Aid«, 13. Dezember 1944, *USSBS*, Rolle 2, Mikrokopie M-1655, RG 243, *NA*.

70 Entzifferter Bericht »German Aid«, 13. Dezember 1944, S. 3, 2. Pläne und Feuerleitgerät für die Beförderung nach Japan befanden sich vermutlich an Bord des japanischen Unterseebootes *I 30*, das am 23. August 1942 aus Lorient auslief und am 11. Oktober in Singapur eintraf.

71 Vernehmungsbericht Fritz v. Sandrart, 28. Mai 1945, S. 5, 7 und 4, Box 13, RG 38, *NA*.

72 Ebenda, 29. Mai 1945, S. 1.

73 »Essay by Colonel von Sandrart of the Luftwaffe on the Tactical Use of the *Grossbatterie* in German A/A Defenses«, ohne Datum, S. 4, Box 13, RG 38, *NA*.

74 Vernehmungsbericht Fritz v. Sandrart, 29. Mai 1945, S. 1.

75 Ebenda, S. 2.

76 Werrell *Blankets of Fire*, S. 181.

77 Bericht Nr. M-522, Subject »Internal Situation, Japan«, 1. Februar 1945, OSS, Box 89, RG 226, *NA*.

78 Vernehmungsbericht Fritz v. Sandrart, 25. Mai 1945, S. 1.

79 *USSBS*-Interview Nr. 59, Karl Dönitz, 7. Juli 1945, veröffentlichte Berichte und unterstützende Aufzeichnungen, Box 723, RG 243, *NA*.

80 »Essay by Colonel von Sandrart«, ohne Datum.

81 Ebenda; Vernehmungsbericht Ulrich Keßler, 9. Juni 1945. General Keßler berichtete, dass es in Berlin zumindest zwei Luftabwehr-Offiziere des Kaiserlichen Heeres sowie einen von der Kaiserlichen Marine gab.

82 Vernehmungsbericht Fritz v. Sandrart, 29. Mai 1945, »Information on the General Reorganization of the Entire Air Raid Warning Net«, S. 1.
83 Ebenda, S. 1/2.
84 Ebenda.
85 Ebenda, S. 4.
86 Hinsichtlich Geschwindigkeit und Flughöhe siehe Dear/Foot (Hrsg.) *Oxford Companion*, S. 145.
87 Price *Luftwaffe Data Book*, S. 232. Die maximale Flughöhe der »Mosquito«-Bomber brachte sie leicht außerhalb der Reichweite der deutschen Flakgeschütze. Die 12,8-cm-Flak 40 hatte eine maximale Schusshöhe von 10.668 m.
[Nach deutschen Angaben betrugen die maximalen Schusshöhen der

8,8-cm-Flak 36/37:	10.600 m, der
8,8-cm-Flak 41:	14.700 m, der
10,5-cm-Flak 38/39:	12.800 m und der
12,8-cm-Flak 40:	14.800 m.

Nowarra *Luftrüstung*, Teil 4: Flakartillerie, S. 167; Werner Müller *Deutsche schwere Flak* in *Waffen-Arsenal*, Sonderbd. 15, Podzun-Pallas-Verlag, Friedberg 1990.]
88 Vernehmungsbericht Fritz v. Sandrart, 29. Mai 1945, »Information on Reorganization«, S. 4.
89 »Essay by Colonel von Sandrart of the Luftwaffe on the Tactical Use of the *Grossbatterie*.«
90 Ebenda. Der ursprüngliche Plan für das Großbatterie-Konzept forderte acht 8,8-cm- und sechs 10,5-cm-Geschütze [statt drei Batterien á vier Geschütze]. Doch infolge der Knappheit an Geschützen wurde dieser Maßstab nur in Gebieten höchster Priorität wie etwa Berlin erreicht.
91 Ebenda.
92 Ebenda, S. 1–5.
93 Memorandum »Cargo aboard 1600 Ton German Submarine«, S. 1/2.
94 Raum-Abhörgespräch, Fritz v. Sandrart, 15. Juni 1945, 11.45–17.00 Uhr, Box 535, RG 165, *NA*.
95 Ebenda, 15. Juni 1945, 19.30–22.30 Uhr.

7. Kapitel: Die Dönitz'sche Marinemission

1 »Niederschrift des Lagevortrags des ObdM beim Führer«, 3. Dezember 1944, in *Führer Conferences on Naval Affairs, 1939-1945*, , S. 420
2 Vernehmungsbericht Gerhard Falcke, 24. Mai 1945, Box 466, RG 165, *NA*.
3 »Prisoner of War Report, Gerhard Falcke«, 21. Mai 1945, Box 466, RG 165, *NA*; Vernehmungsbericht Gerhard Falcke, 24. Mai 1945. Die ONI-Vernehmungsoffiziere berichteten, dass Falcke keinen Versuch unternahm, »seine Neigung zu den Nazis« vor ihnen zu verbergen. Falcke beharrte darauf, dass Hitler »ein begeisternder Führer« wäre, der sich mit unfähigen Leuten umgeben hätte, und darin bestünde das Scheitern des deutschen Nationalsozialismus.
4 Vernehmungsbericht Gerhard Falcke, 24. Mai 1945.
4a Dem 1935 aus der Marineleitung gebildeten Oberkommando der Kriegsmarine (OKM) unterstand bis zur Umorganisation 1939 zunächst weiterhin das Marinekommandoamt (A) als zentrale Führungsbehörde der Marine. Mit der schrittweisen Schaffung der Seekriegsleitung (Skl) unter dem ObdM als Chef der Skl wurde die Abteilung A I (die bisherige Flottenabteilung: nunmehr A V) zur »Operationsabteilung«. Ab dem 1. April 1938 unterstand dem Chef des Stabes der Skl (bis August 1939 zugleich Chef des Marinekommandoamtes):

- Operationsabteilung (1./Skl – ehemals A I),
- Marinenachrichtendienst (3./Skl – ehemals A III),
- Marinekommandoamt (A) mit Organisationsabteilung (A II), Ausbildungsabteilung (A IV) und Flottenabteilung (A V). Zu Letzterer gehörte auch Falckes Referat A VF bis zum Wechsel in das Amt Kriegsschiffbau. Ebenfalls dem OKM unterstand das Marinekonstruktionsamt (K), das 1939 die Bezeichnung »Amt Kriegsschiffbau« erhielt. Für das Zusammenspiel galt: A I war für die operative Planung der Kriegsschiffbauten zuständig, d.h. sie stellte die *operativen Forderungen*. Daraus wurden unter der Federführung von A IV zusammen mit K die *militärischen Forderungen* für den geplanten neuen Kriegsschifftyp erstellt. Anschließend erarbeitete K nach diesen Vorgaben zusammen mit A IV die Typskizze. (A IV war deshalb beteiligt, weil diese Abteilung nicht nur Ausbildungsfragen, sondern

auch die militärischen Probleme des Kriegsschiffbaus zu seiner Zuständigkeit zählte; denn in dieser Abteilung waren alle Waffenspezialisten vertreten.) In diesem Umfeld bewegte sich FKpt. Falcke. Er war Seeoffizier, d.h. er kam nicht aus der Marineingenieur-Laufbahn und war auch trotz seines Ingenieur-Studiums kein Schiffbauingenieur im engeren Sinne.

5 Ebenda.

6 Ebenda. Folgende Länder entsandten technische Vertreter ihrer Marinen nach Berlin: Italien, die Sowjetunion, Spanien, Bulgarien, Rumänien und Japan.

7 Ebenda.

8 Aufsatz von Gerhard Falcke »Zusammenarbeit der deutschen und japanischen Kriegsmarine«, kein Datum, Box 466, RG 165, *NA*.

9 »Prisoner of War Report, Gerhard Falcke«, 24. Mai 1945. Falcke erklärte, dass er einer der wenigen deutschen Marineoffiziere [er meint vermutlich aus der Seeoffizierlaufbahn] gewesen wäre, die sich in technischen Dingen gut auskannten. Aus diesem Grunde wäre er für die Mission nach Japan ausgewählt worden.

10 Vernehmungsbericht Gerhard Falcke, 22. Mai 1945, S. 1.

11 Ebenda.

11a Siehe hierzu auch oben Anm. 73a zum 1. Kapitel.

12 Ebenda, S. 5.

13 Vernehmungsbericht Kay Nieschling, 24. Mai 1945, Box 522. RG 165, *NA*.

14 »Zusammenarbeit der deutschen und japanischen Kriegsmarine«, S. 2.

15 Ebenda, S. 4.

16 Ebenda.

17 Ebenda.

18 Nomura Naokuni, Brief an Gerhard Falcke vom 31. Juli 1941, Box 466, RG 165, *NA*.

19 »Zusammenarbeit der deutschen und japanischen Kriegsmarine«, S. 3 und 2.

20 Vernehmungsbericht Gerhard Falcke, 24. Mai 1945.

21 »Zusammenarbeit der deutschen und japanischen Kriegsmarine«, S. 3.

22 Ebenda, S. 4. Zwei dieser heiklen Einzelheiten, die den Japanern nicht mitgeteilt wurden, betrafen »die Methoden, wie das belgische Sperrfort Eben-Emael [im Mai 1940] erobert worden war, und die tatsächliche Tiefe, bis zu der deutsche Unterseeboote tauchen konnten«.

23 Ebenda, S. 3.

24 »Prisoner of War Report, Gerhard Falcke«, 21. Mai 1945, S. 2.

25 Report »Captured German Documents, Accession List«, 5. Juli 1945, Box 4, RG 38, *NA*. Die Falcke mitgegebenen Dokumente waren als Eigentum des OKM beschriftet und für die Amerikaner von so großem nachrichtendienstlichen Wert, dass sie ONI mit der Priorität A klassifizierte.

26 Vernehmungsbericht Gerhard Falcke, 24. Mai 1945, S. 5.

27 Report »Captured German Documents, Accession List«, S. 4. Zu den aufgelisteten Patenten, welche die japanische Industrie erhielt, gehörten auch Patente deutscher Großfirmen wie Krupp, Zeiß, E. Müller, I.G. Farben, Elektroacustic, Junkers und Lorenz.

28 »Arbeitsverhältnisse im Referat A V f«, 22. November 1939, Box 466, RG 165, *NA*. [Siehe oben Anm. 4a.]

29 Memoranden, 18. November 1941 und 23. März 1942, Box 466, RG 165, *NA*.

30 »Arbeitsverhältnisse im Referat A V f«.

31 Hermann Lange, Brief an Falcke, 28. September 1943, Box 446, RG 165, *NA*.

32 Hermann Lange, Brief an Falcke, 14. April 1944, Box 466, RG 165, *NA*. Die von Falcke erwähnte personelle Unterbesetzung und eine »mangelhafte Verwaltungsführung« waren die hauptsächlichen Gründe für die Ineffizienz seines Referats.

32a Siehe oben Anm. 4a zum 7. Kapitel.

33 Vernehmungsbericht Gerhard Falcke, 18. Juni 1945.

34 Memorandum von Lt.Col. Earl L. Edwards, Provost Marshal General's Office, an Commanding General, First Service Command, Subject »Transfer of German Navy Prisoners of War«, 18. Mai 1945, Box 1376, RG 389, *NA*. Nach der Ankunft von *U 234* wurde seine gesamte Besatzung in das Marine-Lager von Fort Meade gebracht, ehe sie kurze Zeit später auf die verschiedenen Kriegsgefangenenlager verteilt wurden.

35 Memorandum von Col. A.F. Tollefson an Commanding General, Eighth Service Command, 27. August 1947, Box 1376, RG 389, *NA*.

36 Memorandum von Lt.Col. Detlow M. Marthinson, Eighth Servive Command, an Commanding General, Army Service Forces, 14. Dezember 1945, Box 1376. RG 289, *NA*. Das Lager in Ruston wurde am 31. Januar 1946 aufgelöst.

37 Robert S. Allen »Post-war U-Boat Yielded Top Scientists on Hot Errand« in *New York Post*, 25. November 1949, S. 41.

38 Vernehmungsbericht Richard Bulla, 24. Mai 1945, S. 1, Box 456, RG 165, *NA*.

39 Ebenda.

40 Edwin P. Hoyt *Raider 16*, S. 72.

40a Die He 114 war mit je einem MG 17 (starrer Einbau) und einem MG 15 bewaffnet und konnte zwei 50-kg-Bomben mitführen. Als Bordflugzeuge bewährten sie sich auf den Hilfskreuzern nicht. Beide He 114 gingen nacheinander bei Wasserlandungen zu Bruch. Die erste nach knapp einer Woche Einsatz, so dass Rogge ins KTB schrieb: »Wir werden das Flugzeug zukünftig nur einsetzen können, wenn die Luftaufklärung eine Sache auf Leben und Tod ist. Anscheinend hat die Entwicklung der Seeflugzeuge mit der anderer Flugzeuge nicht Schritt gehalten.« Später brachte das Versorgungsschiff ALSTERUFER zwei leistungsfähigere Maschinen vom Typ Arado Ar 196, bewaffnet mit einem starren MG 17, einem beweglichen MG 15 zur Verteidigung nach hinten, je einem MG FF (2 cm) in den Tragflächen sowie zwei 50-kg-Bomben. Die letzte einsatzbereite Ar 196 überschlug sich am 21. November 1941 bei einer Landung im Südatlantik. Vermutlich hätte Bulla mit der intakten Ar 196 den Verlust des Hilfskreuzers am nächsten Tag durch rechtzeitiges Sichten des auftauchenden Schweren Kreuzers HMS DEVONSHIRE verhindern können. Siehe auch Gerhard Hümmelchen *Die deutschen Seeflieger 1935–1945*, J.F. Lehmanns Verlag, München 1976, S. 27f., 29f. und 110ff.

41 Edwin P. Hoyt *Raider 16*, S. 108.

42 Edward P. von der Porten *The German Navy in World War II*, S. 134 [»Die deutsche Kriegsmarine im 2. Weltkrieg«, Motorbuch Verlag, Stuttgart 1975, S. 174].

43 Vernehmungsbericht Richard Bulla, 24. Mai 1945, S. 1.

44 Ebenda, S. 2.

45 United States Naval Intelligence *German Naval Vessels of World War II*, S. 204.

45a Zur GRAF ZEPPELIN und zur deutschen Trägerluftwaffe siehe eingehend Mike J. Whitley *Deutsche Großkampfschiffe*, Motorbuch Verlag, Stuttgart 1997, S. 71–93.

46 Clark G. Reynolds »Hitler's Flattop: The End of the Beginning« in U.S. Naval Institute *Proceedings*, Nr. 133 (Januar 1967), S. 48.

47 Vernehmungsbericht Richard Bulla, 24. Mai 1945, S. 2. Sein Hiersein kommentierend, um als erster deutscher Marineoffizier in dieser Aufgabe nach Japan zu gehen, informierte Bulla die Vernehmungsoffiziere von ONI, dass die Japaner »bezüglich ihrer Marineluftwaffe immer sehr geheimnisvoll gewesen waren«.

48 Während seiner Verhöre identifizierte Nieschling sogar die Waffen, die auf deutscher Seite entwickelt wurden: Vernehmungsbericht Kay Nieschling, 23. Mai 1945, S. 2.

49 Vernehmungsbericht Richard Bulla, 15. Mai 1945.

50 Ebenda; Robert C. Mikesh *Japanese Aircraft: Code Names and Designations*, S. 156–158. Japan hatte die Me 262 und Me 163 bereits nachgebaut. Die japanische Variante der Me 262 – die Nakajima Kikka der Marine – führte jedoch nur einen einzigen erfolgreichen Flug während des Krieges durch, wohingegen der Nachbau der Me 163 – die Mitsubishi J8M1 Shushui – ohne Raketenmotor nur als Gleiter-Prototyp flog.

51 Raum-Abhörgespräch Bulla und Hellendorn, 25. Mai 1945, 07.40 Uhr–11.45 Uhr, Box 456, RG 165, *NA*.

52 Ebenda, 6. Juni 1945, 19.30 Uhr–23.00 Uhr.

53 Ebenda, 5. Juni 1945, 11.45 Uhr–17.00 Uhr.

54 Vernehmungsbericht Heinrich Hellendorn, 22. Mai 1945, S. 2, 1, File »Hellendorn, Heinrich«, Box 482, RG 165, *NA*.

55 Ebenda, S. 1.

56 Ebenda.

57 Raum-Abhörgespräch Bulla und Hellendorn, 27. Mai 1945, 12.05 Uhr.

58 Ebenda, 28. Juni 1945, 19.30 Uhr–23.00 Uhr.

59 Ebenda, 24. Mai 1945, 11.45 Uhr–17.00 Uhr.

60 Ebenda, 07.30 Uhr–12.00 Uhr.

61 Vernehmungsbericht Richard Bulla, 24. Mai 1945, S. 2.

62 Raum-Abhörgespräch Bulla und Hellendorn, 5. Juni 1945, 19.00 Uhr.
63 Ebenda, 24. Mai 1945, 07.30 Uhr–12.00 Uhr.
63a Die Marinegerichte entstanden am 1. Januar 1934 auf Grund des Gesetzes über die Wiedereinführung der Militärgerichtsbarkeit vom 12. Mai 1933, während die Schaffung des Reichskriegsgerichtes am 1. Oktober 1936 erfolgte. Die Marinejustizbeamten gehörten bis zum 30. Juni 1937 zu den Verwaltungsbeamten und danach zu den Marinebeamten des richterlichen Dienstes im mittleren, gehobenen und höheren Dienst. Eine Neuordnung – Überführung vom Beamten- in den Soldatenstatus – erfolgte am 24. Januar 1944 durch »Führerbefehl« mit der Einführung der Laufbahn der »Wehrmachtrichter im Truppensonderdienst«. Die folgende Übersicht führt die Dienstgrade und Amtsbezeichnungen der Marinerichter sowie die der entsprechenden Marineoffiziere auf:

Dienstgrade ab 1944	*Amtsbezeichnungen bis 1944*	*Entsprechung*
Marinestabsrichter	Marinekriegsrichter	Kptlt.
Marineoberstabsrichter	Marinekriegsgerichtsrat	KKpt.
Geschwaderrichter	Marineoberkriegsgerichtsrat	FKpt.
Flottenrichter	Marineoberstkriegsgerichtsrat	KptzS.
Admiralrichter	Chefrichter, Ministerialdirigent	KAdm.
Admiralstabsrichter	Ministerialdirektor	VAdm.
Admiraloberstabsrichter	-	Adm.

Bemerkungen:

1. Bis zur Neuordnung 1944 galten eigene Amtsbezeichnungen für
   - Anwälte, z.B. Marinejustizoberinspektor, Marineanwalt, Obermarineanwalt;
   - Richter und Anwälte beim Reichskriegsgericht;
   - den gehobenen Dienst: Marinejustizinspektor bzw. -sekretär (Oblt., Lt.), den mittleren Dienst: Marinejustizoberwachtmeister bzw. -wachtmeister (OFw., Fw.).
2. Laufbahnabzeichen:
   - bis 1944 Adler mit angelegten Flügeln und Hakenkreuz in den Klauen, darunter Waage mit 2 Schalen, in ihrer Mitte senkrechtes Schwert (mittl.D.) oder zwei rechtwinklig gekreuzte Schwerter (gehob.D.) oder zusätzl. senkrechtes Schwert (höh.D.);
   - ab 1944 nur noch das mit der Spitze nach oben zeigende Schwert (Rolandsschwert).
3. Laufbahnfarbe: seit 1934 karmesinrot (Heer und Luftwaffe weinrot).
4. Dienstgradabzeichen: Schulterstücke und silberne Ärmelstreifen (ab 1944 goldfarben) mit den Laufbahnabzeichen für Offiziere bzw. Schulterklappen für Feldwebel mit den Rangsternen und dem Laufbahnabzeichen in der Mitte.
   So trug z.B. der Geschwaderrichter Nieschling die normale Marineuniform; sie wies geflochtene silberfarbene Schulterstücke mit dem Rolandsschwert in der Mitte und einem Stern bzw. die goldfarbenen Ärmelstreifen gleich einem Fregattenkapitän mit dem Rolandsschwert darüber auf. Schlicht/Angolia *Die deutsche Wehrmacht. Uniformierung und Ausrüstung 1933–1945*, Motorbuch-Verlag, Stuttgart 1995, Band 2: *Die Kriegsmarine*, S. 347f. und 365.

64 Vernehmungsbericht Kay Nieschling, 21. Mai 1945.
65 Ebenda, 23. Mai 1945, S. 1.
66 Ebenda, 21. Mai 1945, S. 2; ebenda, 23. Mai 1945, S. 1. Vom März bis August 1940 gehörte Nieschling in Norwegen zum Stabe von VAdm. Otto Schenk.
67 Ebenda, 23. Mai 1945, S. 1.
68 Memorandum von OP-16-Z an OP-16-PT, Subject »Passengers on *U-234*, Now Prisoners of War, Available for Interrogation«, 29. Mai 1945, S. 2, Box 13, RG 38, *NA*.
69 Gordon W. Prange *Target Tokyo: The Story of the Sorge Spy Ring*, S. XIII.
70 Richard Sorge, zitiert in Andrew Christopher/Oleg Gordievsky *KGB: The Inside Story of Its Foreign Operations from Lenin to Gorbachev*, S. 176.
71 Selbstständiges Vernehmungsgespräch Kay Nieschling, 31. Mai 1945, 19.30 Uhr–22.45 Uhr, S. 1, 2. Im OKM sprach Nieschling auch mit dem ObdM, GAdm. Karl Dönitz. Dieser ließ nach dem fehlgeschlagenen Attentat auf Hitler am 20. Juli 1944 Nieschling kommen, um mit ihm den Umfang der Verwicklung des OKM in den geplanten Staatsstreich zu erörtern.
72 Memorandum »Passengers on *U-234*«, S. 2.

73 Selbstständiges Vernehmungsgespräch, Nieschling und v.Humman, 20. Juni 1945, 07.30 Uhr–12.00 Uhr, S. 1, Box 522, RG 165, *NA*: ebenda, 12. Juni 1945, 21.15 Uhr–21.30 Uhr. Nieschling erklärte, dass *Mein Kampf* »das Buch der Zeit« wäre; es beantworte jede Frage auf eine »klare und ausführliche Art und Weise«.

74 Ebenda, 20. Juni 1945, 07.30 Uhr–12.00 Uhr.

75 Ebenda, 12. Juni 1945, 19.00 Uhr; ebenda, 31. Mai 1945, 16.00 Uhr–17.00 Uhr. »Werwolf« war der Deckname für die deutsche Widerstandsbewegung gegen das NS-Regime, sehr bekannt geworden durch das fehlgeschlagene Attentat durch Oberst Claus Schenk Graf v. Stauffenberg auf Hitler am 20. Juli 1944. Die »Nazi-Präsenz« in einigen US-Kriegsgefangenenlagern war berüchtigt für ihre Schnelljustiz; Mitgefangene ermordeten in einigen Fällen jene, die als untreu gegen Hitler angesehen [oder der Zusammenarbeit mit dem Feind] verdächtigt wurden.
[»Werwolf« war im Frühjahr 1945 die Bezeichnung für eine letzte, verzweifelte Widerstandsbewegung in Form eines Partisanenkampfes gegen das alliierte Vordringen auf deutschem Boden, vor allem durch fanatische Angehörige der »Hitlerjugend«. Der Aufruf der NS-Führung hierzu fand kein allgemeines Gehör und nur an einigen Orten kam es zu »Werwolf«-Aktionen. Zur Vertiefung siehe Arno Rose *Werwolf 1944-1945*, Motorbuch Verlag, Stuttgart 1980.
Der Verfasser meint vermutlich den Decknamen »Walküre« – eigentlich das Stichwort für Sicherheitsmaßnahmen des deutschen Ersatzheeres gegen innere Unruhen –, das für die Durchführung des Staatsstreiches benutzt worden war und ihn nach dem Attentat auf Hitler am 20. Juli 1944 in Gang setzen sollte. Hinsichtlich der Mordfälle in US-Gefangenenlagern siehe Timothy Mulligan *Die Männer der deutschen U-Bootwaffe 1939–1945,* Motorbuch Verlag, Stuttgart 2001, S. 201…]

76 Selbstständiges Vernehmungsgespräch Kay Nieschling, 20. Juni 1945, 07.30 Uhr–12.00 Uhr.

77 Vernehmungsbericht Kay Nieschling, 11. Juni 1945. KptzS. v. Baumbach war eine politische Verlegenheitslösung aufgrund einer Verpflichtung gegenüber seiner Freundschaft mit Friedrich Werner Graf von der Schulenburg, der im Zusammenhang mit dem Attentat auf Hitler am 20. Juli 1944 zum Tode verurteilt und hingerichtet wurde. Infolgedessen wurde v. Baumbach am 15. Juli 1944 [sic] von seiner Position abgelöst. [Bis zum Angriff auf die Sowjetunion im Juni 1941 war Graf v.d. Schulenburg deutscher Botschafter in Moskau und Norbert v. Baumbach gehörte als Marineattaché zur Botschaft.]

77a Zur eingehenden Unterrichtung siehe das Standardwerk Michael Salewski *Die deutsche Seekriegsleitung 1935–1945*, 3 Bände, Bernard & Graefe Verlag für Wehrwesen, München 1970–1975.

78 Vernehmungsbericht Kay Nieschling, 11. Juni 1945.

79 Selbstständiges Vernehmungsgespräch Kay Nieschling, 31. Mai 1945, 19.30 Uhr–22.45 Uhr.

80 Vernehmungsbericht Kay Nieschling, 25. Mai 1945.

81 Ebenda.

82 Selbstständiges Vernehmungsgespräch Kay Nieschling, 31. Mai 1945, 16.00 Uhr–17.00 Uhr; Vernehmungsbericht Kay Nieschling, 25. Mai 1945.

83 Vernehmungsbericht Kay Nieschling, 25. Mai 1945.

84 Ebenda, 8. Juni 1945, S. 1.

85 SRS 1623, 31. März 1945, S. 2, *MDS MAGIC*. Nieschlings Behauptungen über die deutsche Nahrungsmittel- und Munitionsversorgung sind zweifelhaft. Vizepräsident Puhl von der Reichsbank teilte Kojiro Kitamura von der Yokohama Münzbank mit, das deutsche Volk hätte »klar erkannt, dass Mangel an Nahrung, Munition usw. … eingetreten ist, und [weiß], welches Schicksal ihm bevorsteht«.

86 Vernehmungsbericht Kay Nieschling, 25. Mai 1945.

87 SRS 1640, 17. April 1945, S. 4, *MDS MAGIC*. Der deutsche Außenminister Joachim v. Ribbentrop informierte Oshima Hiroshi, dass Deutschland »durch eine beträchtlich verstärkte Unterseebootskriegführung und durch den Einsatz der neuen Jagdflugzeuge aus seiner gegenwärtigen Krise hervorgehen« würde.

88 Ebenda.

89 Ebenda, S. 3.

90 Vernehmungsbericht Kay Nieschling, 8. Juni 1945, S. 3.

91 Außenminister v. Ribbentrop informierte Oshima, dass kürzliche Verhöre von gefangenen amerikanischen und britischen Offizieren »eine tief verwurzelte Antipathie zu Russland [anzeigten]. … Es gibt nicht wenige, die sagen, dass man nach dem Herbeiführen des deutschen Zusammenbruchs beabsichtigt, Russland zu schlagen.« SRS 1624, 3. April 1945, A-2, *MDS MAGIC*.

92 Vernehmungsbericht Kay Nieschling, 8. Juni 1945, S. 3.

93 Ebenda.
94 Ebenda. Ribbentrop teilte Oshima erneut mit, dass die Antipathie in den Vereinigten Staaten und England gegen Russland zunähme und dass sie sich nach der Niederlage Deutschlands gegen Russland wenden könnten. SRS 1626, 3. April 1945, S. 1/2, *MDS MAGIC*.
95 Vernehmungsbericht Kay Nieschling, 8. Juni 1945, S. 6.
96 Selbstständiges Vernehmungsgespräch Kay Nieschling, 20. Juni 1945, 07.30 Uhr–12.00 Uhr.
97 Vernehmungsbericht Kay Nieschling, 8. Juni 1945, S. 4.
98 Selbstständiges Vernehmungsgespräch Kay Nieschling, 20. Juni 1945, 07.30 Uhr–12.00 Uhr.
99 Vernehmungsbericht Kay Nieschling, 8. Juni 1945, S. 4.
100 Ebenda, S. 3.
101 Selbstständiges Vernehmungsgespräch Kay Nieschling, 20. Juni 1945, 07.30 Uhr–12.00 Uhr.
102 Vernehmungsbericht Kay Nieschling, 8. Juni 1945, S. 5.
103 Ebenda, S. 6.
104 Ebenda, S. 5.

8. Kapitel: Der Wissenschaftler

1 Karl T. Compton »Mission to Tokyo« in *Technology Review*, Nr. 4 (Dezember 1945), S. 114/115. Infolge des Versagens der japanischen Militärhierarchie, die Vorteile der modernen technischen Kriegsführung zu untersuchen, kam eine Verwendung ziviler Wissenschaftler nur selten zustande – und wenn, dann nur unter erdrückenden Beschränkungen durch Geheimhaltung und Misstrauen.
2 SRS 990, 8. Juni 1943, S. 1/2, *MDS MAGIC*.
3 Ebenda, S. 4.
4 Ronald Lewin *The American Magic: Codes, Ciphers, and the Defeat of Japan*, S. 210/211.
5 Memorandum »To Naval Attaché, German Embassy, Tokyo«, Manifest of captured Correspondence, Box 3, RG 38, *NA*. Tokios Einwohner einschließlich einer beträchtlichen Präsenz deutscher Technik, wie der Umfang der Korrespondenz an und von Ingenieuren, Technikern und technischen Firmen in den erbeuteten Postsäcken auf *U 234* beweist.
6 SRS 1546, 13. Januar 1945, S. 4, *MDS MAGIC*.
7 SRS 1656, 3. Mai 1945, S. 2, *MDS MAGIC*.
7a Dr.-Ing.. Heinz Schlicke war als Marinebaurat ein Wehrmachtbeamter – Marine – im höheren Dienst (im Rang einem KKpt. vergleichbar), der als Reichsbeamter sowohl in einem militärischen als auch in einem Beamtenverhältnis stand und für den das Reichsbeamtengesetz galt. Er trug die gleiche Marineuniform wie ein Korvettenkapitän mit dem Unterschied, dass alle Abzeichen silberfarben waren (z.B. drei silberfarbene Ärmelstreifen). Von der Laufbahn her gehörte er zu den Technischen Beamten (Laufbahnfarbe schwarz). Ihr Laufbahnabzeichen (über den Ärmelstreifen bzw. auf den Schulterstücken) bestand aus dem Hoheitsadler mit drei gleichseitigen Dreiecken unter dem Hakenkreuz (die beiden äußeren mit der Spitze nach innen und das mittlere mit der Spitze nach unten). Ab 20. Juli 1944 hatten die Amtsbezeichnungen in der Laufbahn der Marinebauräte in Klammer die Fachrichtung anzufügen, wie z.B. (E) für Elektrotechnik oder (S) für Schiffbau.
8 Memorandum von Lt.-Cdr. J.H. Marchant an Rear-Adm. Luis de Flores, Subject »German Scientific Personnel, Russian Exploitation Of«, 2. Januar 1945 [sic: 1946?], Box 1, RG 181, *NANY*.
9 Memorandum von Marchant an De Flores, 14. Dezember 1945, Box 1, RG 181, *NANY*.
10 Memorandum von H. Struve Hensel an Robert P. Patterson, 2. Januar 1946, Box 1, RG 181, *NANY*.
11 Michel Bar-Zohar *La Chasse aux savants allemands* [Die Jagd auf die deutschen Wissenschaftler], S. 120.
12 Naval message, Headquarters G-2, Communications Zone, ETO, Paris, an WAR 36356, 21. Juli 1945, Box 6, RG 181, *NANY*.
13 Michel Bar-Zohar *La Chasse*, S. 121.
14 Karl T. Compton *Mission*, S. 118.
15 Memorandum von OP-16-Z an OP-16-PT, Subject »Passengers on *U-234*, Now Prisoners of War, Available for Interrogation«, 29. Mai 1945, S. 2, Box 13, RG 38, *NA*.
16 Heinz Schlicke (Milwaukee/Wisconsin), Brief an den Verfasser vom 22. Oktober 1996. Schlicke, der heute in den Vereinigten Staaten lebt, erinnert sich, in Deutschland nach dem 1. Weltkrieg durch Sozialhelfer der amerikanischen Quäker gespeist worden zu sein: »Um eine Tasse heiße Schokolade und zwei frische Rouladen zu bekommen, musste ich zweimal in der Woche mehrere Kilometer laufen.«

17 Memorandum »Passengers on *U-234*«, S. 2.
18 Heinz Schlicke, Brief an den Verfasser vom 22. Oktober 1996.
19 Vernehmungsbericht Heinz Schlicke, 22. Mai 1945, S. 1, Box 540, RG 165, *NA*.
20 Heinz Schlicke, Brief an den Verfasser vom 22. Oktober 1996. Weithin als beste Fachautorität auf dem Gebiet der Nachrichtenübermittlungstechnik bekannt, war Dr. Küpfmüller der Leiter der Forschungsabteilung der Zentralen Versuchsanstalt des Siemenskonzerns gewesen.
21 Vernehmungsbericht Heinz Schlicke, 8. Juni 1945.
22 Ebenda.
23 »Liste der Japaner, mit denen Dr.-Ing. Schlicke in Berührung gekommen ist bzw. kommen sollte«, 31. August 1945, Box 540, RG 165, *NA*.
24 Vernehmungsbericht Heinz Schlicke, 22. Mai 1945. Nach seiner Abkommandierung zu Wenneckers Stab wurde Schlicke »zahllose Male« im November und Dezember 1944 bezüglich seiner bevorstehenden Abreise alarmiert. Doch infolge des geänderten Unternehmens mit *U 234* verließ er Europa erst im April 1945.
25 Ebenda.
26 Bericht »Captured German Documents, Accession List«, 5. Juli 1945, S. 4, Box 4, RG 38, *NA*.
27 »Preliminary Report on Interrogation of General Ulrich Kessler«, 30. Mai 1945, S. 11, File »Kessler, Ulrich«, Box 495, RG 165, *NA*.
28 Memorandum, Chief of Naval Operations to Distribution List »Plans for Extended Exploitation of German Scientists«, 21. Februar 1946, Box 56/C/R54, *NHC*. In Erwartung des Eintreffens deutscher Wissenschaftler ersann der Chef des amerikanischen Marinenachrichtendienstes ein Bewertungssystem, um die Wissenschaftler je nach Einschätzung ihres Wertes zu trennen. Die »Kategorie I« bedeutete jene Wissenschaftler, »die wissenschaftliche Talente … von einzigartigem Wert für das Marineministerium gezeigt haben«.
29 Heinz Schlicke, Brief an den Verfasser vom 16. Dezember 1996.
30 Heinz Schlicke »A Short Report on Training, Knowledge, and Preparation for Special Duties in Japan«, Anhang 3: »My Duties in Japan«, ohne Datum, Box 540, RG 165, *NA*.
31 Vernehmungsbericht Heinz Schlicke, 8. Juni 1945, S. 2.
32 Heinz Schlicke »Short Report«.
33 Ebenda.
34 Memorandum »Passengers on *U-234*«, S. 3.
35 Heinz Schlicke »Short Report«.
36 F.H. Hinsley *British Intelligence in the Second World War* (gekürzte Ausgabe), S. 602.
37 Memorandum von Lt.(jg) John G. Faron, USNR, an Capt. G.R. Phelan, USN, Subject »Cargo aboard 1600 Ton German Submarine at Portsmouth, New Hampshire, Partial List Of«, 29. Mai 1945, Box 4, RG 38, *NA*.
38 Heinz Schlicke »Short Report«, Anhang 2, Nr. 1. Die Sendeanlage der Lorenz A.G. in Kalbe an der Milbe nördlich von Magdeburg arbeitete im Bereich von 5000–20.000 m Wellenlänge (Hauptfrequenz 10.000 m) mit einer Leistung von 470–900 kW je nach Betriebsfrequenz Ihre Antennen bedeckten eine Fläche von rund 4 qkm und wurden von drei Masten von je 200 m sowie 15 Masten von je 170 m Höhe getragen.
39 Heinz Schlicke, Brief an Harry Cooper in Fox Lake/Illinois am 11. März 1993.
39a Zur X-1 und Hs 293 siehe oben Anm. 45a zum 6. Kapitel. Der Gleittorpedo Blohm & Voß Bv 143 mit einem Infrarot-Zielsuchkopf sollte 5–7 km vom Ziel entfernt von einem Trägerflugzeug abgeworfen werden und im automatisch gesteuerten Sinkflug auf das Ziel zugleiten. Ehe die Bv 143 ins Wasser eintauchte, erhielt sie einen kurzen Schub aus dem Walter-Raketenmotor, um noch einmal für kurze Zeit in den Steigflug überzugehen. Hierbei blieb die Einhaltung des Abstandes zur Wasseroberfläche ein unlösbares Problem, so dass die Luftwaffe die weitere Entwicklung einstellte. Später griff die Kriegsmarine das Projekt auf und konstruierte das Gerät zur Katapultwaffe Bv 143 B um. Diese Version befand sich bei Kriegsende noch in der Erprobung. Nowarra *Luftrüstung*, Teil 4 »Flugkörper«, S. 51f.
40 Minutes of meeting, Schlicke and ONI, ohne Datum, Box 6, RG 38, *NA*. [Gemeint ist der bereits seit Oktober 1943 im Einsatz befindliche Horchtorpedo T 5 »Zaunkönig« gegen schnelle Geleitsicherungsfahrzeuge, der die in ihn gesetzten Erwartungen nicht erfüllte.]
41 Vernehmungsbericht Heinz Schlicke, 4. Juni 1945.
42 Kopie »First Lecture Given bei Dr.-Ing. Schlicke at the Navy Department«, 19. Juli 1945, Box 13, RG 38, *NA*.

43 Vernehmungsbericht Heinz Schlicke, 8. Juni 1945.

44 Ebenda.

44a Zur Tarnung auf See gegen Radarstrahlung und somit zu den Decknamen »Schwarzes U-Boot«, »Schornsteinfeger«, »Dielektrischer Sumpf« sowie weitere »Sümpfe« für andere Absorptions-Beschichtungen siehe Jochen Brennecke *Die Wende im U-Bootkrieg. Ursachen und Folgen 1939–1943*, Taschenbuch-Ausgabe im W. Heyne Verlag, München 1991, Anm. 279 auf S. 557f.

45 Heinz Schlicke, Brief an Cooper vom 11. März 1993.

46 Heinz Schlicke, Brief an den Verfasser vom 16. Dezember 1996. Schlicke bezog sich wiederholt auf »den bekannten Dr. Barkhausen«; er hatte den Spitznamen »Elektronen-Jesus« erhalten. Es war auch Prof. Dr. Barkhausen, der Schlicke zuerst auf die japanische Ferrit-Forschung aufmerksam machte.

47 Ebenda. Diese frühe Forschungstätigkeit, um den potenziellen Absorptionswert der Ferrit-Werkstoffe zu erkennen, zog weitere Untersuchungen nach sich und die sich summierenden Ergebnisse leisteten einen Beitrag zur heutigen »Stealth«-Technik.

48 ASDIC ist die Abkürzung von Allied Submarine Detection Investigation Committee, eines Ausschusses, den die britische Admiralität 1917 zur Untersuchung der Ausbreitung der Schallwellen unter Wasser mit dem Auftrag einsetzte, inwieweit diese Eigenschaft durch das Aussenden von Schallimpulsen und ihre Reflexion für die Ortung von getauchten Unterseebooten nutzbar gemacht werden konnte. Das Ergebnis war ein aktives Schallortungsgerät, das in der Royal Navy seither allgemein als Asdic bezeichnet wurde. Die US-Marine entwickelte 1943 ein ähnlich arbeitendes System unter der Bezeichnung SONAR. Diese Bezeichnung ist für die heute zwar verbesserten, aber immer noch nach diesem Prinzip arbeitenden Sensoren in allen Marinen üblich geworden. Während des 2. Weltkrieges entstand auch ein ähnlich arbeitendes deutsches Gerät (Horizontallot), das in der Kriegsmarine die Bezeichnung »S-Anlage«, d.h. Sonderanlage, mit dem Decknamen »Nibelung« trug.

49 Heinz Schlicke »Short Report«, Anhang 9, Nr. 15.

49a »Fafner« (auch Fáfnir) war in der nordischen Heldensage ein Riese in Drachengestalt, der den Nibelungenhort hütete und von Sigurd getötet wurde. »Alberich« war der Elfenkönig und in der deutschen Sagenwelt des Nibelungenliedes ein Zwerg, der – sich durch eine Tarnkappe unsichtbar machend – ebenfalls den Nibelungenschatz hütete und von Siegfried erschlagen wurde. Zur »Alberich«-Beschichtung siehe David Miller *Deutsche U-Boote bis 1945*, Verlag Stocker-Schmid/Motorbuch Verlag, Dietikon-Zürich und Stuttgart 2000, S. 111f.

50 Report »Japan-Unterrichtung über TV und Erprobungen«, 19. September 1944, Box 6, RG 38, *NA*.

51 »Report to the Japanese Concerning Absorption Material against Supersonics by Dr. Kneser«, ohne Datum, S. 15, in »Lectures on the Present Conditions of the Fernlenktechnik«, Herbst 1943 bis Frühjahr 1944, Box 711, RG 165, *NA*.

52 Ebenda.

53 »Report by Dr. Kuepfmueller: Geometric Shapes for the Prevention of Detection by Radar or Supersonic Radiation«, ohne Datum, S. 13. Box 6, RG 181, *NANY*.

54 Ebenda.

55 Vernehmungsbericht Heinz Schlicke, 8. Juni 1945.

56 Ebenda, 4. Juni 1945.

57 Ebenda, Subject »Evaporograph«, 15. August 1945.

58 Heinz Schlicke »Short Report«, Anhang 2, Nr. 31.

59 Vernehmungsbericht Heinz Schlicke, 4. Juni 1945, S. 4/5.

60 Ebenda, Subject »Flamingo I«, 19. August 1945.

61 Ebenda, Subject »Flamingo II«, 21. August 1945.

62 Ebenda, Subject »Flamingo III«, 21. August 1945.

62a Das Sprengboot »Linse« mit Funkfernsteuerung wurde im Frühjahr 1944 durch das neu aufgestellte Kommando der Kleinkampfverbände unter KAdm. Heye von der Küstenjäger-Abteilung der Division »Brandenburg« übernommen und zuerst durch die K-Flottille 211 vor der Normandie-Küste eingesetzt. Zur Vertiefung siehe Mike Whitley *Deutsche Seestreitkräfte 1939–1945. Einsatz im Küstenvorfeld*. Motorbuch Verlag, Stuttgart 1995, S. 122ff.

63 Vernehmungsbericht Heinz Schlicke, 4. Juni 1945, S. 3

64 Ebenda, S. 4

65 Heinz Schlicke, Brief an den Verfasser vom 16. Dezember 1996.

66 Memorandum von OP-16-Z an OP-16-PT, Subject »Lectures to be given by Dr. Schlicke«, 11. Juli 1945, Box 540, RG 165, *NA*.

67 Michel Bar-Zohar *La Chasse*, S. 140.

68 »Negatives of Sketches 8-11 of Schlicke`s Lecture«, Box 13, RG 38, *NA*.

69 JOIA-Report »Heinz Schlicke«, 26. März 1947, File »Status of Aliens 1947–1950«, Box 1, RG 181, *NANY*.

70 Michel Bar Zohar *La Chasse*, 129. De anfängliche Anzahl deutscher Wissenschaftler, die in die USA gebracht werden sollten, betrug 300. Doch die Anzahl, die der amerikanischen Öffentlichkeit bekannt gegeben wurde, war beträchtlich kleiner, um den immer noch vorhandenen Auswirkungen der Kriegspropaganda zu begegnen, besonders hinsichtlich der bestehenden Ängste »den deutschen Militarismus in die Vereinigten Staaten zu bringen«.

71 Report von Lt.-Cdr. J.H. Marchant, USNR, »Part IV-Guided Missiles«, ohne Datum, Exploitation List 1945-51, Box 6, RG 181, *NANY*.

72 Schreiben des Massachussetts Institute of Technology an Cdr. H.G. Dyke, 18. August 1945, Box 6, RG 181, *NANY*; F.H. Hinsley u.a. *British Intelligence in the Second World War: Its Influence on Strategy and Operations*, Bd. 3, Teil 1, Fußnote zu Seite 516 [in Anhang 10: »Deutsche Besorgnisse hinsichtlich der alliierten Fähigkeiten, U-Boote zu orten«]. Die Alliierten ignorierten den Einsatz der Infrarot-Technik natürlich nicht. Ihr wirksamster alliierter Einsatz erfolgte bei der Ortung von U-Booten, deren »Metox«-Empfänger eine feststellbare Strahlung aussandten. Als GAdm. Dönitz hiervon erfuhr, befahl er die Entfernung aller »Metox«-Geräte und die Entwicklung des Hagenuk [oder Wanze], eines nicht strahlenden Empfängers, erhielt Priorität.

72a Die Alliierten setzten keine Infrarot-Technik zur Ortung der durchaus vorhandenen Strahlung des »Metox«-Gerätes ein, des FuMB 1 mit dem »Biskaya-Kreuz« als Antenne, das erfolgreich vor einer Radarortung durch das alliierte 1,5-m-Flugzeugradar ASV II ab August 1942 warnte. Stattdessen erfolgte ab Frühjahr 1943 die Ortung durch das neu eingeführte 10-cm-Radar ASV III, dessen Impulse das »Metox«-Gerät nicht mehr erfasste. (Hierzu siehe »Der Hochfrequenzkrieg der U-Boote« in Rössler *Geschichte des deutschen U-Bootbaus*, Bd. 2, S. 323ff.) Die vom Verfasser oben in Anm. 72 erwähnte Fußnote auf S. 516 bei Hinsley lautet wie folgt:
»Oder „Wanze". Hagenuk war der Firmenname, während „Wanze" die Abkürzung von „Wellenanzeiger (W.Anz.G.)" war. Die deutsche Seite verschwendete nicht nur bei der Entwicklung eines nicht strahlenden Suchempfängers kostbare Zeit, sondern auch beim Ersinnen von Maßnahmen gegen eine Infrarot-Ortung. Die Alliierten wussten von diesem Beschäftigtsein mit Infrarot-Gegenmaßnahmen aus den »Enigma«-Entzifferungen und spielten mit, indem sie Meldungen durch Doppelagenten verbreiteten, dass diese Maßnahmen tatsächlich Erfolg hätten. Dies trug dazu bei, die Erkenntnis des Gegners zu verzögern, dass die U-Boote in Wirklichkeit vom Zentimeter-Radar geortet wurden.«

73 Schreiben des Chief, Bureau of Aeronautics, an Lt.-Cdr. W.H. van Benschoten, Special Devices, Office of Research and Inventions, Subject »Request for Establishment of TED ORI-3105: Theoretical Investigation of the Possibilities of Radar Camouflage for Pilotless Aircraft«, 24. Oktober 1945, Box 5, RG 181, *NANY*.

74 Memorandum von Lt. C.V.S. Roosevelt, USNR, an Lt.-Cdr. W.H. van Benschoten, Subject »Additional Personnel for Project 77«, 26. September 1945, Box 6, RG 181, *NANY*.

75 Memorandum von Lt.-Cdr. W.H. van Benschoten an Chief of Naval Operations, attention OP-23-PT, Subject »Alien Personnel for Project 77, Request for«, 31. Oktober 1945, Box 6, RG 181, *NANY*.

76 Memorandum von Rear-Adm. H.G. Bowen an den Provost Marshal General of the Army, War Department, 1. November 1945, Box 6, RG 181, *NANY*.

77 Memorandum von Lt. Kermit Lansner, USNR, an Officer in Charge, Special Devices Division, Sands Point/New York, Subject »Project 77, Developments Affecting«, 30. April 1946, Box 1, RG 181, *NANY*. Das Projekt erhielt die Bezeichnung »Paperclip« nach den Büroklammern, die an die Personalakten angeheftet wurden, um einen fremden Staatsangehörigen als akzeptabel zu identifizieren.

78 Memorandum »Plans for Extended Exploitation«, S. 1.

79 Clarence G. Lasby *Project Paperclip: German Scientists and the Cold War*, S. 184; Memorandum, Chief of Naval Operations to Distribution List »Exchange of Technical Intelligence«, 4. Oktober 1945, S. 1, Box 56/C/R45, *NHC*. Mit dem Zustrom deutscher Wissenschaftler und ihrer Erfindungen wogen die Vertreter der amerikanischen militärischen Nachrichtendienste ab, inwieweit es klug war, sehr geheime

Informationen mit ihren sowjetischen Verbündeten zu teilen, die in ähnlicher Weise deutsche Wissenschaftler einsammelten. Die Folge davon war, dass die von Deutschen erlangten nachrichtendienstlichen Erkenntnisse auf technischem Gebiet in zwei Kategorien eingeteilt wurden: Informationen, die an die Sowjets weitergegeben werden konnten, sowie solche, zu den ihnen der Zugang verweigert werden musste. Am 11. Oktober 1945 betonte eine Mitteilung General Dwight D. Eisenhowers an den Chef des Marinenachrichtendienstes nochmals die Wichtigkeit, den Sowjets den Zugang zu deutscher Technologie zu verweigern.

80 JOIA-Report »Heinz Schlicke«. Der Schwerpunkt von Schlickes Arbeit bestand aus: »Theoretical Investigation of Radar Camouflage of Air Missiles by the Absorption Method« und »Investigation of Intercept Antenna Techniques over the Electro-magnetic Radiation Range from Forty Megacycles through the Infrared Spectrum«.

81 Memorandum, R.W. Weber, CO, Operations and Personnel Division, 23. August 1950, Box 1, RG 181, *NANY*.

82 Heinz Schlicke, Brief an den Verfasser vom 22. Oktober 1996.

9. Kapitel: Die Männer von Messerschmitt

1 Jerome B. Cohen *Japan's Economy in War and Reconstruction*, S. 244, 215, 216. [Vgl. Ploetz *Geschichte des Zweiten Weltkrieges*, 2. Teil: »Die Kriegsmittel«, S. 280, 614, 619.]

2 »Captured German Documents: Synopsis, Japanese Aircraft Industry«, USSBS, S. 97, File 1a (11), Rolle 2, Mikrokopie M-1655, RG 243, *NA*.

3 Ebenda.

4 Ebenda, S. 99/100.

5 Ebenda, S. 97. Da die japanische Flugzeugindustrie noch in den Kinderschuhen steckte, blieb ihre Produktionsfähigkeit auf die Produktionskapazität beschränkt, da sie nicht über die umfassenden Fertigungsmethoden anderer Länder zu dieser Zeit wie Deutschland, Großbritannien und die Vereinigten Staaten verfügten.

6 Alan S. Milward *War, Economy and Society, 1939-1945*, S. 34. Milward legt dar, dass Japan – die Sowjetunion möglicherweise ausgenommen – den höchsten Bevölkerungsanteil besaß, der in der Landwirtschaft beschäftigt war, nämlich zu Kriegsbeginn volle 50 Prozent.

7 »Captured German Documents«, USSBS, S. 99.

8 Ebenda, S. 101, 97.

9 Ebenda, S. 97.

10 Ebenda, S. 143, 145.

11 SRS 612, 27. Mai 1942, S. 2, Reel 1, *MDS MAGIC*. Es ist wahrscheinlich, dass es sich bei der Fokker 190 um die sehr leistungsfähige Focke-Wulf Fw 190 handelte.

12 SRS 801, 9. Dezember 1942, Supplement E 1, Reel 3, *MDS MAGIC*.

13 SRS 847, 24. Januar 1943, S. 1/2, Box 1, *MDS MAGIC*. In einer Fußnote zur MAGIC-Entzifferung bemerkte das britische Luftfahrtministerium, dass es keine nachrichtendienstlichen Informationen hinsichtlich der Me 309 oder der Me 264 gab.

14 SRS 950, 29. April 1943, S. 2, Box 2, *MDS MAGIC*.

15 SRS 1141, 7. Dezember 1943, S. 6, Box 6, *MDS MAGIC*.

16 SRS 1254, 28. März 1944, S. 11, Box 7, *MDS MAGIC*.

17 SRS 1288, 1. Mai 1944, S. 1, Box 7, *MDS MAGIC*.

18 SRS 1254, 28. März 1944, S. 12, Box 7, *MDS MAGIC*.

19 Vernehmung von Willy Messerschmitt »Aircraft Plans Given to Japan«, 28. Juni 1945, S. 1, File »Japanese-German Cooperation, Consolidated Interrogation Report«, Box 721A, RG 165, *NA*.

20 SRS 1254, 28. März 1944, S. 11, Box 7, *MDS MAGIC*. Otani behauptete, in der Messerschmitt A.G. einen geheimen Informanten gehabt zu haben. Er behauptete auch, dass er als japanischer Heeresattaché in Berlin »mit Dr. Messerschmitts rechter Hand auf vertrautem Fuß gestanden« wäre.

21 SRS 1288, 1. Mai 1944, S. 2, Reel 9, *MDS MAGIC*.

22 Memorandum von Col. Russell H. Sweet an Division of Naval Intelligence, attention Capt. John L. Riheldaffer, USN, Subject »Captured Documents and Interrogation of Personnel on German Submarine *U-234*«, S. 1, File »Miscellaneous«, Box 3, RG 38, *NA*.

23 Vernehmungsbericht August Bringewald und Franz Ruf, 25. Mai 1945, S. 1, File »*U-234*: Interrogations 1944-45«, Box 13, RG 38, *NA*.
24 Memorandum, »Captured Documents and Interrogation«, S. 1. Das dritte Unterseeboot – *U 876* (Kptlt. Rolf Bahn) – sollte den zweimotorigen Jagdbomber Me 410 und den sechsmotorigen Großraumtransporter Me 323 sowie weitere Messerschmitt-Ingenieure nach Japan bringen. Die deutsche Kapitulation trat jedoch ein, ehe *U 876* aus Kiel auslaufen konnte.
25 F.H. Hinsley u.a. *British Intelligence in the Second World War: Its Influence on Strategy and Operations*, Bd. 3, Teil 1, S. 332.
26 Office of Strategic Services Intelligence Report RB-8022, Subject »New Airplane«, 13. Januar 1944, File »Confidential Correspondence, 1922-1944«, Box 428, RG 72, *NA*.
27 Ebenda, von Hand geschriebene Notiz auf der Rückseite des Berichtes.
28 OSS Intelligence Report T2192, 5. August 1944, File »Confidential Correspondence, 1922-1944«, Box 428, RG 72, *NA*.
29 SRS 1254, 28. März 1944, *MDS MAGIC*.
30 SRS 1288, 1. Mai 1944, *MDS MAGIC*.
31 Report von Capt. S.B. Spangler, USN, Power Plant Design Branch, an Air Technical Intelligence (OP-16-VT), Subject »Comparison between German and Japanese Aircraft, Recommendations For«, 27. November 1944, File »Confidential Correspondence, 1922-1944«, Box 428, RG 72, *NA*. Spangler fuhr fort, einen Vergleich der verschiedenen deutschen und japanischen Flugzeuge vorzuschlagen, um »zu bestimmen, ob ein solcher Trend nicht bereits sichtbar ist«.
32 Memorandum, Naval Bureau of Aeronautics, Subject »Information on Japanese Instruments«, 24. Juli 1945, File EF37, RDO, ConCor, Box 93, RG 72, *NA*. Der alliierte Verdacht hinsichtlich des Ausmaßes der japanischen Verbindung zum deutschen Flugwesen wurde durch die Auflistung an der Schule für lufttechnische Ausbildung in Yokosuka für eine Zusammenfassung der Bombenziele im Juli 1945 deutlich: »Der Leistungsdaten, Strahltriebwerke oder Pulsotriebwerke, Antrieb für Raketenbomben oder Flugkörper«.
33 Memorandum, OP-16-Z an OP-16-PT, Subject »Passengers on *U-234*, Now Prisoners of War, Available for Interrogation«, 29. Mai 1945, S. 3, Box 13, RG 38, *NA*.
34 Vernehmungsbericht August Bringewald und Franz Ruf, 25. Mai 1945, S. 1.
35 Vernehmungsbericht August Bringewald, 22. Mai 1945, File »Bringewald, August«, Box 454, RG 165, *NA*.
36 Ebenda, 5. Juli 1945.
37 Ebenda.
38 Ebenda, 22. Mai 1945. Obwohl Bringewald keine die Me 163 betreffenden Kenntnisse von den Absichten der Japaner besaß, hatten die Japaner 1943 die Pläne für das Flugzeug erhalten und tatsächlich im Dezember 1944 einen Erprobungsflug mit einem eigenen Prototyp durchgeführt.
39 Ebenda, S. 3.
40 Ebenda, 14. Juli 1945, S.3.
41 Ebenda.
42 Raum-Abhörgespräch von Bringewald, 28. Mai 1945, 11.45 Uhr–17.15 Uhr, S. 1, Box 454, RG 165, *NA*.
43 Ebenda, S. 2.
44 Vernehmungsbericht Franz Ruf, 5. Juni 1945, File »Ruf, Franz«, Box 534, RG 165, *NA*.
45 Ebenda.
46 Memorandum von Cdr. B.R. Roeder an OP-20-3-GI-A, Attention Captain Phelan, USN, Subject »Contract between Messerschmitt and Mr. Franz Ruf«, 1. Dezember 1945, übersetzt 26. Mai 1945, File »Memo Series«, Box 5, RG 38, *NA*.
47 Vernehmungsbericht August Bringewald und Franz Ruf, 25. Mai 1945, S. 1/2.
48 Ebenda, S. 2.
49 Ebenda.
50 Ebenda.
51 Hugh Morgan *Me 262: Stormbird Rising*, S. 207. Tatsächlich waren die Japaner bei den Forschungsarbeiten zur Entwicklung eines Flugzeugs mit Strahlantrieb weiter vorangeschritten, als angenommen worden war. Am 6. August 1945 absolvierte die Nakajima J9Y1 »Kikka«, eine kleinere Version der Me 262, ihren ersten Erprobungsflug. Nach Einschätzung von General Harold Watson vom Heeresfliegerkorps »war [das Flugzeug] nicht sehr gut«. [Die deutsche Ausgabe des Buches von Morgan er-

schien unter dem Titel *Me 262 »Sturmvogel/Schwalbe«. Entwicklung–Einsatz–Neubau*, Motorbuch Verlag, Stuttgart 1996.]

52 Vernehmungsbericht August Bringewald und Franz Ruf, 25. Mai 1945, S. 3/4. Bringewald und Ruf konnten ihre Annahmen mit verhältnismäßig großer Gewissheit vortragen; denn die Japaner hatten nur mit der Messerschmitt A.G. und der Junkers Flugzeug- und Motorenwerke A.G. Kontrakte abgeschlossen.

53 Ebenda, S. 2.

54 Elizabeth-Anne Wheal, Stephen Pope und James Taylor (Hrsg.) *Encyclopedia of the Second World War*, S. 302. Die Me 163 »Komet« stellte im Herbst 1941 als Versuchsflugzeug mit 1002 km/h einen neuen Geschwindigkeits-Weltrekord auf. Eine umfangreiche Umkonstruktion einschließlich Bordelektronik und Bewaffnung führten zu einem in Serie gebauten Abfangjäger der Baureihe Me 163 B. 1944 wurde eine erste Gruppe in Deutschland zum Objektschutz eingesetzt, die am 14. August mit dem Angriff auf amerikanische Bomber vom Typ B-17 ihr Debüt gab.

55 Eric Brown *Wings of the Luftwaffe: Flying German Aircraft of the Second World War*, S. 168.

56 Vernehmungsbericht August Bringewald und Franz Ruf, 25. Mai 1945, S. 3.

57 Ebenda; Dennis Piszkiewicz *The Nazi Rocketeers: Dreams of Space and Crimes of War*, S. 73. Hitlers Beharren auf den Einsatz der Me 262 als »Blitzbomber« statt in der für sie vorgesehenen Rolle als Abfangjäger behinderte die Leistungsfähigkeit dieses Flugzeuges ernstlich [Hitler wollte die Me 262 als Bombenträger vorwiegend zur *Abwehr der Invasion im Westen* einsetzen. Siehe hierzu Hugh Morgan *Me 262 »Sturmvogel/Schwalbe«. Entwicklung–Einsatz–Neubau*, Motorbuch Verlag, Stuttgart 1996, S. 38]. Hinzu kam, dass Hitler im März 1944 zur Überzeugung gelangt war, die V-Waffen – besonders die neue Fernrakete V 2, könnten den Kriegsverlauf zugunsten von Deutschland wenden. Daher erhielt die Fertigung der V 2 an erster Stelle des Rüstungsprogramms Priorität vor der Fertigung der Me 262. Am 13. Juni 1942 war Rüstungsminister Albert Speer sowohl Zeuge eines der ersten erfolgreichen Flüge der Me 163 als auch des verunglückten Starts einer V 2 gewesen. Die Auffassung des Oberkommandos, wonach die V-Waffen – statt des Einsatzes der Düsenflugzeuge – schließlich Deutschland retten würden, spiegelt sich in Speers Erinnerungen wider. In ihnen bezieht er sich wiederholt auf die V 2, während er die Erprobungsflüge der Me 163 mit keinem Wort erwähnt. Albert Speer *Insight the Third Reich*, S. 368 [»Erinnerungen«, Frankfurt am Main 1969].

58 Piszkiewisz *Nazi Rocketeers*, S. 120.

59 Vernehmungsbericht August Bringewald und Franz Ruf, 25. Mai 1945, S. 4. Die Auffassungen Bringewalds und Rufs bestätigte Kay Nieschling, der erklärte, dass die Japaner die Informationen über die Raketen schon »seit langer Zeit« besaßen. Vernehmungsbericht Kay Nieschling, 24. Mai 1945, Box 522, RG 165, *NA*.

60 Vernehmungsbericht August Bringewald und Franz Ruf, 25. Mai 1945, S. 4. Siehe auch den Vernehmungsbericht Ulrich Keßler, 7. Juni 1945, Box 495, RG 165, *NA*. Keßler erinnerte sich an ein Gespräch mit dem Marineattaché Koshima in Berlin, in dem Koshima die japanischen Befürchtungen offenbarte, dass die Amerikaner die Absicht haben könnten, ihre vermutlich 75.000 im Bau befindlichen Raketen gegen die Inseln des japanischen Mutterlandes einzusetzen. Andererseits planten die Japaner, die V 1 bzw. V 2 einzusetzen, um die Amerikaner aus den riesigen südwestpazifischen Herrschaftsgebieten Japans, vor allem der Philippinen, zu vertreiben.

61 Wolfgang Hirschfeld (Plön), Brief an den Verfasser, 4. Februar 1996. Ob die von Bringewald präsentierte Me 262 dieselbe wie die an Bord von *U 234* war, ist unbekannt. Auf Grund des Zeitpunktes der Vorstellung wird allgemein angenommen, dass es sich um dieselbe Maschine handelte und dass Bringewald ihren Zusammenbau geleitet hatte.

62 Memorandum von Col. A.F. Tollefson an Commanding General, Eight Servive Command, Dallas/Texas, Subject »Transfer of German Prisoners of War«, 14. August 1945, Box 1376, RG 389, *NA*.

63 August Bringewald (Dayton/Ohio), Brief an Wolfgang Hirschfeld (Plön) vom 15. April 1988, *UBA*.

64 Directive von Office of the Secretary of War an Office of the Provost Marshal General, 17. Dezember 1945, Box 1376, RG 389, *NA*.

65 Memorandum von Col. A.F. Tollefson an Commanding Officer, Fifth Service Command, Columbus/Ohio, 9. April 1946, Box 1376, RG 389, *NA*.

66 Memorandum von Col. A.F. Tollefson an Commanding General, First Army Area, 17. Juni 1946, Box 1376, RG 389, *NA*.

67 August Bringewald, Brief an Wolfgang Hirschfeld vom 15. April 1988, *UBA*.
68 Interview von Dr. Peter Bringewald (Dallas/Texas) mit dem Verfasser, 29. April 1998.

Schlusswort

1 Direktive von CNO an CINCLANT, COMSUBLANT, COMEASTSEAFRON, 19. Mai 1945, Box 20, RG 298, *NA*.
2 Direktive von CNO an Naval Districts and Departments, Subject »Inspections and Tests of Surrendered German Submarines«, 28. Mai 1945, Box 20, RG 298, *NA*.
3 Ebenda.
4 Schreiben von Lt.-Cdr. H.G. Dyke an Dr. Irwin Stewart, 29. Mai 1945, Box 20, RG 298, *NA*.
5 Memorandum von BuShips an CNO, Subject »Recommendations for Trials and Tests of Surrendered German Submarines«, 23. Juni 1945, Box 20, RG 298, *NA*.
6 Schreiben von Dr. Julian K Knipp an Lt.-Cdr. H.G. Dyke, 29. Juni 1945, Box 20, RG 298, *NA*.
7 Memorandum von Commander, Special Submarine Group, New London/Conn., an Commander, U.S. Atlantic Fleet, 21. Februar 1946, Box 20, RG 298, *NA*. Um zu gewährleisten, dass *U 858*, *U 873* und *U 234* für die gesamte Dauer der Erprobungen einsatzbereit bleiben würden, gab der CNO die Erlaubnis, *U 805* und *U 1228* für Ersatzteile »auszuschlachten«; siehe Memorandum von CNO an Naval Districts and Departments, Subject »Trials and Tests of Surrendered German Submarines«, 30. Juni 1945, Box 20, RG 298, *NA*. *U 858* vom Typ IX C wurde 1947 bei Torpedo-Schießübungen der US-Marine versenkt, *U 873* vom Typ IX D_2 wurde 1948 zum Abbruch verkauft und nach New York City geschleppt, während *U 2513* vom Typ XXI nach Dry Tortugas/Key West verlegte und 1951 bei Raketenerprobungen zerstört wurde und sank. Das fünfte Unterseeboot war *U 505* vom Typ IX C, das nach einer Werbetour für Kriegsanleihen nach Chicago zum Museum of Science and Industry gebracht wurde. Im Dezember 1955 als Museumsboot feierlich eingeweiht, ist es dort bis zum heutigen Tag ausgestellt.
8 Memorandum von Commander, Special Submarine Group, New London/Conn., an Commander, U.S. Atlantic Fleet, 10. Juni 1946, Box 20, RG 298, *NA*.
9 John E. Moore (Hrsg.) *Jane's Pocket Book of Major Warships*, S. 44.
9a Die USS GREENFISH (SS-351) gehörte zum sechsten und letzten Los, gebaut 1943/44–1946 bei Electric Boat Co., Groton/Conn., der BALAO-Serie aus der GATO/BALAO-Klasse. Wasserverdrängung: 1826 ts über und 2414 ts unter Wasser. Insgesamt wurden 122 Einheiten der BALAO-Serie fertig gestellt, davon 21 Boote nach Kriegsende. Zusammen mit den 73 Einheiten der sehr ähnlichen GATO-Serie trugen diese Flottenunterseeboote die Hauptlast des Krieges im Pazifik. Nach dem Vorbild des deutschen U-Boottyps XXI wurde eine Anzahl dieser Einheiten in der Nachkriegszeit nach dem »GUPPY I–III«-Programm zur Erzielung höherer Geschwindigkeiten unter Wasser umgebaut:
- Ausrüstung mit dem Schnorchel,
- Einbau größerer und leistungsfähigerer Batterien,
- Entfernung der gesamten Artilleriebewaffnung einschl. Fla-Waffen sowie
- stromlinienförmige Ausgestaltung des Kommandoturms und des Vorschiffes.

Siehe hierzu Erminio Bagnasco *UBoote im 2. Weltkrieg. Technik-Klassen-Typen. Eine umfassende Enzyklopädie*, Motorbuch Verlag, Stuttgart 1988, S. 255ff., sowie David Miller *Unterseeboote. Geschichte und technische Entwicklung*, Band 2, Verlag Stocker-Schmid und Motorbuch Verlag, Dietikon-Zürich und Stuttgart 1992, S. 36/37.

10 Lt. Paul C. Stroup (Pensacola/Florida), Brief an den Verfasser vom 23. März 1998.
11 Myron R. Prevatte (Whigham/Georgia), Brief an den Verfasser vom 17. Februar 1998.
12 Saburo Ienaga *Taiheiyo Senso* [Der Pazifische Krieg], S. 107, 109.
13 Ebenda, S. 138.
14 SRS 1645, 22. April 1945, *MDS MAGIC*.
15 SRS 1656, 5. Mai 1945, *MDS MAGIC*.
16 Secretary of War James Forrestal an Secretary of State James F. Byrnes, 29. Januar 1946, Box 1, RG 181, *NANY*. Siehe auch zum Beispiel: Memorandum von Lt.-Cdr. J.H. Marchant an Rear-Admiral Luis de Flores, Subject »German Scientific Personnel, Russian Exploitation Of«, 2. Januar 1946, Box 1, RG 181, *NANY*; und Memorandum von ungenannt an Dr. Vannevar Bush, ? Januar 1946, Box 1, RG 181, *NANY*.

16a Der damalige amerikanische Außenminister James Francis Byrnes hielt am 6. September 1946 in Stuttgart, das zur US-Besatzungszone gehörte, eine grundsätzliche Rede über die künftige Rolle Deutschlands. In ihr erklärte er, dass ohne Deutschland eine Gesundung Europas nicht möglich ist. Diese Rede gilt heute als der Beginn des »Kalten Krieges«. Im Januar 1947 trat George Catlett Marshall seine Nachfolge an und verkündete den Übergang von einer »Politik der Geduld« gegenüber der UdSSR zu einer »Politik der Eindämmung«. Diese Politik führte zur Unterzeichnung des »Marshall-Plans« für den wirtschaftlichen Wiederaufbau Europas durch Präsident Truman. (*Der kleine Ploetz. Hauptdaten der Weltgeschichte*, 37. Neuauflage, Ploetz-Verlag, Freiburg/Br. 1999, S. 422, 430f.)

Anhang

0a Die (Uran-)Pechblende – auch Uran-Pecherz oder Uraninit – ist das wichtigste Uranmineral. Es ist radioaktiv und besteht im Wesentlichen aus Uranoxiden. Es enthält daher durchschnittlich 70% Uran. Neben der Urangewinnung hauptsächlich zu nuklearen Zwecken diente das Erz als Hauptgrundlage für die Herstellung von Radium sowie für Uranfarben und Uranglas. Zur Zeit des 2. Weltkrieges befand sich das europäische Hauptvorkommen in Joachimsthal auf der böhmischen Seite des Erzgebirges. Das im Text genannte belgische Uranoxid kam aus dem Katanga-Gebiet des damaligen Belgisch-Kongo.

1 Memorandum von Lt.(jg) John G. Faron, USNR, an Capt. G.R. Phelan, USN, Subject »Cargo aboard 1600-Ton German Submarine at Portsmouth, New Hampshire, Partial List Of«, 29. Mai 1945, Box 4, RG 38, *NA*.

2 »Manifest of Cargo for Tokio [sic] on Board *U-234*«, übersetzt 23. Mai 1945, *NHC*, Microfiche.

3 Kawashima Toranosuke, zitiert in Robert K. Wilcox *Japan's Secret War: Japan's Race against Time to Build Its Own Atomic Bomb*, S. 101.

4 Übersetzung eines Funkspruchs des japanischen Heeresattachés: SRA 1576, 7. Juli 1943, Box 2, RG 457, *NA*. Die Japaner brauchten Radium wegen seines medizinischen Wertes, seiner phosphoreszierenden Eigenschaften und zur Herstellung von Butanol, eines Industriealkohols.

5 Funkspruch des japanischen Heeresattaches: SRA 4221, 1. September 1943, Box 2, RG 457, *NA*.

6 Dr. Kigoshi Kunihiko (Tokio), Brief an den Verfasser vom 7. August 1998.

7 Dr. Helmut Rechenberg (München), Brief an den Verfasser vom 25. Februar 1999.

8 Funkspruch des japanischen Heeresattachés: SRA 6420, 15. November 1943, Box 2, RG 457, *NA*. Obwohl das übersetzte Dokument von 1 kg spricht, zeigen spätere Funksprüche, dass es sich um einen Schreibfehler handelte. Das tatsächliche Ersuchen lautete auf 100 kg.

9 Funkspruch des japanischen Heeresattachés: SRA 5501, 20. November 1943, Box 2, RG 457, *NA*.

10 Kigoshi Kunihiko, Brief an den Verfasser vom 7. August 1998. Infolge der strengen Geheimhaltung sowie auf Grund des schleichenden Misstrauens zwischen den beiden Achsenpartnern wusste keiner der beiden Brüder von der Beteiligung des jeweils anderen Bruders am Urantransfer. Dies erfuhren sie erst nach dem Kriege.

11 General Kawashima Toranosuke, zitiert bei Robert K. Wilcox *Japan's Secret War*, S. 104.

12 Ebenda. 1980 erklärte Kawashima in seinem Interview mit Robert Wilcox, dass die Deutschen zugestimmt hätten, den Japanern 2 t Uranoxid zu liefern. Der Funkspruch Oshimas vom 20. November stellte die einzige dokumentierte Erwähnung einer Mengenangabe dar und da die Fracht auf zwei Unterseeboote mit je einer 500-kg-Lieferung verteilt wurde, scheint es sehr wahrscheinlich, dass die verschiffte Menge tatsächlich 1 t betrug.

13 Carl Boyd/Yoshida Akihiko *The Japanese Submarine Force and World War Two*, S. 152. *Ro 501*, ein Boot vom Typ IX C/40, war das ehemalige deutsche *U 1224* (Kptlt. Georg Preuß), ein Geschenk Hitlers an General Tojo Hideki, den japanischen Regierungschef, das am 15. Februar 1944 in Kiel den Japanern übergeben und von ihnen (am 28. Februar?) in Dienst gestellt wurde. Seine japanische Besatzung war am 31. August 1943 an Bord von *I 8* (KptzS. Uchino) nach Lorient gebracht worden [eingelaufen 31. August, Rückkehr nach Singapur am 28. November 1943]. General Kawashima, Major Kigoshi Yasukazu und Kigoshi Kunihiko bestätigten später, dass *Ro 501* (Kptlt. Norita) am 13. Mai 1944 auf der Rückfahrt nach Japan durch die amerikanische TG 22.2 (Geleitträger BOGUE und fünf Geleitzerstörer) im Mittelatlantik nordwestlich der Kapverdischen Inseln versenkt worden war [ergänzt durch Rohwer/Hümmelchen *Chronology*, S. 229, 233, 269].

14 Kigoshi Kunihiko, Brief an den Verfasser vom 7. August 1998.

15 John W. Dower *Japan in War and Peace: Selected Essays*, S. 80.

16 »Reveal Jap Subs in Atlantic« in *Manchester (N.H.) Union*, 17. Mai 1945, 1(A).

17 Yamamoto Yoichi zitiert in Deborah Shapely »Nuclear Weapons History: Japan's Wartime Bomb Projects Revealed«, *Science*, Nr. 199 (Januar 1978), S. 155. Yamamoto wiederholte seine Kenntnis vom Eintreffen des Urans in Japan im Interview von 1980 mit Robert Wilcox, dem Verfasser von *Japan's Secret War*, S. 104.

18 Laut Prof. Dr. Jürgen Rohwer versenkten US-Seestreitkräfte tatsächlich im Sommer 1944 zwei japanische Unterseeboote im Atlantik:
- *Ro 501* am 13. Mai auf Position 18°08'N, 33°13'W durch USS FRANCIS M. ROBINSON [ein Geleitzerstörer der TG 22.2 – siehe oben Anm. 13 sowie eingehender Clay Blair »Der U-Boot-Krieg«, Bd. 2: Die Gejagten 1942–1945, S. 632] und
- *I 52* auf Position 15°16'N, 39°55'W durch die USS BOGUE.

Jedoch *I 52* wurde im *Südatlantik* versenkt, wodurch sich das Geheimnis um die Identität des zweiten Unterseebootes verstärkte, das angeblich nach *Ro 501* aus Kiel ausgelaufen war.

18a Ergänzend zur Anm. 18 ist festzustellen:
1. *I 52* (FKpt. Uno) war am 23. April 1944 aus Singapur ausgelaufen und befand sich auf dem Marsch in einen westfranzösischen Atlantikhafen. Am 23./24. Juni griffen zwei »Avenger«-Maschinen des Geleitträgers USS BOGUE (TG 22.2 unter Capt. Vosseler, USN) mit der Unterstützung von Sonobojen den japanischen U-Kreuzer im Mittelatlantik ebenfalls nordwestlich der Kapverdischen Inseln an und versenkten ihn. Vermutlich sollte er u.a. auch Uranoxid nach Japan bringen. Rohwer/Hümmelchen *Chronology*, S. 278, sowie eingehend Clay Blair »Der U-Boot-Krieg«, Bd. 2: Die Gejagten 1942–1945, S. 664f.
2. Das »geheimnisvolle zweite japanische Unterseeboot«, von dem hier die Rede ist, scheint der japanische U-Kreuzer *I 29* (FKpt. Kinashi) gewesen zu sein. Dieser war am 16. Dezember 1943 in Fernost ausgelaufen und nach Versorgung durch das deutsche Etappen-V-Schiff BOGOTA am 11. März 1944 in Lorient eingelaufen. Etwa zur selben Zeit wie das am 30. März 1944 in Kiel ausgelaufene *Ro 501* befand sich auch *I 29* im Gefolge einer »Monsun«-Gruppe auf dem Rückmarsch durch den Atlantik. Am 14. Juli traf der japanische U-Kreuzer in Penang und Singapur ein, wurde aber während seines Weitermarsches am 26. Juli vom amerikanischen U-Boot SUNFISH versenkt. Vgl. hierzu Rohwer/Hümmelchen *Chronology*, S. 249, 269, 278.

19 Kigoshi Kunihiko, Brief an den Verfasser vom 7. August 1998. Laut Kigoshi Kunihiko war es Dr. K. Kimura von der Universität Kyoto gelungen, Uran aus Erden, d.h. seltene Erdmetalloxide enthaltenden Erzen, zu trennen. Bis Kriegsende hätte Kimura »hunderte Kilogramm [an Uran] aus Erzen« getrennt.

20 Bericht des State Department, des War Department und des Navy Coordinating Subcommittee for the Far East »Disposition of Uranium Oxide Impounded by SCAP«, März 1946, S. 47, Box 1, RG 331, *NA*. Laut einer Bestandsaufnahme nach dem Kriege entdeckten alliierte Ermittler ca. 125 kg Uranoxid in ungeöffneten Behältern, eine Menge, die »für militärische Zwecke von unwesentlicher Bedeutung« angesehen wurde. Eine Überprüfung vom 12. April 1948 (SCAP-Memo, 12. April 1948, Box 1, RG 331, *NA*) offenbarte fernerhin das »Vorhandensein radioaktiver Vorräte in 78 Industrieunternehmen«.

21 KptzS. Kitazawa Noritaka vom Nationalen Institut für Verteidigungsstudien in Tokio, Brief an den Verfasser vom 13. Juli 1998. KptzS. Kitazawa führt aus, dass die Kaiserliche Marine beabsichtigte, das Uranoxid als Katalysator für die Herstellung von Methanol zu verwenden, das als Treibstoff für Flugzeuge gebraucht wurde.

22 Prof. Dr. Jürgen Rohwer (Stuttgart), Brief an den Verfasser vom 17. Februar 1998.

23 KptzS. Hans-Joachim Krug (Wolfratshausen), Brief an den Verfasser vom 7. August 1998. Krug, ehemaliger I.WO auf *U 219* [KKpt. Walter Burghagen – ein X-B-Boot, das im Mai 1945 als *I 505* von der japanischen Marine übernommen wurde], gehörte vom August 1944 bis Kriegsende zur deutschen Marinemission in Tokio. Er kehrte Ende 1946 nach Deutschland zurück.

24 Vernehmung von Kai Nieschling, 27. Juli 1945, Command File, World War II, *NHC*.

25 Wolfgang Hirschfeld/Geoffrey Brooks *Hirschfeld: The Story of a U-Boat NCO, 1940-1946*, S. 199 [Hirschfeld »Feindfahrten«, S. 354].

26 Ebenda, S. 198/199 [in Hirschfeld »Feindfahrten« nicht enthalten].

27 Alexander W. Moffat *A Navy Maverick Comes of Age*, S. 138.

28 Hirschfeld/Brooks *Hirschfeld*, S. 218 [Hirschfeld »Feindfahrten«, S. 375f.; der zweite Teil des Zitats ist nicht enthalten].

29 Memorandum des Chief of Naval Operations (CNO) an den Commanding Officer, Portsmouth Naval Yard, Subject »Mine Tubes, Unloading Of«, 27. Mai 1945, Box 531, RG 181, *NANE*.
30 Memorandum des Commanding Officer, Portsmouth Naval Yard, an den CNO, Subject »Cargo *U-234*, Information On«, 28. Mai 1945, Box 531, RG 181, *NANE*.
31 Memorandum »Mine Tubes, Unloading Of«.
32 Karl Pfaff (Bellingham/Wash.), Interview mit Robert Wilcox, 24. Februar 1995.
33 Ebenda.
34 Bob Norling »Ex-U-Boat Officer Here for Visit: First Saw Portsmouth as POW«, *Portsmouth (N.H.) Herald*, 9. Juli 1954, 1(A). Pfaff erinnerte sich: Obwohl er einen Seufzer der Erleichterung ausstieß, als der Zylinder geöffnet worden war, schauderte es ihn, als er eine Flakgranate entdeckte – nur Zentimeter von der Stelle entfernt, die der Schneidbrenner aufgeschnitten hatte.
35 Karl Pfaff, Interview mit Robert Wilcox, 24. Februar 1995. Sobald die Schweißer die Zylinder geöffnet hatten, so erinnerte sich Pfaff, bemerkte er »einen hoch gewachsenen Zivilisten ... mit einem großen Hut«, der die Behälter untersuchte. Weil ihm der Fremde besonders auffiel, erkundigte sich Pfaff nach seiner Identität und ihm wurde gesagt, dass dies »Oppenheimer« wäre. Erst später, während seiner Zeit als Kriegsgefangener in Louisiana, wurde ihm klar, dass der Mann mit dem großen Hut J. Robert Oppenheimer gewesen sein könnte, der Direktor des »Manhattan«-Projektes und Vater der amerikanischen Atombomben. Obwohl es keine Bestätigung dafür gibt, dass der Mann, den Pfaff sah, Oppenheimer war, befand sich der Physiker Ende Mai/Anfang Juni 1945 in der Nähe. Er hatte in Washington an einer Konferenz mit Henry Stimson, James F. Byrnes und General Leslie Groves sowie dem Interim Committee teilgenommen. Eine Fahrt in das südliche Maryland, um einen erbeuteten deutschen Uranoxid-Vorrat zu prüfen, liegt nicht außerhalb des Bereiches des Möglichen. [Im Übrigen sei in diesem Zusammenhang darauf hingewiesen, dass der Einsatz der amerikanischen Atombomben zunächst gegen Deutschland geplant war mit Schwerpunkt Berlin und Ruhrgebiet, sie waren jedoch erst im August 1945 einsatzreif].
36 Memorandum von T.F. Darrah, Ordnance Investigation Laboratory, an Chief of the Bureau of Ordnance, nachrichtlich an Lieutenant McQuade, ONI, Subject »Manifest of Cargo for Tokyo on Board *U-234*, Forwarding Of«, 23. Juni 1945, Command File, World War II, *NHC*.
37 »Agenda for Washington Group Meeting«, 2. Juli 1945, Box-Nr. unbekannt, Manhattan-Project Files, RG 326, *NA*. Die »Washington Group Trust« war dem Manhattan-Distrikt des Heeres angeschlossen; Kopien der Tagesordnung gingen an General Leslie Groves, den militärischen Direktor des »Manhattan«-Projekts. Das britische Gegenstück zu dieser Gruppe, mit dem Washington die Verbindung aufrechterhielt, war als die »London Group« bekannt. General Groves hatte befohlen, dass vier Tage vor den Sitzungen der Washington-Gruppe die Tagesordnung »mit den Briten ausgetauscht werden sollte«.
38 Ebenda. TOP 4-B befasste sich mit der Möglichkeit, Uranoxid-Proben aus der Türkei zu bekommen. TOP 4-C prüfte deutsche geologische Forschungsergebnisse in Schweden. TOP 4-D beschäftigte sich mit der Anfrage eines Dr. Bain, betreffend den Isotopengehalt von Uran. TOP 8 erwog die »Brauchbarkeit von Luftaufnahmen der Aufklärung ... von bestimmten Gebieten, in denen Uran und Thorium« gefunden werden könnten. TOP 10-B sah ein Treffen zwischen Dr. Bain und Groves vor und TOP 10-C erörterte die zur belgischen *Union Minière* gehörenden Bergwerke, maßgeblich für zukünftige »leistungsfähige Trust-Operationen des Nachrichtendienstes (efficient Trust Intelligence operations)«.
39 John Lansdale, zitiert in William J. Broad »Captured Cargo, Captivating Mystery«, *New York Times*, 31. Dezember 1995, 22(A).
40 Dr. Philip Morrison, zitiert in David Arnold »The Uranium Vanishes: A Mystery of World War II«, *Boston Globe*, 27. Juli 1993, 1(A).
41 Hirschfeld/Brooks *Hirschfeld*, S. 198/199 [Hirschfeld »Feindfahrten«, S. 354]. Hirschfeld fährt an dieser Stelle (S. 354) fort: »Auf meine Frage, was die Päckchen enthalten, sagt der Japaner, der Tomonaga heißt: »ist Ladung von *U 235*. Fährt nicht mehr nach Japan.« Ich forsche bei der 5. U-Flottille [in Kiel] nach und erfahre, daß *U 235* ein Boot vom Typ VII C unter Kapitänleutnant Huisgen ist, das nie etwas mit Japan zu tun gehabt hat.« Später ergänzte Hirschfeld: »*U 235* war ein kleines Schulboot vom Typ VII C, das nie für Operationen außerhalb der Ostsee vorgesehen war.«
42 Karl Pfaff, Interview mit Robert Wilcox, 24. Februar 1995.
43 Geoffrey Brooks (Torremolinos, Spanien), Brief an L. Sydney Trevethan (Anchorage/Alaska) vom 16. Januar 1999.

44 Richard Rhodes (Madison/Conn.), Brief an den Verfasser vom 14. Januar 1999.
45 Richard Rhodes, Brief an den Verfasser vom 14. Januar 1999.
46 Dr. Michael Thorwart (Augsburg), Brief an den Verfasser vom 18. Februar 1999.
47 Richard Rhodes, Brief an den Verfasser vom 14. Januar 1999.
48 Richard Thurston (Spanaway/Wash.), Brief an L. Sidney Trevethan (Anchorage/Alaska) vom 31. Dezember 1998.
49 Kigoshi Kunihiko, Brief an den Verfasser vom 7. August 1998.
50 Alsos Mission Intelligence Report, H.S. van Klooster, Subject »Pyrophoric Thorium Alloys«, 13. Juli 1945, Box 92, RG 72, *NA*.
51 Kay Nieschling (Bonn), Brief an Wolfgang Hirschfeld (Plön) vom 5. Juli 1984.
52 David Holloway *Stalin and the Bomb: The Soviet Union and Atomic Energy, 1939-1956*, S. 110.
53 Richard Thurston, Brief an L. Sidney Trevethan vom 3. Februar 1999.
54 Richard Thurston, Brief an den Verfasser vom 4. Februar 1999.

Bibliografie

Primärquellen

Amtliche Archivbestände

Bundesarchiv/Militärarchiv Freiburg i. Br.
OKW: Amt Ausland/Abwehr IV, KTB Bd. II; RM 13/1, PG 32883, Case GE 894
OKW: Amt Ausland/Abwehr IV, KTB Bd. VI; RM 13/3, PG 32886, Case GE 896
Portsmouth Athenaeum, Portsmouth/N.H.: File »*U-234*«
Portsmouth Naval Shipyard and Archives, Marinewerft Portsmouth, Kittery/Maine
Records of *U-234*
U-Boot-Archiv, Cuxhaven-Altenbruch Band »*U 234*«

U.S. National Archives, Textual Branch, College Park/Md.
Mikrofilm-Sammlung:
Microcopy M-1655: U.S. Strategic Bombing Survey
Microcopy T-82, Roll 92: Records of National Socialist Cultural and Research Institutions
Microcopy T-120: Foreingn Office/State Department Documents, Unit Berlin
Microcopy T-179, Roll 74: Records of German and Japanese Embassies and Consulates, 1890-1945
Microcopy T-1022: Records of the German Navy, 1850-1945
Text-Sammlung:
RG 38: Records of the Chief of Naval Operations
RG 72: Records of the Bureau of Aeronautics
RG 74: Records of the Bureau of Ordnance
RG 77: Records of the Manhattan Engineering District, 1942-48
RG 80: General Records of the Department of the Navy, 1798-1947
RG 165: Records of the War Department General Staff
RG 226: Records of the Office of Strategic Services
RG 243: U.S. Strategic Bombing Survey
RG 319: Records of the Army General Staff
RG 331: Records of the Allied Operational and Occupation Headquarters, World War II
RG 373: Records of the Defense Intelligence Agency

* Vom Übersetzer/Bearbeiter ergänzt.

RG 389: Records of the Provost Marshal General
RG 457: MAGIC Diplomatic Summaries
U.S. National Archives, Northeast Region, Waltham/Mass.
RG 19: Records of the Bureau of Ships
RG 181: Records of Naval Districts and Shore Establishments (First Naval District, Portsmouth Naval Shipyard)
U.S. National Archives, Northeast Region, New York
RG 181: Records of Naval Districts and Shore Establishments (Naval Training Device Center)
U.S. Navy Operational Archives, Naval Historical Center, Marinewerft Washington, Washington/D.C.
Command File, World War II: Records of the Commander-in-Chief, Atlantic Fleet

Bücher

Breyer, Siegfried: *Handbuch für U-Bootkommandanten. Die U-Bootwaffe 1935–1945. Erweiterter Reprint einer Dienstvorschrift*, Podzun-Pallas, Wölfersheim-Berstadt (ohne Datum).
Chapman, John W.M. (Hrsg.): *The Price of Admiralty: The War Diary of the German Naval Attaché in Japan, 1939–1943*, 4 Bde., Satire Press, Ripe/East Sussex 1989.
Dönitz, Karl: *Zehn Jahre und zwanzig Tage. Erinnerungen*, mit einem Nachwort von Jürgen Rohwer »Die Schlacht im Atlantik in der historischen Forschung« (1991), 11. Auflage, Bernard & Graefe, Koblenz 1997 (zitiert 5. Auflage 1975).
Fehler, Johann/Sellwood, Arthur V.: *Dynamite for Hire: The Story of Hein Fehler*, Werner Laurie, London 1956.
Giese, Otto/Wise, James F.: *Shooting the War: Memoirs of a World War II U-Boat Officer*, Naval Institute Press, Annapolis/Md. 1994.
Groves, Leslie R.: *Now It Can Be Told: The Story of the Manhattan Project*, Harper and Brothers, New York 1962.
Hirschfeld, Wolfgang: *Feindfahrten. Das Logbuch eines U-Boot-Funkers*, Paul Neff, Wien 1992 (zitiert Taschenbuch-Ausgabe, Wilhelm Heyne Verlag, München 1985).
– *Das letzte Boot. Atlantik Farewell*, Universitas, München 1989.
– /Geoffrey Brooks: *Hirschfeld: The Story of a U-Boat NCO, 1940–1946*, Naval Institute Press, Annapolis 1996 (von G. Brooks übersetzte und erweiterte Ausgabe von »Feindfahrten«).
The MAGIC Documents: Summaries and Transcripts of the Top Secret Diplomatic Communications of Japan, 1938–1943, Mikrofilm, University Publications of America, Washington/D.C. 1980.
Moffat, Alexander W.: *A Navy Maverick Comes of Age*, Weslayan University Press, Middletown/Conn. 1978.
Mohr, Ulrich/Sellwood, Arthur V.: *ATLANTIS. Kaperfahrt unter zehn Flaggen*, Koehlers VerlagsGmbH, Herford 1975 (zitiert Taschenbuch-Ausgabe, Wilhelm Heyne Verlag, München).

Naito, Hatsuho: *Ohka hijo no tokko heiki* (Donnergötter. Die Kamikaze-Piloten erzählen ihre Geschichte), Bungey Shunju, Tokio 1982.
Speer, Albert: *Infiltration*, Macmillan, New York 1981.
– *Inside the Third Reich*, Macmillan, New York 1970 [»Erinnerungen«, Frankfurt a.M. 1969].
Unites States War Department: *Handbook on Japanese Military Forces*, Lousiana State University Press, Baton Rouge 1991.
– *Handbook on German Military Forces*, Lousiana State University Press, Baton Rouge 1990.
Wagner, Gerhard (Hrsg.): *Lagevorträge des Ob.d.M. vor Hitler*, J.F. Lehmanns, München 1972.

Aufsätze

Allen, Lester: »Big Hunt on for Hitler in U-Boat« in *Boston Post*, 18. Mai 1945, 1(A).
– »Find Three Nazi Chiefs in U-Boat« in *Boston Post*, 17. Mai 1945, 1(A).
Allen, Robert S.: »Post-war U-Boat Yielded Top Scientists on Hot Errand« in *New York Post*, 25. November 1949.
Compton, Karl T.: »Mission to Tokyo« in *Technology Review*, Nr. 4 (Dezember 1945), S. 99–120.
»Fourth U-Boat Due Today« in *Boston Herald*, 19. Mai 1945, 1(A).
Gates, Franklin M.: »Officer of Prize Crew Narrates Events in Surrender of *U-234* One Year Later« in *Portsmouth (N.H.) Herald*, Mai 1946.
»Hint Tops of Nazi Biggies Bound Here on Seized Sub« in *Boston Daily Record*, 19. Mai 1945, 3(A).
Holt, Carlyle: »Big U-Boat Taken by US; Two Jap Suicides Aboard« in nicht genannter Zeitung, 17. Mai 1945, File »*U-234* and General«, Portsmouth Naval Shipyard Museum.
Kennedy, Robert G.: »Nazis Won't Talk to Newsmen; Two More Subs Due« in *Portsmouth (N.H.) Herald*, 16. Mai 1945, 1(A).
Lyons, Louis M.: »Nazi Prisoners to Stay Here Awhile« in *Providence (R.I.) Sunday Journal*, 13. Mai 1945, 4(A).
»Navy Announces Officers' Names, Not Technicians« in *Portsmouth (N.H.) Herald*, 21. Mai 1945, S. 1/2.
Nishina, Yoshio: »A Japanese Scientist Describes the Destruction of His Cyclotrons« in *Bulletin of the Atomic Scientists*, Nr. 6 (Juni 1947), S. 145, 167.
Norling, Bob: »Ex-U-Boat Officer Here for Visit; First Saw Portsmouth as POW« in *Portsmouth (N.H.) Herald*, 9. Juli 1954, 1(A).
»Reveal Jap Subs in Atlantic« in *Manchester (N.H.) Union*, 17. Mai 1945, 1(A).
Sandrart, Fritz v.: »Die letzte Japan-Fahrt eines deutschen U-Bootes« in *Luftwaffen-Revue* (Januar/Februar 1971, S. 442–450.
Shalett, Disney M.: »Huge Nazi Sub Seized in Flight to Japan; Three Luftwaffe Chiefs, Two Dead Japs Aboard« in *Boston Herald*, 17. Mai 1945, 1/2(A).

Sekundärquellen

Bücher

Andrew, Christopher/Gordievsky, Oleg: *KGB: The Inside Story of Its Foreign Operations from Lenin to Gorbachev*, Harper Collins, New York 1990.

Balke, Ulf: *Kampfgeschwader 100 »Wiking«. Eine Geschichte aus Kriegstagebüchern, Dokumenten und Berichten 1934–1945.* Motorbuch Verlag, Stuttgart 1981.

Bar-Zohar, Michel: *La Chasse aux savants allemands* (Die Jagd nach den deutschen Wissenschaftlern), Librairie Arthème Fayard, Paris 1965.

Bekker, Cajus: *Verdammte See. Ein Kriegstagebuch der deutschen Marine*, Gerhard Stalling Verlag, Oldenburg und Hamburg 1971.

Bernstein, Jeremy: *Hitler's Uranium Club: The Secret Recordings at Farm Hall*, American Institute of Physics, Woodbury/N.Y. 1996.

Blair, Clay: *Hitler's U-Boat War*, Band 1: *The Hunters, 1939-1942*, Band 2: *The Hunted, 1942-1945*, Random House, New York 1996 und 1998 [dt. Übersetzung: »Der U-Boot-Krieg«, Band 1: »Die Jäger 1939–1942«, Band 2: »Die Gejagten 1942–1945«, Wilhelm Heyne Verlag, München 1998 und 1999].

Boog, Horst: *Die deutsche Luftwaffenführung 1943–1945. Führungsprobleme, Spitzengliederung, Generalstabsausbildung*, Deutsche Verlags-Anstalt, Stuttgart 1982.

Boog, Horst/Rahn, Werner/Stumpf, Reinhard/Wegner, Bernd: *Die Welt im Krieg 1941–1943*, 2 Bde., Fischer Taschenbuch Verlag, Frankfurt a.M. 1992 (Originalausgabe: Militärgeschichtliches Forschungsamt (Hrsg.) *Das Deutsche Reich und der Zweite Weltkrieg*, Bd. 6: *Der globale Krieg*, Deutsche Verlags-Anstalt. Stuttgart 1990).

Boyd, Carl: *Hitler's Japanese Confidant: General Oshima Hiroshi and Magic Intelligence, 1941–1945*, University Press of Kansas, Lawrence 1993.

Boyd, Carl/Yoshida, Akihiko: *The Japanese Submarine Force and World War II*, Naval Institute Press, Annapolis/Md. 1995.

Brice, Martin: *Axis Blockade Runners of World War II*, Naval Institute Press, Annapolis/Md. 1981.

Brooks, Lester: *Behind Japan's Surrender: The Secret Struggle that Ended an Empire*, De Gustibus Press, Stamford 1968.

Brown, Eric: *Wings of the Luftwaffe: Flying German Aircraft of the Second World War*, Macdonald and Jane's, London 1977. [dt. Übersetzung: »Berühmte Flugzeuge der Luftwaffe 1939–1945. Berichte eines Testpiloten«, Motorbuch Verlag, Stuttgart 1999].

Calvocoressi, Peter/Wint, Ben: *Total War: The Causes and Courses of the Second World War*, Penguin Press, London 1972.

Chant, Christopher (Hrsg.): *Warfare and the Third Reich: The Rise and Fall of Hitler's Armed Forces*, Salamander Books, London 1996.

Churchill, Winston: *The World Crises, 1911-1918*, Bd. 2, Charles Scribner's Sons, New York 1923.

Cohen, Jerome B.: *Japan's Economy in War and Reconstruction*, University of Minnesota Press, Minneapolis 1949.

Costello, John: *The Pacific War, 1941-1945*, Quill, New York 1981.

Cumings, Bruce: *The Origins of the Korean War*, Bd. 2: *The Roaring of the Cataracts, 1947-1950*, Princeton University Press, Princeton 1992.

Dear, I.C.B./Foot, M.R.D. (Hrsg.): *The Oxford Companion to World War II*, Oxford University Press, Oxford 1995.

Dictionary of American Fighting Ships, Bd. 6: R–S, Naval History Division, Department of the Navy, Washington/D.C. 1976.

Dipple, John V.H.: *Two against Hitler: Stealing the Nazi's Best-Kept Secrets*, Praeger, New York 1980.

Dower, John W.: *Japan in War and Peace: Selected Essays*, New Press, New York 1993.

Dunnigan, James F./Nofi, Albert A.: *Victory at Sea: World War II in the Pacific*, William Morrow and Co., New York 1995.

Eisenhower, David: *Eisenhower at War, 1943-1945*, Random House, New York 1986.

Ethell, Jeffrey: *Mustang: A Documentary History of the P-51*, Jane's, London 1981.

Ethell, Jeffrey/Price, Alfred: *Strahlflugzeuge 1939–1945*. Motorbuch Verlag, Stuttgart 1997.

Ford, Brian: *German Secret Weapons*, Ballantine Books, New York 1969.

Gabler, Ulrich: *Unterseebootbau*, Bernard & Graefe Verlag, Koblenz 1987.

Gallagher, Thomas: *Assault in Norway: Sabotaging the Nazi Nuclear Bomb*, Harcourt Brace Jovanovich, New York 1981.

Gellermann, Günther W.: *Der andere Auftrag. Agenteneinsätze deutscher U-Boote im Zweiten Weltkrieg*, Bernard & Graefe Verlag, Bonn 1997.

Gilbert, Martin: *The Second World War: A Complete History*, Henry Holt and Co., New York 1989.

Green, William: *Rocket Fighter*, Ballantine Books, New York 1971.

– *The Warplanes of the Third Reich*, Gallahead Books, New York 1970.

Gröner, Erich/Jung, Dieter/Maass, Martin: *Die deutschen Kriegsschiffe 1815–1945*, Band 3: *U-Boote, Hilfskreuzer, Minenschiffe, Netzleger und Sperrbrecher*, Bernard & Graefe Verlag, Koblenz 1985.

Güth, Rolf: *Die Marine des Deutschen Reiches 1919–1939*, Bernard & Graefe Verlag für Wehrwesen, Frankfurt a.M. 1972.

Hadley, Michael: *U-Boats Against Canada: German Submarines in Canadian Waters*, McGill: Queen's University Press, Montreal 1985 [dt. Übersetzung: »U-Boote gegen Kanada. Unternehmungen deutscher U-Boote in kanadischen Gewässern«, E.S. Mittler & Sohn, Herford 1990].

Henshall, Philip: *Vengeance: Hitler's Nuclear Weapon, Fact or Fiction?*. Alan Sutton, Gloucestershire 1995.

Herzog, Bodo: *60 Jahre deutsche U-Boote 1906–1966*, J.F. Lehmanns, München 1968.

Herwig, Dieter/Rode, Heinz: *Geheimprojekte der Luftwaffe. Band II: Strategische Bomber 1935–1945*, Motorbuch Verlag, Stuttgart 1998.

Hillgruber, Andreas/Hümmelchen, Gerhard: *Chronik des Zweiten Weltkrieges.*

Kalendarium militärischer und politischer Ereignisse 1939–1945, Athenäum VerlagsGmbH/Droste VerlagsGmbH, Königstein/Taunus und Düsseldorf 1978.
Hinsley, F.H. et al.: *British Intelligence in the Second World War*, gekürzte Fassung, HMSO, London 1993.
– *British Intelligence in the Second World War: Its Influence on Strategy and Operations*, 3 Bände, HMSO, London 1979 (Bd. 1), 1981 (Bd. 2), 1984 (Bd. 3/1) und 1988 (Bd. 3/2).
Hiroyuki, Agawa: *The Reluctant Admiral: Yamamoto and the Imperial Navy*, Kodansha International, Tokio 1979.
Högel, Georg: *Embleme, Wappen, Malings deutscher U-Boote 1939–1945*, 3. erweiterte Auflage, Koehlers VerlagsGmbH, Hamburg 1996.
Holborn, Hajo: *A History of Modern Germany, 1840-1945*, Princeton University Press, Princeton 1969.
Holloway, David: *Stalin and the Bomb: The Soviet Union and Atomic Energy, 1939-1956*, Yale University Press, New Haven 1994.
Hoyt, Edwin P.: *Raider 16*, World, New York 1970.
Hümmelchen, Gerhard: *Die deutschen Seeflieger 1935–1945*, J.F. Lehmanns Verlag, München 1976.
Ienaga, Saburo: *Taiheiyo Senso* (Der Pazifische Krieg), Iwanami Shoten, Tokio 1968.
Irving, David: *The German Atomic Bomb: The History of Nuclear Research in Nazi Germany*, Simon and Schuster, New York 1967.
– *Die Geheimwaffen des Dritten Reiches*, Arndt Verlag, Kiel 2000.
Jane's Fighting Ships of World War II, Jane's, London 1946.
Jungk, Robert: *Brighter Than a Thousand Suns: A Personal History of the Atomic Scientists*, Harcourt Brace Jovanovich, New York 1970.
Keegan, John: *The Face of Battle*, Penguine Books, New York 1976.
– *The Second World War*, Penguin Books, New York 1989.
Kennedy, Paul M.: *The Rise and Fall of British Naval Mastery*, Ashfield Press, London 1976 [dt. Übersetzung: »Aufstieg und Verfall der britischen Seemacht«, E.S. Mittler & Sohn, Herford–Bonn 1978].
Kurowski, Franz: *Krieg unter Wasser 1939–1945*, Econ Verlag, Düsseldorf 1997.
Lasby, Clarence G.: *Project Paperclip: German Scientists and the Cold War*, Atheneum, New York 1971.
Ledebur, Gerhard Freiherr v.: *Die Seemine*, J.F. Lehmanns Verlag, München 1977.
Lenton, H.T.: *German Warships of the Second World War*, Arco, New York 1979.
Lewin, Ronald: *The American Magic: Codes, Ciphers and the Defeat of Japan*, Farrar, Strauss and Giroux, New York 1982.
Lommel, Horst: *Vom Höhenaufklärer bis zum Raumgleiter. Geheimprojekte der DFS 1935–1945*, Motorbuch Verlag, Stuttgart 2000.
Mallmann Showell, Jak P.: siehe Showell, Mallmann Jak P.
Manchester, William: *American Caesar: Douglas MacArthur, 1880–1964*, Little, Brown and Co., Boston 1978.

Meskill, Johanna Menzel: *Hitler and Japan: The Hollow Alliance*, Atherton Press, New York 1966.

Mikesh, Robert C.: *Japanese Aircraft: Code Names and Designations*, Schiffer Aviation and Military History, Atglen/Pa. 1993.

Miller, David: *Deutsche U-Boote bis 1945. Ein umfassender Überblick*, Verlag Stocker-Schmid/Motorbuch Verlag, Dietikon-Zürich und Stuttgart 2000.

Millot, Bernard: *Divine Thunder: The Life and Death of the Kamikazes*, McCall, New York 1971.

Milward, Alan S.: *War, Economy and Society, 1939-1945*, University of California Press, Berkeley 1977.

Moore, John E. (Hrsg.): *Jane's Pocket Book of Major Warships*, Macmillan, New York 1973.

Morgan, Hugh: *Me 262: Stormbird Rising*, Reed Consumer Books, London 1994. [dt. Übersetzung »Me 262 »Sturmvogel/Schwalbe«. Entwicklung–Einsatz–Neubau«, Motorbuch Verlag, Stuttgart 1996].

Müller-Hillebrand, Burkhart: *Germany and Its Allies in World War II: A Record of Arms Collaboration Problems*, University Publishing of America, Frederick/Md. 1980.

Mulligan, Timothy P.: *Die Männer der deutschen U-Bootwaffe 1939–1945*, Motorbuch Verlag, Stuttgart 2001 (amerik. Ausgabe: »Neither Sharks Nor Wolves: The Men of Nazi Germany's U-Boat Arm, 1939-1945«, Naval Institute Press, Annapolis/Md. 1999).

Neitzel, Sönke: *Der Einsatz der deutschen Luftwaffe über dem Atlantik und der Nordsee 1939–1945*, Bernard & Graefe Verlag, Koblenz 1995.

Neufeld, Michael J.: *The Rocket and the Reich: Peenemünde and the Coming of the Ballistic Missile Era*, Harvard University Press, Cambridge 1995.

Nowarra, Heinz J.: *Die deutsche Luftrüstung 1933–1945*, 4 Teile in einem Band, Bernard & Graefe Verlag, Bonn (Sonderausgabe ohne Datum).

Overy, Richard: *Why the Allies Won*, W.W. Norton and Co., New York 1995.

Padfield, Peter: *War beneath the Sea: Submarine Conflict during World War II*, John Willey and Sons, New York 1995 [dt. Übersetzung: »Der U-Boot-Krieg 1939–1945«, Ullstein Buchverlage GmbH, Berlin 1996; Taschenbuch-Ausgabe; Econ Ullstein List Verlag, München 2000].

Petrova, Ada/Watson, Peter: *The Death of Hitler: The Full Story with New Evidence from Secret Russian Archives*, W.W. Norton and Co., New York 1995.

Piszkiewicz, Dennis: *The Nazi Rocketeers: Dreams of Space and Crimes of War*, Praeger, Westport/Conn. 1995.

Ploetz, Der kleine. Hauptdaten der Weltgeschichte, 37. Auflage, PLOETZ im Verlag Herder, Freiburg i.Br. 1999.

Porten, Edward P. von der: *The German Navy in World War II*, Arthur Baker, London 1970 [dt. Übersetzung: »Die deutsche Kriegsmarine im 2. Weltkrieg«, Motorbuch Verlag, Stuttgart 1975].

Powers, Thomas: *Heisenberg's War: The Secret History of the German Bomb*, Little, Brown and Co., New York 1993.

Prados, John: *Combined Fleet Decoded: The Secret History of American Intelligence and the Japanese Navy in World War II*, Random House, New York 1995.

Prager, Hans Georg: *Panzerschiff DEUTSCHLAND – Schwerer Kreuzer LÜTZOW. Ein Schiffs-Schicksal vor den Hintergründen seiner Zeit*, Koehlers VerlagsGmbH, Herford 1981.

Prange, Gordon W.: *Target Tokyo: The Story of the Sorge Spy Ring*, McGraw-Hill Books, New York 1984.

Preston, Anthony: *Submarines*, W.H. Smith, New York 1982.

Price, Alfred: *The Last Year of the Luftwaffe, May 1944 to May 1945*, Arms & Armour Press, London 1991.

– *The Luftwaffe Data Book*, Greenhill Books, London 1997.

Pritchard, Anthony: *Messerschmitt*, G.B. Putnam's Sons, New York 1975.

Radzinsky, Edvard: *Stalin*, Doubleday, New York 1996.

Rahn, Werner: *Reichsmarine und Landesverteidigung 1919–1928*, Bernard & Graefe Verlag für Wehrwissen, München 1976.

Rhodes, Richard: *Dark Sun: The Making of the Hydrogen Bomb*, Simon and Schuster, New York 1995.

– *The Making of the Atomic Bomb*, Simon and Schuster, New York 1986.

Rössler, Eberhard: *Geschichte des deutschen U-Bootbaus*, 2 Bde, 2. überarbeitete und erweiterte Auflage, Bernard & Graefe Verlag, Koblenz 1986.

Rohwer, Jürgen: *Axis Submarine Successes of World War Two: German, Italian and Japanese Submarine Successes, 1939–1945*, 1. Auflage 1983, 2. überarbeitete und erweiterte Auflage, Naval Institute Press, Annapolis/Md. 1999.[Leider nicht in deutscher Übersetzung vorhanden.]

– /Hümmelchen, Gerhard: *Chronology of the War at Sea, 1939-1945: The Naval History of World War Two*, 2. überarbeitete und erweiterte Auflage, Greenhill Books, London 1992. [Leider nicht in deutscher Übersetzung vorhanden.]

Rose, Arno: *Werwolf 1944–1945. Eine Dokumentation*, Motorbuch Verlag. Stuttgart 1980.

– *»Mistel«. Die Geschichte der Huckepack-Flugzeuge*, Motorbuch Verlag, Stuttgart.

Schlicht, Adolf/Angolia, John R.: *Die deutsche Wehrmacht. Uniformierung und Ausrüstung*, 3 Bde., Band 2: *Die Kriegsmarine*, Motorbuch Verlag, Stuttgart 1995.

Sherry, Michael S.: *The Rise of American Air Power: The Creation of Armageddon*, Yale University Press, New Haven 1987.

Shirer, William L.: *The Rise and Fall of the Third Reich: A History of Nazi Germany*, 4. Auflage, Touchstone Books, New York 1988 [dt. Übersetzung: »Aufstieg und Fall des Dritten Reiches«, Kiepenheuer & Witsch, Köln 1961.

Showell, Jak P. Mallmann: *The German Navy in World War Two*, Arms & Armour Press, London 1979 [dt. Übersetzung: »Das Buch der deutschen Kriegsmarine 1935–1945«, Motorbuch Verlag, Stuttgart 1982].

– *U-Boats under the Swastika*, 1. Auflage, Arco, New York 1973 [dt. Übersetzung: »U-Boote gegen England. Kampf und Untergang der deutschen U-Bootwaffe 1935–1945«, Motorbuch Verlag, Stuttgart 1974].

– *U-Boats under the Swastika*, 2. Auflage (erweitert mit neuem Text und anderen Fotos), Ian Allen, London 1987 [Leider nicht in deutscher Übersetzung vorhanden.]
– *U-Boat Commanders and Crews 1935–1945*, Crowood Press, Marlborough/Wiltshire 1998 [dt. Übersetzung: »Die U-Boot-Waffe. Kommandanten und Besatzungen«, Motorbuch Verlag, Stuttgart 2001].
– *German Navy Handbook 1939-1945*, Sutton Publishing Ltd., Stroud/Gloucestershire 1999 [dt. Übersetzung: »Kriegsmarine 1939–1945. Organisation, Strukturen Einsatz«, Motorbuch Verlag, Stuttgart 2000]
– *U-Boats at War: Landing on Hostile Shores*, Ian Allen, London 2000 [dt. Übersetzung liegt beim Motorbuch Verlag in Kürze (2002) vor.]

Spector, Ronald H.: *Eagle against the Sun: The American War with Japan*, Random House, New York 1985.

Tarrant, V.E.: *The U-Boat Offensive, 1914-1945*, Naval Institute Press, Annapolis/Md. 1989 [dt. Übersetzung: »Kurs West! Die deutschen U-Boot-Offensive 1914–1945«, Motorbuch Verlag, Stuttgart 1993].

Toland, John: *The Rising Sun: The Decline and Fall of the Japanese Empire, 1936-1945*, Random House, New York 1970.

United States Naval Intelligence: *German Naval Vessels of World War Two*, Naval Institute Press, Annapolis/Md. 1993.

Vat, Dan van der: *Stealth at Sea: The History of the Submarine*, Houghton Mifflin, Boston 1994.

Vause, Jordan: *U-Boat Ace: The Story of Wolfgang Lüth*, Naval Institute Press, Annapolis/Md. 1990]dt. Übersetzung: »Der U-Bootkommandant Wolfgang Lüth«, Motorbuch Verlag, Stuttgart 1999].
– *Wolf: U-Boat Commanders in World War II*, Naval Institute Press. Annapolis/Md. 1997 [dt. Übersetzung: »Die Wölfe. Deutsche U-Boot-Kommandanten im 2. Weltkrieg«, Motorbuch Verlag, Stuttgart 1999].

Volkogoniov, Dimitri: *Stalin: Triumph and Tragedy*, Prima, Rocklin/Ca. 1996.

Weintraub, Stanley: *The Last Great Victory: The End of World War II, July/August 1945*, Truman Talley Books, New York 1995.

Werrell, Kenneth P.: *Blankets of Fire: U.S. Bombers over Japan during World War II*, Smithsonian Institution Press, Washington/D.C. 1996.

Wheal, Elizabeth-Anne/Pope, Stephen/Taylor, James (Hrsg.): *Encyclopedia of the Second World War*, Castle Books, Edison/N.J. 1989.

Wheeler, Keith: *Bombers over Japan*, Time-Life Books, Chicago 1982.

Wilcox, Robert K.: *Japan's Secret War: Japan's Race against Time to Build Its Own Atomic Bomb*, Marlowe and Co., New York 1995.

Winslow, Richard E.: *Portsmouth-Built: Submarines of the Portsmouth Naval Shipyard*, Peter E. Randall, Portsmouth/N.H. 1983.

Witthöft, Hans Jürgen: *Lexikon zur deutschen Marinegeschichte*, 2 Bde., Koehlers VerlagsGmbH, Herford 1977.

Wynn, Kenneth: *U-Boat Operations of the Second World War*, Bd. 1: *Career Histories, U 1–U 510*, Naval Institute Press, Annapolis/Md. 1998.

Aufsätze

Arnold, David: »The Uranium Vanishes: A Mystery of World War II« in *Boston Globe*, 27. Juli 1993, 1(A).

Beach, E.L.: »Radar and Submarines in World War II« in *Defense Electronics*, Oktober 1979, S. 48–56.

Broad, William J.: »Captured Cargo, Captivating Maystery« in *New York Times*, 31. Dezember 1995, 22(A).

»Heiße Ladung« in *Der Spiegel*, Februar 1996, S. 148/149.

Krause, Roland E.: »The German Navy under Joint Command in World War II« in U.S. Naval Institute *Proceedings*, Nr. 73 (September 1947), S. 1029–1043.

Langdon, Robert M.: »And Your Task, Dear Partner« in U.S. Naval Institute *Proceedings*, Nr. 77 (April 1951), S. 365–369.

Langford, John D.: »Japan and Germany _ Why Seapower Failed« in *United States Naval War College Review*, Mai 1964, S. 1–13.

Lundquist, Edward: »What If the Germans Had Listened to U-Boat Skipper?« in *The Dolphin*, 30. September 1983, S. 18/19.

Masland, John W.: »Japanese-German Collaboration in World War II« in U.S. Naval Institute *Proceedings*, Nr. 75 (Februar 1949), S. 179–187.

Michaux, Theodore: »Rohstoffe aus Ostasien. Die Fahrten der Blockadebrecher« in *Wehrwissenschaftliche Rundschau*, Nr. 11 (5. Januar 1955).

Reynolds, Clark G.: »Hitler's Flattop: The End of the Beginning« in U.S. Naval Institute *Proceedings*, Nr. 113 (Januar 1967), S. 40–49.

Saville, Allison W.: »German Submarines in the Far East« in U.S. Naval Institute *Proceedings*, Nr. 87 (August 1981), S. 80–92.

Scalia, Joseph M.: »History, Archaeology, and the German Prisoner of War Experience in Rural Louisiana: The Ruston Alien Internment Facility, 1943-1945« in *Louisiana History: The Journal of the Louisiana Historical Association«*, Nr. 38 (Sommer 1997), S. 309–327.

– »The Failed Voyage of *U-234*: The Intelligence Value of Germany's Final Technical and Diplomatic Mission to Japan, 1945« in *Master's Thesis*, Louisiana Tech. University, 1997.

Shapely, Deborah: »Nuclear Weapons History: Japan's Wartime Bomb Projects Revealed« in *Science*, Nr. 199 (Januar 1978), S. 152–157.

Trevethan, L. Sidney: »The Controversial Cargo of *U-234*«, unveröffentlichtes Aufsatzmanuskript, 1999.

Abkürzungsverzeichnis

AAC (Army Air Corps)	(am.) Heeresfliegerkorps
AAF (Army Air Force)	(am.) Heeresluftwaffe
a.D.	außer Dienst
AEG	Allgemeine Elektrizitätsgesellschaft (Elektrokonzern)
A.G.	Aktiengesellschaft
Agru-Front/Agrufront	Technische Ausbildungsgruppe der Kriegsmarine für Front-U-Boote
Ah (Ampere/hour)	Ampérestunde (Einheit der elektrischen Stromstärke)
AO	Artillerieoffizier
Ar	Arado-Flugzeugwerke
Asdic (Allied Submarine Devices Investigation Committee)	(brit.) Synonym für aktives akustisches Unterwasser-Schallortungsgerät (dt. S-Anlage, am. Sonar)
ASV-Radar (Air-to-Surface-Vessel Radar)	(brit./am.) Bordradar in Flugzeugen zur Ortung von Überwasserschiffen
ASW (Anti-Submarine Warfare)	(brit./am.) U-Abwehrkriegsführung
BA-MA	Bundesarchiv/Militärarchiv in Freiburg i.Br.
BdU	Befehlshaber der U-Boote.
BdU op	Operationsabteilung
BdU org	Organisationsabteilung
Bf	Bayerische Flugzeugwerke AG (ab 1938 Messerschmitt)
BIK	Ballon-Inklinatorium: Deckname für das erste deutsche Magnetminen-Zündgerät
BRT	Bruttoregistertonne
BuAer (Bureau of Aeronautics)	(am.) Amt für Luftfahrt im US-Marineministerium
BuOrd (Bureau of Ordnance)	(am.) Waffenamt im US-Marineministerium
BuShips (Bureau of Ships)	(am.)Amt für Kriegsschiffbau im US-Marineministerium
BV	Blohm & Voss, Abt. Flugzeugbau
BZG	Bombenzielgerät (z.B. BZG 7 D)

Capt. (Captain)	(brit./am.) Hauptmann des Heeres bzw. der Marineinfanterie
cbm	Kubikmeter (m^3)
CCOS (Combined Chiefs of Staff)	(am.) Gemeinsames Gremium der brit-am. Stabschefs
CESF (Commander Eastern Sea Frontier)	(am.) Seebefehlshaber Ost
C-in-C (Commander-in-Chief)	(brit./am.) Oberbefehlshaber
CINCLANT (C-in-C, Atlantic Fleet)	Oberbefehlshaber der US-Atlantikflotte
CNO (Chief of Naval Operation)	(am.) Chef der Seekriegsleitung
Col. (Colonel)	(brit./am.) Oberst des Heeres bzw. der Marineinfanterie
COMEASTSEAFRON	siehe CESF
COMINCG (C-in-C Coast Guard)	(am.) Oberbefehlshaber der Küstenwache
COMINCH (C-in-C, United States Fleet)	(am.) Oberbefehlshaber der US-Flotte
COMSUBLANT (Commander Submarines, Atlantic Fleet)	(am.) Befehlshaber der Unterseeboote der US-Atlantikflotte
Conn.	US-Bundesstaat Connecticut
CWL/KWL	Konstruktionswasserlinie
D.C. (District of Columbia)	(am.) Bundesdistrikt der US-Hauptstadt
DDG »Hansa«	Deutsche Dampfschiffahrts-Gesellschaft »Hansa«, Bremen
DE (Destroyer Escort)	(brit./am.) Geleitzerstörer
Dipl.-Ing.	Diplom-Ingenieur
Do	Dornier-Flugzeugwerke
d.R.	der Reserve
DSF	Deutsches Forschungsinstitut für Segelflug
E-Messgerät	Enfernungsmessgerät
E-Motor	Elektromotor
FdU	Führer der Unterseeboote
Fi	Fieseler-Flugzeugwerke
Fla	Fliegerabwehr
Flak	Fliegerabwehrkanone
FuG	Funkgerät
FuMB	Funkmessbeobachtungsgerät (passives Radarwarngerät)
FuMG	Funkmessgerät (dt. Bezeichnung für Radargerät)
FuMO	Funkmessortungsgerät (aktives Radarortungsgerät)
FT	Funkentelegrafie/Funk

Fw	Focke-Wulf-Flugzeugwerke
Fw.	Feldwebel
G.C. & C.S. (Government Codes & Cipher School)	(brit.) nachrichtendienstlicher Funkentzifferungsdienst der britischen Regierung in Bletschley Park bei London
geh.	geheim
Gestapo	Geheime Staatspolizei
gKdos	Geheime Kommandosache
GUPPY (Greater Underwater Propulsion of a Submarine)	(am.) Modernisierungsprogramm für größere Unterwassergeschwindigkeit der Unterseeboote
He	Heinkel-Flugzeugwerke
HMCS (Her/His Majesty Canadian Ship)	(brit.) Ihrer/Seiner Majestät Kanadisches Schiff
HMSO (Her/His Majesty Stationery Office)	Verlag der britischen Krone
Hs	Henschel-Flugzeugwerke
HWK	Fa. Hellmuth Walter, Kiel
(Ing.)	Ingenieursoffizier-Laufbahn (hinter dem Dienstgrad)
I.v.S.	(niederl.) Ingenieurskantoor voor Scheepsbouw
JG	Jagdgeschwader
Ju	Junkers-Flugzeugwerke
Jumo	Junkers-Motor
K, K-Amt	Amt für Kriegsschiffbau im OKM
KG	Kampfgeschwader, z.B. I./KG 54 (J): I. Gruppe des KG 54, umgerüstet auf Jagdflugzeuge (J)
kHz	Kilohertz
kn	Knoten: Seemeile (1852 m) pro Stunde
kp	Kilopond
KTB	Kriegstagebuch
kW	Kilowatt
KZG	Kurzzeichengeber (Funk)
Lotfe	Lotfernrohr
Lt.-Col. (Lieutenant-Colonel)	Oberstleutnant im Heer bzw. der Marineinfanterie
Luftfe	Luftfernrohr
MAGIC	(am.) Deckname für den Einbruch in die japanischen Funkschlüssel

Mass.	US-Bundesstaat Massachusetts
M-Boot, M-Flottille	Minensuchboot, Minensuchflottille
Md.	US-Bundesstaat Maryland
MDS MAGIC	(am.) Sammlung entzifferter japanischer Funksprüche des diplomatischen Funkverkehrs, archiviert in NA
Me	Messerschmitt-Flugzeugwerke
min	Minute
MIT	Massachusetts Institute of Technology
MK	Maschinenkanone
MND	Marinenachrichtendienst (3./Skl) im OKM
mph (Miles pro Hour)	Meile (1608 m) pro Stunde
m/s	Meter pro Sekunde
MSD	Marinesonderdienst
MS-Typ	Mobilmachungs-Typ (U-Boottyp des I.Wk)
N	nördliche Breite
NA	(am.) National Archives, College Park/Md.
NANE	(am.) National Archives, Northeast Region, Waltham/Mass.
NANY	(am.) National Archives, Northeast Region, New York
N.H.	US-Bundesstaat New Hampshire
NHC	(am.) Operational Archives, Naval Historical Center
NS	nationalsozialistisch
NSDAP	Nationalsozialistische Deutsche Arbeiterpartei
O	östliche Länge
I.O (gesprochen »Eins O«)	Erster Offizier
ObdL	Oberbefehlshaber der Luftwaffe
ObdM	Oberbefehlshaber der Marine
Oblt.	Oberleutnant
Oberstlt.	Oberstleutnant
OFw.	Oberfeldwebel
OKL	Oberkommando der Luftwaffe
OKM	Oberkommando der Marine
OKW	Oberkommando der Wehrmacht
ONI (Office of Naval Intelligence)	(am.) Nachrichtendienst der US-Marine
Op-Z-16	(am.) offizielle Bezeichnung der *Special Activities Branch* innerhalb des ONI der US-Marine, zuständig für die Vernehmung der Kriegsgefangenen und zur Beurteilung erbeuteter Ausrüstung

OSRD (Office of Scientific Research and Development) — (am.) Marineamt für wissenschaftliche Forschung und Entwicklung
OSS (Office of Strategic Services) — (am.) Nachrichtendienst der US-Regierung im II.Wk (Vorläufer des CIA)
OTC (Officer in Tactical Command) — (am.) Offizier, dem unabhängig von der Befehlsstruktur das Kommando übertragen wurde

Pa. — US-Bundesstaat Pennsylvania
Pak — Panzerabwehrkanone
PCS (Position, Course and Speed) eines Schiffes — Meldung mit Position, Kurs und Geschwindigkeit
PK — Propaganda-Kriegsberichterstatter
PNS — (am.) Portsmouth Naval Shipyard Museum and Archives der Marinewerft Portsmouth in Kittery/Maine
POW (Prisoner of War) — (brit./am.) Kriegsgefangener
PSe — effektive PS (Maßeinheit für Motoren)

Radar (Radio Detecting and Ranging) — (brit./am.) Funkortung und E-Messung (dt. Funkmess)
RAF (Royal Air Force) — (brit.) Königliche Luftwaffe
RCN (Royal Canadian Navy) — (brit.) Königlich Kanadische Marine
RG (Record Group) — (am.) Vom amerikanischen NA benutzte Bezeichnung, um den Aktenbestand einer bestimmten Institution zu katalogisieren, wie z.B. RG 38 (Office of the CNO) oder RG 457 (Sammlung aller Dokumente, die den Einbruch der Alliierten in die deutschen Marineschlüssel betreffen, soweit sie von der *National Security Agency* (NSA) frei gegeben sind.
RLM — Reichsluftfahrtministerium
RM — Reichsmark

(S) — Sonderführer (hinter dem Dienstgrad)
S-Anlage (Sonderanlage) — aktives Unterwasser-Schallortungsgerät, Deckname »Nibelung« (brit. Asdic, am. Sonar)
S-Boot — Schnellboot
Skl Seekriegsleitung
SLBM (Submarine Launched Ballistic — (am.) vom U-Boot abzuschießender ballistischer Flugkörper Missile)
sm — Seemeile (nach SI-Norm 1852 m)
SMA — Schachtmine A (Seeminentyp für das Minen-U-Boot vom Typ X B)

SMS	Seiner Majestät Schiff
SO-	Selbstopfer-, (SO-Flugzeuge oder SO-Einsätze; gebräuchl. dt. Abkürzung)
Sonar (Sound, Navigation and Ranging)	(am.) heute allgemein übliche Bezeichnung in allen Marinen für eine aktive Unterwasser-Schall-ortungsanlage (dt. S-Anlage, brit. Asdic)
SS	Schutzstaffel (NS-Gliederung)
SS (Submarine)	(am.) Kennung für ein US-Unterseeboot
Stuka	Sturzkampfflugzeug (in der Regel die Ju 87)
t	metrische Tonne (mt) zu 1000 kg
TG (Task Group)	(am./NATO) Kampfgruppe, Untergliederung der *Task Force* (TF): Kampfverband
TMA, TMC	Torpedomine A bzw. C (Seeminentyp, der aus Torpedorohren eines U-Bootes ausgestoßen wird)
TNT	Trinitrotoluol (Sprengstoff)
TOP	Tagesordnungspunkt
ts	brit. »long ton« zu 1016,06 kg
ts standard	Typ- oder Standartverdrängung eines Kriegs-schiffes, begrifflich festgelegt seit dem Washingtoner Abkommen von 1922
TSV	Tross-Schiffverband der deutschen Kriegsmarine
U	(dt.) Kennung für ein U-Boot
U 235	Uran 235 (Uran-Isotop)
UBA	U-Boot-Archiv in Cuxhaven-Altenbruch
U-Boot, U-Flottile	Unterseeboot, Unterseeboot-Flottille
ULTRA	(brit./am.) Deckname und zugleich Geheim-haltungsgrad für den Einbruch in die deutschen Funkschlüssel
US (United States)	(am.) Vereinigte Staaten
USAAC (United States Army Air Corps)	(am.) US-Heeresfliegerkorps
USAAF (United States Army Air Forces)	(am.) US-Heeresluftwaffe, auch z.B. 8. USAAF (8. US Army Air Force) 8. US-Heeresluftflotte
USCG (United States Coast Guard)	(am.) US-Küstenwache
USMC (United States Marine Corps)	(am.) Marineinfanteriekorps der US-Marine
USN (United States Navy)	(am.) Marine der Vereinigten Staaten
USNR (United States Navy Reserve)	(am.) Reserve der US-Marine, auch z.B. Reserveoffizier der US-Marine
USS (United States Ship/Submarine)	(am.) Schiff/Unterseeboot der US-Marine
USSBS (United States Strategic Bombing Survey)	(am.) Dienststelle des USAAC zur Festlegung der Bombenziele

(V)	Verwaltungsoffiziers-Laufbahn (hinter dem Dienstgrad)
V 1, V 2	Vergeltungswaffe
Va.	US-Bundesstaat Virginia
V-Schiff	Versorgungsschiff
W	westliche Länge
W.Anz.G.	Wellenanzeigegerät, FuMB der Fa. Hagenuk
Wi.Rü.	Wehrwirtschafts- und Rüstungsamt im OKW
I.WO, II.WO (gesprochen »Eins WO, Zwei WO«)	Erster bzw. Zweiter Wachoffizier
Y-Dienst	(brit.) Funkabhördienst der Funkaufklärung
Z	Kennung für Zerstörer
z.S.	zur See (Seeoffizier-Laufbahn)
Z-Schiff	U-Bootversorgungsschiff
z.V.	zur Verwendung

Dienstgrade

Kriegsmarine	**US-Marine**
Funkobergefreiter	Radioman 3. Class
Leutnant z.S. (LtzS.)	Ensign (Ens.)
Oberleutnant z.S. (OblzS.)	Lieutenant (junior grade) (Lt.j.g.)
Kapitänleutnant (Kptlt.)	Lieutenant (Lt.)
Korvettenkapitän (KKpt.)	Lieutenant-Commander (Lt.-Cdr.)
Fregattenkapitän (FKpt.)	Commander (Cdr.)
Kapitän z.S. (KptzS.)	Captain (Cpt./Capt.)
Konteradmiral (KAdm.)	Rear-Admiral (RAdm.)
Vizeadmiral (VAdm.)	Vice-Admiral (VAdm.)
Admiral (Adm.)	Admiral (Adm.)
Generaladmiral (GenAdm.)	–
Großadmiral (GAdm.)	Fleet Admiral (FlAdm.)

Sachregister